Heterogenität – Diversity – Intersektionalität

W0057883

Marcus Emmerich · Ulrike Hormel

Heterogenität – Diversity – Intersektionalität

Zur Logik sozialer Unterscheidungen in pädagogischen Semantiken der Differenz

 Springer VS

Dr. Marcus Emmerich
Universität Zürich
Schweiz

Dr. Ulrike Hormel
Pädagogische Hochschule Freiburg
Deutschland

ISBN 978-3-531-17159-3   ISBN 978-3-531-94209-4 (eBook)
DOI 10.1007/978-3-531-94209-4

Die Deutsche Nationalbibliothek verzeichnet diese Publikation in der Deutschen Natio-nalbibliografie; detaillierte bibliografische Daten sind im Internet über http://dnb.d-nb.de abrufbar.

Springer VS
© Springer Fachmedien Wiesbaden 2013
Das Werk einschließlich aller seiner Teile ist urheberrechtlich geschützt. Jede Verwertung, die nicht ausdrücklich vom Urheberrechtsgesetz zugelassen ist, bedarf der vorherigen Zu-stimmung des Verlags. Das gilt insbesondere für Vervielfältigungen, Bearbeitungen, Über-setzungen, Mikroverfilmungen und die Einspeicherung und Verarbeitung in elektronischen Systemen.

Die Wiedergabe von Gebrauchsnamen, Handelsnamen, Warenbezeichnungen usw. in die-sem Werk berechtigt auch ohne besondere Kennzeichnung nicht zu der Annahme, dass solche Namen im Sinne der Warenzeichen- und Markenschutz-Gesetzgebung als frei zu betrachten wären und daher von jedermann benutzt werden dürften.

Gedruckt auf säurefreiem und chlorfrei gebleichtem Papier

Springer VS ist eine Marke von Springer DE. Springer DE ist Teil der Fachverlagsgruppe Springer Science+Business Media.
www.springer-vs.de

Inhalt

Einleitung

Die pädagogische Bezugnahme auf *soziale Differenz* hat seit der Wiederbeteiligung der Bundesrepublik an internationalen Schulleistungsvergleichsstudien Ende der 1990er Jahre ersichtlich an Bedeutung gewonnen. Nicht zuletzt haben die ersten PISA-Studien maßgeblich dazu beigetragen, dass die Problematik sozial ungleicher Bildungschancen erneut zu einer zentralen Referenz erziehungswissenschaftlicher Forschung und bildungspolitischer Reformaktivität geworden ist. Seither lässt sich nicht nur eine zunehmende Thematisierung von Bildungsungleichheit im Rahmen der Empirischen Bildungsforschung beobachten, deren Ausmaß eine historisch neue Dimension angenommen hat, sondern ebenso eine unerwartete Renaissance ,klassischer' bildungssoziologischer Erklärungsansätze zu den sozialen Ursachen ungleicher Bildungsperformanz.

Gleichzeitig ist soziale Differenz auch zu einem zentralem Bezugsproblem für die Gestaltung institutionalisierter pädagogischer Praxis avanciert: Begriffe wie Heterogenität, Diversität/Diversity, Verschiedenheit oder Vielfalt sind mittlerweile zu einem selbstverständlichen Bestandteil unterschiedlicher pädagogischer Diskurse geworden. Ein professioneller ,Umgang mit Heterogenität' soll dabei nicht zuletzt zu einer Verbesserung von Bildungschancen und zur Verminderung von ,Bildungsrisiken' beitragen. Offensichtlich ist es im Zuge der durch PISA ausgelösten erziehungswissenschaftlichen Diskussionen und bildungspolitischen Reformen gelungen, *Differenzpädagogiken*[1] auch in Hinblick auf die Bearbeitung des insistierenden Problems der sozialen Selektivität im deutschen Bildungssystem Geltung zu verschaffen.

---

1 Als Differenzpädagogik oder differenzsensible Pädagogik kennzeichnen wir generalisierend Konzepte und Programme, die sich in ihren Selbstbegründungen auf *sozial* konturierte Differenzaspekte ihrer AdressatInnen beziehen und mit dieser Differenz spezifische pädagogische Problemstellungen verbinden.

Wir nehmen die gegenwärtige Popularität pädagogischer Diskurse zu ‚Heterogenität', ‚Diversity' und in jüngster Zeit ‚Intersektionalität' vor diesem Hintergrund zum Anlass, eine denkbar einfache Frage zu stellen: Welchen pädagogischen Sinn und welche pädagogische Plausibilität besitzen die *sozialen* Differenzkategorien, die innerhalb der differenzpädagogischen Literatur als Bezugspunkte pädagogischer Praxis konstruiert werden?

Heterogenität, Diversity, Intersektionalität treten als erziehungswissenschaftliche Diskurse in Erscheinung, die ein spezifisches *Unterscheidungs*wissen formulieren, mit dem die Sozialität der AdressatInnen pädagogischen Handelns in den Blick genommen werden soll. Was mit diesem Wissen aufgerufen wird, sind Vorstellungen über die Bedeutung sozialer Unterschiede in der gesellschaftlichen Wirklichkeit, von denen angenommen wird, dass sie auch die pädagogische Wirklichkeit mitkonstituieren. In der einschlägigen Literatur kommt Kategorien eine zentrale Bedeutung zu, die einem sozialwissenschaftlichen und/oder sozialstatistischen Vokabular entlehnt sind: *Soziale Herkunft, Klasse, Schicht, Milieu, Geschlecht, Ethnizität, Kultur, Migrationshintergrund, Lebenswelt, Lebensstil* etc. Dabei handelt es sich zunächst um begriffliche Unterscheidungen, mit denen in den Sozialwissenschaften der Gegenstand ‚Gesellschaft' beobachtet und beschrieben wird.

Das Ensemble der Kategorien, das in unterschiedlicher und mithin diffuser Zusammenstellung kursiert, weist dabei einerseits eine diskursübergreifende Referenz auf zentrale Unterscheidungen auf, andererseits lässt sich jedoch auch eine Selektivität in der Wahl der Kategorien feststellen: Geschlecht, Ethnizität, Migration, soziale Herkunft, Behinderung, Alter kommen mit je unterschiedlicher Gewichtung in allen Differenzdiskursen vor. Während im schulpädagogischen Heterogenitätsdiskurs der Klassenbegriff nicht, der Schichtungsbegriff nur selten verwendet und stattdessen auf eher unbestimmte Kategorien wie ‚soziale' oder auch ‚kulturelle Herkunft' Bezug genommen wird, stellt die Kategorie ‚Klasse' bspw. im Intersektionalitätsdiskurs eine zentrale Referenz dar. Im Kontext von Diversity wiederum spielen Schichtungs- oder Klassenunterschiede eine nur marginale Rolle. Das *Fehlen* von Kategorien gibt hierbei einen Hinweis auf divergente Beobachtungsrationalitäten, die sich hinter den jeweiligen Kategorienensembles der Diskurse artikulieren. Das Charakteristikum des Heterogenitätsdiskurses besteht vor diesem Hintergrund insbesondere darin, dass neben den sozialen auch genuin schulpädagogische, kognitions- und lernpsychologische Kategorien herangezogen werden, um den Sachverhalt ‚Heterogenität' zu beschreiben. Die differenzpädagogische Konstruktion der ‚Unterschiedlichkeit' der AdressatInnen pädagogischer Praxis basiert folglich auf höchst selektiven, *beobachterabhängigen*

Unterscheidungen, die auf wissenschaftlich mitunter inkommensurablen Er-
kenntnisprämissen beruhen.

Spätestens mit der Rezeption kultursoziologischer und poststrukturalistischer
Theorieangebote in den Sozialwissenschaften (vgl. dazu Moebius/Reckwitz 2008)
steht die ontologisierende Tendenz sozialer Differenzkategorien grundlegend in
der Kritik. Nicht zuletzt gehört seit den 1990er Jahren die Bezugnahme auf ‚Dekonstruktion‘ und die Problematisierung kategorialer Konzeptualisierungen von
Differenz auch zum Repertoire erziehungswissenschaftlicher Reflexion (vgl. etwa
die Beiträge in Fritzsche et al. 2001; Lutz/Wenning 2001). Im Kontext poststrukturalistischer Perspektiven entfaltet der Begriff der Differenz sein erkenntniskri-
tisches Potenzial, weil und indem er sich gegen fixierende Bezeichnungspraxen
und identitätslogische Repräsentationen wendet. Jacques Derridas Neologismus
„différance" (1988) verweist dabei auf jene iterative Dynamik, die symbolische
Fixierungen faktisch subvertiert und dabei den Prozess des Bezeichnens zugleich
unabschließbar werden lässt. Im Gegensatz zu dieser *Logik der Differenz* eignet
Kategorien eine *Logik der Identität*, weil bestimmte Unterscheidungen selektiv auf
Dauer gestellt werden.

Kategoriales Bezeichnen basiert zudem weder auf Erfahrung noch auf Wahrnehmung. Die Kategorie ‚Geschlecht‘ ist eine ebenso wenig aus empirischer Beobachtung zu gewinnende Unterscheidung wie ‚Ethnizität‘ oder ‚soziale Herkunft‘.
Vielmehr setzt das *Erkennen* sozialer Unterschiede das *Wiedererkennen* kategorialer Unterscheidungen voraus.[2] Damit ist ein grundlegendes Erkenntnisproblem
benannt, das die Sozialwissenschaften, insbesondere jedoch die Soziologie, von
Anfang an beschäftigt. Für die Erziehungswissenschaft bleibt es jedoch nicht lediglich bei einer erkenntnistheoretischen Fragestellung, weil die kategoriale Perspektive eine unauflösbare Subsumtionslogik in die pädagogische Beobachtungs-
praxis einträgt.

Mit der pädagogischen Bezugnahme auf soziale Differenz soll eine differen-
ziertere Bestimmung der *gesellschaftlichen Bedingungen von Erziehung und Bildung* ermöglicht werden. Das argumentative Grundschema scheint damit dem
bildungssoziologischen Erklärungsmuster zu folgen, dass unterschiedliche Sozialisationsbedingungen differentielle Bildungsvoraussetzungen konstituieren. Die
Kategorienensembles zielen offensichtlich darauf, das Differenzierungsvermögen
in der pädagogischen Beobachtung zu erhöhen, indem sie soziale Unterscheidungen mit pädagogischen Relevanzsetzungen verknüpfen. Denn nur in Form einer

---

2   Im Sinne Louis Althussers geht hierbei das „Wiedererkennen/Anerkennen" der „Evi-
     denz" voraus (Althusser 1977: 141).

solchen Verknüpfung kann die Bezugnahme auf soziale Differenz in der pädagogischen Beobachtungspraxis mit Sinn und Plausibilität ausgestattet werden:

> „Unterscheidbare Merkmale wie das Geschlecht, das Alter, die Lebenslage und der
> soziale Status der Eltern oder ihre nationale Herkunft, mit denen man Kinder beob-
> achten kann, sind offenbar nicht ohne weiteres mit ihrer Lernfähigkeit oder ihren
> sozialen Kompetenzen zusammenzubringen. Man braucht theoretische Konstruk-
> tionen, die Zusammenhänge erst stiften: zwischen Geschlecht und sozialem Verhal-
> ten; zwischen Lebensalter und Auffassungskapazität; zwischen sozialer Schicht und
> Lernfähigkeit; zwischen äußeren, körperlichen Merkmalen und Charakter oder
> Temperament. Diese Aufgaben übernehmen in modernen Organisationen, die sich
> nicht mehr selbstverständlich auf tradiertes Wissen stützen können, wissenschaft-
> liche Theorien, d.h. systematisch geordnete Aussagen über einen Teilausschnitt der
> Realität." (Diehm/Radtke 1999: 27)

Die durch Theorie allererst zu ‚stiftende' Verbindung von sozialem Unterscheidungswissen und pädagogischem Differenzierungswissen führt entsprechend
unweigerlich in das Problem der *Konstruktion von Kausalität* hinein: Erziehungswissenschaftliche Theorien dienen der Bereitstellung systematischer Annahmen
über Zusammenhänge zwischen ‚beobachtbaren' sozialen Merkmalen einerseits
und pädagogisch relevanten Differenzierungsmerkmalen andererseits. Pädagogik nimmt damit jedoch selektiv Bezug auf die Sozialität der AdressatInnen, sie
tritt selbst als Beobachterin in eigener Sache auf und ihre Beobachtungsleistungen
sind abhängig von den eigenen Beobachtungskategorien. Mit anderen Worten
liegt die Bedeutung jener ‚systematisch geordneten Aussagen' gerade darin, dass
sie soziale und pädagogische Kategorien selektiv miteinander verknüpfen.

Das zentrale Dilemma, das sich im Kontext differenzpädagogischer Programmatiken abzuzeichnen scheint, besteht nicht zuletzt darin, dass die angebotenen
sozialen Unterscheidungen immer schon die Möglichkeit der Abwertung derjenigen enthalten, die im Resultat unterschieden werden: Wenn LehrerInnen Jungen
und Mädchen, MigrantInnen und Nicht-MigrantInnen, arme und reiche Kinder
voneinander unterscheiden, dann geschieht dies vor dem Hintergrund der Annahme, dass diese Unterscheidungen pädagogische Relevanz besitzen. Faktisch
handelt es sich jedoch zunächst um eine soziale Kategorisierung von SchülerInnen, der *situationsbedingt* und *kontextabhängig* ein *asymmetrisierendes* Moment
innewohnt. Die programmatische Aufforderung, soziale Unterscheidungen im
pädagogischen Handlungsgefüge zu nutzen, setzt auf der Ebene der pädagogischen Beobachtungspraxis kontingente *Zuschreibungsoptionen* frei. Und es bleibt
letztlich der institutionalisierten pädagogischen ‚Praxis' überlassen, was sie aus
dem sozialen Unterscheidungswissen macht.

Dieser Problematik wird in praxisorientierten differenzpädagogischen Programmatiken, wie sie insbesondere für den Heterogenitätsdiskurs, teilweise aber auch für den Diversity-Diskurs kennzeichnend sind, mit einer spezifischen *Semantik der Anerkennung* begegnet, auf deren Grundlage an die ‚richtige‘, d.h. *nicht* defizitorientierte und abwertende Verwendungsweise der angebotenen sozialen Unterscheidungen appelliert wird. Mitunter tritt Normativität an die Stelle von Reflexion, indem mitgeteilt wird, an welche Wertungsoptionen angeschlossen werden soll und an welche nicht. Dies wird etwa deutlich, wenn die ‚Heterogenität‘ der Lerngruppe nicht mehr als ‚Problem‘ und ‚Belastung‘ für professionelles Handeln, sondern als ‚Chance‘ vorgestellt wird, die jener (neue) differenzierende Blick auf die AdressatInnen pädagogischer Kommunikation eröffne.

Heterogenität, Diversity, Intersektionalität lassen sich als fachwissenschaftliche oder bildungspolitisch gerahmte Diskurse analysieren, in welchem Ausmaß sie die pädagogische Praxis in den unterschiedlichen Feldern formaler, nonformaler und informeller Bildung gegenwärtig beeinflussen, ist (noch) offen. Sie repräsentieren zunächst ‚nur‘ ein ‚pädagogisches Wissen‘[3], von dem noch nicht gesagt werden kann, wie es sich auf der Ebene des professionellen Handelns realisiert und welche Wirkungen und Nebenwirkungen es im Bildungswesen erzeugt. Wir haben es folglich mit Diskursen zu tun, die zwar ein Wissen für die Praxis bereitstellen, die Verwendung dieses Wissens ‚in der Praxis‘ jedoch selbst nicht mehr ‚kontrollieren‘ können. In welcher Form und mit welchen Folgen jenes pädagogische Differenz-Wissen praktisch relevant wird, können wir im Rahmen unserer Studie, die als eine theoretische Reflexion angelegt ist, nicht beantworten. Dies wäre eine Aufgabe für anschließende empirische Untersuchungen. Wir konzentrieren uns lediglich auf die Frage, auf welche *Plausibilitätsbedingungen* dieses Unterscheidungswissen im Bildungssystem erwartbar trifft.[4]

Wir werden uns zunächst mit soziologischen Theorieangeboten auseinandersetzen, die es erlauben, sich der *Logik sozialer Unterscheidungen* anzunähern, wie sie mit den Kategorienensembles der Differenz-Diskurse aufgerufen ist. Eine zentrale Prämisse ist dabei, dass die Konstituierung und Sichtbarmachung sozialer Unterschiede als Resultat gesellschaftlicher *Differenzierungs-, Klassifikations- und Askriptionsprozesse* verstanden werden muss. Die in allen drei Diskursen bedeutsamen sozialwissenschaftlichen Kategorien enthalten vor diesem

---

3 Zur Diskussion der Formen ‚pädagogischen Wissens‘ und ihrer Erzeugung in der Erziehungswissenschaft vgl. die Beiträge in Oelkers/Tenorth 1991.

4 Unser Fokus liegt hinsichtlich der Berücksichtigung der organisatorisch-institutionellen Strukturbedingungen pädagogischen Handelns auf dem öffentlichen Schulwesen, nicht etwa auf sozialpädagogischen Handlungsfeldern.

Hintergrund immer auch Bezugnahmen auf Formen und Ausprägungen sozialer Ungleichheitsrelationen.

Teil I befasst sich in einem ersten Schritt mit Aspekten soziologischer Ungleichheitstheorie, allerdings in einer spezifischen und dann im Weiteren ergänzungsbedürftigen Perspektive. Ein grundlegendes Problem der Ungleichheitsforschung kann darin gesehen werden, dass diese in der Beschreibung des Realfalls ‚Ungleichheit' darauf verwiesen ist, mit Kategorien zu arbeiten, an denen Ungleichheiten (statistisch) abgelesen werden können, deren Repräsentationswert jedoch in erkenntniskritischer Perspektive hinterfragt werden muss.

Während Klassen und Schichten als sozialwissenschaftliche Konstrukte und in diesem Sinne als analytische Kategorien behandelt werden können, die es als soziale Entitäten nicht jenseits der ungleichheitstheoretischen Analyse ‚gibt', gilt dies nicht für Kategorien wie etwa Geschlecht oder Ethnizität, die, anders als Klassen- und Schichtenbildung, selbst nicht auf Grundlage der *Mechanismen*, durch die Ungleichheit erzeugt wird, ‚erklärt' werden können. In Bezug auf *Theorien sozialer Schließung* lässt sich entsprechend zeigen, dass in der Analyse der Schließungsmechanismen immer schon eine sozial sichtbare Asymmetrie geschlechtlich oder ethnisch differenzierter ‚Gruppen' als gegeben vorausgesetzt werden muss, sodass die Frage, was Ursache und was Wirkung sozialer Ungleichheit ist, nur zirkulär beantwortet werden kann. Wir vollziehen daher eine Perspektivumkehr, die von der Annahme realer Gruppendifferenzen in der Gesellschaft auf Mechanismen der *Askription* umstellt, die auf *sozialen Klassifikationen* beruhen.

In einer wissenssoziologischen Tradition stehende Klassifikationstheorien gehen davon aus, dass soziale Ordnungsbildung auf zwei notwendig zu unterscheidenden gesellschaftlichen Realitätsebenen abläuft: auf der Ebene der gesellschaftlichen Strukturen des Handelns bzw. der Kommunikation und auf der Ebene der symbolischen bzw. semantischen Repräsentationen dieser Strukturen. Klassifikationssysteme entstehen auf der Ebene der symbolischen/semantischen Repräsentation und stellen ein institutionalisiertes Wirklichkeitswissen zur Verfügung, das kognitive ‚Evidenz' erzeugt und auf kategorialem Unterscheiden basiert. In Hinblick auf die Erzeugung sozialer Ungleichheit werden Klassifikationssysteme dann bedeutsam, wenn ihre kategorialen sozialen Unterscheidungen (Mann/ Frau, schwarz/weiß, arm/reich, heterosexuell/homosexuell, Inländer/Ausländer usw.) an konkreten Individuen zur Sichtbarkeit gebracht und mit Vor- bzw. Nachteilen für die Klassifizierten gekoppelt werden. Die Fähigkeit und Macht zur Zuschreibung – *Askription* – von Kategorien auf Individuen erachten wir daher als einen zentralen Faktor in der Erzeugung von Ungleichheit – und über diese Fähigkeit verfügen in der modernen Gesellschaft insbesondere *Organisationen*.

Diese Überlegungen werden uns in einem weiteren Schritt zur systemtheoretisch konturierten Differenzierungstheorie führen, derzufolge die *Beobachtung* und *Adressierung* von Individuen in Funktionssystemen, durch Organisationen und in Interaktionen einer je systemrelativen Eigenrationalität der *Inklusion* und *Exklusion* folgt, die wir versuchen, in Bezug auf das Erziehungssystem zu präzisieren. Die Referenz auf Systemtheorie impliziert im Rahmen des hier aufgerufenen Problemzusammenhangs zwischen pädagogischen Differenzdiskursen und den Erzeugungsstrukturen sozialer Ungleichheit allerdings eine zweifache ‚Zumutung':

Die *erste* Zumutung besteht darin, dass die Systemtheorie Gesellschaft nicht vom Individuum und von sozialen Gruppen als Handlungsträgern ausgehend beschreibt, sondern von der Selbstläufigkeit der *Kommunikation* als strukturbildendem Moment ausgeht. Sie ist damit nicht mehr anschlussfähig an eine pädagogische Semantik, die sich am Individuum und seinen sozialen Zugehörigkeiten orientiert. Stattdessen lassen sich auf Grundlage der Systemtheorie die Strukturbedingungen institutionalisierter Pädagogik und Plausibilitätsbedingungen für pädagogische Differenzsemantiken in den Blick nehmen. Von Bedeutung ist dabei, dass die Fähigkeit zur ‚Beobachtung' nach Luhmann den sozialen Systemen zugerechnet werden kann: Mit der Theorie der Beobachtung rücken insbesondere Prozesse des *Unterscheidens und Bezeichnens* in den Blickpunkt der Analyse, die innerhalb der sozialen Systeme – d.h. auch innerhalb des Funktionssystems der Erziehung, des Organisationssystems Schule und des Interaktionssystems Unterricht – ablaufen. Wir argumentieren vor diesem Hintergrund, dass der Zusammenhang von Klassifikation und Askription der Logik der Doppeloperation Unterscheiden/Bezeichnen folgt.

Die *zweite* Zumutung besteht darin, dass die Luhmannsche Differenzierungstheorie mit einem weitgehenden Verzicht auf die Beschreibungsoption ‚soziale Ungleichheit' arbeitet und diese als eine nicht mehr funktionale Nebenfolge funktionaler Differenzierung begreift. Ein solcher Verzicht unterstützt u.E. jedoch die Tendenz zur Übernahme meritokratischer Selbstbeschreibungsmuster (oder: Ideologien) der modernen, funktional differenzierten Gesellschaft auch in der Systemtheorie. Dies erscheint nicht nur für grundlagentheoretische Überlegungen relevant, sondern insbesondere aufgrund der dem Erziehungssystem zugeschriebenen gesellschaftlichen ‚Funktion' der Herstellung und meritokratischen Legitimation sozialer Ungleichheit. Gegenüber den gängigen bildungssoziologischen Beschreibungen ermöglicht die Differenzierungstheorie jedoch gerade die Präzisierung der Ungleichheitsfrage in Bezug auf die internen Strukturen des Schulsystems. Wir nehmen in unseren Ausführungen die Theorie autopoietischer Systeme ernst und gehen vom zunächst trivialen, aber beobachtungslogisch folgenreichen Sachverhalt aus, dass *Bildungsungleichheit nur im und durch das Bildungssystem entstehen kann*. Damit stellt sich aber grundlegend die Frage, ob und inwiefern die differenzpädagogischen Diskurse, die in der pädagogischen Praxis Beobachtungsrelevanz erlangen sollen, hinsichtlich der Genese von Bildungsungleichheit als Teil der Lösung oder als Teil des Problems zu erachten wären.

Die klassifikationstheoretische Perspektive hat weitreichende Implikationen für die Analyse der pädagogischen Differenzdiskurse, insofern diese ein Unterscheidungswissen anbieten, das auf soziale Klassifikationen zurückgreift und im Kontext institutioneller pädagogischer Praxis auf schulinterne, an Leistungssemantiken orientierte und damit legitimierte Klassifikationssysteme trifft. In welcher Weise jene, durch die Differenzdiskurse transportierten sozialen Unterscheidungen ‚in der Schule' mit Unterscheidungen kombiniert werden, die der ungleichheitswirksamen Leistungssemantik des Erziehungssystems folgen, kann nur empirisch beantwortet werden. Als ein Gegenstand der theoretischen Reflexion können die pädagogischen Diskurse um Heterogenität, Diversity und Intersektionalität gleichwohl daraufhin befragt werden, ob und inwiefern sie diese Problematik selbst in Rechnung stellen.

Teil II beschäftigt sich im engeren Sinne mit den differenzpädagogischen Diskursen, die diese Studie ursprünglich motiviert haben. Insofern Pädagogik als solche wissenschaftlich wie praktisch vom Individuum als konstitutiver Bedingung der Möglichkeit von Erziehung und Bildung ausgeht, lässt sich das Spezifikum differenzpädagogischer Konzepte gerade in der Abweichung von diesem Referenzpunkt sehen, da jene Möglichkeitsbedingung auch entlang von Merkmalen rekonstruiert wird, die kollektive Zugehörigkeit anzeigen. Ausgangspunkt unserer Überlegungen ist dabei die Annahme, dass die ‚neuen' pädagogischen Differenzdiskurse um Heterogenität, Diversity, Intersektionalität innerhalb der Erziehungswissenschaft auf Plausibilitätsbedingungen treffen, die nicht zuletzt mit der ‚Versozialwissenschaftlichung' der Erziehungswissenschaft seit den 1960er Jahren geschaffen wurden. Seither stellt soziale Differenz einen gängigen Anlass pädagogischer Reflexion dar.

Am Beispiel *älterer* erziehungswissenschaftlicher Differenzdiskurse, die sich im Kontext der Bildungsreform, der Etablierung der Interkulturellen Pädagogik und der Feministischen Pädagogik ausmachen lassen, wird deutlich, dass das historisch in unterschiedlichen Varianten zentral gewordene Konzept der *Sozialisation* eine Brückentheorie bietet, auf deren Grundlage die Beobachtung sozialer Unterschiede mit pädagogischen Relevanzsetzungen gekoppelt werden konnte. Während sich für diese älteren Differenzdiskurse noch konkrete gesellschaftliche Veränderungen – wie ökonomischer und demographischer Wandel, Wandel in den Geschlechterverhältnissen, migrationsgesellschaftlicher Wandel – identifizieren lassen, auf die Bildungspolitik und Erziehungswissenschaft reagierten, lässt sich für die *neueren* Differenzdiskurse kein ‚äußerer‘, gesellschaftlicher Handlungsanlass mehr rekonstruieren.

Eher hat es den Anschein, dass in der Erziehungswissenschaft sedimentierte Semantiken die Plausibilität für die aktuellen Differenzdiskurse bereitstellen. Es reartikulieren sich in den neuen Differenzpädagogiken nicht nur grundlegende Motive und Theoriebezüge der älteren Differenzdiskurse, sondern auch deren epistemologische Probleme. Im Rahmen unserer Analyse rücken entsprechend die erziehungswissenschaftliche *Selbst*referenz der jeweiligen Diskurse sowie die Frage, wie sie ihre Bezugnahme auf soziale Differenz entfalten, in den Vordergrund. Da Diversity und Intersektionalität im Unterschied zu Heterogenität nicht auf einen genuin (schul-)pädagogischen Problembezug verweisen, sondern einen ‚Import‘ in die Erziehungswissenschaft darstellen, werden wir im Fall dieser beiden Diskurse insbesondere versuchen, die ursprünglichen und in der erziehungswissenschaftlichen Adaption ggf. mit-importierten Sach- und Problembezüge freizulegen.

Unsere Perspektive richtet sich letztlich auf die spezifische und insofern begrenzte Frage, in welchem Verhältnis die Beobachtungslogiken der Differenzdiskurse zu den operativen Strukturen schulischer Erziehung stehen und auf welche Beobachtungskonstellationen das pädagogische Differenzwissen potentiell trifft. Insofern bleiben die weiten Verzweigungen bildungstheoretischer Auseinandersetzungen mit Differenz ebenso wie die Strukturbedingungen nicht-schulischer pädagogischer Handlungsfelder weitgehend unberücksichtigend. Wir fokussieren mit unserer Studie explizit die erziehungswissenschaftliche Konstruktion differenzorientierter Beobachtungsschemata, nicht die in bildungstheoretischer Hinsicht bedeutsame, aber nur empirisch rekonstruierbare Frage, welche Differenzkonstruktionen für die AdressatInnen von Pädagogik selbst von Relevanz sind.

Teil I:

Ungleichheit – Klassifikation – Differenzierung

Soziale Kategorien wie Geschlecht, Ethnizität, Klasse, Schicht, Milieu, Nationalität, Religion, Lebensstil, Kultur etc. entwerfen ein Bild von Gesellschaft, in dem die Ordnung des sozialen Ganzen als ein Arrangement unterscheidbarer *Gruppen* erscheint. Gesellschaft wird vor diesem Hintergrund als ein relationales und mithin konflikthaftes, durch Macht- und Herrschaftsstrukturen gekennzeichnetes Gruppengefüge konstruiert. Die Sozialität des Individuums lässt sich dann aufgrund seiner Zugehörigkeit zu unterschiedlichen Gruppen im Sinne einer Schnittmengenlogik charakterisieren, die wiederum die Projektion der Gruppenzugehörigkeiten in das ‚Innere‘ des Individuums erlaubt. Dieses Grundmuster im Verständnis des Verhältnisses von Gesellschaft und Individuum ist nicht zuletzt kennzeichnend für die differenzpädagogische Bezugnahme auf die Sozialität der AdressatInnen pädagogischen Handelns: *Differenz* bezeichnet hierbei zunächst die an Mehrfachzugehörigkeit orientierte Charakterisierung des Individuums. Die semantische Bandbreite, die zur Bezeichnung von Differenz genutzt wird, reicht in den differenzpädagogischen Diskursen von Verschiedenheit, Vielfalt, Ungleichartigkeit bis hin zu Ungleichheit: Immer wird damit jedoch die Idee aufgerufen, dass die sozialen Zugehörigkeiten von Individuen einen Unterschied für die Pädagogik machen.

Die Problematik einer solchen Vorstellung von Gesellschaft liegt aus einer erkenntniskritischen Perspektive betrachtet darin, dass die Form und die Genese der modernen Gesellschaft auf die Präexistenz sozialer Gruppen zurückgeführt wird: Insbesondere gilt dies für soziale Ordnungskategorien wie Geschlecht oder

Ethnizität, denen Natürlichkeit unterstellt wird und die als individuell nicht be-
einflussbar gelten. Aber gerade die Infragestellung derartiger Naturalisierungen
ist von Anfang an das Motiv soziologischer Erkenntnistheorie gewesen, die ihren Gegenstand ‚Gesellschaft' deshalb im Modus der konstitutionstheoretischen
Frage nach den Bedingungen der Möglichkeit sozialer Ordnung begründet hat.
Diese Beschäftigung mit konstitutionstheoretischen Problemen hat innerhalb
der soziologischen Theoriebildung dazu beigetragen, Phänomene der sozialen
Differenz oder auch der sozialen Ungleichheit als Resultat *gesellschaftlicher Differenzierungsprozesse* zu begreifen. Die soziologische Analyse gesellschaftlicher
Ordnungsbildungen zielt entsprechend zugleich auf die Beschreibung der Strukturmerkmale gesellschaftlicher Ordnung *und* auf das Verstehen der strukturbildenden gesellschaftlichen Prozesse.

Die *Soziologie sozialer Ungleichheit* und die *Theorie funktionaler Differenzierung* können als Theorieangebote verstanden werden, die sich im Kern dem Problem gesellschaftlicher Differenzierung widmen. Allerdings unterscheiden sie sich
hinsichtlich ihrer erkenntnistheoretischen Prämissen und methodologischen
Grundannahmen, weshalb auch von den „zwei Soziologien" (Schimank 1996;
Schwinn 2004) die Rede ist. Eine einfache und sehr grobe Unterscheidung zwischen beiden Differenzierungstheorien kann darin gesehen werden, dass in der
Ungleichheitssoziologie von der ‚vertikalen' Struktur gesellschaftlicher Verteilungsordnungen und von Verteilungskonflikten ausgegangen wird, um von dort
aus die Struktur lebensweltlich-symbolischer Orientierungen zu erschließen.
Demgegenüber geht die Theorie funktionaler Differenzierung von einem Struk-
turprimat der ‚horizontalen' Ausdifferenzierung sozialer Handlungssysteme (vgl.
Parsons 1986) oder Kommunikationssysteme (vgl. Luhmann 1994) aus und behandelt ‚vertikale' Strukturbildungen als ein sekundäres Phänomen, dem keine
eigentliche ‚Funktion' mehr für die moderne Gesellschaft zukommt.

Die soziologische Ungleichheits*forschung* befasst sich grundsätzlich mit Phänomenen der gesellschaftlichen Ordnungsbildung, die als solche nicht durch
Alltagserfahrung oder unmittelbare Wahrnehmung erschlossen werden können,
sondern das Resultat erfahrungswissenschaftlicher Abstraktion sind. Die kategoriale Konstruktion sozialer Klassen, Schichten, Milieus, Geschlechter, Ethnien
usw. führt jedoch in ein Dilemma, insofern der erkenntniskritische Zweifel an
der Realitätsadäquanz der verwendeten Beobachtungskategorien auch den sachlichen Referenzpunkt der Ungleichheits*theorie* in Frage stellt.

Einen möglichen Ausweg aus diesem Dilemma bietet ein ‚strategischer' Perspektivwechsel, mit dem von der kategorialen Beobachtungspraxis der Ungleichheitsforschung auf die Analyse der Eigenrationalität von Institutionen
und Organisationen umgestellt wird: In der Folge steht dann die Logik sozialer

Unterscheidungen im Blickpunkt, mit denen Institutionen und Organisationen Gesellschaft intern und für sich repräsentieren. Für diesen epistemologisch begründeten Perspektivwechsel bieten insbesondere wissenssoziologische und differenzierungstheoretische Ansätze entscheidende Anknüpfungspunkte.

Der Differenzierungstheorie – insbesondere in Form des Strukturfunktionalismus der Parsons-Tradition sowie der Systemtheorie Niklas Luhmanns – ist jedoch von der Ungleichheitstheorie, die sich immer auch als Gesellschaftskritik verstanden hat und versteht, eine Akzeptanz bestehender gesellschaftlicher Herrschaftsverhältnisse vorgeworfen worden.[5] Ausgehend von der differenzierungstheoretischen Annahme, dass das historische Charakteristikum moderner Gesellschaften gerade in der *Indifferenz* gesellschaftlicher Kommunikationssysteme wie Wirtschaft, Recht und Erziehung gegenüber Unterscheidungen nach Klasse, Geschlecht oder Ethnizität besteht, ist ‚soziale Ungleichheit' in der Systemtheorie lange als anachronistische Gesellschaftssemantik behandelt worden. Gleichwohl wird das Thema der sozialen Ungleichheit von Luhmann registriert und bearbeitet, nicht zuletzt im Kontext seiner zahlreichen Arbeiten zum Erziehungssystem. Allerdings lassen sich erst seit Ende der 1990er Jahre instruktive Versuche einer ‚Integration' ungleichheitssoziologischer Problemstellungen in die Differenzierungstheorie verzeichnen[6], die durch Luhmanns Thematisierung des basalen gesellschaftlichen Differenzierungsmodus der Inklusion/Exklusion (vgl. Luhmann 2005b) angestoßen wurden und an die wir anzuschließen versuchen.

Eine Prämisse der weiteren Ausführungen ist, dass sich Formen sozialer Ungleichheit, vor allem die gesellschaftlichen Prozesse der *Produktion* (und nicht lediglich der Reproduktion) von Ungleichheit, ohne Fundierung in Differenzierungstheorie(n) nicht hinreichend verstehen lassen. Die Folgerungen, die aus einer solchen Perspektive resultieren, werden wir in spezifischer Weise in Bezug auf das Erziehungssystem diskutieren. Dabei betrachten wir soziale Ungleichheit nicht als ein ‚Spezialproblem' des Moralsystems der Gesellschaft, sondern als einen zentralen Reflexionsanlass soziologischer Differenzierungstheorie:

---

5   Hierbei spielt vor allem die Tradition der Kritischen Theorie eine zentrale Rolle: Gegen den Strukturfunktionalismus hat bereits Theodor W. Adorno (1998) grundlegend argumentiert, dass er das Subjekt gegenüber der „Unabhängigkeit und Abgesetztheit" (ebd.: 43) des Gesellschaftssystems verleugne, wobei Adornos Hauptangriffspunkt in Parsons Psychoanalyserezeption lag. Wesentliche Motive für eine Zurückweisung der Differenzierungstheorie Luhmanns sind dann von Jürgen Habermas vorgetragen worden (vgl. Habermas/Luhmann 1975).

6   Vgl. etwa die differenzierungstheoretischen Beiträge in Schwinn 2004 (Bommes 2004; Nassehi 2004; Stichweh 2004) sowie die Diskussion um Inklusion/Exklusion (Stichweh/Windolf 2009; Nassehi 2011).

Denn mit der Annahme der Indifferenz der Funktionssysteme – und damit auch des Erziehungssystems – gegenüber ‚sozialer Herkunft' scheint sich die Differenzierungstheorie nicht hinreichend von der ‚meritokratischen' Selbstbeschreibung der modernen Gesellschaft zu lösen. Und diese Problematik zeigt sich insbesondere in Luhmanns Arbeiten zum Erziehungssystem. Gleichwohl bietet der Bezug auf die Selbstreferenzialität (operative Geschlossenheit) der Erziehung, die Beschreibung ihrer spezifischen Paradoxien (wie etwa ihr Technologiedefizit) sowie Luhmanns Auseinandersetzung mit den kausaltheoretischen Annahmen der wissenschaftlichen Pädagogik bedeutsame Anschlussmöglichkeiten für die Erörterung ungleichheitstheoretischer Fragestellungen.

Die Suche nach dem ‚missing link' zwischen Ungleichheitssoziologie und Differenzierungstheorie führt uns zur Theorie sozialer Klassifikation, wie sie im Rahmen der wissenssoziologischen Tradition formuliert wurde. Was gesellschaftlich als ungleich gilt und was als Ungleichheit legitimiert bzw. skandalisiert werden kann, hängt klassifikationstheoretisch von der Form und vom Einfluss des institutionalisierten Wissens über gesellschaftliche Realität ab. Dieses Wissen ist ein klassifizierendes Wissen, das Dinge und Phänomene ebenso wie Menschen unterscheidet und einordnet. Die Rückbindung der Klassifikationstheorie an ungleichheitssoziologische Problemstellungen führt dabei zu einer Perspektive, in der Institutionen und Organisationen die Rolle gesellschaftlicher *Klassifikateure* zugerechnet wird, während die systemtheoretische Analyse die Eigenrationalität sozialer Systeme in Rechnung stellt und Klassifikation als ein sytemrelatives Beobachtungsschema in Erscheinung treten lässt.

Gesellschaftliche Ungleichheit und soziale Askription

1

Der Begriff *soziale Ungleichheit* bezeichnet zunächst zweierlei: zum einen die *strukturell* ungleiche (und nicht lediglich ‚zufällige') Verteilung gesellschaftlicher Ressourcen wie Einkommen/Besitz, Macht und Bildung und daraus entstehende Klassen-, Schichten- und Milieubildungen; zum anderen *Prozesse* der Zuweisung (Allokation) von Individuen auf sozial ungleichwertige Positionen, aus denen „gesellschaftlich verankerte Formen der Begünstigung und Bevorrechtigung einiger, der Benachteiligung und Diskriminierung anderer" (Kreckel 2004: 15) resultieren. Die Erscheinungsformen und Ausprägungen strukturierter Ungleichheit sowie deren Veränderung im historischen Verlauf werden im Rahmen der empirischen Ungleichheitsforschung auf Grundlage sozialstatistischer bzw. sozialdemographischer Daten deskriptiv beschrieben. Die Bestimmung der Prozesse, die soziale Ungleichheit hervorbringen und ihre Struktur reproduzieren, bildet demgegenüber vor allem den Gegenstand gesellschaftstheoretischer Reflexion. Angesichts des dynamischen Wandels moderner Gesellschaften und der damit verbundenen prozessualen Komplexität gesellschaftlicher Ordnungsbildung ist von vielschichtigen Mechanismen der Erzeugung von Ungleichheit auszugehen, die mit linearen Kausalmodellen indes nicht mehr plausibel erklärt werden können.

Doch nicht nur in Bezug auf die gesellschaftstheoretische Reflexion, sondern auch hinsichtlich der empirischen ‚Evidenzen' der Ungleichheitsforschung bestehen nach wie vor Probleme: Diese betreffen vor allem den Umstand, dass die soziologische Ungleichheitsforschung Gesellschaft auf Grundlage sozialstatistischer Kategorien wie Familienstand, Beruf, Einkommen, Bildungsniveau, Nationalität, Religion, Ethnizität, Geschlecht, Lebensstil usw. konstruiert, aus denen dann einerseits die Existenz sozialer Gruppen wie Schichten, Klassen, soziale Lagen oder Milieus sowie andererseits ihre asymmetrische Relationierung abgeleitet wird.[7] Allerdings steht der Repräsentationswert dieser Kategorien und mit ihm die Vorstellung, Gesellschaft bestehe aus realen sozialen Gruppen aus epistemologischer Perspektive nach wie vor zur Disposition. Denn das damit verbundene Gesellschaftsverständnis ist durch eine konstitutive Subsumtionslogik gekennzeichnet, die Individuen aufgrund selektiver statistischer Merkmalszuschreibungen zu Gleichen macht; erst dann lässt sich Ungleichheit zwischen den Gruppen der Gleichen markieren. Wenn Gesellschaft als Gefüge differenzierter sozialer Gruppen bzw. Kollektive betrachtet wird, muss notwendigerweise die interne Homogenität oder die Merkmalsgleichheit zwischen Angehörigen der jeweiligen Gruppen vorausgesetzt werden, auch wenn, wie etwa im Rahmen der Milieuforschung, die Grenzen zwischen den Gruppenzugehörigkeiten als flexibel oder gar fließend erachtet werden (vgl. Hradil 2005: 431).

Die soziologische Theorie und Forschung ist in Hinblick auf die Beschreibung von Ungleichheit als *Strukturmerkmal* moderner Gesellschaften von einer verzweigten und kontrovers geführten Diskussion geprägt, die wir an dieser Stelle nicht nachzeichnen können. Wir beschränken uns deshalb darauf, in aller Kürze zwei Problemzusammenhänge zu benennen, die für die Konturierung der angedeuteten erkenntnistheoretischen Fragen bedeutsam sind:

- Der erste Problemzusammenhang betrifft die ‚klassische‘ Konkurrenz zwischen Klassen- und Schichtungstheorien: Traditionelle *Klassentheorien*, die wesentlich an Marx' Kapitalismusanalysen anschließen, gehen von einem dominanten ökonomischen Herrschaftsmechanismus (Aneignung des Mehrprodukts) aus, leiten objektive Klassenverhältnisse aus diesem Mechanismus analytisch ab und konstruieren Klassen konflikttheoretisch als relational-antagonistisch konstituierte Entitäten. *Schichtungstheorien* (vgl. klassisch Geiger 1932/1987; Geißler 2006) beschreiben Gesellschaft demgegenüber als eine stratifizierte Struktur, wobei soziale Schichten als Gruppierungen von Individuen mit gleichem Sozialstatus bzw. gleicher Soziallage (Einkommen, Beruf, Besitz, Bildung, Prestige usw.) definiert sind. Schichtungstheorien gehen grundsätzlich von der Möglichkeit des individuellen Auf- oder Abstiegs im Sinne sozialer Mobilität aus. Dem Schichtungsmodell folgend untersuchen Sozialstrukturanalysen die empirischen Ausprägungen von Ungleichheiten innerhalb des stratifizierten Gefüges der Gesellschaft bzw. Veränderungen seiner Grundmuster durch Bestimmung neuer Ungleichheitskategorien wie etwa ‚soziale Lagen‘, ‚Lebenslagen‘ und ‚Lebensstile‘ (vgl. Hradil 2005). Auch neuere

---

7   Vgl. zur Entwicklungsgeschichte der soziologischen Modellierungen ungleicher Gruppenrelationen Hradil 2005: 353ff.

Klassentheorien reagieren mit einem kultursoziologisch reflektierten Klassenbegriff (vgl. insbesondere Bourdieu 1983 u. 1985) auf das Problem der Differenzierung sozialer Ungleichheiten, die sich nicht mehr allein auf Grundlage
der ökonomischen Verhältnisse als objektivierter Struktur erklären lassen.
Hieran knüpft die neuere Milieuforschung an (vgl. Vester et. al. 2001).

• Der zweite Problemzusammenhang, den wir im Folgenden ins Zentrum unserer Diskussion stellen werden, ist disziplingeschichtlich neueren Datums und
betrifft den Ungleichheitscharakter von Differenzen zwischen gesellschaftlichen ‚Gruppen', deren *gesellschaftliche* Genese *nicht* aus der Beschreibung
von Klassen-, Schichtungs- oder Milieubildungsprozessen abgeleitet werden
kann: Es handelt sich hierbei um soziale Unterscheidungen nach Geschlecht,
Kultur/Ethnizität oder Alter, die als solche nicht aus der statistischen Aggre-
gierung von Individualmerkmalen gewonnen, sondern immer schon im Sinne
kategorial differenzierter Gruppenzugehörigkeit behandelt werden.[8] Gleichwohl strukturieren diese Differenzen auch in modernen Gesellschaften soziale
Ungleichheit und ungleiche Zugangschancen zu gesellschaftlichen Ressourcen
und Positionen: Sie ‚verursachen' offensichtlich sozial-vertikale Immobilität, obwohl sie mithin als ‚horizontale' Differenzen konzeptualisiert werden.
In der Geschichte der soziologischen Theoriebildung sind diese Differenzen
insbesondere unter dem Gesichtspunkt der *Askription*, d.h. der gesellschaftlichen Zuschreibung von Gruppenmerkmalen auf das Individuum diskutiert
worden. Die Integration dieser ‚kategorialen Differenzen' in Schichtungs- und
Klassenmodelle stellt spätestens seit Mitte der 1980er Jahre eines der zentralen
Theorieprobleme der Ungleichheitssoziologie dar.

1.1   Dimensionen strukturierter Ungleichheit

Die Referenz auf Kategorien wie Geschlecht, Nationalität, Ethnizität, Lebensstil
oder auch Alter hat innerhalb der Ungleichheitssoziologie nicht nur zu einer Sen-

---

8   Kategoriale Differenzen unterscheiden sich von graduellen Differenzen dadurch, dass
     sie nach einem *zeitlich stabilen* ‚Entweder-Oder'-Schema differenzieren und nicht
     nach einem ‚Mehr-oder-Weniger'-Schema. Ein Individuum kann entsprechend im
     Vergleich zu anderen mehr oder weniger Einkommen oder Prestige *haben*, aber ge-
     mäß kategorialer Differenzierungsmuster nur entweder Protestant, Katholik, Jude
     oder Muslim, ‚schwarz' oder ‚weiß', Mann oder Frau, Inländer oder Ausländer, jung
     oder alt usw. *sein*: Kategorialen Differenzen eignet entsprechend eine ontologisieren-
     de Logik. Empirische ‚Abweichungen' von kategorialen Zuordnungen führen dann zu
     ‚neuen' Kategorien, mit denen die ‚Abweichung' markiert wird.

sibilisierung für die Komplexität des Ungleichheitsgefüges der modernen Gesellschaft, sondern zugleich zu erheblichen Schwierigkeiten in der Theoriebildung beigetragen. Insbesondere zeigt sich angesichts der damit aufgerufenen „symbolischen Dimension" (Weiß et al. 2001) sozialer Ungleichheit die Unzulänglichkeit klassischer Klassen- und Schichtungsansätze: Insofern sich bspw. die Reproduktion geschlechtlich und ethnisch konturierter Ungleichheiten nicht per se durch die ‚materiellen' Verteilungsstrukturen der Gesellschaft erklären lässt, scheint es zunächst plausibel, jene symbolische Dimension als eine genuine Form der Ungleichheit zu bestimmen und ihre spezifischen Erzeugungsprozesse zu untersuchen. In dieser Forschungsperspektive lässt sich etwa Rassismus als eigenständige, ‚vertikale' Ungleichheit hervorbringende Herrschaftsform verstehen (vgl. Wacquant 2001; Weiß 2001), während in einer anderen Linie innerhalb dieser Diskussion davon ausgegangen wird, dass erst durch Wechselwirkung zwischen symbolischer und materieller Ungleichheit eine ‚vertikale' Ungleichheitslage entsteht (vgl. etwa Eder 2001).

Die gesellschaftstheoretisch motivierte Diskussion unterschiedlicher Ungleichheitsdimensionen ist lange vom Klassenbegriff und seiner herrschaftssoziologischen Fundierung bei Marx und Weber ausgegangen. In der Hauptsache hat sie sich mit der Frage befasst, welchen konstitutiven Status *Klassenbeziehungen* im Verhältnis zu anderen Ungleichheitsrelationen besitzen, was dann in Hinblick auf *Klasse und Geschlecht* (vgl. etwa Becker-Schmidt 1989; Beer 1990), *Klasse und ‚race'/Ethnizität* (vgl. etwa Balibar/Wallerstein 1991; Bader 1995) oder *Klasse und Staatsbürgerschaft* (vgl. Kreckel 2004) ausbuchstabiert worden ist. Eine integrierte Ungleichheitstheorie, die den gestellten Komplexitätsanforderungen ‚pluraler' Ungleichheitsstrukturen genügt, ist damit jedoch noch nicht erreicht.

Ein wesentlicher Grund dafür mag darin liegen, dass die jeweiligen Ungleichheitskategorien selbst auf inkommensurable gesellschaftliche *Differenzierungsformen* verweisen: Geschlecht verweist auf *patriarchal* konturierte Differenzierungen; Ethnizität auf *national-territoriale* Differenzierungen; Schicht auf Differenzierung entlang der Verfügung über *Einkommen, Macht und Bildung*; Klasse auf eine *ökonomische* und *politische* Differenzierung; Lebensstil auf eine *alltagskulturelle* Differenzierung usw. Mit den Kategorien Geschlecht, Ethnizität, Klasse oder Schicht wird entsprechend auf differente Formen der sozialen Strukturbildung Bezug genommen. Wenn Ungleichheitsformen auf Differenzierungsformen zurückgeführt werden, impliziert dies jedoch eine konstitutionstheoretisch veränderte Ausgangslage, sodass Reinhard Kreckels Forderung, dass „alte und neue, nationale und internationale, vertikale und nicht-vertikale Ungleichheiten alle ein gemeinsames begriffliches und damit theoretisches Dach benötigen" (Kreckel 2004: 18; vgl. 1983: 8) nach wie vor ein – möglicherweise auch nicht einzuholendes – Desiderat der Theoriebildung darstellt. Denn obwohl bereits zu Beginn der 1980er Jahre vorgeschlagen wurde, von *Ungleichheiten im Plural* (vgl. Kreckel 1983) auszugehen, scheint eine einheitliche und konsistente Theorieperspektive trotz zahlreicher Bemühungen in diese Richtung auch weiterhin nicht in Sicht (vgl. Weiß et al. 2001; Berger 2003).[9]

Eine integrative Theorieperspektive hätte zwei erkenntnislogisch divergierende Paradigmen miteinander zu verbinden: Während die im „Differenzierungsparadigma" (Berger 1988: 502) arbeitenden Analysen die gesellschaftliche Existenz paralleler Ungleichheitsstrukturen annehmen und darauf mit der Vermehrung beobachtungsleitender Kategorien reagieren, stellt für Theorien, die dem „Konsistenzparadigma" (ebd.) folgen,[10] die Persistenz von Klassenstrukturen die conditio sine qua non einer soziologischen Ungleichheitsforschung dar. Ein weiterer Grund für das Fehlen einer einheitlichen Ungleichheitstheorie scheint darüber hinaus darin zu liegen, dass in der Ungleichheitsanalyse Geschlecht oder Ethnizität als immer schon kategorial differenzierte soziale Unterscheidungen vorausgesetzt werden, während die theoretische Konzeption von Schichtung und Klassenbildung eng an die Analyse ihrer gesellschaftlichen Reproduktionsprozesse gebunden ist. Insofern sich Geschlecht und Ethnizität konstitutionslogisch aber gerade nicht als schichtungs- oder klassenanaloge Strukturbildung beschreiben lassen, kann ihre gesellschaftliche Hervorbringung mit den klassischen Mitteln der Klassen-, Schichtungs- und Milieutheorien nicht erklärt werden.

1.2 Soziale Schließung und Askription

Die Ungleichheitswirksamkeit *kategorialer Differenzen* ist ‚klassisch' im Rahmen von *Theorien sozialer Schließung* thematisch geworden, die sich mit den *Prozessen* und *Mechanismen* der Reproduktion gesellschaftlicher Ungleichheit befassen und wesentlich auf handlungstheoretischen Prämissen basieren. Dem von Max Weber (1922/2005) und im Anschluss daran von Frank Parkin (2004) formulierten

---

9 So fächert Bader beispielsweise acht differenzierte ‚Stufen' von Ungleichheitsverhältnissen allein in Bezug auf den Zusammenhang von Kapitalismus und Rassismus auf und kommt zu dem Schluss: „Eine umfassende Theorie, die auf all diese Fragen konsistente und erklärungskräftige Antworten zu formulieren erlaubt, gibt es nicht und kann es meiner Ansicht nach nicht geben. Das aber verhindert keineswegs, dass auf den jeweiligen Stufen spezifische, komplementäre Theorien ausgearbeitet und getestet werden." (Bader 1998: 117)

10 In einem späteren Beitrag unterscheidet Berger (2003) begrifflich zwischen *Differenzierungs-* und *Kohärenzparadigma*.

Ansatz[11] folgend, stellt soziale Schließung einen Mechanismus der Privilegienabsicherung dar, der auf einer wirksamen Strategie der Außerkraftsetzung von
Leistungsprinzipien im Wettbewerb um soziale Positionen basiert. Jede beliebige
personale Eigenschaft kann demnach dazu genutzt werden, um Konkurrenz in
diesem Wettbewerb um Allokationschancen und höhere soziale Positionen aus-
zuschließen:

> „Die Form, in der dies zu geschehen pflegt, ist die: dass irgendein äußerlich feststell-
> bares Merkmal eines Teils der (aktuell oder potentiell) Mitkonkurrierenden: Rasse,
> Sprache, Konfession, örtliche oder soziale Herkunft, Abstammung, Wohnsitz usw.
> von den anderen zum Anlass genommen wird, ihren Ausschluss vom Mitbewerb
> zu erstreben. Welches im Einzelfall dies Merkmal ist, bleibt gleichgültig: es wird
> jeweils an das nächste sich darbietende angeknüpft [...] Und das Ziel ist: in irgendei-
> nem Umfang stets *Schließung* der betreffenden (sozialen und ökonomischen) Chan-
> cen gegen Außenstehende." (Weber 1922/2005: 260f.)

Den entscheidenden Hinweis auf die Funktion kategorialer Differenz im Prozess
der Schließung gibt Weber, insofern er auf *sozial sichtbare*, ‚äußerlich feststell-
bare' Merkmale abhebt, die als flexibel handhabbare Kriterien des Ausschlusses
wirksam werden können. Der Grundgedanke ist zudem, dass diese Kriterien des
Ausschlusses den ausgeschlossenen Individuen selbst unverfügbar bleiben, weil
es sich bei den genannten Merkmalen um Gruppen- bzw. Kollektivmerkmale
handelt. Der Schließungseffekt basiert folglich auf einer Ausnutzung von Gruppenzugehörigkeiten, wenn es um den Zugang zu sozialen oder ökonomischen
Ressourcen geht. Soziale Schließung impliziert, dass Gruppenprivilegien gegen
Nicht-Zugehörige (‚Außenstehende') abgesichert werden. Der Mechanismus der
Schließung folgt damit der vormodernen Logik sozialer Zugehörigkeit im Kontext ständischer Reproduktion.[12] Das meritokratisch-individualistische Prinzip
des Wettbewerbs um soziale Chancen und Positionen sowie die Ideale der Chancengleichheit und Freiheit werden durch den Mechanismus der sozialen Schließung folglich ausgehebelt.

Parkin hat infolge der Annahme, dass Schließung unter „Bezugnahme auf jed-
wede angenommene Gruppenzugehörigkeit eines Individuums legitimiert wird",
vorgeschlagen, „individualistische und kollektivistische Ausschließungsregelun-

---

11 Dass die Theorie sozialer Schließung in der soziologischen Diskussion nach wie vor
Relevanz besitzt zeigt nicht zuletzt der von Jürgen Mackert 2004 herausgegebene Sam-
melband, in dem auch klassische Texte der Schließungstheorie aufgenommen wurden.

12 Entsprechend spricht auch Bourdieu (2004) in einer Studie zur Elitenreproduktion im
französischen Bildungssystem von der Reproduktion eines „Staatsadels".

gen" (Parkin 2004: 33) zu differenzieren, wobei individualistische Ausschließung einer kredentialistischen Logik folgend durch formale Bildungszertifikate reguliert wird (vgl. ebd.: 34). Da jedoch der erfolgreiche Erwerb formaler Bildungstitel mit der Gefahr des individuellen Scheiterns behaftet ist, stellen kollektivistische Ausschließungsstrategien fungible Möglichkeiten der Privilegienabsicherung bereit, indem sie kredentialistische resp. meritokratische Schließungsmechanismen unterminieren:

> „Denn die Betonung von Merkmalen der Gruppe, im Gegensatz zu individuellen Merkmalen, ist der effektivste Weg, Privilegien an die eigenen Leute weiterzugeben, seien diese nun durch Abstammung, Hautfarbe, Religion, Sprache oder sonstiges definiert." (ebd.: 33)

Parkin geht also letztlich davon aus, dass die nach Religion, Sprache, Hautfarbe und Abstammung unterschiedenen Gruppen über eine hinreichende Binnenkohäsion und über gemeinsame Interessen verfügen, also als *kollektive Akteure* angesehen werden können. Gesellschaft wird entsprechend als Gefüge konfligierender Gruppen gedacht, die Gruppenzugehörigkeit als Machtmittel und Handlungsressource im Kampf um soziale Positionen einsetzen. Mechanismen sozialer Schließung werden dabei auf gemeinsame Interessen und Ziele handelnder Kollektive zurückgeführt. Diese Rückbindung des Schließungsprozesses an Intentionalität mag im Kontext klassentheoretischer Überlegungen *politisch* plausibel sein, insofern hier das Marxsche Prinzip der ‚Klasse für sich' als kollektives Handlungssubjekt aufgegriffen und auf soziale Gruppenbildung im Allgemeinen übertragen wird. In Hinblick auf Dimensionen wie ‚Sprache', ‚Hautfarbe' oder ‚sonstiges' – zu denken wäre hier etwa an Geschlecht – ist die Annahme von Gruppen als Kollektivsubjekten, die über geteilte Interessen und gemeinsame Handlungsstrategien verfügen, gesellschaftstheoretisch allerdings nicht plausibel. Hier wird deutlich, dass die handlungstheoretische Modellierung des Schließungsansatzes dazu zwingt, Akteure konstruieren zu müssen, denen dann intendierte Handlungsstrategien als Ursache für die Reproduktion sozialer Ungleichheit zugerechnet werden müssen.

Das grundlegende Theorieproblem besteht jedoch abermals darin, die gesellschaftliche Genese sozialer Gruppen zu erklären, die selbst nicht durch den Mechanismus der Schließung *entstehen* können, dessen Voraussetzung sie sind.[13]

---

13 Elias und Scotson (1993) haben in ihrer berühmten Studie „Etablierte und Außenseiter" versucht, gewissermaßen von einer schließungstheoretischen ‚Nulllage' ausgehend die gesellschaftliche Konstitution nicht nur asymmetrischer Gruppenbeziehun-

Zudem zeigt sich, dass die Auswahl der (Gruppen-)Merkmale, auf die im Prozess der Schließung Bezug genommen wird, keineswegs *arbiträr* ist, wie Weber und Parkin nahe legen: Dass Hautfarbe, Abstammung oder Sprache Diskriminierungsrelevanz besitzen, wird nicht erst im Zuge der Schließung ‚erfunden‘. Diskriminierungsfähigkeit besitzen die genannten Merkmale, weil sie bereits auf eine historisch gewachsene ‚symbolische‘ Asymmetrie verweisen können, deren diskriminierende Wirkung auf ihrer Fähigkeit basiert, *soziale Sichtbarkeit herzustellen.*

Webers Aufzählung schließungswirksamer Merkmale lässt sich vor diesem Hintergrund an eine andere ‚klassische‘ Unterscheidung anschließen, diejenige zwischen sozial zugeschriebenen (ascribed) und individuell erworbenen (achieved) sozialen Statusmerkmalen. In der Ungleichheitssoziologie ist der Begriff ‚askriptiv‘ zur Beschreibung jener Gruppenmerkmale genutzt worden, die im Sinne Webers soziale Schließung ermöglichen, generell jedoch die Zugehörigkeit zu kategorial differenzierten sozialen Gruppen anzeigen: Geschlecht, Ethnizität, Alter etc. gelten entsprechend der Logik dieser Unterscheidung als dem Individuum *zugeschriebener* sozialer Status, während Status, die durch Bildungsabschlüsse und berufliche Positionen erreicht werden, als Ergebnis individueller Leistung erachtet werden.

Die Besonderheit askriptiver Merkmale besteht darin, dass sie erstens sozial Sichtbarkeit herstellen und dass sie zweitens individuell nicht bzw. nicht ohne weiteres verändert werden können. Aus diesem Grund stellen jene askriptiven Kategorien ein relativ stabiles Set benachteiligungsfähiger Attribute zur Verfügung, das im Rahmen sozialer Schließungsmechanismen hoch fungibel ist. Die Unterscheidung askriptiv/erworben geht ursprünglich auf den US-amerikanischen Kulturanthropologen Ralph Linton (vgl. Linton 1936/1964: 115ff.) zurück: Askriptive Statusmerkmale orientieren nach Linton bereits familiale Sozialisation, da sie mit typischen Rollenerwartungen verbunden werden: Die ‚Sichtbarkeit‘ der Geschlechterzugehörigkeit nach der Geburt etwa legt die familiale Erziehung auf ein gesellschaftlich erwartetes Geschlechterrollenschema fest. Askriptionen

---

gen, sondern auch der Gruppen selbst nachzuzeichnen. Am Fall einer nordenglischen Kleinstadt (‚Winston Parva‘) konnten sie zeigen, dass die Existenz konfligierender Gruppen aus dem Konflikt und seiner Dynamik resultierte und diesem nicht vorausging. Aber auch hierbei mussten Faktoren wie ein Kohäsionsgefälle zwischen den Gruppen infolge der unterschiedlichen Wohndauer zur Erklärung herangezogen werden (vgl. dazu Hormel 2007: 160ff.).

wie Geschlecht determinieren folglich die Zukunft des Individuums und gerade dies macht ihre Unveränderbarkeit aus.[14]

Veit Michael Bader und Albert Benschop weisen auf einen problematischen Aspekt der Unterscheidung akriptiv/erworben hin: Nicht lediglich sozial definierte „biologisch-physiologische oder phänotypische askriptive Merkmale", sondern auch „sozial-historisch askriptive Merkmale" wie territoriale oder geographische Herkunft, Sprache, Kultur, Religion, Nationalität, Klassenlage, Mitgliedschaft in weltanschaulichen und politischen Organisationen und Staatsbürgerschaft werden nicht individuell erworben, sondern sind „sozial vererbt" (vgl. Bader/Benschop 1989: 233).[15] Wenn wir diese Argumentation aufgreifen und verallgemeinern, können alle Merkmale, die in Prozessen sozialer Schließung potenziell Bedeutsamkeit erlangen, als askriptive Merkmale bezeichnet werden, insofern sie *Gruppenzugehörigkeit zuschreiben*. Damit wird die Idee des askriptiven Merkmals nicht länger an die Vorstellung seiner ‚natürlichen' Sichtbarkeit geknüpft, sondern entnaturalisiert und konsequent als ein Vorgang der sozialen *Konstitution von Sichtbarkeit im Prozess der Zuschreibung* gefasst. Wir erachten es daher in terminologischer Hinsicht als notwendig, statt von askriptiven Merkmalen als

---

14 Lintons kulturanthropologisch konturierte Theorie ist komplexer angelegt, als es die tradierte Adaption der Unterscheidung ascribed/achieved in der soziologischen Ungleichheitstheorie nahe legt. Linton unterscheidet zunächst zwischen Gesellschaft und sozialem System: „A society is an organization of individuals; a social system is an organization of ideas." Linton 1936/1964: 253). Während das ‚soziale System' als kulturelles Muster (pattern) der Verhaltenslenkung das Gesamtgefüge sozialer Status und Rollen repräsentiert (vgl. ebd.), wird ‚Gesellschaft' im Modus der Gruppenbildung konstruiert: „Society is any group of people who have lived and worked together long enough to get themselves organized and to think of themselves as a social unit with well-defined limits." (ebd.: 91) Die Differenzierung von Statuspositionen und Rollen in der Gesellschaft wird mit der Unterscheidung ascribed/achieved status berücksichtigt, wobei die soziale Position als individuelle ‚Statussumme' aufzufassen sei (ebd.: 113): „*Ascribed* statuses are those which are assigned to individuals without reference to their innate differences or abilities. They can be predicted and trained for from the moment of birth. The achieved statuses are, as a minimum, those requiring special qualities, although they are not necessarily limited to these. They are not assigned to individuals from birth but are left open to be filled through competition and individual effort." (ebd.: 115) Linton konzipiert *askriptive* Statusmerkmale folglich als soziale Anhaltspunkte, die von Geburt an „the training of the individual for his potential statuses or roles" (ebd.: 116) in eine erwartungsfeste Richtung lenken können, aber nicht schon der *Status* selbst sind.

15 Bereits Parsons redefiniert Lintons Begriff ‚ascribed status' in systemtheoretischer Perspektive dahingehend, dass nicht lediglich somatisch oder physiologisch verstandene Merkmale zugeschrieben werden, sondern bspw. im Fall eines Kindes auch der sozioökonomische Status der Familie (vgl. Parsons 1971: 156).

Eigenschaften von Individuen von *Askriptionen* als Zuschreibungsakten zu sprechen, um dieses konstitutionslogische Moment zu betonen.

Vor diesem Hintergrund lässt sich die Kernproblematik der Schließungstheorie darin erkennen, dass der Mechanismus der Schließung zwar die Reproduktion „strukturierter sozialer Ungleichheit" (Kreckel 2004: 19) erklären kann. Nicht erklärbar ist aufgrund derselben Mechanismen allerdings, wie *strukturierte soziale Sichtbarkeit* entsteht, die nicht-beliebige Askriptionsoptionen bereitstellt und die sich gerade nicht handlungstheoretisch erschließen lässt. Letztlich betrifft diese Problematik jedoch die soziologische Ungleichheitsforschung insgesamt, insofern sie ihren Gegenstand als Untersuchung der Positionierung von „Großkollektiven" (Stichweh 2004: 353) konturiert und beobachtungslogisch einem „groupism" (Brubaker 2004) verhaftet bleibt, der die Genese etwa ethnisch kategorisierter sozialer Gruppen selbst nicht mehr als erklärungsbedürftigen Sachverhalt reflektiert. Die Rassismusforschung hat darin das Problem exponiert, dass ‚rassisch' oder ethnisch gefasste Gruppen nicht gleichzeitig „explanandum und explanans" (Wacquant 2001: 66) sein können. Die damit markierte wissenschaftstheoretische Frage der Gegenstandskonstitution betrifft jedoch alle sozialen Entitäten wie Klassen, Schichten, Genusgruppen, Ethnien, Sprach- und Religionsgemeinschaften usw. und damit auch die Beziehungen, die zwischen diesen Entitäten bestehen.

Im Fall des von Bader und Benschop entworfenen schließungstheoretischen Ansatzes bildet die Unterscheidung zwischen „positionaler Ungleichheit" als der Gesamtstruktur ungleicher gesellschaftlicher Positionen und „allokativer Ungleichheit" als davon zu unterscheidenden ungleichheitswirksamen Verteilungsprozessen (vgl. ebd.: 45f.) den Ausgangspunkt ihrer Argumentation. Im Fokus steht dabei die Frage, wie Prozesse der „Rekrutierung" (ebd.: 42) von Personen auf ungleiche soziale Positionen ablaufen und wodurch sie faktisch gesteuert werden. Mit der theoretischen Differenzierung von *Gesellschaft, Organisation und Interaktion* als Ebenen gesellschaftlicher Strukturbildung versuchen Bader und Benschop der Komplexität der Struktur positionaler Ungleichheit Rechnung zu tragen (vgl. ebd.: 192f.). Während auf der Ebene der Gesellschaft die Ausprägungen der Ungleichheitsstrukturen von der Art ihrer historischen Differenzierungsform abhängig sind (z.B. ständisch, nach Klassen oder auch funktional), beziehen sich organisatorische Ungleichheiten vor allem auf die selektiven Beschäftigungs- und Erwerbschancen sowie die organisationsintern hierarchisierten Stellen- und Rollenstrukturen. Auf der Ebene der Interaktion manifestiert sich Ungleichheit demgegenüber auf Grundlage „selektiver Assoziation" (ebd.: 193) und bezieht sich auf die Konstitution ungleicher Interaktionschancen. Folgt man dieser differenzierungstheoretischen Argumentation, wären Mechanismen sozialer Schließung und die ihnen zugrunde liegenden Askriptionen in Hinblick auf die Ebenen Gesellschaft, Organisation und Interaktion jeweils zu spezifizieren.

Die Berücksichtigung der Logik der sozialen Askription sowie der Differenzierung gesellschaftlicher Ebenen ermöglicht eine Neu-Konstruktion des explanandums der Schließungstheorie: Nicht die Frage, wie soziale Schließung auf askriptive/kollektivistische Merkmale Bezug nimmt, sondern wie diese ‚Merkmale‘ überhaupt mit Realitätserwartung verknüpft werden, gilt es zu beantworten. Hinsichtlich der Erzeugung sozialer Ungleichheit geht es demnach nicht mehr um die sozialen Merkmale von Individuen und Gruppen, sondern um den *sozialen Sinn von Askriptionen*.

In Anschluss an Parkin erachten wir es als sinnvoll, an der Unterscheidung individualistisch/kollektivistisch festzuhalten, die wir jedoch zur Differenzierung heterologischer *Askriptionsmodi* nutzen: Das Spezifikum *individualistischer Askriptionen* wie Schulleistung, Bildungszertifikate oder beruflicher Status scheint uns darin zu liegen, dass der Askriptionsprozess offiziell und formal kontrolliert im Kontext moderner gesellschaftlicher Institutionen und Organisationen abläuft: Als ‚erworben‘ geltende Leistungsmerkmale wie Bildungsniveau und berufliche Qualifikationen werden innerhalb der Organisationen des Bildungswesens auf Grundlage *interner* Kriterien zugeschrieben: Sie bedürfen der gesellschaftlichen Sichtbarmachung durch Prüfung und formale Zertifizierung. Der ‚Sinn‘ der individualistischen Askription besteht geradezu darin, für *legitime Ausschließung* im Wettbewerb um Allokationschancen zu sorgen. Damit ist nichts anderes beschrieben als das meritokratische Prinzip der Herstellung und Legitimation sozialer Ungleichheit. Im Gegensatz dazu gelten *kollektivistische Askriptionen*, die im Modus der Zuschreibung von Gruppenzugehörigkeit operieren, gerade nicht als legitime Kriterien für Ausschließung, weil sie die bürgerlichen Werte der Gleichheit und Freiheit der Individuen, denen moderne Institutionen verpflichtet sind, unterlaufen. Erst vor diesem Hintergrund wird die Frage virulent, wie beide Modi der Askription im konkreten Kontext von Institutionen und Organisationen *faktisch* und im Widerspruch zur formalen Gewährleistung von Chancen ‚jenseits von Klasse und Stand‘ miteinander verknüpft werden, sich überlagern oder auch ausschließen. Somit wäre die ungleichheitssoziologische Problemstellung der Theorie sozialer Schließung um den Faktor der innerinstitutionellen bzw. innerorganisatorischen *Kopplung individualistischer und kollektivistischer Askriptionen* zu erweitern.

1.3   Meritokratie und Ungleichheit

Hinsichtlich der Erzeugung sozialer Ungleichheit ist damit eine Perspektive eröffnet, die nicht lediglich von einer Reproduktion ungleicher Gruppenrelationen ausgeht, sondern die Stabilisierung von Ungleichheitsverhältnissen unter der Bedingung differenzierter gesellschaftlicher Ebenen mit jeweils eigenen Handlungsrationalitäten als zu erklärenden Sachverhalt exponiert: Im Kontext von Organisationen wie etwa Wirtschaftsunternehmen oder staatlichen Verwaltungen spielen formal erworbene Qualifikationen, die durch Bildungszertifikate dokumentiert werden, grundsätzlich eine wesentlich größere ungleichheitswirksame Rolle als im Kontext informeller bzw. privater sozialer Netzwerke. Andererseits lassen sich Diskriminierungen in Organisationen erst sichtbar machen, wenn sich bei gleicher individueller Qualifikation kategoriale Differenzen wie etwa Geschlecht, Ethnizität oder Alter systematisch als Wettbewerbsnachteil dokumentieren lassen.

Gemäß der Selbstdeutung der modernen, kapitalistisch geprägten Gesellschaft werden die erstrebenswerten Positionen im stratifizierten Gefüge des Sozialen durch Wettbewerb um die besten Bildungsabschlüsse und somit um die besten Allokationschancen besetzt. Dieser Wettbewerb wird demzufolge mit Mitteln der individuellen Leistung ausgetragen, an dessen Ende diejenigen die obersten und verantwortungsvollsten Positionen besetzen sollen, die am ‚fähigsten‘ sind. Die Ideologie der Meritokratie (vgl. Young 1971), mit der das Prinzip leistungsbasierter Allokation gekennzeichnet wird, dient somit der Legitimation sozialer Ungleichheit (vgl. Graf/Lambrecht 1991; Solga 2005a). Die Logik dieses Prinzips basiert auf der strukturellen *Entkopplung von Herkunft und Zukunft*: Die moderne Gesellschaft positioniert das Individuum nicht mehr nach dem ständischen Muster der lebenslangen Bindung an Familie, Gemeinschaft, Berufsstand und soziale Gruppe, sondern nach dem Prinzip der Leistung, das *vertikale soziale Mobilität* im Modus der allgemeinen Freiheit und Gleichheit eröffnen und somit Zukunft biographisch offen halten soll. Ungleichheit wird in der modernen Gesellschaft moralisch geduldet, solange an den allokativen Wert von individueller Leistung und damit an das meritokratische Prinzip ‚geglaubt‘ wird (vgl. etwa Nollmann 2004; Neckel/Dröge/Somm 2005).

Mit der sozialstatistischen Beobachtung, dass weniger der soziale Auf- oder auch Abstieg in der Generationenfolge als vielmehr die *Vererbung des sozialen Status* (vgl. etwa Boudon 1974) der erwartbare Regelfall ist, entlarvt sich diese meritokratische Legitimationsbasis als ‚Illusion‘ (vgl. Bourdieu/Passeron 1971). Daraus zieht die Ungleichheitsforschung letztlich auch ihr gesellschaftskritisches Potenzial, insofern auf dieser empirischen Basis eine „meritokratische Kritik des

Pseudo-Meritokratismus ‚offener' Gesellschaften" (Bader/Benschop 1989: 235) formuliert werden kann. Die Kritik zielt nicht zuletzt auch auf die funktionalistische Schichtungstheorie (vgl. Davis/Moore 2009; vgl. dazu kritisch Mayntz 2009), welche davon ausgeht, dass soziale Ungleichheit für die moderne Gesellschaft grundsätzlich funktional sei, insofern nicht alle Individuen die Möglichkeit haben können, die begrenzte Anzahl an verantwortungsvollen und prestigeträchtigen Positionen zu erreichen. Der hierarchischen Differenzierung sozialer Positionen in und durch Organisationen sowie der gleichzeitigen Verknappung von Zugangschancen kommt demnach eine allokationsregulierende und das Gesellschaftssystem insgesamt stabilisierende Funktion zu. Der funktionalistische Ansatz muss folglich von der Prämisse ausgehen, dass öffentliche Bildungssysteme meritokratischen Prinzipien folgende Allokation gewährleisten können.

Die Kritik des ‚Pseudo-Meritokratismus' setzt demgegenüber gerade am Einfluss *leistungsfremder* Kriterien im schulischen Selektionsprozess an: Die erfolgreiche Verschleierung dieses Einflusses zählt demnach zu den wirksamsten Schließungsstrategien sozialer Eliten (vgl. etwa Bourdieu 2004). Aber auch die darin implizierte Forderung nach Durchsetzung eines ‚realen' Meritokratismus muss die Bedingungen angeben können, unter denen ein solcher gesellschaftlich gewährleistet werden kann. Die Kritik an der funktionalistischen Schichtungstheorie geht jedoch letztlich von derselben ‚meritokratischen' Ausgangsannahme aus, dass das moderne Bildungswesen *faktisch* nach Leistung selektieren und soziale Askriptionen dabei systematisch ausschalten *kann*. Im Grunde lebt auch die Kritik am ‚Pseudo-Meritokratismus' von dem Glauben, dass individualistische und kollektivistische Askriptionen im und durch das Erziehungssystem grundsätzlich entkoppelt werden können.

Damit sind hinsichtlich der Reproduktion sozialer Ungleichheit jedoch zentrale Fragen aufgeworfen, die den *aktiven* Beitrag des öffentlichen Schulwesens im Kontext der „meritokratischen Triade" *Bildung – Beruf – Einkommen* (Kreckel 2004: 97) betreffen. Schulleistung etwa wäre in diesem Sinn ein Merkmal, das die Schule formal und offiziell in einem individualistischen Modus *zuschreibt*. Ob und wie ‚objektiv' diese Zuschreibung ist bzw. unter den strukturellen Bedingungen des Schulwesens sein kann, wäre hierbei als Referenzproblem einer schultheoretischen Reflexion ungleichheitswirksamer Unterrichts- und Selektionsprozesse zu exponieren. Denn an der Genese individuell zugeschriebener Leistungsdifferenzen sind die Schule als Organisation sowie die Lehrkräfte als Profession beteiligt. Nicht zuletzt die empirische Feststellung, dass sich soziale Ungleichheit auch im Rahmen des öffentlichen Schulwesens reproduziert, lässt gleichzeitig die Frage nach dem Einfluss eines möglichen kollektivistischen Modus schulischer Leistungsaskription, in dem Gruppenzugehörigkeiten entgegen der Selbstlegitimation der modernen Schule Bedeutung erlangen, virulent werden.

1.4 Ungleichheit und Klassifikation: Wissenssoziologische Problematisierungen

Dies führt wiederum zur Frage nach dem Sinn der Askription zurück und macht deutlich, dass die Logik der Unterscheidungen, auf denen Askriptionen – individualistische und kollektivistische – basieren, als Schlüsselproblem für die weitere Diskussion markiert werden kann. Askription setzt voraus, dass aufgrund ‚plausibler' Unterscheidungen wie Geschlecht, Hautfarbe oder ‚Migrationshintergrund' Gruppen und ihnen zugehörige Individuen differenziert werden können: Nicht die reale ‚Existenz' von Gruppen also, sondern die *soziale Klassifikation* sozialer Unterschiede bildet die Grundlage, auf der jene Unterscheidungen durch Askription gesellschaftlich zur Sichtbarkeit gebracht werden. Wir erachten es angesichts der diskutierten blinden Flecken der Schließungstheorie mit ihrem latenten ‚groupism' daher als notwendig, an wissenssoziologische Überlegungen zur Bedeutung sozialer Klassifikation anzuschließen.

Bereits Ende der 1980er Jahre hat Peter A. Berger (1987 u. 1988) den Versuch einer wissenssoziologischen Neubestimmung der soziologischen Ungleichheitsforschung unternommen, insofern diese mit einem engen und „*wissenssoziologisch ‚eindimensional' angelegte[n] Verständnis von ‚Sozialstruktur'*" (Berger 1988: 505) arbeitet und eine auf Verteilungsobjektivität basierende naturalistische Auffassung sozialer Ungleichheit reproduziert. Die Folge davon ist, dass die in der Sozialstrukturanalyse verwendeten Kategorien und ihre Beziehungen zueinander selbst nicht als wissenschaftliche „„Semantiken' sozialer Ungleichheit" (ebd.: 507) thematisiert werden und die mit ihnen verbundene Beobachterabhängigkeit ausgeblendet wird, sodass der „Doppelcharakter von Sozialstrukturen und Strukturbeschreibungen" (ebd.: 506) innerhalb der Analyse unreflektiert bleibt.

Berger vermutet, dass es wesentlich kollektive Akteure wie „Gruppen, soziale Bewegungen, Institutionen, Organisationen" sind, die zwischen „Sozialstrukturen und ihren Beschreibungen in Ungleichheitssemantiken" (ebd.: 509) relativ stabile Verbindungen herstellen und jene Doppelstruktur damit allererst erzeugen. Zu diesen kollektiven Akteuren zählt auch die *scientific community*, die infolge ihrer eigenen Klassifikationsarbeit ein „sozialwissenschaftlich erzeugtes und systematisiertes ‚Klassifikationswissen'" (ebd.) beisteuert. Ungleichheitssemantiken wären damit zunächst an die institutionellen und organisatorischen Kontexte gekoppelt, denen sie entstammen, die sie mit Deutungsmacht ausstatten und entsprechend gesellschaftlich wirksam werden lassen:

> „So unverzichtbar und wichtig Versuche sind, soziale Ungleichheit(en) und sozialen Wandel anhand ‚objektiver' Indikatoren nachzuzeichnen – die alleinige Konzentration darauf unterschätzt den ‚Wirklichkeitsgehalt' und das Eigengewicht topologischer Deutungsschemata. Die ‚Dynamik' klassifikatorischer Diskurse lässt sich [...] nur unter Bezug auf kollektive Akteure als ihre Träger, nur unter Bezug auf ihre ‚Definitionsmacht' und ihre Tätigkeit als Klassifikateure ihrer ‚Umwelten' und Konstrukteure ihrer ‚Eigenwelten' angemessen verstehen und rekonstruieren. [...] Eine wichtige Aufgabe soziologischer Theorie und kluger Empirie wäre es daher, zu klären, welche Prozesse der Transformation bzw. der ‚Übersetzung' von Ungleichheitssemantiken bei einzelnen kollektiven Akteuren tatsächlich ablaufen, welcher Quellen sie sich als ‚inputs' bedienen und welche Ergebnisse dabei produziert werden." (ebd.)

Bergers Argumentation setzt auf zwei Ebenen an: Einerseits wird die sozial-historische Differenzierung jener kollektiven Akteure selbst in Rechnung gestellt und ihre selektiven, kategorialen Zuschreibungsoperationen auf die ihnen eignende „Innen- und Bestandssicherungsperspektive" (ebd.: 512) zurückgeführt, andererseits stellt gerade die *Entkopplung* von Ungleichheitssemantiken und kollektiven Akteuren (vgl. ebd.: 513) eine Möglichkeitsbedingung ihrer gesellschaftlichen Verallgemeinerungsfähigkeit dar. Diese Entkopplung scheint die Diffusion sozialwissenschaftlicher Klassifikationssysteme in andere institutionalisierte Bereiche wie Politik, Wirtschaft oder auch Pädagogik zu ermöglichen: Sozialwissenschaftliche Kategorien können etwa von staatlichen Verwaltungen oder auch pädagogischen Einrichtungen als ‚inputs' selektiv verwendet, hinsichtlich der eigenen Problembearbeitungsanforderungen ‚übersetzt' und mit eigensinniger Plausibilität ausgestattet werden. An Bergers Überlegung anschließend, dass die Problematik sozialer Ungleichheit und asymmetrischer Gruppenrelationen immer auch eine Frage der Beobachtungsleistung gesellschaftlicher ‚Klassifikateure' ist, werden wir im Folgenden unter Bezugnahme auf Ansätze sozialer Klassifikation zu skizzieren versuchen, in welcher Hinsicht ‚akteursspezifische' Klassifikationssysteme soziale Askriptionsprozesse mit nicht-beliebigen, ungleichheitswirksamen Unterscheidungen versorgen.

Soziale Wirklichkeit und soziale Klassifikation

Der Begriff *Klassifikation* geht auf Émile Durkheims Arbeiten zur gesellschaftlichen Genese von Religionen und Weltbildern zurück. Durkheim ist davon ausgegangen, dass zwischen den Strukturen der gesellschaftlichen Differenzierung (‚Arbeitsteilung') und den ‚kollektiven Vorstellungen' (vgl. Durkheim 1898/1976) einer Gesellschaft eine Strukturanalogie besteht, obwohl es sich in beiden Fällen um ‚soziale Tatsachen' sui generis handelt. Gesellschaftliche Wirklichkeit liegt in diesem Sinn zweifach vor: als wissenschaftlich objektivierbare (*latente*) soziale *Struktur* und als sozial-kognitive *Repräsentation* dieser Struktur. In der Geschichte der Soziologie erscheint dieser Dualismus sozialer Wirklichkeit in unterschiedlichen Varianten: Bei Karl Marx als Basis-Überbau-Unterscheidung, bei Karl Mannheim als Unterscheidung zwischen ‚sozialen Schichten' und ‚geistigen Schichten', bei Niklas Luhmann als Unterscheidung von Gesellschaftsstruktur und Semantik. In allen Fällen stellt sich das zentrale Theorieproblem, wie der Zusammenhang zwischen beiden Realitätsdimensionen bestimmt werden kann und dieses im Kern erkenntnistheoretische Problem begründet sachlich die Wissenssoziologie. Wir werden im Folgenden die in der wissenssoziologischen Tradition stehende Theorie sozialer Klassifikation diskutieren, insofern Klassifikationen soziale Wirklichkeit nicht lediglich repräsentieren, sondern in Form institutionalisierter Wissensordnungen *konstituieren*.

Die im Kontext der Ungleichheitssoziologie exponierte Problematik eines Gruppenparadigmas, mit dem die Objektivierbarkeit gesellschaftlicher Strukturmerkmale ebenso wie die Handlungsfähigkeit kollektiver Akteure vorausgesetzt wird, lässt sich in spezifischer Weise auch im Kontext der Wissenssoziologie finden. Allerdings hat die Wissenssoziologie im Verlauf ihrer Entwicklungsgeschichte versucht, die Gruppenlogik der Gesellschaftsbeschreibung zu überwinden und die Frage der gesellschaftlichen Strukturbildung in Begriffen wie *Wissen, Sinn und Institution* zu fundieren. Aus diesem Grund erachten wir die Referenz auf wissenssoziologische Problematisierungen hinsichtlich der Frage nach den gesellschaftlichen Bedingungen der Genese sozialer Ungleichheit, die nicht immer schon gruppen-reproduktiv gedacht ist, als weiterführend. Eine Schwierigkeit besteht allerdings darin, dass die Wissenssoziologie soziale Ungleichheit nicht zu ihrem Gegenstand gemacht hat und eine Zusammenführung ungleichheits- und wissenssoziologischer Theorieelemente nach wie vor nur in Ansätzen vorliegt.

Die ältere Wissenssoziologie ist grundsätzlich von der Annahme differenzierter sozialer Gruppen ausgegangen, denen je spezifische Erfahrungsräume und Weltanschauungen zugerechnet werden können. Wissen wird in diesem Verständnis als ein Erzeugnis gruppentypischer Erkenntnisprinzipien analysiert. Die neuere Wissenssoziologie verlässt das Gruppenparadigma und rechnet das Moment der gesellschaftlichen Erzeugung von Wissen über Wirklichkeit gesellschaftlichen Institutionalisierungsprozessen zu, wobei der Begriff der *Institution* damit unmittelbar das Prinzip der *Wissensordnung* bezeichnet. Klassifikationen bilden vor diesem Hintergrund spezifische Formen institutionalisierten Wissens, das Wirklichkeit – und damit auch gesellschaftliche Wirklichkeit – als *natürliche Ordnung* erscheinen lässt. Die wissenssoziologische Reflexion erkennt dann auch im wissenschaftlichen Wissen das gesellschaftlich wirksame Erzeugnis einer klassifizierenden Institution.

Die Wissenssoziologie vollzieht hinsichtlich der Frage, in welcher Weise soziales Wissen oder kollektive Vorstellungen im Realprozess gesellschaftlicher Reproduktion verankert sind, zwar einen grundlagentheoretischen Wechsel des Referenzbegriffs von Gruppe auf Institution; das dahinter liegende abstrakte Prinzip der *Trägerschaft sozialen Wissens* und sozialer Klassifikationen wird jedoch beibehalten. Die nun zunächst im Fokus stehende wissenssoziologisch konturierte Problemstellung der klassifikationsbasierten Konstruktion von Wirklichkeit und der je spezifischen Institutionalisierung von Wissensordnungen werden wir daher in einem weiteren Schritt um eine Theorieperspektive ergänzen, mit der die Bezugnahme auf soziale Klassifikationen durch *Organisationen* in den Blick genommen werden kann. Während in der Theorie sozialer Schließung der ‚soziale Sinn' ungleichheitswirksamer Askriptionen akteurstheoretisch nur mit der ‚intendierten' Absicherung von Chancenvorteilen und Privilegien erklärt werden kann, lässt sich in organisationstheoretischer Perspektive zeigen, dass Ungleichheit auch und vor allem ein durabler Klassifikationseffekt ist, der aus organisationsinternen Problemlösungsstrategien resultiert.

2.1   Wissen und Wirklichkeit

Der schillernde Begriff der Ideologie bildet den Referenzpunkt der älteren Wissenssoziologie, die sich nicht zuletzt an der materialistischen Erkenntnisposition des Marxismus und seiner Selbstzurechnung eines privilegierten Zugangs zu sozialer Wirklichkeit abarbeitet. Mannheim weist die für den marxistischen Ideologiebegriff tragende Annahme zurück, in der Ideologie drücke sich die verzerrte Repräsentation realer Gesellschaftszustände aus.[16] Er setzt der marxistischen Ideologieauffassung einen relativistischen bzw. partikularistischen Ideologiebegriff entgegen, der die gesellschaftlichen Bedingungen für Erkenntnis in die „Seinsverbundenheit des Wissens" (Mannheim 1929/1985: 229ff.) bzw. „Seinsgebundenheit des Denkens" (ebd.: 73) verlagert. Das Wissen in der Gesellschaft differenziert sich entsprechend in unterschiedliche Weltanschauungen (z.B. politische Haltungen), die wiederum an „soziale Lagerung" wie „Klassenlage" oder „Generationslage" (Mannheim 1928/2009: 136) gebunden sind, sodass nach Mannheim eine „Korrelation […] zwischen Wissensarten, Wissensgehalten und bestimmten tragenden sozialen Gruppen und sozialen Prozessen" (Mannheim 1929/1985: 232) bestehe.

Der Unterschied zur marxistischen Ideologievorstellung liegt darin, dass dieses Wissen nicht als *einheitliches*, sondern als je gruppenspezifisch ‚situiertes Wissen' vorliegt und das Erkenntnisziel der wissenssoziologischen Analyse von Weltanschauungen besteht darin herauszufinden, „welche sozialen Schichten jeweils hinter den geistigen Schichten" (Mannheim 1964: 385) stehen. Dies betrifft dabei nicht alleine das Alltagsverständnis der Individuen, sondern auch die Wissenschaften (und den Marxismus), die ihrerseits nur Wissenschaften unter der Bedingung ihrer historisch gegebenen sozialen Trägerschaft sein können, sodass auch das „Erkennen selbst politisch und sozial gebunden ist" (Mannheim 1929/1985: 102).[17]

Das Problem der Mannheimschen Ideologietheorie besteht allerdings darin, dass sie zwar die Differenzierung von Wissen auf die Differenzierung unter-

---

16 So heißt es etwa in „Ideologie und Utopie": „Ideologiehaftigkeit des menschlichen Denkens wird also auf dieser Stufe der Überlegungen nicht mehr mit unwahr, verlogen usw. zu tun haben, sondern, wie erwähnt, nur die jeweilige *Seinsgebundenheit des Denkens* bedeuten: das menschliche Denken konstituiert sich nicht freischwebend im sozial freien Raume, sondern ist im Gegenteil stets an einem bestimmten Orte in diesem verwurzelt." (Mannheim 1929/1985: 72f.)

17 Einzig in der nicht klassengebundenen „sozial freischwebende[n] Intelligenz" (Mannheim 1928/2009: 135) sah Mannheim eine Erkenntnisposition, die die Möglichkeit einer nicht-partikularistischen Synthese aller partikularen Ideologien in Aussicht stellte.

schiedlicher gesellschaftlicher *Gruppen* zurückführen kann und damit jedweden
Machtanspruch auf einen objektivistischen Zugang zu Wirklichkeit relativiert;
die Existenz differenzierter *Trägergruppen* dieses Wissens nimmt dabei jedoch
die Form einer Realannahme an, die innerhalb der Theorie nicht überprüft werden kann und als Möglichkeitsbedingung vorausgesetzt werden muss.[18]

Die sozialkonstruktivistische Neubegründung der Wissenssoziologie, die Peter L. Berger und Thomas Luckmann mit ihrer Studie „Die gesellschaftliche Konstruktion der Wirklichkeit" Mitte der 1960er Jahre initiierten, setzt gegenüber
der ideologietheoretischen Mannheim-Tradition an einem konstitutionslogisch
konturierten Ausgangsproblem jenseits der Frage der gruppenbezogenen Konstruktion sozialer Trägerschaft von Wissen an: Wissenssoziologie, die den Zusammenhang von Wissen und Wirklichkeit thematisiert, habe sich damit zu befassen,

> „wieso und auf welche Weise ‚Wirklichkeit' in menschlichen Gesellschaften über-
> haupt ‚gewusst' werden kann. Mit anderen Worten: Wissenssoziologie darf ihr Inte-
> resse nicht nur auf die empirische Vielfalt von ‚Wissen' in den menschlichen Gesell-
> schaften richten, sondern sie muss auch untersuchen, auf Grund welcher Vorgänge
> ein bestimmter Vorrat von ‚Wissen' gesellschaftlich etablierte ‚Wirklichkeit' werden
> konnte." (Berger/Luckmann 2004: 3)

Die neuere Wissenssoziologie stellt dabei nicht differenzierte ‚Weltanschauungen' ins Zentrum ihrer Analyse, sondern das „Wissen in der Alltagswelt" (ebd.:
21). Die Frage ist entsprechend, wie dieses Wissen Realität konstituiert und nicht
mehr, wen dieses Wissen repräsentiert. Berger und Luckmann orientieren ihr

---

18 Mannheim selbst bestimmt neben „konkreten Gruppenformen" (Mannheim
    1928/2009: 133) als Gemeinschaftsbildungen (Familie, Zweckverband) auch diffe-
    renzierte Klassenlagen (mit denen er die Generationendifferenz vergleicht) in einem
    ‚gruppenlogischen' Verständnis von relationaler *Lagerung*: „Man ist Proletarier, Un-
    ternehmer, Rentner usw. und man ist es, weil man das spezifische Schwergewicht einer
    besonderen Lagerung im gesellschaftlichen Gefüge (als sozialen Druck oder als Chan-
    ce) stets empfindet." (ebd.: 134) Auf die damit unterstellte Homogenität der Erfah-
    rungsräume hat Matthes (1985: 368) in Bezug auf die Konstruktion der *Generation* als
    Gruppenphänomen hingewiesen, insofern Mannheim „den jeweils inneren Zusam-
    menhang einer (vermeintlichen) Generation" herauszuarbeiten versuche, dabei jedoch
    „das einer Generation Gemeinsame […] ihr ‚Profil', ihre ‚Identität'" nur aus der „Idee
    des Gruppenhaften" konstruieren kann, ohne die Prozesse der kulturellen Differen-
    zierung, die vermeintlich homogene Gruppen hervorbringen, selbst beschreiben zu
    können. Diese epistemologischen Schwierigkeiten reproduzieren auch Versuche, die
    Mannheimsche Wissenssoziologie auf migrationsgesellschaftliche Fragestellungen
    anzuwenden: Wenn ‚Migration' als soziale *Lagerung* begriffen wird (vgl. etwa Nohl
    2009), wird auf die Homogenität eines konjunktiven Erfahrungsraumes und damit
    notwendigerweise auf ‚Gruppenhaftigkeit' geschlossen.

grundlegendes Erkenntnisinteresse zwar immer noch an dem Problem, wie die strukturelle Ordnung des Sozialen und symbolisch-sprachliche Repräsentationen – verstanden als Wissen – zueinander in Beziehung stehen, allerdings gehen sie nicht von einer unidirektionalen Perspektive aus, in der die soziale Wirklichkeit dem Wissen voraus geht:

> „Wissen in diesem Sinne steht im Mittelpunkt der fundamentalen Dialektik der Gesellschaft. Es ‚programmiert‘ die Bahnen, in denen Externalisierung eine objektive Welt produziert. Es objektiviert die Welt durch Sprache und den ganzen Erkenntnisapparat, der auf der Sprache beruht. Das heißt, es macht Objekte aus dieser Welt, auf dass sie als Wirklichkeit erfasst werde. Dasselbe Wissen wird als objektiv gültige Wahrheit wiederum während der Sozialisation internalisiert. Wissen über die Gesellschaft ist demnach *Verwirklichung* im doppelten Sinne des Wortes: Erfassen der objektiven gesellschaftlichen Wirklichkeit und das ständige Produzieren eben dieser Wirklichkeit in einem." (ebd.: 70f.)

In dem Maße, in dem Wissen über die Wirklichkeit, d.h. über die Ordnung des Sozialen im Prozess der Sozialisation internalisiert wird, trägt es zur ‚Realisierung‘ jener sozialen Ordnung bei. Wissen und Wirklichkeit stehen demnach in einem *reziproken* und nicht in einem repräsentativen Verhältnis zueinander. Der strukturbildende Effekt dieser Verwirklichung von Wissen resultiert aus Prozessen der Institutionalisierung: Institutionen ‚verkörpern‘ gesellschaftlich ‚gültiges‘ Wissen und verweisen gleichzeitig auf handlungsorientierenden Sinn. So halten Institutionen durch die „bloße Tatsache ihres Vorhandenseins […] menschliches Verhalten unter Kontrolle" (ebd.: 58).

Institutionen werden damit nicht mehr in einem tradierten Verständnis als invariante Gesamtheit gesellschaftlicher Normen und Werte bestimmt, die dem Einzelnen in Form eines ‚Sollens‘ kommuniziert werden, vielmehr kommt Institutionen die zentrale Funktion zu, die Ordnung der Gesellschaft als alternativlos zu begründen und somit zu legitimieren: „bei der Legitimierung von Institutionen geht das ‚Wissen‘ den Werten voraus" (ebd.: 100). Institutionen *naturalisieren* gleichsam die soziale Erscheinungswelt und gerade dies bildet die Grundlage ihrer Legitimationsfähigkeit. Legitimierung von Institutionen kann dabei als Prozess verstanden werden, der über mehrere Ebenen der Abstraktion – sprachliche Objektivationen, rudimentäre theoretische Schemata, Legitimationstheorien (vgl. ebd.: 100f.) – läuft und schließlich zur Konstituierung „symbolischer Sinnwelten" (ebd.: 102) führt, die ein komplexes System Wirklichkeit generierenden Wissens bilden, das nunmehr der konkreten Erfahrungswelt *enthoben* ist:

„Die symbolische Sinnwelt ist als die Matrix *aller* gesellschaftlich objektivierten
und subjektiv wirklichen Sinnhaftigkeit zu verstehen. Die ganze Geschichte der
Gesellschaft und das ganze Leben des Einzelnen sind Ereignisse *innerhalb* dieser
Sinnwelt." (ebd.: 103)

Die Annahme, Gesellschaft lasse sich als Gefüge sozialer Gruppen bestimmen,
kann vor dem Hintergrund der Ausführungen Bergers und Luckmanns keinesfalls als eine sprachlich-symbolische Repräsentation realer gesellschaftlicher
Strukturen verstanden, sondern muss selbst als historisches bzw. evolutives Ergebnis sozialer Sinnbildung bestimmt werden. Die Selbstverständlichkeit, mit der
Gruppenzugehörigkeit in der Askription als Realfall behandelt wird, lässt sich
vor diesem Hintergrund als naturalisierender Effekt der Institutionalisierung,
Legitimierung und Internalisierung von Wirklichkeitswissen verstehen. Askriptionen müssen entsprechend als Elemente der ‚Matrix' der symbolischen Sinnwelt
der Gesellschaft verstanden werden. Die Diskriminierungsfähigkeit kollektivistischer Askriptionen verweist darauf, dass sie über eine symbolische Stabilität verfügen, die nicht aus der Existenz von Gruppen und ihren Eigenschaften abgeleitet
werden kann, sondern offenbar etwas mit der Stabilität der Institutionen zu tun
hat. In diesem Kontext wird dann, wie wir im Weiteren zu zeigen versuchen, die
Theorie der Klassifikation in spezifischer Weise relevant, insofern Klassifikationssysteme als invariante und dauerhafte Wissensordnungen gefasst werden können, die soziale Asymmetrien nicht lediglich als ‚natürliche' legitimieren, sondern
überhaupt erst als solche hervorbringen.

2.2   Zur Logik sozialer Klassifikation

Durkheim und Mauss (1903/1987) haben in ihrer Studie „Über einige primitive
Formen von Klassifikation" anhand der mythologisch-religiösen Weltbilder aus-
tralischer Autochtonen zu zeigen versucht, dass *kollektive Vorstellungen* über die
Ordnung der Dinge auf strukturierten Systemen von Unterscheidungen beruhen,
in denen sich die sozialen Ordnungsmerkmale der jeweiligen Gemeinschaften wie
etwa Klanstrukturen und Heiratsregeln widerspiegeln. Diese Systeme von Unterscheidungen haben die soziale „Funktion des Klassifizierens" (ebd.: 171). Den
kollektiven Vorstellungen kommt dabei jedoch der Status eines genuin *sozialen*
und keinesfalls psychischen Sachverhaltes zu und die gesellschaftliche Form, in
der dieser Sachverhalt in Erscheinung tritt, ist diejenige der *Institutionen*. Institutionen ordnen im Modus der Klassifikation das Denken und Wahrnehmen der
Individuen und dies gilt nach Durkheim und Mauss nicht nur für vormoderne

religiöse Systeme, sondern auch für die moderne Wissenschaft: Deshalb seien „in den Methoden des wissenschaftlichen Denkens echte soziale Institutionen zu erblicken" (ebd.).

Die Wissenschaft löst im Prozess der Herausbildung der europäischen Moderne die religiösen Systeme hinsichtlich jener Klassifikationsfunktion ab, sie monopolisiert damit die gesellschaftliche Funktion, legitime Aussagen über Realität zu erzeugen, „Wesenheiten begreifbar, intelligibel zu machen" (ebd.: 249). Die Wissenschaften als moderne Klassifikationssysteme erfüllen diese Funktion allerdings nicht mehr dadurch, dass sie die Einheit eines universellen Schöpfungsplanes in jedem singulären Phänomen wiedererkennen, sondern folgen dem Aristotelischen Prinzip der ‚differentia specifica', um *differenzierte Gruppen im Modus der Distinktion allererst zu erzeugen.*

> „In der Tat verstehen wir unter Klassifizieren, dass wir die Dinge zu unterschiedlichen Gruppen zusammenfassen, die durch klare Grenzen voneinander geschieden sind. [...] Unsere Vorstellung von Klassen ist zutiefst durch den Gedanken einer eindeutig bestimmten Abgrenzung geprägt." (ebd.: 172)

Die Konstituierung differenzierender Klassen durch Gruppierung und Abgrenzung setzt voraus, dass die klassifizierende *Unterscheidung* eindeutig *kategorial* und *nicht graduell* erfolgt. In dieser basalen kategorialen Differenzierungslogik allen Klassifizierens liegt dann auch der Ausgangspunkt für die Schwierigkeiten des Aufbaus einer rationalen und kausalgesetzlichen Vorstellungen gehorchenden (wissenschaftlichen) Ordnung, insofern sich die immer wieder neu zu beantwortende Frage nach den *Beziehungen* stellt, die zwischen den getrennten ‚Klassen' und ‚Gruppen' von Dingen bestehen:

> „Andererseits beschränkt sich das Klassifizieren nicht auf das bloße Konstituieren von Gruppen; vielmehr werden diese Gruppen zugleich auch nach überaus speziellen Beziehungen geordnet. Wir stellen sie uns als wechselseitig gleichgeordnet oder als einander über- bzw. untergeordnet vor [...] Die einen herrschen, die anderen werden beherrscht, und wieder andere sind unabhängig voneinander. Jede Klassifikation impliziert eine hierarchische Ordnung, für die wir weder in der äußeren Welt noch in unserem Bewusstsein ein Vorbild finden." (ebd.: 176)

Das Entscheidende ist zunächst, dass Klassifikationen eine *soziozentristische* (vgl. ebd.: 254) Ordnung von Welt erzeugen, für die es weder *empirische* (res extensa) noch *kognitive* (res cogitans) Ursachen zu geben scheint: Klassifikationen konstituieren eine genuin soziale Dimension von Wirklichkeit. Das klassifizierende Denken basiert folglich auf zwei zu unterscheidenden Momenten: der klassifizierenden Unterscheidung als solcher und der Relationierung des so Unterschiedenen in einem hierarchisierten System. Beides lässt sich voneinander nur analytisch trennen, *praktisch gibt es keine Vorgängigkeit der Unterscheidung vor der Hierarchisierung.* Klassifikationen bilden entsprechend Systeme aus, in denen Dingen und Menschen ebenso wie Ereignissen und Phänomenen ein Platz im relationalen Gefüge der Beziehungen angewiesen wird. Die von Durkheim und Mauss beschriebene Logik der Klassifikation impliziert damit auch, dass mit den Klassifikationssystemen Vorstellungen über *Kausalzusammenhänge* entworfen werden, die die Differenzierung der Gruppen und die Beziehung zwischen den Gruppen auf Gründe zurückführen und somit *erklären.*[19]

Die Ordnung der Klassifikationen resultiert dabei aus dem Zusammenhang, der zwischen *sozialen Strukturen* und *kollektiven Vorstellungen* besteht: Wie Durkheim und Mauss am Beispiel der Allianzsysteme der australischen Gemeinschaften zu zeigen versuchen, reproduziert die „Klassifikation der Dinge" die „Klassifikation der Menschen" (vgl. ebd.: 179). Kollektive Vorstellungen, die sich auf die Dingwelt beziehen, scheinen folglich eine *Strukturanalogie* zur *sozialen* Ordnung der jeweiligen Kollektive aufzuweisen.[20] Damit wird aber auch eine Korrelation zwischen der Binnenstruktur der sozialen Gruppe und der sozialen Klassifikation von Weltordnung hergestellt, die Differenzierung der Klassifikationssysteme folglich aus der Differenziertheit gesellschaftlicher Gruppen abgeleitet. Durkheim und Mauss haben ihre Überlegungen – trotz des Seitenblicks auf die modernen Wissenschaften – indes nicht auf die Komplexitätsbedingungen der modernen Gesellschaft angewandt, die sich gerade nicht mehr in segmentäre Gemeinschaften differenziert. Unter den Bedingungen der modernen, durch *Arbeitsteilung* (Durkheim) differenzierten Gesellschaft stellt sich die Frage der sozialen Einheiten, denen Klassifikationssysteme zugerechnet werden können, in anderer Form und es ist nach wie vor eine weitgehend offene Frage, „in welcher

---

19 Die Bedeutung kulturell vertrauter Kausalitäten und Rationalitäten lässt sich gerade an einem unplausibel erscheinenden oder irritierenden Klassifikationssystem verdeutlichen, wie es etwa Foucault im Vorwort von ‚Die Ordnung der Dinge' unter Bezugnahme auf Borges beschreibt: Eine dort zitierte ‚chinesische' Taxonomie klassifiziert Tiere nach vollkommen ‚intransparenten' Kriterien wie „Tiere, die dem Kaiser gehören", „einbalsamierte Tiere", „Fabeltiere" oder Tiere, „die von weitem wie Fliegen aussehen" (vgl. Foucault 1994a: 17).

20 So schreiben Durkheim und Mauss ausdrücklich: „Weil die Menschen Gruppen bildeten und weil sie sich selbst als Gruppen wahrnahmen, fassten sie die übrigen Dinge und Lebewesen im Geiste gleichfalls zu Gruppen zusammen, und diese beiden Arten der Gruppenbildung begannen dann bis zur Ununterscheidbarkeit ineinander zu verfließen." (Durkheim/Mauss 1903/1987: 250f.)

Weise soziale und kognitive (logische) Elemente in den Repräsentationen miteinander verkoppelt sind" (Barlösius 2005: 43).

Von dieser Problematik ist auch eine Soziologie betroffen, deren Anspruch die Abbildung gesellschaftlicher (Ungleichheits-)Strukturen auf Grundlage eines einheitlichen Kategorientableaus bzw. eines konsistenten Klassifikationssystems ist. Nicht lediglich die Frage des Repräsentationswertes soziologischer Kategorien verweist auf erkenntnistheoretische Schwierigkeiten, vielmehr resultieren diese aus der *Logik wissenschaftlichen Klassifizierens selbst*: Je mehr Kategorien wissenschaftliche Klassifikationssysteme zur Erhöhung der Trennschärfe in der Beobachtung enthalten, je mehr ‚eindeutige Abgrenzungen' folglich zu berücksichtigen sind, desto größere Probleme bereitet die konsistente Bestimmung ihrer möglichen wechselseitigen Beziehungen; je differenzierter die klassifikatorischen Operationen, desto komplexer werden die anfallenden Kausalitätsprobleme. Die Schwierigkeiten der Ungleichheitssoziologie, eine konsistente Theorie sozialer Ungleichheit zu entwickeln, können in diesem Sinn als *‚typische' Kausalitätsprobleme eines komplexen Klassifikationssystems* aufgefasst werden.

Der klassifikationstheoretische Ansatz ist auch in ungleichheitssoziologischer Perspektive aufgegriffen worden (vgl. Berger 1988 u. 1989; Neckel/Sutterlüty 2008 u. 2010). In Hinblick auf die Logik ungleicher Klassifikationen unterscheidet Berger (1989) zwischen *kategorial-exklusiven* und *graduell-quantitativen* Semantiken, wobei auch die Klassifikationslogik der Sozialwissenschaften in weiten Bereichen die Form des Kategorisierens annimmt. So erzeugen Sozialstrukturanalysen aus graduellen Differenzen wie etwa Einkommensunterschieden kategoriale Klassen- und Schichtungsdifferenzen. Damit institutionalisiert sich ein symbolisches Wissen über soziale Wirklichkeit, das mit ausdifferenzierten klassifikatorischen Unterscheidungen angereichert wird.

Sighard Neckel und Ferdinand Sutterlüty schließen an Bergers Terminologie an und sprechen von *kategorialen Unterscheidungen*, wenn „über Personen und Gruppen ‚qualitative' Urteile der Andersartigkeit" (Neckel/Sutterlüty 2008: 19) gefällt werden. Es entsteht eine „‚mentale Landkarte' sich wechselseitig ausschließender Kategorien", die insbesondere Askriptionen wie „Ethnizität, Religion, Geschlecht" (ebd.) zur *Kartographierung der gesellschaftlichen Wirklichkeit* verwendet. Kategoriale Klassifikationen operieren in ihrer basalen Logik *disjunktiv* und *desintegrativ* (vgl. ebd.: 20). Die kategorial-exklusive Semantik erzeugt Sichtbarkeit und gleichzeitig Unsichtbarkeit, indem sie die Prozesse der Klassifikation quasi im Ergebnis der konstatierten ‚Andersartigkeit' verschwinden lässt. *Graduelle Unterscheidungen* konturieren im Unterschied dazu das soziale Beziehungsgefüge zwar ebenfalls als Ungleichheitsverhältnis, jedoch in einem *konjunktiven* und *integrativen* Modus (vgl. ebd.). Graduelle Klassifikationen verfahren ‚assozi-

ativ', da sie auf vergleichbaren Gemeinsamkeiten basieren, während im Fall der
kategorialen Ungleichheitskonstruktionen rein ‚dissoziative' Motive im Zentrum
stehen. Die Genese ‚askriptiver Gruppen' lässt sich damit unmittelbar an institutionalisierte Klassifikationen rückbinden: Askription wäre dann als diejenige
gesellschaftliche Operation zu begreifen, auf deren Grundlage Individuen *kategorial* klassifizierte Zugehörigkeit zugeschrieben wird, die als solche einen *ontologi-
sierenden* Charakter besitzt.

2.3   Klassifikation und Institution

An Durkheims und Mauss Überlegungen anschließend befasst sich Mary Douglas (1986) mit dem Problem der sozialen Klassifikation in der *modernen* Gesellschaft als einem Prozess, der an soziale Institutionen gebunden ist und von diesen
ausgeht. Institutionen bedürfen auch bei Douglas der Legitimation durch *Wissen*,
das ihnen die Möglichkeit liefert, sich selbst im Modus von Rationalität und Kausalität zu begründen. Ihre Institutionentheorie greift an zentraler Stelle klassifikationstheoretische Motive Durkheims auf, verbindet diese aber mit macht- und
diskursanalytischen Überlegungen.[21] Douglas' Leitmotiv *‚how institutions think'*
verweist bereits darauf, dass den Institutionen selbst der Status *gesellschaftlicher
Akteure* zugeschrieben wird. Sie geht dabei so weit, ihnen auch Entscheidungsfähigkeit zuzurechnen, die sich, in einem biopolitischen Verständnis, auch auf
Entscheidungen über Leben und Tod erstreckt (vgl. ebd.: 111ff.). Institutionen
halten demnach nicht lediglich Reservoirs von Unterscheidungen bereit, sondern
kontrollieren auch den gesellschaftlichen ‚Vollzug' des Unterscheidens: Institutionen oktroyieren der Gesellschaft *ihr* ‚Denken'. Was Institutionen gesellschaftlich
stabilisiert, ist ihre Fähigkeit zur Naturalisierung sozialer Unterscheidungen (vgl.
ebd.: 48) und sie sind andererseits nur bestandsfähig, insofern sie ihren jeweiligen

---

21 Eine andere Rezeptionslinie führt zu Bourdieus herrschaftssoziologischer Reinterpre-
    tation der Klassifikationstheorie im Rahmen der Analyse der kulturellen Reproduk-
    tionsstrukturen der ‚modernen' Klassengesellschaft (vgl. Bourdieu 1996 sowie dazu
    Wacquant 2006: 30ff.). Bourdieus Diskussion reformuliert wissenssoziologische Pro
    blemstellungen wie die des Zusammenhangs von „mentalen und sozialen Strukturen"
    (ebd.) über den Begriff des Habitus und konturiert die Klassifikationsproblematik
    ausgehend von der Bestimmung quasi-antagonistischer, konflikthafter Gruppenrela-
    tionen, d.h. als „Klassifizierungskampf" (ebd.). Auch Bourdieu muss damit diejenigen
    (Gruppen-)Strukturen und die sie tragenden Akteure voraussetzen, die sich dann über
    den Weg kultureller Repräsentation und Distinktion re-produzieren.

Bedingungen für Erkenntnis Geltung verschaffen können, „institutions need to be established by a cognitive device" (ebd.: 55).

Die Herausbildung moderner Institutionen ist hinsichtlich der kognitiven Konstituierung von Gesellschaft insgesamt folgenreich, insofern das Wissen über Gesellschaft zunehmend durch *wissenschaftliche Kategorien* bestimmt wird, die mithin jedoch auf die Anforderungen der Verwaltung und Kontrolle durch den nach innen expandierenden Staat reagieren. Die Erzeugung sozialwissenschaftlichen bzw. sozialstatistischen Wissens über die Struktur der Gesellschaft, insbesondere über ihre demographische Entwicklung, ist damit nicht lediglich von wissenschaftlichem Erkenntnisinteresse, sondern von staatlich-institutionellen Kontrollinteressen motiviert:

> „If we turn to the various social scientists, we find that their minds are still more deeply in thrall. [...] For purposes of judicial and administrative control, we find persons neatly labeled according to levels of ability, and find thinking classed as rational, insane, criminal, and criminally insane. The work of classifying that is already done for us is performed as a service to instituted professions." (ebd.: 100)

Auch die sozialwissenschaftliche ‚Arbeit des Klassifizierens' wird ‚für' die Institutionen des modernen, nationalen Wohlfahrtstaates erledigt und die entsprechenden sozialstatistischen Klassifikationen folgen seinen steuer-, schul- oder sicherheitspolitisch motivierten Interessen an der Beobachtung und Steuerung von Bevölkerung (vgl. ebd.: 99). Die Institutionen klassifizieren und sortieren Individuen, sie konstruieren Gruppen (‚Wahnsinnige', ‚Kriminelle', ‚wahnsinnige Kriminelle'), sie markieren diese Gruppen mit Namen, um sie innerhalb ihres Klassifikationstableaus anordnen zu können. Es entsteht eine „Topographie des Sozialen" (Barlösius 2005: 53), die etwa durch die sozialwissenschaftliche Produktion und massenmediale Verbreitung von Visualisierungen wie Graphiken und Diagrammen (vgl. ebd.: 72) eine imaginäre Evidenz erzeugt. Auch im Kontext der Sozialstrukturanalyse und der mit ihr befassten sozialwissenschaftlichen Forschungseinrichtungen haben wir es folglich mit Prozessen der klassifikatorischen Konstruktion zu tun, die selbst an staatliche oder wissenschaftliche Institutionen gebunden sind. Ihnen gelingt die Erzeugung sozialer Sachverhalte, indem sie Wissen sozial wahr machen.

Selbst auf der Ebene familialer Beziehungen der Intimität, d.h. der unmittelbaren und emotionalen Bezugnahme auf andere Personen, spielen institutionalisierte Klassifikationen eine konstitutive Rolle: Die Unterscheidung zwischen Kindern und Erwachsenen, Männern und Frauen ist bereits eine Abstraktion, mit der gesellschaftlich-institutionell geprägte Erwartungsstrukturen verbunden sind.

‚Kindheit' lässt sich, wenn wir diese Argumentation Douglas' aufnehmen, beispielsweise als eine historische Klassifikation bestimmen, die mit der Herausbildung moderner Staaten und Bildungssysteme in Zusammenhang steht (vgl. Ariès 1975). Zweigeschlechtlichkeit bildet ein Wahrnehmungsschema, das die Existenz weiterer Geschlechter kategorial ausschließt, weil und insofern diese Vorstellung von der Normalitätserwartung einer ‚Natürlichkeit' des heterosexuellen Binarismus getragen wird. Nicht zuletzt Foucault hat auf die Institutionalisierung des Wissensgebietes der Sexualität im Zuge der Ausbildung moderner Wissenschaftlichkeit hingewiesen, die dazu geführt hat, dass zwischen sexueller Normalität und Anormalität kategorial unterschieden und damit Abweichung als Problem erzeugt wurde (vgl. Foucault 1989).

Auch der Rassismus, der historisch im Gewand eines ‚wissenschaftlichen' Klassifikationssystems in Erscheinung getreten ist, stellt ein genuin modernes Phänomen dar, das mit der Entstehung von Nationalstaaten, der Herausbildung der Naturwissenschaften und der europäischen Aufklärung in Zusammenhang steht: Die ‚wissenschaftliche' Behauptung der Existenz voneinander unterscheidbarer ‚Rassen' lieferte die auf Naturalisierungen basierende Legitimation für kolonialistische Ausbeutung. Rassistische Theorien ‚lösen' das in diesem historischen Kontext entstehende ideologische Problem der Außerkraftsetzung der moralischen Selbstlegitimation der Aufklärung, indem sie ‚erklären', dass und weshalb die universalistischen Werte der Freiheit und Gleichheit nicht für alle Menschen Gültigkeit haben sollen (vgl. Dittrich 1991).

Douglas' Ausführungen zur institutionellen Logik der Klassifikation enthalten zudem differenzierungstheoretische Referenzen, die sie insbesondere unter Bezugnahme auf Durkheims Differenzierungstheorie sowie Webers Unterscheidung von Wertsphären und daran gebundene Rationalitätsformen formuliert (vgl. Douglas 1986: 93). Klassifizierende Institutionen bilden vor diesem Hintergrund nicht lediglich ein Gesellschaft ‚als solche' konstituierendes, sondern zugleich *differenzierendes* Moment, indem sie versuchen ihren ‚eigenen' Klassifikationen und ‚Denkstilen' gesellschaftlich Geltung zu verschaffen:

> „There is likely to be a distinctive type of classificatory process that belongs to religious institutions and other distinctive types belonging to medical, pedagogic, military and other institutions. [...] What the classifications are devised for and what they can and cannot do are different in each case. A classification of classificatory styles would be a good first step towards thinking systematically about distinctive styles of reasoning." (ebd.: 108)

Wenn wir Douglas' Hinweis aufgreifen und Klassifikationslogiken zu klassifizieren versuchen, dann kann in Bezug auf pädagogische Institutionen angenommen werden, dass ihr genuiner Beitrag zur Klassifikation von ‚Welt' darin besteht, diese nach pädagogischen Kriterien zu kategorisieren und zu ordnen. Das Klassifikationssystem der Schule ist auf meritokratische Rationalität ausgerichtet und es erfüllt seine Legitimationsfunktion nicht (nur), indem es gegenüber ‚der Gesellschaft' Leistung als Norm oder Wert im Sinne eines Sollens vorgibt, sondern indem es die individualistische Askription von Leistung als Hervorbringung einer ‚natürlichen' Differenz der Leistungsunterschiede *glaubhaft* machen kann. Im Fall pädagogischer Institutionen läge entsprechend ein Prozess der gesellschaftlichen *Naturalisierung des Wertes Leistung* vor. Erst der Prozess der schulischen Leistungs*askription* verwirklicht indes das Klassifikationsschema am Individuum.

Das für Douglas charakteristische Motiv der Institutionen als Akteure kann einerseits als Stärke des Ansatzes exponiert werden, insofern es die Eigenrationalität von Klassifikationssystemen deutlich macht und die Differenziertheit und Pluralität der Klassifikationssysteme in der modernen Gesellschaft aufzeigt; andererseits ist es auch für dessen Schwäche verantwortlich, weil der Institutionenbegriff keine trennscharfe Abgrenzung mehr zu anderen modernen gesellschaftlichen Gebilden wie Organisationen zulässt. Aus einer ungleichheitstheoretischen Perspektive besteht ein Mangel des Institutionenbegriffs darin, dass er zwar die Struktur der Klassifikationssysteme und damit die Struktur der gesellschaftlichen Repräsentationen als historisch sedimentierte Wissensordnungen mit ihren je spezifischen Rationalitäten beschreiben kann; die ungleichheitssoziologisch relevante Frage, ob und wie diese Klassifikationssysteme im Vollzug gesellschaftlicher Praxis operationalisiert werden, bleibt hingegen unthematisiert. Im Kern geht es dabei um die Problematik, wie und mit welchen Folgen Institutionen auf Grundlage ihrer Klassifikationssysteme auf Individuen Bezug nehmen. Die institutionentheoretische Konzeptualisierung von Klassifikationen bietet, mit anderen Worten, noch keine Theorie ungleichheitsrelevanter Askriptionsprozesse. Gerade die Bezugnahme auf Organisation lässt jedoch die Genese askriptiver Ungleichheit zu einer klassifikationstheoretischen Fragestellung werden, insofern der Typus Organisation[22] Klassifikation und Askription im Modus seiner internen Prozesse koppelt.

---

22 Notwendig wäre an dieser Stelle eine ausführliche Diskussion der Unterscheidungsmöglichkeiten von Institution und Organisation, die wir hier jedoch nicht rekapitulieren können. Wir behelfen uns mit einer Auflistung von Differenzierungsgesichtspunkten, die keinerlei Anspruch auf Vollständigkeit erhebt: Zunächst sind Organisationen ein historisches Strukturmerkmal der modernen Gesellschaft, die von Organisation geradezu durchdrungen ist (vgl. Schimank 2001). Webers Bürokratietheorie weist bereits auf diesen grundlegenden Sachverhalt und seine Konsequenzen für die soziologische Untersuchung der Gesellschaft hin (vgl. Weber 1922/2005). Organisationen

2.4   Klassifikation und Organisation

Charles Tillys Thematisierung sozialer Klassifikation ist einem Ansatz verpflichtet, der sich wesentlich dem Moment der *„kategorialen Ungleichheit"* (Tilly 1999: 8) widmet, für deren Erzeugung insbesondere soziale Schließungsprozesse in Organisationen verantwortlich sind.[23] Nach Tilly gründet die Dauerhaftigkeit sozialer Ungleichheitsstrukturen weniger auf graduellen Verteilungsquantitäten (‚continua'), als vielmehr auf binären und asymmetrisierenden *kategorialen* Unterscheidungen, auf „distinctly bounded pairs such as female/male, aristocrat/plebeian, citizen/foreigner, and more complex classifications based on religious affiliation, ethnic origin, or race" (ebd.: 6).

Tillys Argumentation scheint uns insofern bedeutsam, als er die faktische *Funktionalität* dieser kategorialen Unterscheidungen für die Organisation selbst nachzuzeichnen versucht und Organisationen dabei als moderne *Operatoren* kategorialer Ungleichheit in den Blick nimmt. Der Begriff Organisation bezeichnet bei Tilly nicht lediglich formal hierarchisierte (bürokratische) Strukturen (Firmen, Staatsverwaltungen, Schulen usw.), sondern in einem allgemeinen Sinn begrenzte soziale Zusammenhänge, denen aufgrund ihrer Fähigkeit, Ressourcen zu binden und zu verteilen, der Status *kollektiver Akteure* zugerechnet werden

---

existieren infolge einer präzisen und stabilen Bestimmung von *Innen/Außen-Verhältnissen*, was nicht zuletzt durch Regulierung von *Mitgliedschaft* ermöglicht wird; sie sind neben Individuen als einzige ‚kollektive' Sozialform eine *soziale Adresse*, d.h. ihnen können Handlungen und Kommunikationen zugerechnet werden; sie sind durch Prozessierung von *Entscheidungen* als spezifischer Form des Handelns/Kommunizierens bestimmbar, wobei sie intern über formale Regeln verfügen, wie Entscheidungen herbeigeführt werden (vgl. Luhmann 1999b: 826ff.). Wissenssoziologisch erscheint es sinnvoll, den Institutionenbegriff auf die kognitive Erzeugung und Reproduktion von Wissen zu beschränken und ihn von Vorstellungen wie Mitgliedschaft, Zugehörigkeit sowie Handlungs- und Entscheidungsfähigkeit weitgehend zu entlasten. Zudem können Organisationen grundsätzlich ihre inneren Strukturen (Ziele, Zwecke, Stellen, Regeln und vor allem Personal) als variant und kontingent behandeln, ohne ihre Existenz als Organisation dabei zu gefährden. Die Persistenz von Institutionen ist demgegenüber wesentlich an die strukturelle Invarianz des Wissens und der Normen gebunden, aus denen sie bestehen.

23   So weit wir sehen, ist der organisationstheoretische Ansatz Tillys in der deutschsprachigen Ungleichheitssoziologie bislang nur ansatzweise aufgegriffen worden. Überlegungen zur Bedeutung des Ansatzes für eine Verbindung von Ungleichheits- und Diskriminierungsforschung finden sich bei Scherr 2010: 47f. Zu dem für unsere weitere Argumentation zentralen Theorem des ‚Matching' im Kontext organisationaler Schließungsprozesse vgl. Solga 2005b: 134ff.; Imdorf 2007: 412f.

kann (vgl. ebd.: 9).[24] Organisationen sind gesellschaftliche Einheiten, die kategorial klassifizierte Gruppenasymmetrien für die ungleiche Verteilung von gesellschaftlichen Ressourcen nutzen:

> „[P]aired and unequal categories do crucial organizational work, producing marked, durable differences in access to valued resources." (ebd.: 6)

Indem einzelne Organisationen wie etwa produzierende Unternehmen kategoriale Unterscheidungen verwenden, um *interne* Probleme (z.B. Senkung von Produktionskosten) zu lösen (vgl. ebd.: 85), stellen sie gerade diejenige Form kategorialer Ungleichheit gesellschaftlich auf Dauer, die für ihre internen Zwecke funktional ist. Die basale Unterscheidung, von der ausgehend Tilly die Logik dieser Funktionalität erschließt, ist diejenige zwischen *internen* und *externen* Kategorien:

> „Interior categories belong to a particular organization's internally visible structure: staff versus line, enlisted versus officers, faculty versus students, management versus workers and so on. In these cases, organizational participants devise names for the boundaries and the sets of actors they distinguish; enact rituals recognizing the relevant networks, boundaries, and relations; and represent them by symbolically explicit devices such as uniforms, badges, and organization charts. Interior categories include those that bound the organization itself, separating members from non-members.
> Exterior categories, in contrast, do not originate in a given organization, but they often install systematic differences in activities, rewards, power, and prospects within that organization; they come from outside. Gender distinctions provide obvious examples: ritualized differences between male and female places in religious organizations, girls' gym classes versus boys' gym classes, distinctions in military service for women and men, sex-typing of occupations." (ebd.: 75)

Auf der Grundlage ‚interner' Kategorien differenzieren Organisationen ihre Binnenstrukturen, indem sie Grenzen zwischen Mitgliedern und Nichtmitgliedern, zwischen Hierarchieebenen, Aufgaben und Arbeitsbereichen (‚distinguished actors') ziehen und stabilisieren. ‚Externe' Kategorien erfüllen ebenfalls eine Grenzbildungsfunktion innerhalb der Organisation, aber es handelt sich um importierte Grenzen, um Grenzen zwischen sozialen Gruppen, die in der Gesellschaft bereits gezogen und markiert sind (vgl. ebd.: 76f.). Diese Grenzziehungen basieren einerseits auf kategorial differenzierten formalen Bildungsabschlüssen, andererseits auf gesellschaftlich institutionalisierten Gruppendifferenzierungen

---

24 Tilly nennt in diesem Zusammenhang ‚kin groups', Haushalte, religiöse Sekten, Söldnertruppen und lokale Gemeinschaften (Tilly 1999: 10).

entlang von Kategorien wie Geschlecht, Ethnizität, ‚race' oder Klasse/Schicht. Die externen Kategorien ermöglichen und legitimieren nicht lediglich organisationsinterne Differenzierungen, sondern erweitern die „modes of exploitation" (ebd.: 117ff.) im Inneren der Organisation: Auf Grundlage externer Kategorien werden ungleiche Rollenerwartungen innerhalb der Organisation typisiert, Positionen ungleich besetzt, Aufgaben ungleich vergeben oder ungleiche Entlohnung und ungleiche Rechte legitimiert.

Organisationen verstärken durch *Matching* interner und externer Kategorien diejenigen Formen der Ungleichheit, die für sie ‚funktional' sind, wie Tilly am Beispiel weiblicher hispanischer Hausangestellter illustriert:

> „Householders have commonly recruited domestic help by matching the subordinate interior category of servant with exterior categories of race, ethnicity, gender and/or class that are widely established in the surrounding population." (ebd.: 75)

Durch ‚Anpassung' externer kategorialer Differenz an das Differenzierungsgefüge der Organisation wird Ungleichheit hergestellt, indem ethnisierende und vergeschlechtlichende Askriptionen für die interne Typisierung eines gering qualifizierten und niedrig entlohnten Personals verfügbar gemacht werden: „Matching interior with exterior categories reinforces inequality inside the organization that does the matching." (ebd.: 76) In Hinblick auf die *Dauerhaftigkeit* kategorialer Ungleichheit spielt die Fähigkeit von Organisationen, externe und interne Kategorien in ein Passungsverhältnis zu bringen, eine entscheidende Rolle: Kategoriale Ungleichheiten werden durch die feste Kopplung externer Askriptionen und interner Strukturen *stabilisiert.*

Der Erklärungsansatz vermeidet es damit, lediglich reproduktionsanalytisch zu verfahren und Ungleichheit aus Ungleichheit abzuleiten. Es ist folglich die Bestandsfähigkeit von Organisationen (Staaten, Unternehmen, Kirchen, Schulen etc.), die kategoriale Ungleichheiten nicht nur hervorbringen, sondern gesellschaftlich auf Dauer stellen. Hinsichtlich der Erzeugung und Perpetuierung gesellschaftlicher Ungleichheitsverhältnisse kann entsprechend die Expansion von Organisationen in modernen Gesellschaften als wesentlicher struktureller Bedingungsfaktor bestimmt werden. Eine Konsequenz daraus ist allerdings notwendigerweise, dass die Eigenrationalität jeder einzelnen Organisation in Rechnung gestellt werden muss, so dass es kausallogisch nicht sinnvoll erscheint, nach einem „single, simple, invariant link between categorial inequalities and organizational problems" (ebd.: 85) zu suchen. In diesem Sinne können zwar Organisationen als Ungleichheits-Operatoren erachtet werden, es lässt sich aber nicht anhand sozi-

alstatistisch konstruierter Ungleichheits-Kategorien auf die konkrete Askriptionspraxis von Organisationen schließen.

Im Fall der von Tilly beschriebenen Arbeitsorganisationen des Wirtschaftssystems werden externe Kategorien selektiv zur Legitimation interner Ausbeu-
tungsmechanismen genutzt. Im Fall öffentlich organisierter Schulsysteme folgt
das ‚Matching' jedoch einer anderen Logik und vor allem anderen Zielen. Der
Unterschied besteht zum einen darin, dass die Organisation Schule nach anderen Klassifikationsmotiven und Klassifikationsregeln arbeitet als bspw. privat-
wirtschaftliche Betriebe. Es handelt sich hierbei um die Differenz zwischen einer
Organisation, deren Sinn in der Ermöglichung von ‚Erziehung, Bildung und Selektion' besteht und einer Organisation, deren Sinn die profitorientierte Produktion und Distribution von Waren ist. Zum anderen ist zu erwarten, dass zwischen
einzelnen Schulen – ebenso wie zwischen einzelnen Betrieben – nicht zuletzt auf
Grund ihrer lokalen resp. sozial-räumlichen Situierung Unterschiede hinsichtlich der jeweiligen Klassifikationslogiken bestehen: Eine Hauptschule in einem
von Armut geprägten Stadtteil einer westdeutschen Großstadt wird ihre soziale
Umwelt in einer anderen Weise klassifizieren, als ein Eliteinternat auf dem Land
die seine; ein Familienbetrieb, der die Fürsorgepflicht gegenüber seinen Arbei-
terInnen und Angestellten als eine moralische Verpflichtung versteht, wird sein
Personal anders klassifizieren als ein transnationales Großunternehmen, das seine Produktionsstandorte am internationalen Lohngefälle orientiert.

Tillys Ansatz bearbeitet letztlich die ‚Blindstelle', die wir im Rahmen der Diskussion der Schließungstheorie bei Weber und Parkin herausgestellt haben: Nicht
jedes ‚beliebige Merkmal' kann Schließungswirksamkeit erlangen, sondern nur
diejenigen Askriptionen, die auf bereits asymmetrisch klassifizierte Gruppenzugehörigkeiten Bezug nehmen können. Genau dies unterstreicht der Begriff der
externen Kategorie. Damit unterliegt dem Matching-Theorem eine Logik der
Synchronisation unterschiedlicher Ungleichheitsstrukturen bzw. Klassifikationssysteme, deren Unterschied jedoch darin besteht, dass die externen, kategorial
klassifizierten Ungleichheiten mit sozialer Sichtbarkeit operieren, während die
internen Kategorien ‚lediglich' eine hierarchisierte positionale Struktur repräsentieren. Die Idee, dass externe Kategorien interne Ungleichheit verstärken, bezieht
sich bspw. auf die Ethnisierung oder Feminisierung von Arbeitsbereichen und
Stellen innerhalb einer Organisation bzw. ganzer Berufszweige.

Während Tillys Argumentationsrichtung von den Askriptionsoptionen ausgeht, die Organisationen in ihrer sozialen Umwelt ‚vorfinden', um diese für die
interne Strukturierung ungleicher Positionen zu nutzen, wäre in Hinblick auf die
Erzeugung von Ungleichheit auch die inverse Logik in Rechnung zu stellen und
danach zu fragen, inwiefern *Organisationen zur Herstellung strukturierter Sicht-*

barkeit allererst beitragen. So kann etwa die historisch beschreibbare politische, rechtliche, ökonomische und massenmediale Konstruktion des ‚Gastarbeiters‘ in der frühen Bundesrepublik als Beispiel für die *organisationsbasierte* Erzeugung einer ‚sozialen Gruppe‘ rekonstruiert werden: Das Phänomen einer ‚ethnischen Unterschichtung‘ der bundesdeutschen Sozialstruktur infolge der Arbeitsmigration seit den 1950er Jahren wird in der Regel als Resultat des Zusammenspiels zwischen der Geringqualifikation der angeworbenen ArbeitsmigrantInnen, der Beschäftigung in niedrig entlohnten Segmenten des Arbeitsmarktes (die zudem durch körperlich belastende und gesundheitsgefährdende Tätigkeiten charakterisiert waren), der faktisch nur begrenzt erreichten Aufstiegsmobilität, der residenziellen Segregation, der infolge der konjunkturabhängigen Beschäftigungsverhältnisse höheren Bedrohung durch Arbeitslosigkeit und erhöhten Abhängigkeit von sozialen Transferleistungen usw. erklärt (vgl. etwa Herbert 2001: 202ff.).

Unberücksichtigt bleibt dabei allerdings, dass es sich hierbei um organisationsvermittelte Phänomene handelt, in die neben den staatlichen Verwaltungen, die die Anwerbung zwischen der Bundesrepublik und den Anwerbestaaten staatsrechtlich und verwaltungslogistisch organisierten, wesentlich die anwerbenden Industrieunternehmen involviert waren. So weist der statistische Befund, dass es in Folge der Arbeitsmigration 2,3 Millionen deutschen Arbeitern gelungen ist, in eine Angestelltenposition aufzusteigen (vgl. ebd.: 213), vor allem darauf hin, dass eine ‚organisationsinterne Kategorie‘, nämlich die positionale Ungleichheit zwischen Arbeitern und Angestellten, eine bedeutsame strukturelle Voraussetzung für den historischen Prozess der ‚Ethnisierung‘ der Sozialstruktur bildet. Das zunächst nur im Kontext von Arbeitsorganisationen ‚plausible‘ Klassifikationsschema des Gast*arbeiters* verselbständigt sich in der Folge als kollektivistische Askriptionsoption, die ihre Diskriminierungswirksamkeit dann auf dem Arbeitsmarkt, auf dem Wohnungsmarkt, beim Zugang zu Bildung, aber auch beim Zugang zu informellen Netzwerken erlangt. All dies trägt zur Erzeugung der strukturierten Sichtbarkeit[25] einer ‚sozialen Gruppe‘ bei, die als solche den organisationsvermittelten Klassifikations- und Askriptionsprozessen nicht vorgängig ist.[26]

---

25 Vgl. dazu auch den reichhaltig mit massenmedialen Bilddokumenten zur Arbeitsmigration in der Bundesrepublik ausgestatteten Band von Bade und Oltmer (2004).

26 Ein weiteres eindringliches Beispiel beschreibt Helma Lutz (2007) in ihrem Aufsatz „‚Die 24-Stunden-Polin‘: Eine intersektionelle Analyse transnationaler Dienstleistungen“. Lutz zeigt, wie infolge der Tätigkeit junger osteuropäischer Frauen im haushaltsnahen Dienstleistungssektor ein Klassifikationsschema entsteht (die ‚24-Stunden-Polin‘), das ‚neue‘ kollektivistische Askriptionsoptionen in allen gesellschaftlichen Bereichen freisetzt.

Insofern Organisationen im Modus der Eigenrationalität auf Gesellschaft und ihre Ungleichheitsstruktur Bezug nehmen, lässt sich keine lediglich ‚reproduktive' Kausalität von der Seite makrosozialer Ungleichheitsstrukturen ausgehend konstruieren. Es sind Organisationen, die in der modernen Gesellschaft als eigensinnige Operatoren Ungleichheit erzeugende Klassifikationssysteme generieren und somit eine komplexe, global, national, regional und lokal differenzierte Phänomenologie sozialer Unterschiede mitkonstituieren. Organisationen nehmen nicht nur auf kategoriale Gruppenmerkmale in ihrer Umwelt Bezug, sondern üben eigenständig Definitionsmacht gegenüber ihren Umwelten aus. Sie treten damit als wirkmächtige, kategoriale Differenz erzeugende, jedoch *eigensinnige Askripteure* auf. Daraus lässt sich gleichzeitig schließen, dass die komplexe Genese sozialer Ungleichheiten nicht aus Tableaus invarianter Strukturkategorien wie Geschlecht, Ethnizität oder Klasse/Schicht abgeleitet werden kann: Diese können nicht mehr als die Ebenen von Gesellschaft, Organisation und Interaktion übergreifende, konsistente und homologe Klassifikationssysteme verstanden werden.

2.5 Klassifikation und Interaktion

In Prozessen der Klassifikation und Askription werden Individuen nicht nur im gesellschaftlichen Kontext von Organisationen in Anspruch genommen; auch auf der Ebene der *sozialen Interaktion* als einer – nach Goffman (1994) – genuinen Ebene gesellschaftlicher Wirklichkeit wäre danach zu fragen, inwiefern diese Prozesse hinsichtlich der wechselseitigen Bezugnahme zwischen Individuen eine Rolle spielen:

> „Es ist ein allgemeines Phänomen unseres Alltags, dass soziale Interaktionen mit Bewertungen verbunden sind, mit denen sich die beteiligten Akteure ihre jeweiligen Einschätzungen signalisieren, subjektive Nähe und Distanzen erzeugen, Anerkennung, Gleichgültigkeit oder Missachtung zum Ausdruck bringen. Wie persönlich auch immer ein solcher Austausch geprägt sein mag, stets gehen soziale Elemente in ihn ein, die sich vor allem am gesellschaftlichen Status der betreffenden Person festmachen. Ob Akteure einander über- oder untergeordnet sind, oder ob sie sich als Gleiche begegnen, bestimmt Inhalt und Verlauf des gegenseitigen Handelns wesentlich mit. Die Sozialstruktur einer Gesellschaft schlägt sich daher in den alltäglichen Begegnungen nieder, und bis in die kleinsten lebensweltlichen Episoden hinein werden Interaktionen durch die jeweilige Verteilung sozialer Positionen geprägt. Die Bewertungen wiederum, die soziale Interaktionen begleiten, treffen immer auch Aussagen über die soziale Stellung, die Akteure inmitten größerer gesellschaftlicher Zusammenhänge einnehmen, und über das Ausmaß an Anerken-

nung und Wertschätzung, das Akteure in diesen sozialen Zusammenhängen jeweils genießen." (Neckel/Sutterlüty 2008: 15)

Bedeutsam scheint uns hierbei, dass Klassifikationen innerhalb der Dimension sozialer Interaktion *Differenzsensibilität mit Erwartungssicherheit* verbinden: Die Sichtbarkeit sozialer Status, die in Interaktionssituationen geradezu unwillkürlich registriert wird, führt nicht nur zur wechselseitigen Vergewisserung der jeweiligen sozialen Positionierung, sondern auch zur Antizipation möglicher Interaktionsverläufe. Klassifikationen strukturieren und stabilisieren in dieser Hinsicht mikrosoziale Prozesse des Handelns und der Kommunikation. Was uns hingegen nicht hinreichend plausibel erscheint, ist die bei Neckel und Sutterlüty zugrunde liegende Vorstellung, dass ‚makrosoziale' Strukturmerkmale als solche in der Interaktion ‚sichtbar' werden. In einem allgemeinen Sinn liefern Klassifikationen Orientierungspunkte für Kommunikationen, in denen diese Orientierungspunkte wiederum zunächst askribiert werden müssen. Entscheidend in Bezug auf das Moment der ‚klassifikatorischen' Selbst- und Fremdpositionierung ist jedoch, dass Klassifikationen asymmetrische Beziehungsstrukturen erzeugen.

Während ständische Gesellschaften Interaktionschancen faktisch durch Standesdifferenzierung begrenzen und asymmetrisieren, fällt dieses ungleichheitsregulierende strukturbildende Moment von Interaktionen in der modernen Gesellschaft weg. Allerdings kann dabei nicht davon ausgegangen werden, dass nunmehr „destratifizierte Interaktion" (Kieserling 2006: 197ff.) den Regelfall ‚moderner' Interaktionen bildet, schon allein deshalb nicht, weil diese wesentlich als „Interaktion in Organisationen" (vgl. Kieserling 1999) zustande kommt. Ein weiter Teil gesellschaftlich vorkommender Interaktionen dürfte infolge der ‚Durchorganisierung' moderner Gesellschaften wenn nicht organisatorisch konditioniert, so doch präfiguriert sein. Interaktionen sind in diesem Sinne situiert und in das organisationsspezifisch hierarchisierte Rollengefüge eingelagert.

Die Klassifikationen, die Organisationen intern verwenden, asymmetrisieren nicht nur Rollen, Aufgaben, Stellen, Ränge und Prestige innerhalb der Organisation, sondern statten ihre Mitglieder auch mit Sichtbarkeiten aus, die ihre ‚Stellung' innerhalb der Organisation zu einem relevanten Aspekt alltäglicher Interaktion auch außerhalb der Organisation werden lässt. Der Unterschied zwischen einer Lagerarbeiterin und einer Managerin verweist nicht ‚nur' auf unterschiedliche Entlohnung und unterschiedliche Aufgaben, die unterschiedliche Bildungsabschlüsse voraussetzen und mit unterschiedlichem Prestige innerhalb eines Unternehmens verbunden sind; vielmehr wird dieser Unterschied nicht nur innerhalb, sondern auch außerhalb des Unternehmens symbolisch (Kleidungsstile, Lebensstile, Freizeitverhalten, Konsum von Kulturgütern usw.) zur Sichtbarkeit

gebracht. Arbeitslos ist jemand, der *nicht* Mitglied einer Arbeitsorganisation ist
und dies wird sozial sichtbar, wenn sein äußeres Erscheinungsbild nicht dem entspricht, was in einem Betrieb, einer Verwaltung usw. als Normalitätserwartung
in Rechnung gestellt wird; wenn er sich zudem zu bestimmten Zeitpunkten an
Orten aufhält, die nicht als Arbeitsstelle typisiert werden können, dann askribiert
das Alltagswissen ‚arbeitslos' entsprechend dieser Kategorien der Sichtbarkeit.

Dass in sozialen Interaktionen die Zuschreibung sozialer Positionen als Regelfall angenommen werden kann, liegt daran, dass Face-to-face-Interaktionen
auf wechselseitiger Wahrnehmbarkeit basieren und entsprechend ‚askriptionsan-
fällig' sind, ohne dass damit bereits Handlungsoptionen strukturell determiniert
wären. Askriptionen dienen abstrakt der Erzeugung von Erwartbarkeit in Interaktionen, wo sich diese nicht durch einen identifizierbaren ‚Handlungsrahmen'
(vgl. Goffman 1994) erschließt. Strukturierte – und nicht ‚zufällige' – soziale
Sichtbarkeit ist indes kein Phänomen, das mit sensorischen Vorgängen der Per-
zeption erklärt werden kann, sondern sie ist Ergebnis sozial voraussetzungsvoller
Klassifikations- und Askriptionsprozesse.

Wir hätten es hinsichtlich der Registrierung ‚askriptiver' Differenzen zwischen Individuen nicht mit einer symbolischen Überformung von Wahrnehmun-
gen bspw. des Geschlechts zu tun, sondern mit sozialen Klassifikationen, die im
Prozess der Askription individualisierbare Zurechnungsmöglichkeiten suchen.
So hat Hartmann Tyrell (1986: 452) darauf hingewiesen, dass die Unterscheidbarkeit zweier Geschlechter nicht durch Wahrnehmung gewonnen wird, sondern
dass das „Geschlechterphänomen im Kern eine Klassifikationsangelegenheit ist,
ein Fall von dualer Klassifikation", die jene Sichtbarkeit von Geschlechtlichkeit
(‚Geschlechterphänomen') sowohl im individuellen Selbstverhältnis als auch im
Interaktionszusammenhang allererst erzeugt – im Zweifelsfall auch *gegen die
Wahrnehmung*. Auch wenn im Fall der ‚Klassifikationsangelegenheit' Geschlecht
nicht eine Omnipräsenz oder Omnirelevanz (vgl. dazu Hirschauer 1994) in je
konkreten Interaktionen anzunehmen ist, so handelt es sich um eine Unterscheidung, die insofern jederzeit aktiviert werden kann, als der institutionalisierte
klassifikatorische Erzeugungszusammenhang zwischen der Askription der sozialen Geschlechtszugehörigkeit (gender) und der Askription des als biologisch
verstandenen Geschlechts (sex) eine zirkuläre, mithin naturalisierende Form annimmt, infolge derer Geschlechtszugehörigkeit zur Sichtbarkeit gebracht und mit
‚Evidenz' ausgestattet wird.

Wenngleich soziale Klassifikationen nicht an soziale Akteure, sondern vor
allem an institutionalisierte Wissensordnungen gebunden sind, setzt die Logik
der Askription jedoch die Bezugnahme auf klassifikatorische Unterscheidungen
in konkreten Bezeichnungspraktiken voraus. Ungleichheitswirksame Askripti-

onsprozesse finden nicht einfach ‚in der Gesellschaft' statt, sondern vor allem im Kontext von Organisation und Interaktion. Die Frage nach den Prozessen, die für die Generierung sozialer Ungleichheit im Modus sozialer Askription und Klassifikation von Bedeutung sind und von denen abhängt, welche Ungleichheit wie erzeugt wird, kann mit den Mitteln einer selbst auf Klassifikation und Kategorisierung angewiesenen Ungleichheitsforschung nur bedingt bearbeitet werden. Wir werden im folgenden Kapitel differenzierungstheoretische Überlegungen nutzen, um dieser Frage weiter nachgehen und sie in Bezug auf das Erziehungssystem spezifizieren zu können.

Klassifizieren und Beobachten: Systemtheoretische Perspektiven 3

Im Kontext der vorangehend diskutierten ungleichheits- und wissenssoziologischen Ansätze haben wir an verschiedenen Stellen auf differenzierungstheoretische Aspekte hingewiesen, die als solche nicht dem genuinen Kontext der Ungleichheitssoziologie oder der Wissenssoziologie entstammen. Dies gilt in Hinblick auf die ungleichheitssoziologische Berücksichtigung der Ebenen Gesellschaft, Organisation und Interaktion bei Bader und Benschop ebenso wie in Bezug auf die Differenzierung gesellschaftlicher Institutionen, die im Rahmen der neueren Wissenssoziologie und Institutionentheorie das Differenzierungsschema der sozialen Gruppe ersetzt. Insbesondere Peter A. Bergers Hinweis, dass kollektive Akteure als ,Klassifikateure ihrer Umwelten und Konstrukteure ihrer Eigenwelten' in Erscheinung treten sowie Tillys auf Organisationen bezogener Matching-Ansatz setzen dabei die differenzierungstheoretische Unterscheidung von *System* und *Umwelt* voraus. Die gesellschaftstheoretischen Konsequenzen einer solchen Referenz werden in den genannten Theorien allerdings nicht hinreichend entfaltet.

Wir wollen deshalb im Folgenden den Versuch unternehmen, die bisherigen Überlegungen an Luhmanns differenzierungstheoretische Beschreibung von Gesellschaft anzuschließen, mit der die Komplexität gesellschaftlicher Ordnungsbildung als Ergebnis des *selbstreferentiellen Operierens funktional differenzierter Kommunikationssysteme* in Rechnung gestellt und zum Gegenstand erkenntnistheoretischer Reflexion gemacht wird.[27] Insbesondere betonen wir dabei die

---

27 Es wird im Folgenden nicht möglich sein, Luhmanns komplexe Theorieanlage zu referieren. Grundlegendes, wie bspw. die kommunikationstheoretische Reformulierung der Systemtheorie und die epistemologische Bezugnahme auf Sinn werden ebenso als

konstitutionslogischen Implikationen der Theorie gesellschaftlicher Differenzierung in Hinblick auf die Genese komplexer sozialer Ungleichheit. Entsprechend verschiebt sich die Perspektive von differenzierten Institutionen als Wissensordnungen auf Kommunikationssysteme als strukturbildende ‚Klassifikateure' und ‚Askripteure'. Ausgangspunkt unserer weiteren Überlegungen ist daher der Begriff der *Beobachtung*: Soziale Systeme verfügen nach Luhmann über kommunikative Strukturen, die ihnen Selbst- und Umweltbeobachtung aufgrund systeminterner Unterscheidungen ermöglichen. Der Zusammenhang von Klassifikation und Askription kann beobachtungstheoretisch als systemrelative *Doppeloperation des Unterscheidens und Bezeichnens* reformuliert werden.

Im Rahmen der Theorie sozialer Systeme wird der Gegenstandsbezug ‚Gesellschaft' konsequent *kommunikationstheoretisch* ausgearbeitet (vgl. Luhmann 1994). Die Struktur der Gesellschaft resultiert aus der Form, die die Ausdifferenzierung von Kommunikationssystemen historisch annimmt. Luhmanns Gesellschaftstheorie unterscheidet dabei zwischen zwei strukturbildenden Formen der Systemdifferenzierung: *Funktionale Differenzierung* und *Ebenendifferenzierung* (vgl. Tyrell 2009).

• Funktionale Differenzierung beschreibt auf makrostruktureller Ebene die Ausbildung von Funktionssystemen wie Wirtschaft, Wissenschaft, Recht, Politik, Moral und Erziehung als Grundlage und Folge der historischen Genese der modernen Gesellschaft. Funktionale Differenzierung impliziert dann, dass die zeitstabile Zuordnung von Individuen zu getrennten Gemeinschaften (segmentäre Differenzierung) oder zu getrennten Schichten (stratifikatorische Differenzierung) die Funktionsfähigkeit der modernen Gesellschaft nicht mehr bedingt: die moderne Gesellschaft kann auf Zugehörigkeit als Gesellschaft stabilisierendes Ordnungsschema verzichten (vgl. Luhmann 1999b: 618ff.).[28]

• Ebenendifferenzierung beschreibt demgegenüber eine andere Form gesellschaftlicher Strukturierung: Während Funktionssysteme auf der Ebene der

---

bekannt vorausgesetzt, wie die Begriffe Medium, Code, Autopoiesis oder die Logik der System/Umwelt-Differenz. Wir beschränken unsere Diskussion auf diejenigen Theorieelemente, die wir für unsere spezifische Problemstellung als relevant erachten. Auch nehmen wir uns die Freiheit, diese Theorieelemente in Hinblick auf unsere klassifikations- und schultheoretischen Zwecke – teilweise mit, teilweise gegen Luhmann – zu reinterpretieren.

28 Dies bedeutet selbstverständlich auch, dass die Funktionssysteme nicht einfach Gemeinschafts- und Schichtenbildung durch andere Zugehörigkeitsformen ersetzen: Individuen ‚gehören' den Funktionssystemen nicht ‚an'.

Gesamtgesellschaft angesiedelt werden, fasst Luhmann *Organisation*[29] und *Interaktion* als genuine Systemebenen bzw. Systemtypen, die nicht aus funktionaler Differenzierung abgeleitet werden können und durch spezifische Kommunikationsvoraussetzungen definiert sind (vgl. Luhmann 1991a; b). Für alle Systemebenen gilt allerdings, dass operative Geschlossenheit (Autopoiesis) das Systembildungsmoment darstellt.

Gesellschaftstheorie kann vor diesem Hintergrund nicht mehr von einer einheitlichen und invarianten Struktur gesellschaftlicher Abhängigkeiten (Klassenstruktur, Ständestruktur) ausgehen, sondern muss gerade die Unterbrechung wechselseitiger gesellschaftlicher Abhängigkeitsverhältnisse (Interdependenzunterbrechung) durch Systemdifferenzierung zum Ausgangspunkt nehmen (vgl. Luhmann 1999b: 845f.). Dies hat für die Möglichkeit, soziale Ungleichheit innerhalb der Theorie funktionaler Differenzierung berücksichtigen zu können, Folgen: Soziale Ungleichheit lässt sich nicht mehr ohne weiteres als Resultat einer *Reproduktion* von Zugehörigkeit zu Klassen, Ständen, Schichten, Milieus oder ‚Ethnien‘ beschreiben. Vielmehr geht Luhmann in seinen späteren Arbeiten davon aus, dass Ungleichheit als ein Resultat systemimmanenter Prozesse der *Inklusion* und *Exklusion* produziert wird. Funktionssysteme wie Wirtschaft, Recht, Politik und Erziehung folgen demnach einem Universalismus, der Inklusion als Regelfall der Adressierung von Individuen voraussetzt, während Organisationen eigene Exklusionsregeln anwenden, auf deren Grundlage sie Mitgliedschaft/ Nicht-Mitgliedschaft regulieren oder Gruppen von AdressatInnen (KundInnen, Klientel oder: SchülerInnen) differenzieren.

Diese differenzierungstheoretische Perspektive legt es entsprechend nahe, soziale Ungleichheit nicht als ein einheitliches und systemübergreifendes Moment der Verteilung von Zugangschancen zu gesellschaftlichen Ressourcen zu kon-

---

29 Luhmanns Organisationstheorie bietet keine Organisationstypologie (vgl. dazu Tacke 2001), sie konzentriert sich stattdessen auf die ‚allgemeine‘ Theorie der Organisation. Eine Auslotung des jeweilig ‚Besonderen‘ von Organisationen findet sich jedoch (zum Teil) in den Bänden, die Luhmann den gesellschaftlichen Teilsystemen (Wissenschaft, Wirtschaft, Politik, Erziehung) gewidmet hat, insofern bspw. Wirtschaftsunternehmen, staatliche Verwaltungen, Universitäten und eben auch Schulen zum Gegenstand des Funktionsvergleichs gemacht werden. Generell gilt jedoch infolge der Systemebenendifferenzierung, dass Organisationen nicht einem spezifischen Teilsystem zuzurechnen sind, nicht zuletzt, weil sie dazu gezwungen sind, Rechtsvorschriften, wirtschaftliche Gesichtspunkte, Wissen usw. in ihren Kommunikationsstrukturen zu berücksichtigen. Evolutionstheoretisch erweist sich jedoch in einigen Teilsystemen eine bereits erfolgte organisatorische Ausdifferenzierung als zentrales Agens im Prozess der Funktionssystembildung, wie dies nicht zuletzt im Fall des staatlichen Schulwesens gegeben ist.

zeptualisieren, sondern als ein *polykontexturales* Phänomen zu begreifen, dessen Genese jeweils systemrelativ zu analysieren wäre. Wir werden dies im Weiteren in Bezug auf das Erziehungssystem versuchen. Zudem können Prozesse der Inklusion/Exklusion vor dem Hintergrund der Ebenendifferenzierung Gesellschaft, Organisation und Interaktion als ein ebenenspezifisch zu analysierendes Moment der Ungleichheitsgenese in Betracht gezogen werden (vgl. dazu auch Nassehi 2011): Wenn davon auszugehen ist, dass das Erziehungssystem „in der Form einer organisierten Interaktion" (Luhmann 1996: 28) ausdifferenziert ist, dann stellt sich die Frage nach den systemspezifischen Strukturbedingungen, die zu Bildungsungleichheit als der besonderen Form von Ungleichheit, die im und durch das Erziehungssystem erzeugt wird, führen.

3.1   Jenseits des Gruppenparadigmas: Kommunikation und Sinn

Sofern man sich auf Differenzierungstheorie im Stile Luhmanns einlässt, muss zunächst die Vorstellung aufgegeben werden, Gesellschaft bestehe aus Individuen und sozialen Gruppen bzw. kollektiven Akteuren, deren Beziehungsgefüge als Struktur der Gesellschaft repräsentiert werden kann. Auch die Idee der sozialen Trägerschaft von Wissen findet in dieser Perspektive keinen Anhaltspunkt mehr. Der Grund hierfür ist die kommunikationstheoretische Beschreibung von Gesellschaft: Gesellschaft *ist* Kommunikation und alles was nicht Kommunikation ist, ist auch nicht Gesellschaft. Die bekannte Formel hierfür ist, dass ‚Kommunikationen kommunizieren' und nicht Individuen bzw. psychische Systeme. Gesellschafts*struktur* erschließt sich entsprechend aus der historisch spezifischen Form, in der Gesellschaft Kommunikationssysteme ausdifferenziert. Der mit der Autopoiesis verbundene Systembegriff (bzw. die Differenz von System und Umwelt) verweist auf diese operative Logik der Kommunikation: Sie kann sich nur aus ihren eigenen Produkten (Kommunikationen) reproduzieren. Dies trifft für Funktionssysteme ebenso zu wie für Organisation und Interaktion, die aufgrund ihrer spezifischen Kommunikationsbedingungen genuine Systemtypen bilden: Organisationen gründen in der Kommunikation von *Entscheidungen* (vgl. Luhmann 2000a), Interaktion basiert auf *Anwesenheit* und wechselseitiger Wahrnehmbarkeit als spezifischer Kommunikationsvoraussetzung (vgl. Luhmann 1994: 560ff.).

Kommunikation wird als Gesellschaft konstituierender Prozess, d.h. als selbstläufige, temporalisierte und ereignishafte Verkettung von kommunikativen Operationen verstanden und resultiert damit nicht aus Intentionen, Interessen oder Motiven, die sozialen Gruppen oder Akteuren zugerechnet werden könnten. Die

„temporalisierte Komplexität" (Luhmann 1994: 79), auf der jedes Kommunikationssystem basiert, führt letztlich dazu, dass es sich selbst durch Reproduktion auf Dauer stellen muss, sodass *dynamische Stabilität* zu einem Dauerproblem systemischen Operierens wird. Für das Erziehungssystem entsteht dieses Dauerproblem entsprechend, weil es „nur pädagogisch relevante Operationen verwenden kann und diese in einem rekursiven Netzwerk solcher Operationen selbst erzeugt" (Luhmann 2002: 114).

Die kommunikativ erzeugte Eigenkomplexität kann durch Systeme selbst nicht transparent gehalten bzw. ‚kontrolliert' werden: ‚Gesellschaft' ist sich auf der Ebene ihrer elementaren Operationen nicht zugänglich, weil gesellschaftliche Kommunikationsprozesse einerseits in der mikrodiversen Synchronizität all ihrer Einzeloperationen ablaufen, andererseits aus der Gegenwart keine Sicherheit über den zukünftigen Verlauf und die Folgen aktueller Kommunikation erlangt werden kann. Kommunikation (Gesellschaft) erzeugt – modaltheoretisch betrachtet – fortlaufend ihre eigenen Kontingenzbedingungen: Was folgen wird, ist weder notwendig noch unmöglich (vgl. Luhmann 1994: 152).

Gesellschaft lässt sich infolgedessen weder im Horizont universeller Rationalität noch kausalgesetzlicher Prämissen beschreiben. Kausalität in einem nomothetischen Sinn bleibt generell unverfügbar bzw. ist sie lediglich als *systemrelative* Konstruktion denkbar, die die Form von *Kausalplänen* (vgl. Luhmann 1982) annimmt. Derartige Kausalitäts-Konstruktionen sind gleichwohl ‚real', insofern Kommunikation Kausalität im kommunikativen Prozess *verwirklicht*.[30] Kausalpläne stellen kommunikationstheoretisch gewendet ein Pendant zu dem dar, was in der wissenssoziologischen Rekonstruktion von Klassifikationssystemen als das sozial-kognitive Moment der *Naturalisierung* bezeichnet werden kann (vgl. Kap I.2).

Kommunikationssysteme konstituieren sich nach Luhmann durch die Erzeugung eigener „*Sinngrenzen*" (Luhmann 1994: 95). *Sinn* wird dabei jedoch ohne jede inhaltliche Kontur als das „Universalmedium aller psychischen und sozialen, aller bewusst und kommunikativ operierenden Systeme" (Luhmann 1999a: 51) eingeführt, das im Fall *sozialer* Systeme im rekursiven und dabei selektiven Prozess der Kommunikationsverkettungen Systemdifferenzierung ermöglicht.[31]

---

30 Animistische Weltbilder, monotheistische Systeme und wissenschaftliche Wahrheiten teilen diese Orientierung an einem Kausalschema (z.B. Totem, Gott, Transzendenz), das es ohne weiteres zulässt, dass Wunder geschehen oder Erkenntnisse gewonnen werden. Der Begriff des Kausalschemas ist entsprechend eng mit dem verbunden, was in der Wissenssoziologie mit ‚Wissen' bezeichnet wird.

31 „Geht man vom Sinnbegriff aus, ist als erstes klar, dass Kommunikation immer ein selektives Geschehen ist. Sinn lässt keine andere Wahl zu als zu wählen. Kommunika-

Prozesse der Sinnbildung laufen dabei dreifach – zeitlich, sachlich und sozial – dimensioniert ab (vgl. Luhmann 1994: 111ff.): Das Medium Sinn erzeugt Zeithorizonte für Kommunikation, die nicht zuletzt die Konstruktion von Kausalität ermöglichen sowie Sachhorizonte, die Kommunikation mit Gegenstandsbezug und ‚Themen' ausstatten und soziale Horizonte, die den Kommunikationsprozess an Probleme der Konsens- bzw. Dissensbildung in Bezug auf sozial geteiltes Wirklichkeitswissen rückbinden. Die Logik des Medienbegriffs erschließt sich jedoch erst aus Luhmanns Konzept der *Form*: Sinnbildung basiert grundlegend auf einer Binärunterscheidung, die nur eine Seite der Unterscheidung bezeichnet, während die andere Seite als nicht-aktualisierte Möglichkeit der Sinnbildung mitgeführt wird.[32]

Luhmann beruft sich hinsichtlich der Unterscheidung Medium/Form zum einen auf die Unterscheidung von Medium und Ding in der Theorie der Wahrnehmungsmedien Fritz Heiders (vgl. Luhmann 2000b: 30), ersetzt jedoch ‚Ding' durch ‚Form' und damit Wahrnehmungsreferenz durch Kommunikationsreferenz.[33] Zum anderen aber – und dies scheint uns zentraler – nimmt Luhmann auf die sozialphänomenologische bzw. sozialkonstruktivistische Organisationssoziologie Karl E. Weicks Bezug: Weick (1976) beschreibt die Konstruktion von Wirklichkeit und Kausalität in schulischen (!) Organisationszusammenhängen als Resultat loser und fester Kopplung zwischen unabhängigen Sinnelementen.[34] Die Theorie des ‚loose coupling' ist im Kern eine Theorie der sozialen Konstruktion von Kausalität. Luhmann adaptiert die Idee der losen Kopplung[35], überträgt sie jedoch auf den Prozess der Sinnbildung als solchen: Als Medium besteht Sinn aus lose gekoppelten Elementen, die erst kommunikativ „selektiv und temporär

---

tion greift aus dem je aktuellen Verweisungshorizont, den sie selbst erst konstituiert, *etwas* heraus und lässt *anderes* beiseite. Kommunikation ist Prozessieren von Selektion." (Luhmann 1994: 194)

32 Die sprachliche Formbildung ‚Gleichheit' entfaltet ihren Sinn bspw. nur insofern der gegenteilige Sachverhalt als Möglichkeit existiert, die Form folglich als eine Einheit der Differenz (gleich/ungleich) verstanden wird.

33 „Wir ersetzen den Heiderschen Begriff des Dings durch den Begriff der Form, weil wir auch Phänomene wie Kausalität einbeziehen und überhaupt über den Bereich der Wahrnehmungsmedien psychischer Systeme hinausgehen wollen." (Luhmann 2000b: 30, FN 20)

34 Auch Weick bezieht sich hierbei grundlegend auf die Arbeit Heiders (vgl. Weick 1976: 6).

35 Vgl. hierzu auch Luhmann 2000b: 30, FN 20 und 21

fest gekoppelt" werden und damit unterscheidbare Sinnformen bilden (Luhmann 2000b: 30).[36]

Kommunikationsmedien erlangen in der Theorie funktionaler Differenzierung nicht zuletzt deshalb Bedeutung, weil sie in der Ausdifferenzierung der Funktionssysteme eine wichtige Rolle spielen. Diese Auffassung sozialer Medien ist an Parsons Definition symbolisch generalisierter Kommunikationsmedien wie Geld oder Macht angelehnt, die Luhmann als Erfolgsmedien[37] bezeichnet: Sie erhöhen die Wahrscheinlichkeit, dass Kommunikationen verstanden werden und entsprechend der Definition überhaupt zustande kommen.[38] Im Fall des Erziehungssystems liegt hierbei eine Besonderheit vor, insofern es über kein derartiges Erfolgsmedium verfügt: Erziehung bzw. „pädagogische Kommunikation" (vgl. Kade 2004; Vanderstraeten 2006) zielt auf die Veränderung psychischer Systeme (Lernen), was infolge ihrer operativen Geschlossenheit auf der Basis von Kommunikation nicht erreicht werden kann. Das Problem, so Luhmann, „liegt in der kommunikativen Unerreichbarkeit psychischer Systeme" (Luhmann 2004b: 185). Kommunikationsmedien kontrollieren Kommunikation, nicht Effekte in ihrer psychischen Umwelt, sodass die Frage ist, wie sich Erziehung als Funktionssystem trotz der Erfolgsungewissheit seiner Operationen ‚erfolgreich' reproduzieren kann.

---

36 In der Weise, in der Sprache als grammatikalische, syntaktische und semantische Struktur (langue) nur in ihren sprachpraktischen Aktualisierungen (parole) ‚real' wird (vgl. Saussure 1967: 13ff.), realisiert und reproduziert sich Sinn als Medium nur in und durch Kommunikation. Luhmann hebt in diesem Zusammenhang die gegenüber allen anderen Kommunikationsmedien grundlegende Bedeutung der Sprache hervor: „Das grundlegende Kommunikationsmedium, das die reguläre, mit Fortsetzung rechnende Autopoiesis der Gesellschaft garantiert, ist die Sprache." (Luhmann 1999a: 205)

37 Den Aspekt der Verbreitungsmedien lassen wir hier außer Acht, da uns nicht die Distribution von Information in der modernen, technisierten Massenkommunikation interessiert, sondern Sinngenese (vgl. dazu auch Luhmann 1999b: 202).

38 Wozu Geld gut ist und was sich damit machen lässt, muss an der Supermarktkasse nicht mehr erörtert werden. Anhand des Beispiels des Geldes lässt sich zudem die Bedeutung der Erfolgsmedien für die Ausdifferenzierung von Funktionssystemen, hier Wirtschaft, verdeutlichen: Am Zirkulieren von Geld lässt sich wirtschaftliche Kommunikation von jeder anderen Kommunikationsform, etwa moralischer oder pädagogischer Kommunikation unterscheiden und nur in Bezug auf wirtschaftliche Kommunikation (zahlen/nicht zahlen), kann Geld den Erfolg der Kommunikation garantieren. Kommunikationen im Erziehungssystem, die auf eine spezifische Form des Verstehens (Lernen) angewiesen sind, können hinsichtlich der Gewährleistung ihres Kommunikationserfolgs nicht ebenfalls auf Geld setzen.

3.2   Funktionale Differenzierung und polykonturale Ungleichheit

Funktionale Differenzierung beschreibt die Ausdifferenzierung dynamisch stabilisierter Kommunikationssysteme und diese Form der Differenzierung wird gegenüber der Differenzierung in ungleiche Klassen und Schichten als *Primat* der Strukturbildung in der modernen Gesellschaft begriffen. Der Begriff der Funktion bezeichnet bei Luhmann im Unterschied zur Parsons-Tradition die spezifische Form, in der Differenzierung auf Bezugsprobleme der Gesellschaft reagiert.[39] Der Funktionsbegriff folgt in diesem Sinn einem *problemtheoretischen* und dynamischen, keinem bestands- bzw. kausalfunktionalistischen Verständnis sozialer Ordnungsbildung (vgl. Kneer/Nassehi 2000: 39). Systembildung erschließt sich daher nicht aus der Annahme invarianter Funktionsnotwendigkeiten, sondern aus konstitutiven gesellschaftlichen Funktionsproblemen, die durch Ausdifferenzierung und ‚sachliche' Spezialisierung von Sozialsystemen bearbeitet, jedoch keinesfalls gelöst werden (vgl. Luhmann 1994: 86ff.). Systemerhalt hängt letztlich von der Erhaltungsfähigkeit des Bezugsproblems ab, was zu einer grundsätzlichen Paradoxierung systemischen Operierens führt. Jedes Funktionssystem ist nicht nur durch ein spezifisches Bezugsproblem, sondern in der Folge auch durch ein spezifisches Paradox charakterisierbar.

Im Fall des Erziehungssystems bildet die gesellschaftliche „Intentionalisierung von Sozialisation" dieses Referenzproblem und damit seine systemspezifische „Sonderparadoxie" (Luhmann 1987: 59): Erziehung muss unter der Voraussetzung autopoietischer Systeme im Grunde als unmöglich betrachtet werden, insofern Kommunikation zwar Kommunikation, nicht aber die Operationen psychischer Systeme verändern kann (vgl. etwa Luhmann 2004b: 160ff.). Seine Funktion bezieht das Erziehungssystem aus dem Problem, wie Individuen auf die Teilnahme an Kommunikation vorbereitet und für die ‚Ziele' der Gesellschaft in Anspruch genommen werden können; seine ‚Sonderparadoxie' äußert sich indes darin, dass es nicht kausal erklären kann, dass und weshalb Erziehung im Kontext von Schule und Unterricht zu erwünschten sowie nicht erwünschten Ergebnissen führt. Ihm fehlen, mit anderen Worten, die verfahrenstechnischen Mittel zur Kontrolle der eigenen Ursachen und Wirkungen.

Aber dieses Defizit an Kausalität im System hindert das Erziehungssystem nicht daran, mit ‚Erziehung' (mit der Organisation von Lehr-Lern-Interaktionen und mit der Vergabe von Zensuren, Zeugnissen und Zertifikaten) fortzufahren.

---

39   „Die Funktion liegt im Bezug auf ein Problem der Gesellschaft, nicht im Selbstbezug oder in der Selbsterhaltung des Funktionssystems." (Luhmann 1999b: 746)

Aus problemtheoretischer Perspektive geht es vor diesem Hintergrund nicht darum, Defizite der Schule und der professionellen Pädagogik zu beklagen und es dabei zu belassen. Vielmehr richtet sich das Interesse darauf, wie und mit welchen Folgen bzw. Nebenfolgen das Erziehungssystem seine ‚Sonderparadoxie‘ bearbeitet. Wie wir im Weiteren zu zeigen versuchen, kann die *Herstellung von Bildungsungleichheit entlang kategorialer Askriptionen als (eine) Nebenfolge der Bearbeitung systeminterner Probleme durch das Erziehungssystem in den Blick genommen werden.*

Die Differenzierung von Klassen und Schichten wird von Luhmann infolge der Annahme eines Primats funktionaler Differenzierung als Sekundärphänomen gesellschaftlicher Strukturbildung behandelt. Demzufolge wird die Skandalisierung von Klassenverhältnissen historisch erst möglich, weil ihre gesellschaftliche „Funktionslosigkeit" sichtbar wird und die Gesellschaftssemantik Ideen der „Gleichheit aller Menschen" entwickeln kann (vgl. Luhmann 2008b: 129). Gerade deshalb lautet die Frage, warum „nach wie vor krasse Unterschiede der Lebenschancen reproduziert werden, auch wenn die Differenzierungsform der Gesellschaft darauf nicht mehr angewiesen ist" (Luhmann 1999b: 774). Zunächst lässt sich jedoch auch für die moderne Gesellschaft die Gleichmöglichkeit unterschiedlicher Differenzierungsformen konstatieren, insofern stratifikatorische und segmentäre Differenzierungen historisch nicht einfach ‚verschwinden‘, sondern im Zuge der Systemebenendifferenzierung und der Expansion von Organisationen spezifisch transformiert werden.[40]

Ungleichheit stellt aus dieser Perspektive eine Folge des Normalvollzugs von Systemoperationen (Kommunikation) dar, d.h. sie ist „offenbar ein Nebenprodukt des rationalen Operierens der einzelnen Funktionssysteme" (ebd.). Soziale Ungleichheit kann in diesem Sinn nur als ein Systemeffekt begriffen werden, der eine je systemspezifische Form annimmt und nach je systemtypischen Rationalitätsbedingungen erzeugt wird. In gesellschaftstheoretischer Perspektive bedeutet

---

40 So schreibt Luhmann etwa: „Selbstverständlich führt ein Primat funktionaler Differenzierung nicht dazu, dass segmentäre Differenzierungen oder Schichtenbildung dadurch abgelöst werden. Im Gegenteil: die Chance für Segmentierungen (etwa auf Organisationsbasis) und für sich selbst verstärkende Ungleichheiten (etwa zwischen Industrieländern und Entwicklungsländern) nehmen mit der Komplexität des Gesellschaftssystems zu; und sie ergeben sich gerade daraus, dass Funktionssysteme wie das Wirtschaftssystem oder das Erziehungssystem Gleichheiten bzw. Ungleichheiten als Moment der Rationalität ihrer eigenen Operationen nutzen und damit steigern." (Luhmann 1999b: 776).

dies letztlich, dass funktionale Differenzierung zur *Polykontexturalität*[41] *sozialer Ungleichheit* führt. Allerdings sieht Luhmann zwei Funktionssysteme, das *Wirtschaftssystem* und das *Erziehungssystem*, in besonderem Maße mit der Genese sozialer Ungleichheit verbunden:

> „Diese Systeme nutzen kleinste Unterschiede (der Arbeitsfähigkeit, der Kreditwürdigkeit, des Standortvorteils, der Begabung, der Disziplingiertheit etc.), um sie im Sinne einer Abweichungsverstärkung auszubauen, so dass selbst eine fast erreichte Nivellierung wieder in soziale Differenzierung umgeformt wird, auch wenn dieser Effekt keinerlei soziale Funktion hätte." (ebd.)

Luhmanns Argumentation scheint uns jedoch mit einigen Unklarheiten behaftet: Selbstreferenz in Rechnung gestellt, kann Abweichung (,kleinste Unterschiede') im Erziehungs- oder Wirtschaftssystem nur als *personenbezogene Zuschreibung* beobachtet werden. Mit anderen Worten müssen diese Systeme, um Anhaltspunkte für ,Verstärkung' zu finden, jene Unterschiede zunächst individuell askribieren, insofern sie diese keineswegs als ,natürliche' Personenmerkmale in ihrer Umwelt vorfinden. ,Arbeitsfähigkeit', ,Kreditwürdigkeit', ,Begabung', ,Disziplingiertheit' sind folglich nichts weiter als *systemrelative Klassifikationen*, auf deren Grundlage Personen zuallererst unterschieden und als solchermaßen Unterschiedene *adressiert* werden: als ,begabte' und/oder ,undisziplinierte' SchülerInnen oder als nicht ,arbeitsfähige' Angestellte usw. Verstärkt werden folglich die systemeigenen Klassifikationen und Askriptionen ,abweichender' personaler Merkmale. In Hinblick auf die Erzeugung von Ungleichheit stellt sich damit die Frage, weshalb jene Systeme solchermaßen selbsterzeugte Abweichungen überhaupt prozessieren und in Form *ungleicher Adressierung* individuell zurechnen. Offensichtlich verhindert jedoch die differenzierungstheoretische Prämisse der ,Funktionslosigkeit' sozialer Ungleichheit, dass Klassifikations- und Askriptionsprozesse in Hinblick auf die Beobachtungsoperationen sozialer Systeme in Rechnung gestellt werden können.

---

41 Zum Begriff der Polykontexturalität vgl. Luhmann 1998: 666ff.; vgl. auch Fuchs 1992. Wenn die Grundidee der Polykontexturalität gesellschaftlicher Ereignisse ernst genommen wird, dann handelt es sich im Fall von sozialer Ungleichheit letztlich um ein Phänomen der *Überdetermination*: Eine soziale Ungleichheitslage wäre entsprechend immer zugleich als ökonomische, politische, edukative, rechtliche, moralische etc. Benachteiligung zu analysieren.

3.3 Ungleiche Adressierung: Inklusion/Exklusion

Ein von Luhmann erst in seiner späten Theorieentwicklung ausgearbeitete gesellschaftliche Differenzierungsform stellt die Unterscheidung Inklusion/Exklu-
sion (vgl. Luhmann 2005b; vgl. dazu Nassehi 2004; Stichweh/Windolf 2009) dar,
die – ebenso wie Moral – Kommunikationen „supercodiert" (Luhmann 2005b:
243). Die Logik von Inklusion/Exklusion kann folglich darin gesehen werden,
dass sie ‚quer' zu funktionaler Differenzierung liegt und eine quasi transversale
Differenzierungsform darstellt, die *keinen genuinen Systembezug* besitzt. Wenn
Luhmann im Fall von Inklusion/Exklusion von der „Primärdifferenzierung der
Gesellschaft" spricht, dann ist damit die basale Art und Weise gemeint, in der
sich Gesellschaft ins „Verhältnis zu Individuen" setzt (vgl. ebd.). Dies hat in Hin-
blick auf die systemtheoretischen Implikationen einer Theorie der Inklusion und
Exklusion weitreichende Folgen, wie wir im Weiteren zeigen wollen. Denn sofern
Inklusion/Exklusion als gesellschaftliche Primärdifferenzierung keine eigene
Systembildung evoziert, bleibt aus systemtheoretischer Perspektive offen, ob und
in welcher Form diese Differenzierungsform ein Moment der gesellschaftlichen
Strukturgenese ist. Theoretisch zu bestimmen wäre hierbei in erster Linie, wie
sich Prozesse der Inklusion/Exklusion gesellschaftlich stabilisieren. Wir gehen
davon aus, dass nicht zuletzt Klassifikation und Askription diese Stabilisierung
ermöglichen.

Inklusion als Kohäsionsmoment gesellschaftlicher Ordnungsbildung ist nur
intelligibel, wenn ihre ‚andere Seite', *Exklusion*, als gleichmöglich in Rechnung
gestellt wird (vgl. Luhmann 1999b: 620f.).[42] Wenngleich die Unterscheidung In-
klusion/Exklusion auf Prozesse der Erzeugung von Ungleichheit verweist, wie-
derholt sie bei Luhmann keineswegs die Unterscheidung Ungleichheit/Gleichheit
im Sinne einer Homologie, „weil es die Produktion von Ungleichheit (und Gleichheit) auf beiden Seiten der Unterscheidung von Inklusion und Exklusion gibt"
(Stichweh 2009: 40). Inklusion/Exklusion lässt sich im Unterschied zur graduellen Differenzierung Gleichheit/Ungleichheit im Sinne eines *kategorial-exklusiven
Differenzierungsschemas* konturieren, das *Diskontinuität* generiert:

---

42 Die Idee, es gebe einen quasi-ontologischen Zustand des Ausgeschlossen-Seins ‚von
Gesellschaft' setzt eine limitierte Vorstellung von Gesellschaft voraus, die sich auf eindeutige Schichtungsgrenzen oder räumliche Grenzen bezieht: Aber auch Psychiatrien
und Gefängnisse sind *Teil* der Gesellschaft (vgl. Foucault 1993; 1994b) und in ihnen
findet nach wie vor ‚Gesellschaft' statt. Allein daran lässt sich erkennen, dass Exklusion nur als ein innergesellschaftlicher Sachverhalt behandelt werden kann und immer
die Form einer ‚inkludierenden Exklusion' oder ‚exkludierenden Inklusion' – je nach
Perspektive – annimmt (vgl. dazu auch Stichweh 2004).

„Man kann die Beziehung von Gleichheit/Ungleichheit und Inklusion/Exklusion auch in einer Weise formulieren, dass man mit Blick auf Gleichheit/Ungleichheit die Kontinuität der Unterschiede hervorhebt, die durch Ungleichheitsproduktion hervorgebracht werden. Ungleichheiten sind beliebig abstufbar. Sie entstehen auf der Basis kleiner Unterschiede und durch Mechanismen der Verstärkung kleiner Unterschiede. Die Sprache der Inklusion und Exklusion fungiert demgegenüber als eine Sprache der Diskontinuität. Sie rekonstruiert das Umrechnen kontinuierlicher Unterschiede zwischen Teilnehmern an Gesellschaft in Diskontinuitäten, und sie macht sichtbar, wie dieses Umrechnen von Kontinuitäten in Diskontinuitäten mittels Selbst- und Fremdzurechnungen erfolgt." (ebd.: 41)

Rudolf Stichwehs Unterscheidung zwischen Diskontinuität/Kontinuität folgt damit im Grunde der klassifikationslogischen Unterscheidung kategorial-exklusiv/ graduell (vgl. Kap. I.2), allerdings lässt sich Inklusion/Exklusion damit als derjenige Differenzierungsprozess bestimmen, der für die systemrelative Konstruktion von *kategorialer Differenz* in Frage kommt. Inklusion/Exklusion kann dabei nicht lediglich als Klassifikationsphänomen behandelt werden, sondern stellt letztlich eine Differenzierungsform dar, die *Klassifikation und Askription operativ koppelt*: Denn kommunikationstheoretisch beschreibt Inklusion/Exklusion den Prozess der differenziellen „Bezeichnung oder der Adressierung von Personen in Sozialsystemen" (Stichweh 2009: 30), d.h. im Kern einen Vorgang der Askription. Ungleichheit kann folgerichtig als Resultat der ‚adressierenden' *Inklusion* auf der Ebene der Funktionssysteme verstanden werden (vgl. etwa Stichweh 2004) und insofern „die Regelung der Inklusion den Teilsystemen überlassen" (Luhmann 1999b: 624) bleibt, nimmt die polykontexturale Ungleichheitsproduktion in der Gesellschaft je systemrelative Formen an. Prozesse der Inklusion/Exklusion laufen folglich innerhalb der ausdifferenzierten gesellschaftlichen Funktionssysteme wie Recht, Wirtschaft, Politik, Erziehung ab und Ungleichheit tritt als differenzierte soziale Ungleichheit in Erscheinung.

Zugehörigkeit qua Geburt oder Zugehörigkeit qua Stratifikation wird in der modernen Gesellschaft durch Adressierung im Modus Inklusion/Exklusion ersetzt.[43] Während Luhmann grundsätzlich davon ausgeht, dass auf der Ebene der Funktionssysteme Inklusion als Normalfall angenommen werden kann und diese entsprechend ‚ohne Ansehen von Klasse und Stand' adressieren, wäre allerdings

---

43 „In segmentären Gesellschaften ergibt sich die Inklusion aus der Zugehörigkeit zu einem der Segmente. [...] In stratifizierten Gesellschaften geht die Regelung der Inklusion auf die soziale Schichtung über." (Luhmann 1999b: 622) In der funktional differenzierten Gesellschaft kann Inklusion/Exklusion dann jedoch nicht mehr als Synonym für Zugehörigkeit/Nichtzugehörigkeit (z.B. zu sozialen Gruppen) verstanden werden.

vor dem Hintergrund der Annahme, dass Ungleichheit nur in und durch die jeweiligen Funktionssysteme hergestellt werden kann, danach zu fragen, wie im
Modus der Inklusion dennoch Ungleichheit generiert wird. Es kann sich dabei
nur um einen Vorgang der *ungleichen Adressierung von Personen* handeln. Übertragen auf die Logik der Askription bedeutet dies, dass die Askriptionsleistung,
d.h. die Zuschreibung kategorial differenzierter Personenmerkmale auf die ausdifferenzierten Funktionssysteme übergeht.

Individuelle Teilhabechancen an gesellschaftlicher Kommunikation resultieren zwar nicht mehr aus Herkunft und Gruppenzugehörigkeit, nunmehr jedoch
aus dem Umstand, dass funktionale Differenzierung jede Person zu einer polykontextural konstituierten sozialen Adresse macht (vgl. Luhmann 2005a: 137ff.). Dies
hat zur Folge, dass Inklusion von „hochdifferenzierten Kommunikationschancen
abhängig [wird], die untereinander nicht mehr sicher und vor allem nicht mehr
zeitbeständig koordiniert werden können" (Luhmann 1999b: 625). Inklusion/Exklusion differenziert entsprechend im Modus der Adressierung Kommunikationschancen und *individualisiert* diese gleichzeitig. Damit wird letztlich deutlich,
dass Inklusion/Exklusion als diejenige basale Differenzierungsform verstanden
werden kann, die für die meritokratische Selbstschreibung der Gesellschaft und
der Funktionssysteme nicht nur die hinreichenden Plausibilitätsbedingungen
liefert, sondern auch ‚meritokratisch' erzeugte Ungleichheit mit Legitimationsfähigkeit ausstattet. Durch die Individualisierung von Kommunikationschancen
schafft Inklusion/Exklusion – insbesondere im Erziehungssystem – allererst die
Möglichkeitsbedingungen für individualistische Askriptionen und hieran anschließende soziale Allokation.

In Bezug auf das Erziehungssystem wäre entsprechend zu fragen, wie Inklusion/Exklusion prozessiert und Bildungserfolg wie -misserfolg individualisiert
wird. Das Erziehungssystem *adressiert* Individuen einer definierten Alterskohorte, es inkludiert diese, indem es ihnen ein spezifisches Rollenmuster zuschreibt
(SchülerIn) und in einem spezifischen Modus der Kommunikation (pädagogische
Kommunikation) in Anspruch nimmt. Erst mit der Inklusion[44] einer gesamten
Alterskohorte entfaltet sich innerhalb der organisatorischen und interaktionellen
Strukturen eine Dynamik des In- und Exkludierens von SchülerInnen: Schulsysteme schaffen durch ihre organisatorisch differenzierte Struktur die Möglichkeitsbedingungen für ein ständiges *Re-Gruppieren* von AdressatInnen, sei es

---

44 Dass Inklusion hier als ‚Normalfall' zu betrachten ist, lässt sich daran ablesen, dass
    Nicht-Inklusion in Form von Rückstellungen oder der Feststellung sonderpädagogischen Bedarfs formal erklärungspflichtig ist und eine diagnostische ‚Expertise' verlangt.

unter Ausnutzung der Differenzierung von Sekundarschulformen, der Differenzierung von Klassen und Niveaukursen oder auf der Ebene der Unterrichtsinteraktion durch zeitlich begrenzte Binnendifferenzierungen von Lerngruppen.
Auf der Basis dieser internen Operationen prädisponiert das Erziehungssystem
Optionen für die Inklusions-/Exklusionsoperationen anderer Teilsysteme, insbesondere des Wirtschaftssystems.[45]

  *Bildungs*ungleichheit wird dabei als ein Inklusionseffekt erkennbar, den das
Erziehungssystem nach internen Kriterien produziert: „Soziale Selektion im Erziehungssystem ist ein Vorgang, mit dem das Erziehungssystem Einfluss auf die
Umwelt ausübt, und nicht umgekehrt [...]." (Luhmann 1986: 160) Bildungsungleichheit kann folglich nur im und durch das Erziehungssystem erzeugt werden.
Sie entsteht nicht *trotz*, sondern *aufgrund* der gesellschaftlichen Einrichtung einer
öffentlichen Organisation für Erziehung (Schule), der das ‚meritokratische' Legi-
timationsmonopol für die Produktion *dieser* Form der Ungleichheit zugerechnet
wird.

  In Bezug auf das Erziehungssystem nehmen wir an, dass Inklusion/Exklusion
systemintern in Form von *Homogenisierung/Heterogenisierung* in Erscheinung
tritt. Die „Homogenisierung des Anfangs" (Luhmann 1990) der schulischen Erziehung durch Orientierung am Kriterium des Lebensalters setzt weitere *soziale*
Kriterien für Inklusion *formal* außer Kraft. Denn mit dem Eintritt in die Schule
beginnt das Kriterium der Leistungsdifferenz zur Referenz all dessen zu werden,
was während und nach dem Ende der Schulzeit geschieht.[46] Die homogenisierende Inklusion in das Erziehungssystem unterbricht damit zunächst die Interdependenz zwischen biographischer Vergangenheit und Zukunft in Bezug auf das
Individuum, was, so Luhmann, „strukturell auf Indifferenz gegenüber Herkunft
und Umwelt hinausläuft" (Luhmann 1996: 25). Damit übernimmt die systemtheoretische Analyse jedoch letztlich die ‚meritokratische' Selbstbeschreibung des
Erziehungssystems.

  Beobachtungstheoretisch betrachtet scheint das Prinzip der Homogenisierung
hingegen primär darauf zu beruhen, dass am ‚Anfang der Erziehung' im System
noch keine graduellen Leistungsunterschiede als Differenzierungskriterium her-

---

45 In diesem Sinn erfüllt das Erziehungssystem – strukturfunktionalistisch gedacht –
    seine Qualifikations- und Allokationsfunktion (vgl. Fend 2006a).

46 Insbesondere die Tatsache formalisierter Bewertung als solcher ist neu, in der Familie
    werden keine Noten verteilt und keine Zeugnisse ausgestellt. Zudem führt die Inklu-
    sion im Erziehungssystem zu einer rollenförmigen Homogenisierung der adressier-
    ten Individuen: Alle Kinder werden unterschiedslos zu SchülerInnen. Aber nicht alle
    kommen in dieselbe Schule, dieselbe Klasse oder dieselbe temporäre Lerngruppe in-
    nerhalb der Klasse.

angezogen werden können. ‚Homogenität' ist damit eine Metapher für das Paradox, dass das System am ‚Anfang' nicht vorfinden kann, was es erst erzeugen soll. Dies lässt allerdings noch *keine* Rückschlüsse auf eine vermeintliche Indifferenz gegenüber Askriptionen (‚Herkunft und Umwelt') zu. Durch die homogenisierende Inklusion schafft sich das Erziehungssystem lediglich eine *virtuelle Nulllage pädagogischer Kommunikation*, von der ausgehend leistungsbezogene Erwartungsstrukturen in Bezug auf Lernfähigkeit, Lernmotivation usw. erst ausgebildet und individuell zugerechnet werden sollen.

Da zunächst keine Anhaltspunkte für pädagogische Differenzierung vorliegen, werden komplexe Mechanismen der Re-Gruppierung genutzt, um durch äußere (organisatorische) oder innere (interaktionelle) Differenzierung Leistungsunterschiede, die nur durch Vergleich sichtbar gemacht werden können, im Zeitverlauf hervorzubringen, zu klassifizieren und zu askribieren. Inklusion wird folglich von Anfang an in ein differenziertes Exklusionsarrangement überführt, dessen Funktion nicht zuletzt darin zu bestehen scheint, pädagogische Erwartungsstrukturen aufzubauen und zu stabilisieren. Exklusion findet auch dann statt, wenn sie zeitlich begrenzt, d.h. temporalisiert vollzogen wird bspw. in Form binnendifferenzierenden Unterrichts: Auch hier ist die Teilhabe an dieser und nicht einer anderen Gruppe immer exklusiv, jedoch im Unterschied zur äußeren Differenzierung nach Schulformen und Niveaukursen prinzipiell *reversibel*.

Es ist dabei u.E. jedoch notwendig, die *beiden* Formen der Heterogenität, auf die im Erziehungssystem faktisch Bezug genommen wird, zu unterscheiden: Homogenisierung/Heterogenisierung beziehen sich ‚offiziell' auf das Kriterium der Schulleistung, auf dessen Grundlage alle Kinder als Gleiche behandelt und miteinander verglichen werden sollen. Am Ende der schulischen Erziehung soll – als Ergebnis kontinuierlicher pädagogischer Differenzierung – eine nach *graduellen* Leistungsunterschieden strukturierte und formal „dokumentierte Heterogenität" (Luhmann 1990: 111) erzeugt werden.

Die zweite Form der Heterogenität, die nicht am Ende, sondern ebenfalls am Anfang steht, nimmt jedoch nicht die Form einer graduellen, sondern einer kategorialen Differenzierung an: Auch wenn der Anfangsunterricht eine in Hinblick auf Leistungsunterschiede noch undifferenzierte, *homogene* Lerngruppe vorfindet, ist damit noch nicht die Askription sozialer Unterschiede wie Geschlechterzugehörigkeit, ethnische, religiöse, kulturelle Zugehörigkeit, Schicht- bzw. Milieuzugehörigkeit *unterbrochen*. Vielmehr ist zu vermuten, dass der pädagogische Zwang zur differenzierenden Beobachtung eine Suche nach Anhaltspunkten motiviert, um ‚Abweichungen' sichtbar machen und in der pädagogischen Kommunikation zur differenziellen Adressierung von SchülerInnen nutzen zu können.

3.4   Organisation/Interaktion – Selektion/Vermittlung

Hinsichtlich der Konstituierung und Reproduktion des Erziehungssystems geht Luhmann von einer Sonderrolle der Schule als Organisation aus:

> „Die Autopoiesis des Systems wird über Organisation hinreichend gewährleistet. [...] Während andere Funktionssysteme sich über binäre Codierung ausdifferenzieren [...] ist im Falle des Erziehungssystems die Ausdifferenzierung selbst von Organisation abhängig." (Luhmann 2004b: 185)

An anderer Stelle spricht Luhmann jedoch davon, dass das „Interaktionssystem der Schulklasse" als eine der Erfindung des Geldes oder der politisch monopolisierten Macht vergleichbare „evolutionäre Errungenschaft" darstelle (Luhmann 2002: 120), die zur „Ausdifferenzierung eines Funktionssystems für Erziehung führt" (ebd.: 122). Offensichtlich muss daher von einer *doppelten Konstituiertheit des Erziehungssystems auf den Systemebenen Organisation und Interaktion* ausgegangen werden: Die Frage wäre dann, wie die Formalorganisation der öffentlichen Schule und ihr ‚operativer Kern' (Unterricht) in Form von Interaktion *gekoppelt* sind, denn Organisation und Interaktion bilden für sich genommen vollkommen selbstreferentiell operierende Kommunikationssysteme.

Folgt man einem späteren Vorschlag Luhmanns (2002: 59ff.), dann ist das Erziehungssystem durch eine *doppelte Codierung* seiner Operationen charakterisiert: Einerseits verfügt es über einen Code, der Selektion (besser/schlechter) differenziert, andererseits über einen Code, der die Vermittlung und Aneignung von Lerninhalten (vermittelbar/nicht-vermittelbar) differenziert (vgl. auch Kade 2004).[47] Allerdings stellt sich damit für die Theoriebildung die Frage, welches Medium codiert wird bzw. in einem zweiten Schritt, welcher Code in welcher Weise die Einheit des Systems operativ gewährleistet. Während diese Frage jedoch nicht hinreichend beantwortet werden kann, scheint demgegenüber offensichtlich, dass der *doppelte Code* theoretisch zunächst die konstitutive *Doppelstruktur des Erziehungssystems als Interaktion und Organisation* abbildet. Beide Systemebenen folgen allerdings je eigenen Kommunikationsvoraussetzungen, wobei Organi-

---

47   Die Konstruktion des Vermittlungscodes (vermittelbar/nicht vermittelbar) geht dabei auf Jochen Kade (1997) zurück. Luhmann selbst ist aber in den meisten seiner Schriften zum Erziehungssystem von nur einem Code, dem Selektionscode besser/schlechter ausgegangen. Mit dem Vermittlungscode wird der Ebene der professionellen Interaktion letztlich eine stärkere Strukturbildungseigenschaft zugesprochen – allerdings um den Preis einer Repädagogisierung der Analyseperspektive und einer Annäherung an Selbstbeschreibungsschemata der Profession (vgl. Kade 1997: 39, FN 23).

sation (Schule) nicht lediglich Zeit und Raum für Interaktion (Unterricht) zur Verfügung stellt, sondern die Bedingung der Möglichkeit für Selektion im Erziehungssystem ist.

Als Kommunikationsmodi des Systems durchziehen Organisation und Interaktion gleichwohl *jede* pädagogische Kommunikation. Unter Organisation ist nicht nur die Formalstruktur geregelter Organisationsabläufe i.s. bürokratischer Stellen- und Kompetenzhierarchien oder der Ressourcenverwaltung zu verstehen, sondern das Prozessieren von Entscheidungskommunikation.[48] Organisationen sind demgemäß darauf konditioniert, selbstreferenziell Entscheidung an Entscheidung anschließen zu *müssen*. Organisationen können in diesem Sinn nicht Nicht-Entscheiden und deshalb wird ein hohes Maß an innerorganisatorischer Aktivität absorbiert, um unablässig notwendige Entscheidungsprämissen zu erzeugen (vgl. Luhmann 2000a).

Der Kommunikationsmodus Organisation ermöglicht im Erziehungssystem erst die Operationalisierung interner Selektionsentscheidungen (vgl. Luhmann 2002: 159ff.), insofern formal festgeschrieben werden kann, *wie* Entscheidungen zustande kommen müssen: durch systematische Unterscheidung besserer und schlechterer Leistung. Formalisierung macht Entscheidungen zudem kontrollierbar (‚transparent‘), damit beurteilt werden kann, ob die getroffene Entscheidung *legitim* ist: Sie ist es nur, wenn die dokumentierte bessere oder schlechtere Leistung und nicht etwa Geschlechtszugehörigkeit den Unterschied macht.[49] Selektion im Erziehungssystem setzt entsprechend die Existenz organisationsbezogener Entscheidungsprogramme voraus, die durch ihr formal ‚korrektes‘ Entscheidungsverfahren legitimationsfähig sind: Wenn die Zensuren sind, wie sie sind, dann gibt es auch mehr oder weniger eindeutige Versetzungskriterien.

---

48 Eine Organisation besteht, so Luhmann, „aus nichts anderem [...] als aus der Kommunikation von Entscheidungen. Diese Operationsbasis ermöglicht die Schließung eines besonderen autopoietischen Systems." (Luhmann 1999b: 833). Luhmann bezieht sich in seiner späteren Organisationstheorie (vgl. Luhmann 1999b: 826ff.; 2000a) grundlegend auf eine entscheidungstheoretisch argumentierende Linie der US-amerikanischen Organisationssoziologie, die von konstitutiven Rationalitätsdefiziten (‚bounded rationality‘) organisatorischen Handelns ausgeht und hierbei insbesondere nach den ‚empirischen‘ Bedingungen fragt, unter denen Entscheidungen in komplexen Sozialsystemen getroffen werden. Diese Linie wird auch als ‚verhaltenswissenschaftliche‘ Organisationsforschung eingestuft (vgl. etwa Kieser 2002).

49 Es sei daran erinnert, dass nach meritokratischem Verständnis kein Kind versetzt werden darf, nur weil seine Eltern wohlhabend sind. Dass soziale Herkunft dennoch Relevanz erlangt bei der Verteilung von Bildungschancen, ist nur aufgrund dieser meritokratischen (Selbst-)Legitimation skandalisierbar. Die Frage ist daher vor allem, wie das System Selektionsentscheidungen ‚legitim‘ erscheinen lassen kann.

Das Interaktionssystem Unterricht setzt demgegenüber Anwesenheit und wechselseitige Wahrnehmbarkeit voraus. Was im unvorhersehbaren Interaktionsprozess geschieht, lässt sich nicht durch Entscheidungen formalisieren und damit auch nicht kontrollieren. Dafür ist aber situatives Reagieren auf Eigenaktivität im Prozess der Kommunikation möglich, was etwa die Idee einer Erziehung ‚vom Kinde aus' überhaupt mit Plausibilität ausstattet. Das Interaktionssystem ist auf die Fortsetzung von Vermittlungsbemühungen in Form „pädagogischer Kommunikation" (Kade 2004) ausgerichtet, gleichzeitig wird jedoch der Aneignungserfolg oder -misserfolg im Schema vermittelbar/nicht-vermittelbar *an den AdressatInnen* in Form von Prüfungen beobachtet und bewertet. Der Befund eines „Technologiedefizits" der Erziehung (vgl. Luhmann/Schorr 1988: 120ff.) betrifft in erster Linie das Interaktionssystem Unterricht und damit nicht zuletzt die *Beobachtungsfähigkeit* dessen, was als individuelle Schulleistung im Erziehungssystem attribuiert wird. Die Überkomplexität und Nicht-Kontrollierbarkeit des Interaktionsverlaufs trägt wesentlich zu einer „im System selbsterzeugte[n] Ungewissheit" bei, so dass „Voraussicht kaum möglich ist" und sich das Interaktionssystem Unterricht „mit dem Rücken zur Zukunft reproduziert" (Luhmann 2002: 104).

Während im Interaktionsprozess des Unterrichtsgeschehens Leistungsdifferenzen technologiedefizitär, d.h. im Modus ‚mehrdeutiger' Kausalität erzeugt werden und entsprechend mit „endemic uncertainties" (Lortie 2002: 134ff.) behaftet sind, verlangt organisatorisches Entscheiden ‚eindeutige' Entscheidungsprämissen. Genau hierin besteht eine wechselseitige, strukturell verankerte Abhängigkeit zwischen Organisation und Interaktion: „Interaktion wird durch Organisation reguliert. Umgekehrt hängen aber die Möglichkeiten der Organisation auch von informeller und unregulierter Interaktion ab." (Vanderstraeten 2006: 59) Interaktion gerät dabei unter „Konsistenzdruck" (Luhmann 2004c: 254), weil Entscheidungen bspw. durch ‚nachvollziehbare' Noten abgesichert werden müssen.[50] Das Problem dieser Kopplung interaktioneller und organisatorischer Operationen entsteht entsprechend an der Stelle, an der die Begründungslast für Selektion auf der Beobachtung des Verhältnisses von Vermittlungskommunikation und Aneignungseffekten im Interaktionssystem selbst auflagert. *Der Selektionscode ist folglich primär auf die Erzeugung interner Entscheidungsprämissen orientiert, während der Vermittlungscode Anschlussmöglichkeiten für Interaktion differenziert.* Offenbar bleibt es dabei der Profession überlassen, wie beide Codes

---

50 Dies mag eine Erklärung dafür sein, weshalb GrundschullehrerInnen im Vorgriff auf anstehende Übergangsempfehlungen eher die Noten anpassen, als ihre bereits vorher feststehenden Urteile zu modifizieren (vgl. dazu McElvany 2010: 287).

miteinander gekoppelt werden und in welchem Umfang bspw. pädagogisches Beobachten selektions- und/oder vermittlungscodiert abläuft.

Die Verbindung, die zwischen interaktionellen und organisatorischen Operationen des Erziehungssystems besteht, scheint uns bei Luhmann indes nicht hinreichend geklärt. Dem Verweis auf eine „Symbiose" von Interaktion und Organisation im Erziehungssystem (vgl. etwa Luhmann 2002: 121; 2004c: 255) kann dabei kaum der Status einer begrifflichen Systematik zugerechnet werden. Offensichtlich reagiert die Verdopplung des Codes in der Theoriebildung zunächst auf die empirische Evidenz, dass die Beobachtung des Erfolgs pädagogischer Vermittlungsbemühungen faktisch sowohl für selektionsintendierte Bewertungen als auch für die Fortsetzung von Vermittlungsbemühungen relevant wird (vgl. Kade 2004). In beiden Fällen wird jedoch lediglich der durch *Ex-post-Beobachtung* (Prüfung) ermittelte *Aneignungserfolg* auf der Seite der AdressatInnen pädagogischer Kommunikation codiert. Beide Codes sind folglich primär und gleichermaßen als *Beobachtungscodes* konstruiert.

Die systeminterne Differenzierungsleistung besser/schlechter bzw. vermittelbar/nicht-vermittelbar kann indes *nicht* die Vermittlungsoperationen selbst beobachten. Folglich wird der sozial voraussetzungsvolle Interaktionsprozess pädagogischer Kommunikation im dokumentierten Ergebnis der Leistungsattribuierung und Leistungsbewertung auch in der systemtheoretischen Reflexion unwiederbringlich zum Verschwinden gebracht. Entsprechend handelt es sich bei diesem Ergebnis auch nicht um lediglich ‚dokumentierte Heterogenität' (Luhmann), sondern um das Resultat individualistischer Askriptionen, dessen Genese nicht rekonstruierbar ist. So bleibt auch offen, wie im Erziehungssystem zwischen individualistischen und kollektivistischen Askriptionen, zwischen gradueller und kategorialer Heterogenität unterschieden werden kann. Die Fähigkeit, diese Unterscheidung zu vollziehen, wäre allerdings die Grundvoraussetzung für die Realisierung ‚meritokratischer' Selektion.

3.5 Abweichungserzeugung und Selbstdetermination im Erziehungssystem

Von der formalen Homogenisierung ausgehend werden leistungsförmige Ungleichheiten zwischen SchülerInnen durch Heterogenisierung, d.h. durch *Abweichungsverstärkung der Eingangsdifferenzen* erreicht (vgl. Luhmann/Schorr 1988: 321). Ungeklärt bleibt dabei allerdings, mit welchen Unterscheidungen beispielsweise PrimarlehrerInnen beobachten, um ihre Lerngruppe zu differenzieren. Diese Eingangsdifferenzen können noch nicht an schulisch zugeschriebenen graduellen Leistungsmarkierungen gewonnen werden. Erziehung scheint entsprechend nicht nur ein „Prozess der Abweichungsverstärkung" (Luhmann 1990: 108) zu sein, sondern allererst ein *Prozess der Abweichungserzeugung*. Dies führt dann zu der Frage, wie eine ‚erste Abweichung' in der pädagogischen Beobachtung zustande kommt und wie der Prozess der Verstärkung dieser Abweichung unter den Bedingungen organisierter Interaktion abläuft.

Die Fähigkeit zur *Selbstdetermination* (vgl. Luhmann 1998: 100) durch Organisation, d.h. durch Entscheidung, stattet den Erziehungsprozess mit hinreichenden Möglichkeiten zur Absorption seiner eigenen Ungewissheiten und zur Generierung und Plausibilisierung von Kausalität aus. Entscheidungen schaffen Eindeutigkeit, indem sie Irreversibilität erzeugen: Eine dokumentierte Leistungsbeurteilung lässt sich nicht ungeschehen machen und nachträglich nur dann als angemessen oder unangemessen rekonstruieren, wenn es sich um ‚archivierbare' Dokumente wie Klassenarbeiten handelt, die ggf. einer erneuten Beurteilung unterzogen werden können. Schlechte Noten können revidiert werden, aber dies nur bedingt und es wäre dann eine neue Entscheidung in einer veränderten Situation und mit anderen Folgen.

Durch Formalisierung der Leistungsdokumentation (und zwar unabhängig davon, ob numerisch oder textbasiert) wird letztlich erreicht, dass Entscheidungen als Entscheidungen im System erinnert werden können[51]: „Der jeweils erreichte Stand, festgehalten in den Zeugnissen des Selektionssystems, gilt als Voraussetzung für die weitere Erziehung." (Luhmann 2002: 174). Diese „memory function" (Luhmann 2004c: 256) von Leistungsdokumentationen zielt auf die *prognostische Verfügbarmachung der Zukunft*. Sie generiert pädagogische Wahrscheinlichkeiten, die durch „Projektion künftiger Vorkommnisse sowohl Kontinuität (Wiederholung) als auch Abweichung (Überraschung)" (Luhmann 2004c: 257) zulassen.

Leistungsdokumentationen *jeder Art* lassen sich an diese Funktionsbestimmung anschließend als *Askriptionsgedächtnis* verstehen, in dem vorangehende Attribuierungen von Leistungen auf SchülerInnen ‚memoriert' werden. Dieses Askriptionsgedächtnis versorgt jedoch nicht nur Selektionsprozesse mit Entscheidungsprämissen; vielmehr ist davon auszugehen, dass es in Form dokumentierter Bewertungen und Beurteilungen (Klassenarbeiten, Vergleichsarbeiten, mündliche Beteiligung etc.) auch das Interaktionssystem interpunktiert, weil es den Auf-

---

51 Insbesondere in diesem selbstdeterminierenden Sinn haben dann „[g]ute Zensuren […] mehr mit schlechten Zensuren zu tun als beispielsweise mit Bildung" (Luhmann 1986: 165).

bau und die Verfestigung differenzierender Erwartungsstrukturen ermöglicht.[52] Obwohl bspw. Zensuren als Kommunikationsformen der Organisationsebene zuzurechnen sind, ist davon auszugehen, dass sie auch eine Gedächtnisfunktion für die pädagogische Strukturierung der Interaktion übernehmen. Insofern gilt, dass „ohne Rückgriffe und Vorgriffe auf Selektion das Erziehungssystem gar kein Gedächtnis hätte, also sich auch nicht über Zeitdistanzen hinweg an sich selber orientieren könnte" (Luhmann 1996: 26f.). Das Erziehungssystem kann folglich bedingt durch seine Doppelstruktur als organisierte Interaktion beide Referenzcodes (vermittelbar/nicht-vermittelbar und besser/schlechter) miteinander kurzschließen und fungibel zwischen beiden Codereferenzen changieren. Das Erziehungssystem generiert entsprechend Leistungsunterschiede zwischen SchülerInnen, indem es Vermittlung und Selektion, Interaktion und Organisation operativ kommensurabel hält.

Dennoch: Faktisch hängt die Möglichkeit, Abweichung zu verstärken, von der *Sichtbarmachung* von Abweichung ab. Abweichung setzt Normalitätserwartungen voraus, die als solche jedoch in der Regel diffus sind und entsprechend ‚unkontrolliert' operieren. Normalitätserwartungen können dabei auch auf spezifischen personenbezogenen Differenzkonstruktionen basieren. Ein Beispiel hierfür wäre die Zuschreibung von ‚Sprachfertigkeit' oder ‚Sozialverhalten', die auf der Ebene des differenzsensiblen Interaktionssystems als Vorteil oder als Nachteil sowohl in Bezug auf Vermittlungsbemühungen als auch Selektionsentscheidungen behandelt werden können. Aus der Beobachtung sprachlicher Differenz oder ‚abweichendem' Sozialverhalten, die als individuell zugerechnete Merkmale einen sozialen Index mitführen, kann in Unterrichtsepisoden ein *pädagogischer* Sachverhalt (mangelnde Sprachkompetenz oder mangelnde Sozialkompetenz) gewonnen werden, der als solcher dann Entscheidungen über Inklusion oder Exklusion (Sondermaßnahmen zur Förderung von Sprach- und/oder Sozialkompetenz) legitimiert. Verstärkung basiert so gesehen auf der kategorisierenden Vereindeutigung erwarteter gradueller Differenz (Sprache, Verhalten) und diese Vereindeutigung nutzt die Kommunikationsform der Entscheidung um nachträglich Plausibilität zu erzeugen: Wenn Fördermaßnahmen stattfinden, werden sie auch eine entsprechende Ursache gehabt haben. Die *primäre* Operation nimmt jedoch die Form eines *Matching*-Vorganges an, indem sozial indizierte Unterscheidun-

---

52 Dass eine permanente und auf Dauer gestellte Nutzung von Zensuren sowohl der Strukturierung von Unterrichtsinteraktion als auch der ‚objektivistischen' Selbstlegitimation notenbasierter Selektionsentscheidungen dient, lässt sich im Rahmen ethnographisch und praxeologisch orientierter Forschungsbeiträge empirisch zeigen (vgl. Zaborowski/Meier/Breidenstein 2011: 351ff.; Kalthoff 2006b).

gen und pädagogisch relevante Unterscheidungen in ein Passungsverhältnis gebracht werden.

3.6   Unterscheiden/Bezeichnen – Klassifizieren/Askribieren: Beobachtungstheoretische Implikationen

Der Begriff *Beobachtung* bezeichnet in Luhmanns Definition das „operative Dual von Unterscheiden/Bezeichnen" (vgl. Luhmann 1998: 92). Systeme beobachten, indem sie eigenselektiv *Unterscheidung* und *Bezeichnung* zu festen kommunikativen Formen koppeln, die das System operativ verarbeiten kann. Während die Unterscheidung eine Zwei-Seiten-Form ist (motivierte SchülerInnen gibt es nur, wenn es auch unmotivierte gibt), fixiert die Bezeichnung nur eine Seite der Unterscheidung, während die andere als ‚unmarked space' mitgeführt wird (‚motivierte SchülerInnen lernen in der Regel schneller'). Mit dem Bezeichnen entfalten Unterscheidungen *externe Referenz*, d.h. sie konstituieren für das System einen Sachverhalt, ein als außerhalb seiner operativen Selbstläufigkeit liegendes ‚Etwas':

> „Es handelt sich also um die Bezeichnung von etwas im Kontext einer (ebenfalls operativ eingeführten) Unterscheidung von anderem. Das Referieren wird zur Beobachtung, wenn die Unterscheidung zur Gewinnung von Informationen über das Bezeichnete benutzt wird (was im allgemeinen enger gefasste Unterscheidungen erfordert)." (Luhmann 1994: 596f.)

Auch die Adressierungsoperationen sozialer Systeme im Modus Inklusion/Exklusion stellen in dieser Hinsicht nichts anderes dar als ein beobachtungsbasiertes Referieren auf Personen zur Gewinnung von Informationen, die allerdings nur für das beobachtende/referierende System ‚Sinn machen' – auch wenn dies für die so Adressierten Folgen hat. Wenn wir von diesen Überlegungen ausgehen, lassen sich *Klassifikation und Askription als eine spezifische Form der Beobachtung konzeptualisieren, die im Modus von Inklusion/Exklusion die Adressierung von Personen ermöglicht.* Das Moment der Klassifikation wäre folglich durch die Logik der Unterscheidung definiert, das Moment der Askription durch die Logik des Bezeichnens: Klassifikation/Askription kann folglich ebenfalls als ein ‚operatives Dual' verstanden werden, das sich nur analytisch dekomponieren lässt.

Wenn wir eine Bemerkung Luhmanns zum wechselseitigen Konstitutionsverhältnis von Unterscheiden/Bezeichnen unter dem Gesichtspunkt des Duals Klassifikation/Askription variieren, dann ließe sich entsprechend folgende Relation bestimmen: ‚Das Askribieren hat demnach nur im Rahmen einer Klassifikation

Sinn, während diese nur den Sinn haben kann, eine Askription vorzubereiten.‘[53] Dass allerdings, wie Luhmann in Hinblick auf die Doppeloperation Unterscheiden/Bezeichnen weiter ausführt, die nicht bezeichnete Seite der Unterscheidung „zugänglich gehalten" werden kann, resultiert aus der „in der Ausgangsoperation (der Unterscheidung, M.E./U.H.) bereits angelegten Asymmetrie" (Luhmann 2003: 18). Das Problem der immer-schon asymmetrisierten Unterscheidung ist indes nicht ohne Weiteres erklärbar: Luhmann bezieht seine Ausführungen an dieser Stelle auf die Unterscheidung Mann/Frau, die als solche keine ‚formallogisch' begründbare Asymmetrie impliziert, sondern eine historische sedimentierte Klassifikation darstellt. Entsprechend führt Luhmanns Auseinandersetzung mit diesem Problem in die Analyse einer *historischen Semantik des Geschlechter-Unterscheidens* hinein (vgl. ebd.: 33f.). Die Stabilität asymmetrisierter Unterscheidungen in der Bezeichnungs*praxis* (d.h. in der Kommunikation) resultiert demnach weniger aus den modernen gesellschaftlichen Strukturmerkmalen (funktionale Differenzierung), als vielmehr aus den *semantischen* Strukturen gesellschaftlicher Selbstrepräsentation.

Hinsichtlich unserer klassifikationstheoretischen Überlegungen ist dabei entscheidend, dass „schon mit der Wahl einer Unterscheidung Festlegungen verbunden sind" (Luhmann 1998: 74), dass also die *Nichtbeliebigkeit des Bezeichnens auf die Selektivität der Unterscheidung zurückgeführt werden kann*: Die sachliche Selektivität einer Beobachtung, d.h. die Referenz auf das, was beobachtet wird, resultiert erkenntnislogisch nicht aus dem ‚natürlichen' Vorliegen von Beobachtungsgegenständen, sondern aus der Systemreferenz der Unterscheidung:

> „Das beobachtende System operiert mit Hilfe von Unterscheidungen, die als Unterscheidungen in der Außenwelt keine Entsprechung haben. […] Andererseits ist ein beobachtendes System, wenn es Beobachtungen als Operation durchführt, auf die Verwendung von Unterscheidungen angewiesen […]. Deshalb ist ein unterscheidungsloses Beobachten undenkbar. *Und nur deshalb ist alles, was für einen Beobachter Realität ist, Realität dank der Einheit der Unterscheidung, die er verwendet, also Konstruktion.*" (ebd.: 518f.)

In wissenssoziologischer Perspektive wäre die Selektivität der Unterscheidungen eingebettet in den institutionellen Rahmen, der Wirklichkeits*wissen* generiert und legitimiert (vgl. Kap. I.2), im Kontext der Luhmannschen Systemtheorie stellen die systemspezifischen *Strukturen* den Referenzpunkt für wissensbasierte Be-

---

53 Luhmanns Ausführung lautet: „Das Bezeichnen hat demnach nur im Rahmen einer Unterscheidung Sinn, während diese nur den Sinn haben kann, eine Bezeichnung vorzubereiten." (Luhmann 2003: 18)

obachtungsoperationen dar.[54] Welche Unterscheidungen wie Relevanz erlangen, erschließt sich entsprechend nur aus den systemimmanenten Bedingungen kommunikativer Sinnbildung. Ein Rückschluss, der sich u.e. in Hinblick auf Klassifikation/Askription ziehen lässt, liegt darin, dass Askription und Klassifikation in einem rekursiven Prozess kommunikativ gekoppelt sind, diese Kopplung jedoch sowohl eine *lose* als auch *feste* Form annehmen kann und sich entsprechend erst auf Basis einer Beobachtung kommunikativer ‚Praxis' die Frage beantworten lässt, welche Askriptionsoptionen (Bezeichnungen) durch beobachtende Systeme mit welchen Klassifikationen (Unterscheidungen) wie gekoppelt werden.

Pädagogische Beobachtungen konstruieren ‚Welt' und somit auch ‚Differenz' als AdressatInnenmerkmal (Heterogenität, Vielfalt) im Modus der Selbstreferenz. Erst die pädagogische Beobachtung erzeugt pädagogische Relevanz, indem sie mit Referenz auf die operativen Bedingungen organisierter Interaktion ‚ihre' Außenwelt konstruiert. Es gibt jenseits der Beobachtungen des Erziehungssystems entsprechend keine unterschiedlichen Lernvoraussetzungen, keine mehr oder weniger lernfähigen, keine besseren und schlechteren SchülerInnen – und auch keine SchülerInnen, die sich nach sozialer, geschlechtlicher, kultureller, nationaler usw. Zugehörigkeit unterscheiden. Diese Unterschiede sind vielmehr Resultat von Beobachtungsleistungen im System der Erziehung, d.h. sie basieren auf internen Unterscheidungen und (einseitigen) Bezeichnungen sowie der entsprechenden Adressierung (Inanspruchnahme) im System. Die Adressierung von Individuen im Erziehungssystem vollzieht in diesem Sinne gerade *keinen* Bruch mit den familialen Bedingungen des Aufwachsens und mit den damit verbundenen sozialen Askriptionen (vgl. dazu klassisch Parsons 1971); vielmehr *redefiniert und kategorisiert das Erziehungssystem diese familialen Bedingungen in der Beobachtung als seine eigene Vorgeschichte.*

Wir werden in Bezug auf die pädagogischen Differenzdiskurse sehen, dass dieser Punkt wesentlich ist: Denn kategoriale Unterscheidungen wie Geschlecht, Ethnizität oder Migrationshintergrund sind beobachtungslogisch betrachtet nicht lediglich kategorial-exklusiv, sondern *asymmetrisch* strukturiert und verweisen trotz ‚guter' pädagogischer Absicht immer auch auf die Option der *ungleichen Bezeichnung* (Diskriminierung). Die Problematik liegt hierbei darin, dass Beobachtung „auf der *operativen* Ebene *naiv* verfährt" und „in Bezug auf die *eigene Referenz unkritisch* vorgeht" (Luhmann 1998: 85). In der Beobachtung lässt sich der Sinn der verwendeten Unterscheidung nicht mehr in Frage stellen, da anderenfalls kein Bezeichnen möglich ist.

---

54   „Die Struktur (Wissen) leitet die Operation (Erkennen), die die Struktur bestätigt oder modifiziert." (Luhmann 1998: 79)

Wenn die Doppeloperation Unterscheiden/Bezeichnen in dieser Hinsicht analytisch dekomponiert wird, dann lässt sich zeigen, dass das *Bezeichnen* die Fortsetzung der Erziehungskommunikation sicherstellt, also Systemreferenz besitzt, die gewählte *Unterscheidung* jedoch nicht: Geschlecht oder Migrationshintergrund sind keine Unterscheidungen, die das Erziehungssystem als Bedingungen seiner eigenen Möglichkeit voraussetzt, aber sie können ohne weiteres für das Bezeichnen der AdressatInnen pädagogischer Kommunikation genutzt werden – obwohl sie *als solche* keinerlei ‚pädagogischen‘ Informationsgehalt besitzen. Auf welche Weise und in welcher Form das Bezeichnen im Schema kollektivistischer Askriptionen mit pädagogischer Relevanz ausgestattet wird, bleibt ein Geheimnis der Erziehung.

In diesem Zusammenhang erlangt die von Luhmann aus der Kybernetik übernommene Unterscheidung zwischen Beobachtung erster und zweiter Ordnung (vgl. ebd.: 75ff.) Bedeutung: Während in der Beobachtung erster Ordnung Unterscheidungen zur Bezeichnung, d.h. zur sinnhaften Strukturierung von Umwelt verwendet werden, ist die Beobachtung zweiter Ordnung dadurch charakterisiert, dass sie die Unterscheidungen eines Beobachters beobachtet, d.h. nach eigenen Kriterien unterscheidet und bezeichnet, wie ein Beobachter unterscheidet und bezeichnet. Diese Fähigkeit zur Beobachtung von Beobachtungen stattet Systeme auch mit Reflexionsvermögen aus, insofern sie ihr eigenes Unterscheiden/ Bezeichnen wiederum auf Grundlage von Unterscheidungen, die bspw. durch Theorien bereitgestellt werden, beobachten können. *Klassifizierendes Beobachten* operiert, wenn wir dieser Logik folgen, im Modus der Beobachtung erster Ordnung: Exklusiv-kategoriale Klassifikationen dienen der Sortierung, Ordnung und Typisierung von Welt für eigene Zwecke, sie beobachten im Modus der *Reflexivität* und ermöglichen dabei nicht nur *keinen* Zugang zu *Reflexion*[55], sondern blockieren diese beobachtungspraktisch geradezu.

Die Frage der Beobachtungsfähigkeit des Erziehungssystems hängt letztlich mit der Frage nach seinen inneren Kausalitätsbedingungen zusammen. Luhmann und Schorr haben Dreebens Begriff des ‚Technologiedefizits‘ genutzt, um die Unmöglichkeit einer auf wissenschaftlichen Kausalitätserwartungen gründenden Erziehung nachzuzeichnen (vgl. Luhmann/Schorr 1982; 1988; Luhmann 1982). Das Interaktionssystem des Unterrichts verselbstständigt sich gegenüber

---

55 Luhmanns Unterscheidung Reflexivität/Reflexion bezieht sich unter der Annahme operativer Geschlossenheit auf die unterschiedlichen Formen der *Beobachtung* in Systemen: Während *Reflexivität* das Prozessieren von System/Umwelt-Unterscheidungen bezeichnet (vgl. Luhmann 1999a: 372), die operative Rekursivität ermöglichen, bezieht sich *Reflexion* auf Unterscheidungen, die *Selbstbeobachtung* ermöglichen (vgl. Luhmann 1999b: 757).

den organisatorischen Bedingungen nicht zuletzt deshalb, weil es von einer konstitutiv *praxeologisch* konturierten Kausalität getragen wird: Die „subjektive Technologie" der Lehrkräfte, über die diese in Form von als „Erfahrung sedimentierte Kausalpläne" (Luhmann/Schorr 1982: 19) verfügen, stellt Erwartungssicherheit und damit *Beobachtungssicherheit* her. Hinweise auf individuelle Lernvoraussetzungen, die aus der Beobachtung askriptiver Merkmalszuschreibungen gewonnen werden, können keinem Kausalgesetz genügen; aber wenn im Kollegium kommuniziert wird, dass bestimmte Kinder, deren Eltern aus einem bestimmten Land eingewandert sind, die einer bestimmten Religion zugerechnet werden können und in deren Familien zudem bestimmte Geschlechterstrukturen vorzuherrschen scheinen, kann dies zu der ‚plausiblen' Erwartung beitragen, dass diese Kinder *typische* Verhaltensweisen und *typische* Probleme bereiten werden. Soziale Klassifikation schafft damit Anhaltspunkte für pädagogische Typisierungen, die Systemreferenz besitzen, soziale Klassifikation reichert die Varianz systeminterner Bezeichnungsoptionen an.

Strukturelle Defizite wie das Technologiedefizit können folglich als *Beobachtungsdefizite* reformuliert werden, die im Erziehungssystem dadurch bearbeitet werden, dass auf Klassifikation und Askription umgestellt wird: Die Unverfügbarkeit der eigenen Systemvoraussetzungen kann damit als ein Problem defizitärer oder differentieller Lernvoraussetzungen auf die AdressatInnen pädagogischer Kommunikation projiziert werden. Die Diagnose und Identifizierung von ‚RisikoschülerInnen' erübrigt dann unnötige Infragestellungen der eigenen Askriptionsleistung. In der Beobachtungsoperation schafft Erziehung ihre eigene, mit Plausibilität angereicherte Wirklichkeit: „Die Realität ist mit Vollzug der Operation gegeben, und insofern sind alle beobachtenden Systeme reale Systeme mit entsprechenden Realabhängigkeiten." (Luhmann 1998: 78)

So lässt sich vermuten, dass strukturelle Beobachtungsdefizite *Probleme der Reflexivität* verursachen, die die Fortsetzung der Erziehungskommunikation betreffen und gerade deshalb Beobachtungsbemühungen *im* System auslösen, die den Raum für Klassifikation und Askription eröffnen.[56] Die Referenz auf kategoriale Differenz kann dann als Ersatz für fehlende Unterscheidungsfähigkeit und fehlende ‚technische' Kausalität in der pädagogischen Beobachtung fungieren. Paradoxerweise ist die Bezugnahme auf ‚askriptive Merkmale' damit entgegen

---

56 In diesem Modus der Reflexivität bewegen sich auch Referenzen der Erziehungskommunikation auf Gesellschaft, denen der Charakter ‚sozialer Probleme' zugerechnet wird: Die ‚Pädagogisierung sozialer Probleme' (vgl. dazu grundlegend Proske 2001) besitzt entsprechend immer eine auf die Fortsetzung der Systemoperation orientierte Beobachtungsrationalität. Erziehung ‚pädagogisiert' Gesellschaft in diesem Sinne immer ‚für sich'.

der Annahme Luhmanns nicht funktionslos, sondern insofern funktional, als sie realiter der Problemkonstruktion und Problembearbeitung im System dient. Vor diesem Hintergrund scheint uns auch bei Luhmann eine Argumentation vorzuliegen, die letztlich die Selbstbeschreibung des Erziehungssystems bzw. der pädagogischen Profession verdoppelt:

> „Andererseits kommen die Kinder als Individuen, und das heißt: als Ungleiche, in die Schule und die Unterschiede lassen sich, obwohl in der Umwelt produziert, nicht ignorieren. Sie fallen im Unterricht auf, und sie sind pädagogisch relevant. Die Erziehung kann nicht anders als an solche Unterschiede anschließen. Das scheint dem Theorem operativer Schließung, nämlich der Annahme, in einem autopoietischen System zählten nur selbstgemachte Unterschiede, zu widersprechen. Trotzdem bleibt es bei einer autopoietischen Reproduktion, da an diese Unterschiede ja nur angeschlossen wird, sofern sie sich im Unterricht auswirken. [...] Das Erziehungssystem der Schulen kann deshalb nicht am Einzelkind sortieren, was seine Eigenleistung ist und was man als Produkt der Umwelt hinzunehmen hat." (Luhmann 2002: 127f.)

Zur Konkretisierung dessen, was mit den als ‚pädagogisch relevant' erachteten Unterschieden und der Ungleichheit der SchülerInnen gemeint ist, verweist Luhmann auf „intensive Effekte der Sozialisation": Neben „sozialer Schichtung der Familien" werden insbesondere „horizontale Verschiedenheiten der familialen Ausgangslage" erwähnt, worunter differenzielle Familienformen und Sozialisation „auf der Straße oder im Kindergarten" ebenso gefasst werden wie „Probleme des multiethnischen Milieus" (ebd.: 126f., FN). Interessant an dieser Schilderung ist zweierlei: Zum einen wird das Erziehungssystem angesichts der Annahme unwillkürlich durchschlagender Sozialisationseffekte in eine Rolle der Passivität gebracht, in der es lediglich selektiv auf Unterschiede in seiner Umwelt *reagiert*, obwohl anzunehmen ist, dass es sich bei diesen Unterschieden um eine auf internen Unterscheidungen basierende aktive Beobachtungsleistung des Systems selbst handeln muss. Zum anderen nimmt Luhmann Referenz auf kategoriale Gruppenkonstruktionen, die allerdings nicht als beobachterabhängige Klassifikationen markiert, sondern als ‚Realannahme' selbst den Beobachtungsdefiziten des Erziehungssystems gegenübergestellt werden. So heißt es an anderer Stelle:

> „Wenn die Kinder in die Schule kommen, sind sie also immer schon sozialisiert und natürlich unterschiedlich sozialisiert. Die Schule findet diese Unterschiede vor, und es wäre vergebliche Mühe, wollte sie versuchen, an den einzelnen Kindern Sozialisationseffekte und (angeborene) persönliche Begabung zu unterscheiden. [...] Man versucht, mit anderen Worten, alle vorgegebenen Begabungs- und Sozialisations-

unterschiede zu neutralisieren, um dann alles, was als ungleiche Leistung erscheint, auf die Schule selbst zurechnen zu können." (Luhmann 1996: 25)

Offenbar wird hier nicht hinreichend zwischen *Realität* und *Objektivität* unterschieden, was beobachtungslogisch jedoch fundamental ist (vgl. dazu Luhmann 1998: 78). Was Luhmann im obigen Zitat scheinbar im Blick hat, ist die verfehlte *Objektivität* der erzieherischen Beobachtung individueller Lernvoraussetzungen – aber die entscheidende beobachtungstheoretische Frage richtet sich nicht auf Objektivität, sondern darauf, wie Lernvoraussetzungen im System als *Realität erzeugt* werden. Eine konsequent durchgehaltene beobachtungstheoretische bzw. klassifikationstheoretische ‚redescription' dieser Attribuierungslogik des Erziehungssystems läuft u.E. notwendigerweise auf eine Perspektivumkehr hinaus: Die sozialen Unterschiede der AdressatInnen pädagogischer Kommunikation liegen ebenso wenig ‚als solche' vor wie vermeintliche Begabungsunterschiede. Auch soziale Differenz stellt vielmehr eine genuin systemeigene Beobachtungsleistung dar, die mit systemeigenen Klassifikationen und Askriptionen arbeitet, die allerdings – und das ist der neuralgische Punkt – weder durch Kommunikationscodes noch durch pädagogische Programme kontrolliert werden können, sondern in Form ‚wilden' Klassifizierens und Askribierens ablaufen.

Entscheidend für die Genese von Ungleichheiten im Erziehungssystem ist folglich die empirische Frage, wie ‚externe' Kategorien, mit denen im System soziale Unterschiede zur Sichtbarkeit gebracht werden und ‚interne' Kategorien, die individuelle Leistungsunterschiede zur Sichtbarkeit bringen, in der Interaktion des Klassenunterrichts beobachtungspraktisch gekoppelt werden. Wenn aber von einer derartigen Kopplung ausgegangen werden kann, legt dies den Schluss nahe, dass Meritokratie im Erziehungssystem strukturell unmöglich ist und dass diese Unmöglichkeit gleichzeitig auch die strukturelle Bedingung für klassifikatorische und askriptive Adressierungen im System bildet.

Konsequenterweise muss – wenn der Kontext der Theorie nicht in Richtung auf einen Naturalismus der Begabungen verlassen werden soll – davon ausgegangen werden, dass herkunftsabhängige Unterschiede in den Lernvoraussetzungen erst im und durch das Erziehungssystem generiert werden, folglich nicht als systemunabhängiger – und das heißt: beobachterunabhängiger – Sachverhalt behandelt werden dürfen. Der Umstand etwa, dass ein Kind bereits mit vier Jahren über Kompetenzen in Lesen, Rechnen, Geigespielen und einer Fremdsprache verfügt, ist solange ‚gesellschaftlich' unbedeutend, bis es in die Schule kommt, die daraus einen in Hinblick auf erwartbare Lernvoraussetzungen folgenreichen Unterschied macht. Und wenn Sprache als Vermittlungsmedium der Erziehung nicht mehr ‚funktioniert', kann dieses leicht ersichtliche *operative Systemproblem* auf einen unpassenden oder defizitären Sprachcode, d.h. auf die AdressatInnen selbst zugeschrieben werden.

Sollten unsere bisherigen Überlegungen zutreffen, dann wäre es trotz der Annahme, dass sich die Organisation Schule gegenüber Askriptionen indifferent zeigt, unwahrscheinlich, dass auf der Ebene der Unterrichtsinteraktion auf die pädagogische Konstruktion kategorialer Differenz verzichtet wird. Interaktionen operieren in diesem eigenlogischen Sinn ‚differenzsensibel'; Anwesenheit und Wahrnehmbarkeit als Systembedingung motiviert letztlich die Erwartungsstabilisierung durch Herstellung von Sichtbarkeit. Entsprechend ist davon auszugehen, dass mit den ersten Kontakten zwischen Lehrkräften und ihren Klassen der Beobachtungsmodus von Homogenität als verallgemeinerter Erwartungsstruktur beobachtungspraxeologisch auf die Sichtbarkeit ‚kategorialer Heterogenität' umgestellt wird – mit dem Unterschied allerdings, dass entgegen der semantischen Selbstbeschreibung des Erziehungssystems kategoriale (askriptive) nicht von gradueller (leistungsbezogener) Heterogenität unterschieden werden kann, weil beide innerhalb des Systems und im Modus der selben Beobachtungsoperationen erster Ordnung erzeugt werden.

.

Exkurs:

Gesellschaftliche Differenzierung und die Differenzierung sozialer Klassifikationen

Wenn wir davon ausgehen, dass soziale Klassifikationen in Organisationen die Funktion einer je spezifischen und eigenen Zwecken folgenden Adressierung von Individuen übernehmen, dann lässt sich hierin ihre Ungleichheitswirksamkeit erwarten. Soziale Kategorien unterscheiden und bezeichnen dabei kollektive Zugehörigkeiten und verweisen auf spezifische Klassifikationssysteme, in deren rekursiver Struktur sie ihre Unterscheidungs- und Bezeichnungsfähigkeit allererst erlangen. Vor dem Hintergrund der Unterscheidung von Gesellschaftsstruktur und Semantik wären diese Klassifikationssysteme der Ebene systemrelativer Semantiken zuzurechnen. Ein differenzierungstheoretischer Zugang zum Phänomen der gesellschaftlichen Ausdifferenzierung sozialer Klassifikationssysteme bringt dabei eine Perspektivumkehr mit sich: Die Fragestellung lautet dann nicht mehr, *was*, sondern *wie* Kategorien bezeichnen.

Zunächst ist davon auszugehen, dass soziale Kategorien semantisch an gesellschaftliche Differenzierungsmomente rückgebunden sind: Die Kategorien *Staatsangehörigkeit* und *Ethnizität* schließen bspw. an Formen segmentärer Differenzierung an, insofern sie die territoriale Differenzierung von Nationalstaaten voraussetzen. *Klasse* und *Schicht* bezeichnen Formen stratifikatorischer Differenzierung von Gesellschaft und konstruieren einen zweidimensionalen, hierarchisch strukturierten sozialen Raum. Die Kategorie *Milieu* stellt bereits eine Kombination aus stratifikatorischer Differenzierungslogik und der Annahme

‚kultureller' Differenzierung dar. Andererseits lassen sich Kategorien wie etwa *Geschlecht* oder *Alter* nicht aus makrostrukturellen Differenzierungsformen (weder segmentär noch stratifikatorisch noch funktional) ableiten, sondern stellen genuine Klassifikationen dar, die gleichwohl sämtliche gesellschaftsstrukturellen Differenzierungsformen queren.

In allen Fällen stellt sich jedoch die Frage, in welchem Zusammenhang die semantische Ausdifferenzierung von Klassifikationssystemen mit funktionaler Differenzierung sowie der Differenzierung von Systemebenen (Gesellschaft, Organisation, Interaktion) steht. Diese Überlegungen wollen wir im Folgenden anhand der Kategorien Geschlecht, Staatsangehörigkeit, Ethnizität, Migrationshintergrund sowie Lernbehinderung konkretisieren und dabei insbesondere den Zusammenhang von Kategorie, Klassifikation und Askription beleuchten.

Die Besonderheit der Kategorie *Geschlecht* besteht darin, dass sie als eine Binärunterscheidung an historisch divergierende gesellschaftliche Strukturbildungsmuster je spezifisch anschließt. Geschlecht stellt ein historisch sedimentiertes Klassifikationssystem bereit, das alle gesellschaftlichen Differenzierungsmomente kreuzen kann und damit eine *transversale* und jederzeit aktivierbare Askriptionsoption konstituiert, als solche aber weder einer Institution (z.B. Staat, Recht) noch einem spezifischen organisatorischen Kontext (etwa Arbeitsorganisationen) zugerechnet werden kann. Vielmehr kann die Kategorie Geschlecht mit allen sozialen Klassifikationssystemen ‚gematcht' werden, sie bleibt allerdings immer eine ‚externe' Kategorie. Die statistische Beobachtung von Gesellschaft auf Grundlage der Binärunterscheidung Mann/Frau kann der Wohlfahrtsstaat für bevölkerungspolitische, familienpolitische und bildungspolitische Steuerungsmaßnahmen nutzen; Wirtschaftsunternehmen wiederum können in Referenz auf Geschlecht ganze Arbeitsmarktsegmente differenzieren oder die interne Stellenhierarchie ‚gendern'. Die Klassifikation von Individuen entlang der Unterscheidung von Geschlechtern kann an organisatorische Binnensemantiken (Fähigkeiten, Kompetenzen, Führungsstärke etc.) angeschlossen und zur ungleichen Bezeichnung (Diskriminierung) verwendet werden.

Staatsangehörigkeit (‚Nationalität') differenziert Individuen demgegenüber auf Grundlage nationaler Grenzregime und einer Askriptionsmacht, die dem Staat als Organisationsform des politischen Systems konstitutionell zugesprochen wird. Sie stellt eine historische ‚Erfindung' des nationalen Wohlfahrtsstaates dar und reguliert auf Basis eines rechtlich-politischen Klassifikationssystems formal legitimiert den ungleichen Zugang zu gesellschaftlichen Teilhabechancen (vgl. dazu Bommes 1999). Staatsangehörigkeit als *segmentäre Klassifikation* setzt dabei funktionale Differenzierung, in diesem Fall die Ausdifferenzierung eines modernen politischen Systems und einer übergreifenden staatlichen Verwaltungsorganisation, voraus. Bei der Unterscheidung Staatsangehörige/Nicht-Staatsangehörige sorgt entsprechend das politische System für klassifikatorische Rekursivität und zwar aufgrund der formalen Organisiertheit der Staatsverwaltung sowie der praktischen Durchführung ihrer Exekutivaufgaben. Staatsangehörigkeit als solche erzeugt jedoch noch keine am Individuum ‚ablesbare' Eigenschaft, sie entzieht sich der Wahrnehmung, weshalb der Staat Kontrolldokumente verteilt, mit denen Zugehörigkeit ‚ausgewiesen', soziale Sichtbarkeit hergestellt und der Zugang zum Territorium reguliert werden kann.

Die Kategorie *Ethnizität* setzt ebenfalls die Expansion des europäischen Nationalstaates in spezifischer Weise historisch voraus: Erst der Versuch des ‚nation-building' und das Bestreben des Staates, seine kohäsive Stabilität durch Herstellung einer homogenen Bevölkerung mit einheitlicher Nationalsprache und Nationalkultur zu erreichen, machte die Klassifikation ‚abweichender' Bevölkerungsgruppen plausibel (vgl. dazu Nassehi 1999). ‚Ethnische Differenz' bezeichnet eine Form segmentärer Klassifikation, die ihre Rekursivität jedoch nicht durch staatliche Grenzregime, sondern durch die symbolische Konstruktion *kulturell-räumlicher* Grenzen gewinnt. Das Klassifikationsschema Ethnizität ist quasi *negativ* an staatliche Territorialität gekoppelt, insofern es die ‚Abweichung' von national-kultureller Homogenität markiert. Das Spezifikum von Ethnizität scheint allerdings gerade darin zu liegen, dass die Markierung ‚ethnischer Differenz' immer schon mit Askriptionsoptionen operiert, die der Unterscheidungslogik ‚anderer' Klassifikationssysteme folgen: So wird die Unterscheidung ethnisch-/nicht-ethnisch etwa mit der Zuschreibung ‚vormoderner' Strukturen im Geschlechterverhältnis angereichert (vgl. dazu Diehm 2008; Lutz 2008).

Desweiteren scheint Ethnizität seine soziale Sichtbarkeit vor allem aus der konstitutiven Verschränkung mit Klassifikationen zu beziehen, die auf soziale Stratifikation verweisen: Die Beobachtung der Bildungsbenachteiligung von Kindern und Jugendlichen mit ‚Migrationshintergrund' oder einer ‚ethnischen' Unterschichtung des Arbeitsmarkts erzeugt ebenfalls soziale Sichtbarkeiten und verleiht Annahmen über die Unterscheidbarkeit ethnischer Gruppen vermeintliche Evidenz (vgl. Hormel 2007 u. 2011). Zudem gewinnen religionsbezogene Klassifikationen in den letzten Jahren eine fast dominante Bedeutung im öffentlichen Diskurs, wenn es darum geht, ‚ethnische Differenz' als gesellschaftlichen Realfall im Horizont eines Kulturkonflikts zu plausibilisieren (vgl. Attia 2009). ‚Ethnizität' wird entsprechend nur innerhalb einer komplexen symbolischen Verweisungsstruktur intelligibel, die sprach-, religions-, klassen- oder geschlechtsbezogene Askriptionsoptionen nutzt, um soziale Sichtbarkeit zu erzeugen. Die kulturell-räumliche Axiomatik der Differenzierung von *Zugehörigkeit* sorgt indes dafür, dass die Konstruktion ‚ethnischer Minderheiten' im Askriptionsmodus ethnisch/nicht-ethnisch rekursiv operieren kann.[57]

Bei den beiden Kategorien ‚Migrationshintergrund' und ‚Lernbehinderung' handelt es sich im Unterschied zu den vorangehend diskutierten Kategorien um Unterscheidungen, die einem genuin erziehungswissenschaftlichen resp. pädagogischen Beobachtungsinteresse entspringen. Der Begriff *Migrationshintergrund* findet sich bereits 1998 im 10. Kinder- und Jugendbericht[58] der Bundesregierung, ohne dass er dort jedoch näher definiert wird. Offensichtlich trägt er zunächst der Problematik Rechnung, dass die Unterscheidung nach Staatsangehörigkeit noch keine Informationen über ‚typische' migrationsgesellschaftliche Bedingungen des Aufwachsens enthält.[59] Die Begriffsbildung ist dabei scheinbar von dem Anspruch getragen, pädagogisch relevante Sachverhalte wie etwa besondere Lebenssituationen und lebensweltliche Sprachkompetenzen von Kindern und Jugendlichen differenzierter in den Blick nehmen zu können. Eine ungeahnte Karriere machte der Begriff indes im Zuge der ersten PISA-Studie, in der ‚Migrationshintergrund' nunmehr als statistische Kategorie eingesetzt wurde (vgl. Deutsches PISA-Konsortium 2002). Diese diente zur Erhöhung der Trennschärfe in der Beobachtung der Bildungssituation der leistungsgetesteten SchülerInnen, um Zusammenhänge zwischen sozialen Kontextvariablen und Bildungsperformanz herzustellen zu können. Mit ‚PISA' wird ‚Migrationshintergrund' schließlich zu einer *askriptiven Gruppenvariable*, an die sich nunmehr spezifische pädagogische Problemerwartungen anschließen. Mit der Übernahme der Kategorie Migrationshintergrund in den Mikrozensus im Jahr 2005 wird diese nunmehr zu einem Klassifikationsschema ausgebaut, mit dem sich die bevölkerungspolitische Beobachtung und Adressierung von Individuen weniger abhängig von der ‚unscharfen' Kategorie der Staatsangehörigkeit macht. Mittlerweile lässt sich eine fachdisziplinär übergreifende wissenschaftliche, bildungs-, sozial- und wirtschaftspolitische und auch eine massenmediale Verbreitung des Begriffes ausmachen, der allerdings für jeden Kontext – Bildung, Politik, Wirtschaft – je spezifische Askriptionsmöglichkeiten bereithält.

---

57 Im Unterschied zu klassischen Einwanderungsländern wie etwa den USA, in denen die ‚weiße' Majorität auch ‚ethnisch' definiert wird, findet der Begriff Ethnizität in Deutschland nicht zur Binnendifferenzierung des nationalen Staatsvolkes Verwendung, sondern markiert symbolische Zugehörigkeit im Modus einer partikularen ‚Abweichung'.

58 Vgl. 10. Kinder- und Jugendbericht der Bundesregierung (http://www.aba-fachverband.org/fileadmin/user_upload/10._Kinder-_und_Jugendbericht.pdf)

59 Einen Hintergrund stellt hier nicht zuletzt die verstärkte Migration von AussiedlerInnen und SpätaussiedlerInnen Anfang der 1990er Jahre dar.

Die prototypische Logik institutioneller Klassifikation im Erziehungssystem lässt sich insbesondere am Beispiel der Kategorie Lernbehinderung, mit der Lernfähigkeitsgrenzen des Individuums bezeichnet werden, rekonstruieren: Lernbehinderung ist nicht jenseits pädagogischer Klassifikationssysteme denkbar, insofern nur innerhalb des Bildungswesens Kinder nach Kriterien der Lern- und Leistungsfähigkeit unterschieden und bezeichnet werden. Dies setzt eine entsprechende diagnostische Beobachtungsleistung des pädagogischen Blicks voraus, der jene Kategorie der Lernbehinderung im Modus der Askription am Individuum sichtbar machen muss. Dass von Sonderschulzuweisungen, die die Indikation ‚lernbehindert' voraussetzen, überproportional häufig Jungen aus sozial benachteiligten Familien mit Migrationsgeschichte betroffen sind (vgl. Powell/Pfahl 2012: 728), weist darauf hin, dass die Kategorie Lernbehinderung in der Beobachtungspraxis mit sozialen Kategorien – Geschlecht (Jungen), soziale Lage (benachteiligt) und Migration – ‚gematcht' wird. Das Klassifikationsschema Lernbehinderung ‚sucht' sich offenbar soziale Askriptionsoptionen, um am Kind sichtbar zu machen, was sichtbar gemacht werden soll. Unter Ausnutzung der organisatorischen Gelegenheitsstrukturen für Selektion (Sonderschulen und Sonderklassen) produziert es dabei im Modus Inklusion/Exklusion eine „systematische Zufälligkeit" (Kronig 2007) ‚kategorialer' Bildungsbenachteiligung.[60] In einer verallgemeinerten Perspektive verweist diese Logik der Klassifikation und Askription darauf, dass das Erziehungssystem interne Kategorien, wie die Lernfähigkeit des Individuums, mit externen sozialen Kategorien verbindet und damit seine Bezeichnungs- und Adressierungsoptionen erweitert.

Die Kopplung differenzieller Klassifikations*systeme*, d.h. unterschiedlicher Logiken sozialen Unterscheidens, die mit Kategorien wie Klasse, Staatsbürgerschaft, Ethnizität, Migrationshintergrund, Geschlecht oder Behinderung aufgerufen sind, wird auf der Ebene von Organisationen und Interaktionen gleichermaßen vollzogen. Obwohl die jeweiligen Klassifikationen entlang ihrer ‚Rekursivität' und Eigenlogik des Unterscheidens differenziert werden können, treten diese zum einen in den seltensten Fällen isoliert und in ‚Reinform' auf, zum anderen entfalten sie ihre klassifikatorische Wirkmächtigkeit erst im Kontext je spezifischer organisatorischer Askriptions*praxis*. Die Askriptionsfähigkeit sozialer Klassifikationen *in* Organisationen setzt wiederum das *Matching* von externen und internen Kategorien voraus, wobei dessen *Sinn* in der *Steigerung von Beobachtungsfähigkeit und Differenzierungsvermögen* für systemeigene Zwecke – die Regulierung von Inklusion und Exklusion – besteht.

---

60 Vgl. zur Bedeutung von Klassifikationsrationalitäten im Lernbehinderungsdiskurs Pfahl 2011.

Semantik und Diskurs: Soziale Unterscheidungen zwischen Systemreferenz und Klassifikation

Die folgenden Überlegungen zielen darauf, Beobachtungsprämissen zu konturieren, auf deren Grundlage wir in Teil II die pädagogischen Differenzdiskurse zu Heterogenität, Diversity und Intersektionalität charakterisieren und hinsichtlich ihrer Implikationen diskutieren werden. Unsere Beobachtungsperspektive fokussiert dabei die Bedeutung kategorialer sozialer Unterscheidungen, die das Spezifikum dieser differenzpädagogischen Diskurse darstellen. Wenn mit der pädagogischen Tradition davon ausgegangen werden kann, dass Erziehung konstitutiv die Lern- und Entwicklungsfähigkeit des *Individuums* als Bedingung ihrer eigenen Möglichkeit voraussetzt, dann wird die Bezugnahme auf Kategorien wie Geschlecht, Ethnizität/Kultur, Nationalität, Religion, soziale Herkunft usw. aus einer erziehungswissenschaftlichen Perspektive insofern erklärungsbedürftig, als diese zunächst die soziale Funktion besitzen, *Gruppenzugehörigkeit* zuzuschreiben.

Aus differenzierungstheoretischer Sicht ist davon auszugehen, dass derartige Askriptionen jenseits der operativen Selbstreferenz der Erziehungskommunikation liegen, weil sie keine Anhaltspunkte für Vermittlungsbemühungen oder Selektionsentscheidungen besitzen: Bessere/schlechtere Schulleistungen, Lernfähigkeit oder Lernbereitschaft können nur Individuen, nicht ‚Kollektiven' zugerechnet werden. Wir gehen folglich davon aus, dass die Semantik der Differenzierung im Erziehungssystem interne Kategorien (Individualkategorien) verwendet, während Differenzpädagogiken externe Kategorien (Gruppenkategorien) ins Spiel bringen, deren Informationsgehalt für den pädagogischen Interaktionsprozess zunächst unklar ist. Um diese Externalität der sozialen Unterscheidungen in

Hinblick auf das Erziehungssystem theoretisch mitführen zu können, sprechen
wir in Bezug auf Heterogenität, Diversity und Intersektionalität von Diskursen;
im Unterschied dazu verwenden wir den Begriff Semantik für die Logik interner Unterscheidungen, welche Referenz auf die operativen Strukturen des Erziehungssystems besitzen.

Wir werden im Folgenden versuchen, das wissenssoziologisch konturierte
Semantik-Verständnis der Systemtheorie um Aspekte der archäologischen (und
weniger genealogisch-machtanalytischen) Diskursauffassung Michel Foucaults
(1981) zu erweitern: Semantiken und Diskurse bilden, folgt man ihren jeweiligen theoretischen Grundlegungen bei Luhmann und Foucault, sozial-kognitive
Erzeugungsstrukturen, die Wirklichkeit in Form von *Wissen* artikulieren. Semantiken korrelieren dabei mit den Strukturen des Gesellschaftssystems (vgl.
Luhmann 1993: 36f.), die in der Semantikanalyse rekonstruiert werden können,
während Diskurse – aus der Perspektive der Systemtheorie betrachtet – von systemischer Strukturreferenz gerade *entkoppelt* sind. Wir folgen hier im Wesentlichen einem Gedanken Stichwehs:

> „Ein Diskurs ist in einer zentralen Hinsicht ein solches System verselbständigter
> semantischer Produktion, das in sich selbst zirkuliert, das sich auch nicht selbst be-
> enden kann, das vielmehr auf externe Haltepunkte angewiesen ist, die an den Dis-
> kurs anschließen oder ihm seine Voraussetzungen entziehen." (Stichweh 2006: 163)

In dieser systemtheoretischen Lesart des Diskursbegriffs wird insbesondere auf
die grundsätzliche *Rekursivität* der diskursiven Produktion von Aussagen verwiesen. Diskurse bilden entsprechend selbstläufige Aussageordnungen, die ihrerseits
gesellschaftliche Ordnungseffekte durch Erzeugung von *Sagbarem* und *Sicht-
barem* (vgl. Deleuze 1995: 71ff.) hervorbringen. Foucault zeichnet diese Effekte
insbesondere als Resultat der *Institutionalisierung von Klassifikationssystemen*
nach (vgl. Foucault 1994a: 165ff.). Diskurse operieren dabei im Modus klassifikatorischer Kontingenzbeschränkung, sie erzeugen Bedeutung und Sinn im Modus
redundanter Selektivität: „Der Austausch und die Kommunikation sind positive
Figuren innerhalb komplexer Systeme der Einschränkung; und sie können nicht
unabhängig von diesen funktionieren." (Foucault 1998: 27) Die operative Logik
der ‚Systeme der Einschränkung' kann dabei weder arbiträr noch lediglich temporär sein; ihre Selektivität und Persistenz basiert vielmehr auf der *Rekursivität
der Klassifikationssysteme.*

Von Bedeutung ist, dass Semantiken und Diskurse ihrerseits auf strukturelle
Möglichkeitsbedingungen verwiesen sind, um sich als Horizonte gesellschaftlicher Sinnbildung ‚realisieren' zu können und sowohl die Analyse der seman-

tischen Formen als auch die Analyse der diskursiven Formationen erschließen in letzter Instanz jene Modalitäten. So bemerkt Foucault in methodologischer Hinsicht explizit: „[V]om Diskurs aus, von seiner Erscheinung und seiner Regelhaftigkeit aus, muss man auf seine äußeren Möglichkeitsbedingungen zugehen [...]." (Foucault 1998: 35) An anderer Stelle verweist er auf gesellschaftlich institutionalisierte „Äußerungsmodalitäten" diskursiven Wissens, die bspw. im Fall des Arztes „Kriterien des Wissens und der Kompetenz; Institutionen, Systeme, pädagogische Normen; gesetzliche Bedingungen" (Foucault 1981: 75) umfassen. Entscheidend ist dann in einem weiteren Schritt, dass auch moderne Organisationen zu diesen Modalitäten zählen, etwa das „Krankenhaus, Ort einer ständigen, kodierten, systematischen, durch ein differenziertes und hierarchisiertes ärztliches Personal gesicherte Beobachtung" (ebd.: 77). Diese gesellschaftlichen Modalitäten – Institutionen und Organisationen – bilden dabei weniger den Entstehungszusammenhang des Diskurses, als vielmehr seine gesellschaftlichen ‚Plätze' (ebd.: 76), an denen er sich als Wissen materialisiert.[61] Diskurse entfalten ihre Askriptionsfähigkeit in diesem Sinn als *situiertes* Klassifikationswissen.

Ernesto Laclau und Chantal Mouffe (2000) haben in ihrem Entwurf einer post-marxistischen Hegemonietheorie Foucaults Diskurstheorie *gesellschaftstheoretisch* umgearbeitet. Zentral ist für den Ansatz, dass Deutungsmacht über gesellschaftliche Wirklichkeit selbst zum Referenzpunkt einer antagonistisch entworfenen politischen Theorie *hegemonialer Artikulation* wird.[62] Für unsere Diskussion des Zusammenhangs von Semantik und Diskurs ist von Bedeutung, dass Laclau und Mouffe die Logik artikulatorischer sozialer Praxis in einer Art und Weise beschreiben, die Parallelen zum Kommunikationsverständnis Luhmanns aufweist.

• Zum einen unterscheiden Laclau und Mouffe differenzierte *Diskurse* vom „*Feld der Diskursivität*" (ebd.: 149) als allgemeiner Erzeugungsstruktur. Diskursivität bezeichnet dabei den „diskursiven Charakter jeden Objekts" (ebd.) und epistemologisch damit nichts anderes als die sprachlich-symbolische

---

61   Auch Foucaults Auseinandersetzungen mit ‚totalen Institutionen' (Goffman) wie der (psychiatrischen) Klinik (Foucault 1973), dem Gefängnis (Foucault 1994b) oder dem neuzeitlichen Staat (Foucault 2006) befassen sich mit der historischen Genese moderner Organisationen und den Strategien der Normalisierung und Homogenisierung von Gesellschaft bspw. durch ‚organisierte' Ein- und Ausschließungspraxen.

62   Die Diskurstheorie wird dabei mit Theorieelementen der strukturalen Linguistik Saussures sowie der Psychoanalyse Lacans (insbesondere dessen Unterscheidung Reales/Symbolisches/Imaginäres) und ihrer ideologietheoretischen Adaption bei Althusser erweitert und letztlich mit der Idee eines Politischen als ‚konstitutivem Außen' der Gesellschaft verknüpft (vgl. Laclau/Mouffe 2000: 127ff.).

Konstitution von Wirklichkeit im Prozess der Artikulation (vgl. ebd.: 151).
Demgegenüber bilden Diskurse Strukturen kontingenzbeschränkter Artikulation aus, die durch Wiederholung von Bezeichnungen jenes Feld der Diskursivität sachlich differenzieren. In der Luhmannschen Systemtheorie würde
die Unterscheidung Diskursivität/Diskurs derjenigen von Kommunikation/
System entsprechen.

• Zum anderen unterscheiden Laclau und Mouffe zwischen diskursiven ‚Elementen‘, denen selbst noch keine Artikulationsfähigkeit zugerechnet wird und
artikulationsfähigen ‚Momenten‘, die aus der ‚Fixierung‘ diskursiver ‚Elemente‘ resultieren (vgl. ebd.: 143). Jene Fixierung hat eine Kontingenzbeschränkung zur Folge, so dass die differenzierten Aussageordnungen des Diskurses
auf der Artikulationsfähigkeit der so gewonnenen Momente basieren: „Die
Praxis der Artikulation besteht deshalb in der Konstruktion von Knotenpunk-
ten, die Bedeutung teilweise fixieren." (ebd.: 151) Die durch Lacan inspirierte Bestimmung der diskursiven Elemente als ‚flottierende Signifikanten‘, die
nur durch ‚Verknotung‘[63] Bezeichnungsfähigkeit erlangen, fundiert den Dis-
kursbegriff gegenüber der Foucaultschen Archäologie folglich stärker in einer
sozio-semiotischen Praxis.

Die Unterscheidung Element/Moment ist in ihrer abstrakten Logik der Unterscheidung Medium/Form in der Luhmannschen Fassung von kommunikativer
Sinnbildung (vgl. dazu Luhmann 2000b: 29ff.) vergleichbar und erfüllt grundlagentheoretisch denselben Zweck. Während Luhmann die Metapher der festen/
lockeren Kopplung wählt, um kommunikative Formbildungen im Medium Sinn
zu beschreiben (ebd.), sprechen Laclau und Mouffe in psychoanalytischer Terminologie von der artikulatorischen Fixierung der Elemente (Signifikanten) zu
Momenten (die ihrerseits wieder des-artikulierbar sind). Die jeweiligen Theorie-
bausteine *Medium/Form/Sinn* sowie *Element/Moment/Artikulation* beschreiben
letztlich in homologer Weise das dynamische Prinzip der symbolisch-sprachli-
chen Erzeugung von Wirklichkeit, um Wissensstrukturen und Wissensformen in
der Gesellschaftstheorie als Realfall gesellschaftlicher Ordnungsbildung berücksichtigen zu können.

Eine dergestalt gesellschaftstheoretisch ausgearbeitete Diskurstheorie ist
u.E. grundsätzlich anschlussfähig an eine differenzierungstheoretisch fundierte
Wissenssoziologie, insbesondere, weil in beiden Fällen die Frage nach dem Zusammenhang zwischen sozialstruktureller und soziokultureller Evolution im

---

63 Lacan spricht in diesem Zusammenhang von ‚Suture‘, Naht, und bezeichnet damit
    die „Verbindung zwischen dem Imaginären und dem Symbolischen" (vgl. Lacan 1980:
    125).

Zentrum steht. Was sie allerdings voneinander unterscheidet, ist, dass dem diskurstheoretischen Verständnis folgend den diskursiven Formationen im Verhältnis zum Gesellschaftlich-Realen, auf das sie sich artikulatorisch beziehen, eine wesentlich größere *Autonomie* zukommt: Diskurse sind nicht an einen institutionellen oder gar systemischen Entstehungszusammenhang gebunden, wenngleich sie innerhalb dieser Strukturen gesellschaftlich ihre Materialität und Wirkmächtigkeit entfalten.

Im Fall von Semantik spielen im Unterschied dazu Konstitutionsbedingungen eine Rolle, die an spezifische Systemstrukturen als ihren Entstehungszusammenhang rückgebunden sind: Semantik, so Luhmann, ist „ohne hinreichendes teilsystemstrukturelles Fundament und ohne funktionale Spezifikation [...] auf bloßen Formengebrauch angewiesen" (Luhmann 1993: 45). Die Unterscheidung von Systemstruktur und Semantik konturiert das wissenssoziologische Programm der Theorie funktionaler Differenzierung: Sie geht dabei erwartbar nicht von einem Repräsentationsverhältnis aus, sondern von der *Koevolution* von funktionaler Systemdifferenzierung und semantischer Differenzierung. Die Evolution der modernen Gesellschaftsstruktur und die sozio-kulturelle „Ideenevolution" (Luhmann 1993: 45ff.) können nicht in einem Wirklichkeit vs. Ideologie-Schema erfasst werden, da es sich in beiden Fällen um „Phänomene der Ordnung von Sinn" (Luhmann 2008a: 55) handelt:

> „Auf operativer Ebene entstehen Systemdifferenzierungen, die die Ausdifferenzierung des Gesellschaftssystems im Inneren fortsetzen und mit Komplexität anreichern. Auf semantischer Ebene entstehen Strukturen, die das Beobachten und Beschreiben dieser Resultate von Evolution steuern, das heißt: mit Unterscheidungen versorgen." (Luhmann 1999a: 539)

Der Begriff Semantik bezeichnet nach einer frühen Definition Luhmanns „einen höherstufig generalisierten, relativ situationsunabhängig verfügbaren Sinn" (Luhmann 1993: 19), der in der Kommunikation Formen der Sinnbildung zur Verfügung stellt. In Schriftgesellschaften werden Semantiken nicht zuletzt als Text archiviert und entsprechend ‚bewahrt', etwa als Korpus fachwissenschaftlicher Literatur.

Das Verhältnis Struktur/Semantik kann jedoch selbst als ein dynamisiertes verstanden werden, insofern Semantiken nicht lediglich retroaktiv auf Strukturwandel reagieren, sondern ebenso proaktiv Strukturbildungen auslösen oder

vorbereiten können (vgl. dazu Stäheli 2000; Stichweh 2006).[64] Dies ist insofern
plausibel, als Struktur/Semantik das dynamische Verhältnis Operation/Beobach-
tung auf der Ebene systemischer Strukturbildung reformuliert: Beides zusammen
ergibt eine Differenzierung von *operativen Systemstrukturen* und *semantischen
Beobachtungsstrukturen* in ein- und demselben System. Semantik ist entsprechend ein Produkt der Beobachtung und sie wird für Beobachtung genutzt; Beobachtungen werden zu Semantik, wenn sie „als Beschreibungen fixiert, also als be-
wahrenswert anerkannt und für Wiederholung bereitgehalten" (Luhmann 1998:
107) werden.

Entscheidend ist, dass Semantik – auch in Form einer „Klassifikationsseman-
tik" (Luhmann 2008b: 128) – auf *Plausibilität* bzw. *Evidenz* angewiesen ist, die
nur durch Referenz auf die ‚Realität' der strukturellen Differenzierung gelingen
kann. Plausibilität ist nur erreichbar, wenn „geläufige", d.h. konsensfähige „Schemata oder Scripts" verwendet werden, deren „Kausalzuschreibungen" (vgl. Luhmann 1999a: 547) einen „Realitätsindex" mitführen, mit dem sie „Plausibilitäts-
tests" bestehen können (ebd.: 549).

Mit dieser Fassung des Verhältnisses von Gesellschaftsstruktur und Semantik
entsteht jedoch ein ‚Evidenzproblem' in Hinblick auf die gesellschaftliche Relevanz sozialer Askriptionen, die in der Systemtheorie keinen rechten Platz finden
wollen: Auch wenn die Theorie funktionaler Differenzierung Gesellschaftsbe-
schreibungen auf Grundlage der Begriffe Schicht, Klasse, Stand, Ethnizität, Geschlecht usw. angesichts der Komplexität der modernen Gesellschaft *wissenschaftlich* als nicht mehr plausibel erachtet, fungieren soziale Klassifikationen nach wie
vor als Beobachtungsschemata in der ‚realen' gesellschaftlichen Kommunikation
(vgl. dazu aus differenzierungstheoretischer Perspektive etwa Nassehi 1999 u.
2004; Weinbach 2007a).

Ein Grund für die Persistenz diskursiver Klassifikationsschemata dürfte nicht
zuletzt darin liegen, dass *wissenschaftliche* Diskurse Kommunikationen auf allen

---

64 Luhmanns Verhältnisbestimmung von Gesellschaftsstruktur und Semantik ist viel-
    fach einer kritischen Diskussion unterzogen worden, die sich insbesondere mit der aus
    der Wissenssoziologie mitgeführten Problematik beschäftigt, dass Realität und Reprä-
    sentation in einem Verhältnis der Nachträglichkeit gefasst werden (vgl. insbesondere
    Stäheli 2000; Srubar 2009). Wir werden uns mit dieser Diskussion nicht ausführlich
    befassen, gehen jedoch davon aus, dass hier weniger die Frage der Repräsentation bzw.
    der Nachträglichkeit der Semantik gegenüber dem strukturellen Wandel der Gesell-
    schaft als vielmehr die Frage der systemspezifischen Kopplung von Systemoperationen
    und Selbstbeobachtung zu klären wäre. Die Unterscheidung Struktur/Semantik lesen
    wir daher als eine beobachtungstheoretische Problematisierung, die entsprechend mit
    beobachtungspraktischen Problemen befasst ist.

Ebenen der Gesellschaft mit ‚Unterscheidungen versorgen', die zur Beobachtung von Welt verwendet werden.[65] Auch der Rassismus ist historisch als moderne ‚wissenschaftliche' Semantik in Erscheinung getreten und hat ein Klassifikationssystem erzeugt und verbreitet, das biologistische, dann kulturalistische Schemata der Beobachtung für die Wirklichkeitskonstruktion verwendet (vgl. Hall 2000: 7). Aber erst die Adaption dieses Schemas in Form eines Wissenschaftsdiskurses in modernen Organisationen (Staatsverwaltungen, Unternehmen) produziert rassistische Ungleichheit in Form in-/exkludierender Adressierung, die als Mechanismus rassistischer Schließung beobachtbar wird:

> „Wenn dieses Klassifikationssystem dazu dient, soziale, politische und ökonomische Praxen zu begründen, die bestimmte Gruppen vom Zugang zu materiellen oder symbolischen Ressourcen ausschließen, dann handelt es sich um rassistische Praxen." (ebd.)

Die Frage ist somit weniger, wann sich bestimmte Semantiken der Gesellschaftsbeschreibung historisch als nicht mehr funktionsrelevant verflüchtigt haben werden, sondern welchem *Formwandel* sie in der modernen Gesellschaft unterworfen sind (z.B. die semantische Umstellung von ‚Rasse' auf ‚Kultur').

Zu klären wäre entsprechend, weshalb sich derartige soziale Unterscheidungen, ohne für soziale Systeme funktionsnotwendig zu sein, durch eine so hohe *Plausibilisierungsfähigkeit* auszeichnen. Wir gehen davon aus, dass Klassifikationssysteme in Form von Diskursen an Systemsemantiken angeschlossen werden können, wenn sie die Plausibilitätsbedingungen der semantischen Strukturen im System erfüllen. Derart wären Diskurse einerseits semantisch an die strukturellen Bedingungen, medialen Formbildungen und binär codierten Grenzbildungen der jeweiligen Sozialsysteme rückgebunden, andererseits ziehen diskursive Klassifikationen externe Unterscheidungen als neue Beobachtungs- und Beschreibungsoptionen in die Systemsemantiken ein. In Hinblick auf die pädagogischen Diskurse zu Heterogenität, Diversity und Intersektionalität bedeutet diese Ausgangslage, dass sie als wissensbasierte Erzeugungsstrukturen *Intelligibilität* selektiv konstituieren[66], sofern sie in Bezug auf das Erziehungssystem *Problemaffinität* besitzen.

---

65 Zeitdiagnostisch wird dies mit der Metapher ‚Wissensgesellschaft' illustriert.

66 „Die Macht des Diskurses, seine Wirkungen zu materialisieren, stimmt somit überein mit der Macht des Diskurses, den Bereich der Intelligibilität einzugrenzen." (Butler 1997: 259)

Wenn differenzierungstheoretisch von der Selbstreferenz der Erziehungskommunikation und entsprechend von einer Ausbildung genuiner Semantiken und Selbstbeschreibungen des Erziehungssystems auszugehen ist, dann sind die Differenzdiskurse im strengen Sinne nicht dem Erziehungssystem selbst, sondern dem Wissenschaftssystem zuzurechnen, in welchem sie kommuniziert werden und mit dessen semantischen Strukturbedingungen, auf deren Grundlage ‚Wissenschaftlichkeit' erzeugt wird, sie korrelieren.[67] Insofern die wissenschaftliche Pädagogik als „Reflexionstheorie des Erziehungssystems" fungiert, identifiziert sie sich gleichwohl mit den „Zielen und Institutionen" des Systems (Luhmann 2002: 200f.). Beobachtungstheoretisch interessant ist dabei, dass die Erziehungswissenschaft als Beobachterin zweiter Ordnung einerseits die Beobachtungsleistungen des Erziehungssystems zu ihrem Gegenstand macht und sich somit in den Status einer Reflexionstheorie bringt, andererseits jedoch selbst mit der Konstruktion von Beobachtungsschemata erster Ordnung befasst ist, die dem Erziehungssystem als professionsbezogenes *pädagogisches Wissen* (vgl. Oelkers/Tenorth 1991) angeboten werden. Damit bietet die Wissenschaft dem Erziehungssystem Optionen für *Reflexivität* an, insofern es sich zu seiner personalen Umwelt in ein ‚neues' Verhältnis setzen kann.

Heterogenität, Diversity und Intersektionalität fungieren in diesem Sinn als wissenschaftliche Diskurse, deren Sinn primär darin besteht, den Blick der akademischen und praktischen Pädagogik auf die AdressatInnen pädagogischer Kommunikation zu *modifizieren*. In den Diskursen werden spezifische Problembeschreibungen (z.b. mangelnde professionelle Aufmerksamkeit für Differenz) formuliert, denen Praxisaffinität unterstellt wird. Diese bleiben als solche aber ‚wissenschaftliche' Problemkonstruktionen, die dem Praxisfeld lediglich als Selbstbeschreibungsoptionen angeboten werden.[68] Da die differenzpädagogischen Diskurse primär die Reflexivität pädagogischer Beobachtungsleistung adressieren, bleibt zu klären, ob und inwiefern sie in Form der *kategorialen* Unterscheidungen, die sie enthalten, (neue) *Reflexionsprobleme* mitführen und in die Erziehungskommunikation ‚einschleifen'.

Vor dem Hintergrund der vorangehenden Diskussion ist anzunehmen, dass differenzpädagogische Diskurse dann Plausibilität für Erziehungskommunikation erlangen, wenn sie sich an den semantischen Strukturen und Selbstbeschrei-

---

67 Zum grundlegenden Zusammenhang von akademischer Pädagogik/Erziehungswissenschaft und Erziehung vgl. Luhmann/Schorr 1988; Luhmann 2002; Fuchs 2007.

68 In dieser Hinsicht produziert auch die Politikwissenschaft für das politische System, die Wirtschaftswissenschaft für das Wirtschaftssystem usw. Selbstbeschreibungsoptionen, die in den Teilsystemen adaptiert oder nicht adaptiert werden.

bungen des Erziehungssystems orientieren. Darüber hinaus stellt die ‚Ideenevolution' innerhalb der Erziehungswissenschaft allerdings auch ihre eigenen
semantischen Plausibilitäten bereit: Wie wir im folgenden Kapitel nachzuzeichnen versuchen, können die Umrisse einer *pädagogischen Semantik der Differenz*
in einem ‚historischen' Sinn anhand der erziehungswissenschaftlichen Reaktionen auf den sozialen Strukturwandel seit den 1960er Jahren skizziert werden.
Die fachdisziplinär sedimentierte Semantik der *sozialen Lernvoraussetzungen* in
Form einer Sozialisationstheorie, die die Übersetzung sozialer in pädagogische
Unterscheidungen wissenschaftlich mit Kausalitätsannahmen anreichert, scheint
sich im Kontext der neuen Differenzdiskurse zu reartikulieren und mit ‚neuen'
bzw. erweiterten Klassifikationsoptionen zu verbinden.

Teil II:

Heterogenität – Diversity – Intersektionalität: Zur Logik sozialer Unterscheidungen in pädagogischen Semantiken der Differenz

Die Erziehungswissenschaft befasst sich nicht erst seit kurzem mit sozialer Differenz, vielmehr zählt die Befragung der gesellschaftlichen Bedingungen von Erziehung und Bildung zum etablierten Fundus pädagogischer Selbstreflexion. Nicht zuletzt die Bildungsreform der 1960er und 1970er Jahre hat dazu beigetragen, dass sozialwissenschaftliches Fachwissen über Gesellschaft, d.h. über sozial ungleiche Lebenslagen und soziale Strukturprobleme im Wandel der Zeit, einen zentralen Referenzpunkt erziehungswissenschaftlicher bzw. pädagogisch-praktischer Fragestellungen werden konnte. Die ‚neuen' pädagogischen Differenzdiskurse, die mit den Begriffen Heterogenität, Diversity und Intersektionalität bezeichnet sind, treffen somit auf keinen geschichtslosen Zustand. Sie knüpfen implizit oder explizit an die historisch älteren Thematisierungslinien von sozialer Differenz an, die teilweise, wie etwa im Fall der Interkulturellen Pädagogik, der erziehungswissenschaftlichen Geschlechterforschung oder der Integrations- bzw. Inklusionspädagogik[69], zur Herausbildung eigenständiger Teildisziplinen inner-

---

69 Wir werden uns im Folgenden nicht mit der Integrations- bzw. Inklusionspädagogik beschäftigen, obwohl es sich auch hierbei um einen bedeutsamen differenzpädagogischen Diskurs handelt. Diese Ausklammerung liegt darin begründet, dass wir von der spezifischen Fragestellung ausgehen, welche Folgen die Bezugnahme auf Gesellschaft und sozialen Wandel in Hinblick auf die Konturierung erziehungswissenschaftlicher Problemstellungen hat. Die soziale Konstruktion von Behinderung(en) verknüpft sich

halb der Erziehungswissenschaft geführt haben. Vordergründig unterscheiden sich die älteren von den neueren Differenzdiskursen dadurch, dass sie wesentlich an *einer* ‚Leitkategorie' – soziale Klasse/Schicht oder Ethnizität/Nationalität/Kultur oder Geschlecht – orientiert sind, die die Bezugnahme auf einen spezifischen Gesichtspunkt gesellschaftlichen Wandels anzeigt.

In der Rückschau zeichnen sich dabei übergreifende Theorieprobleme ab, die – bei allen Unterschieden – sowohl für die die Bildungsreform begleitende Neukonturierung der Erziehungswissenschaft als auch für die Entwicklung der Interkulturellen Pädagogik und der Feministischen Pädagogik zutreffen: Die konstitutiv auf das Individuum bezogene Semantik der Erziehung wird überformt von der Idee gesellschaftlich bedingter Lernvoraussetzungen, die an sozialen Differenzen wie Nationalität, Geschlecht, Religion, soziale oder kulturelle Herkunft festgemacht werden. Die Gemeinsamkeit dieser Diskurse liegt nicht nur darin, dass sie in spezifischer Weise auf die Sozialität der AdressatInnen von Pädagogik als Angehörige sozialer Gruppen Bezug nehmen, sondern dass sie ihre Begründungsmotive im gesellschaftlichen Wandel selbst fundieren. Charakteristisch für diese Diskurse ist dabei, dass ‚externe', auf Gesellschaft bezogene Kategorien mit ‚internen', *genuin pädagogischen* Kategorien in ein Passungsverhältnis gebracht werden. Es handelt sich in diesem Sinne um grundlegende Prozesse der *Pädagogisierung sozialer Differenz*, insofern die Konstruktion sozialer Unterschiede immer mit einer Systemreferenz auf Erziehungskommunikation ausgestattet wird. Die damit vollzogenen Übersetzungsleistungen bzw. ‚Matching'-Prozesse lassen sich im Rahmen der älteren Differenzdiskurse allesamt ausmachen und sie erzeugen angesichts ihrer Tendenz zur Festschreibung kategorialer Unterschiede Erkenntnishindernisse, die in der fachwissenschaftlichen Diskussion unter Begriffen wie Essentialisierung und Kulturalisierung problematisiert wurden.

Wenn wir im Folgenden am Beispiel der Bildungsreform, der Interkulturellen Pädagogik und der Feministischen Pädagogik bzw. erziehungswissenschaftlichen Geschlechterforschung die entstehenden Reflexionsprobleme und die Bearbeitung dieser Probleme nachzuzeichnen versuchen, geschieht dies vor allem aus zwei Gründen:

- Zum einen lässt sich zeigen, dass sich die Bezugsprobleme, die die erziehungswissenschaftliche Thematisierung sozialer Differenz motiviert haben, weniger aus dem gesellschaftlichen Wandel als solchem ableiten lassen, sondern in einem komplexen Arrangement aus gesellschafts- und bildungspolitisch

---

nicht mit der Referenz auf gesellschaftlich bedingte und gruppenlogisch konturierte Lernvoraussetzungen, sondern mit der medizinisch-psychologisch-pädagogischen Klassifikation einer (individuellen) Abweichung.

formulierter Programmatik, den spezifischen Strukturmerkmalen und Rationalitäten des Erziehungssystems sowie der erziehungswissenschaftlichen Reflexion allererst erzeugt werden. Die Erziehungswissenschaft scheint dabei die Rolle zu übernehmen, gesellschaftliche und politische Problembeschreibungen in pädagogische Problembeschreibungen und Programmatiken zu übersetzen. Nicht zuletzt führt dies zu einer „Klassifikation" von „Sozialisationserfahrungen" (Diehm/Radtke 1999: 140) in einer verallgemeinerten, d.h. kategorienübergreifenden Form. In der Folge plausibilisiert und etabliert sich ein Klassifikationswissen, das die Grundlogik pädagogischen Unterscheidens von ‚Defizit' auf ‚Differenz' umstellt und soziale Kategorien für die Beobachtung individueller Lernvoraussetzungen verwendet.[70]

- Zum anderen hat die Erziehungswissenschaft selbstkritisch auf jenes Klassifikationswissen reagiert und dabei insbesondere die pädagogische Bezugnahme auf kategoriale Differenz problematisiert. Da hierbei erkenntniskritische Reflexionen zentral Bedeutung erlangten, erscheint es uns in Hinblick auf die Analyse der neueren Differenzdiskurse als sinnvoll, sich des Status quo des Reflexionswissens jener älteren Diskurse zu vergewissern und dieses zum Ausgangspunkt für die weitere Diskussion zu nutzen.

Die Analyse und Diskussion der neueren Differenzdiskurse zu Heterogenität, Diversity und Intersektionalität wird daran anschließend von der Frage geleitet sein, ob und in welcher Hinsicht sich in ihnen eine ‚neue' Logik der Pädagogisierung bzw. des pädagogischen Beobachtens und mithin ein neues Klassifikationswissen artikuliert. Wir fokussieren dabei insbesondere die Problembeschreibungen, die die Diskurse bieten und die Art und Weise, in der mit ‚neuen' Differenzkonstruktionen auf die Sozialität der AdressatInnen pädagogischer Kommunikation Bezug genommen wird. Darüber hinausgehend werden wir versuchen, grundlegende Strukturmuster der jeweiligen Diskurse vor dem Hintergrund ihrer semantischen Systemreferenzen zu rekonstruieren.

Es ergibt sich aus der vorgetragenen Unterscheidung von Klassifikation und Askription, dass in Form der erziehungswissenschaftlichen Differenzdiskurse lediglich ein Klassifikationswissen vorliegt, das Askriptionsoptionen für die Praxis

---

70 Isabell Diehm und Frank-Olaf Radtke bestimmen die „Umstellung von ‚Defizit' auf ‚Differenz'" (Diehm/Radtke 1999: 130) als ein konstitutives Selbstbegründungsmotiv der Interkulturellen Pädagogik. Helma Lutz und Norbert Wenning (2001: 15) sehen diese ‚Umstellung' gleichzeitig als maßgeblich für die Herausbildung der Geschlechterforschung sowie der Integrationspädagogik. Darüber hinaus scheint dieses Grundmotiv bereits auch für die erziehungswissenschaftliche Ausarbeitung des Sozialisationsparadigmas Ende der 1960er Jahre bedeutsam gewesen zu sein, allerdings hat es keine pädagogische Programmatik in engerem Sinne begründet.

pädagogischer Beobachtung bereitgestellt, während über die Askriptionsleistungen der Praxis selbst jedoch keinerlei Informationen zu gewinnen sind. Wir befassen uns im Folgenden entsprechend lediglich mit dem Sinn des Unterscheidens, der sich im Kontext der genannten Diskurse artikuliert, nicht mit der Praxis des Bezeichnens und Adressierens, die durch dieses Klassifikationswissen auf der Ebene pädagogischer Interaktion und schulorganisatorischen Entscheidungshandelns möglicherweise orientiert wird. Aussagen dazu setzen empirische Untersuchungen zur Praxeologie pädagogischer Askription voraus.

Erziehungswissenschaft und gesellschaftliche Modernisierung

Seit den 1960er Jahren bestimmen nicht nur gesellschaftspolitisch motivierte Reformbemühungen einen mehr oder weniger weitreichenden Wandel im Bildungssystem, vielmehr lässt sich eine grundlegende Umstellung erziehungswissenschaftlicher Semantik nachzeichnen, die fortan unter Bezugnahme auf sozialwissenschaftliche Beschreibungsoptionen gesellschaftliche Bedingungen für Erziehung und Bildung reflektiert.

Die Bildungsreform veränderte unter einem wesentlichen Gesichtspunkt das Verhältnis von Schulwesen und Gesellschaft. War Schule bis dato vor allem eine staatliche Einrichtung, deren Kernfunktion in der kulturellen Homogenisierung der Bevölkerung durch Bildung im Prozess des ‚nation building‘ und der Kontinuierung national-gesellschaftlicher Werteordnungen verstanden werden konnte (vgl. dazu Wenning 1996), wird sie in der Phase der Bildungsexpansion als *Instrument der gesellschaftlichen Modernisierung* reinterpretiert: „Mit der Expansion des Bildungssystems ist aufs engste die Vorstellung gesellschaftlichen Fortschritts verknüpft." (Lenhardt 1984: 7) Dass dieser Fortschritt – insbesondere die Realisierung allokativer Chancengleichheit – nicht in dem Maße erreicht werden konnte, wie es sich Bildungsplanung und Erziehungswissenschaft zu Beginn der Reform erhofft hatten (vgl. bereits Klemm/Rolff/Tillmann 1985; Vester 2004), hat Gründe, die sowohl in der gesellschaftlichen Umwelt des Erziehungssystems als auch in seiner strukturimmanenten Resilienz zu verorten sind: So hat einerseits die Wirtschaftskrise Ende der 1970er Jahre von der Vollbeschäftigung in eine ungeahnte Massenarbeitslosigkeit geführt, mit der die bildungsökonomischen Ziele der Expansion und des Wachstums prekär wurden; andererseits scheiterte der konsequente organisatorische Umbau des Schulwesens an den föderalen Strukturen und parteipolitischen Kontroversen, vor allem in Bezug auf die Gesamt-schule.[71]

Getragen wurde die Reform indes von dem Gedanken, dass dem Bildungs-wesen hinsichtlich der Modernisierung der Gesamtgesellschaft *aktive* Verant-wortung zuzuweisen sei. Auf der Seite der Erziehungswissenschaft fiel damit al-lerdings das Problem an, dass die gesellschaftspolitischen Reformziele nicht nur bildungsplanerisch und verwaltungsorganisatorisch umgesetzt, sondern auch in ein *pädagogisches Handlungsprogramm* übersetzt werden mussten.

Die viel zitierte ‚katholische Arbeitertochter vom Land' (Peisert 1967) als sta-tistisches Konstrukt kumulierter Bildungsbenachteiligung gab der Bildungspla-nung dabei die Zielorientierung vor: die Verbesserung des Zugangs von Mädchen zu allen Schulen, die Verbesserung der Möglichkeit auch wohnortnah einen hö-heren Abschluss zu erzielen sowie die Erhöhung der Zugangschancen zu höherer Bildung im Fall der Kinder aus Arbeiterfamilien. In der Zwecksetzung des ge-sellschaftlichen, demokratischen und ökonomischen Fortschritts konvergierten sozial- und wirtschaftspolitische Perspektiven mit bildungspolitischen Reform-vorschlägen, die insbesondere den quantitativen Ausbau von Bildungsangeboten sowie die Einführung des Gesamtschulkonzepts beinhalteten (vgl. Deutscher Bildungsrat 1969). Die pädagogische Aufmerksamkeit für Gesellschaft orientierte sich dabei zwar an Ungleichheitsfragen und generierte entsprechende Lösungs-ansätze etwa in Form der Koedukation oder der kompensatorischen Erziehung. Gleichzeitig etablierte sich mit jener ‚katholischen Arbeitertochter vom Land' allerdings ein Beobachtungsschema, das den Bedingungsrahmen ‚Gesellschaft' in Form von *Gruppenvariablen* bzw. -kategorien (konfessionelle Milieus, Ge-schlecht, Klasse/Schicht) konstruiert, an die in der Ausgestaltung pädagogischer Programme mit *Sozialisationstheorie* und *Sozialisationsforschung* angeschlossen werden konnte. Plausibilität erlangte damit ein Kausalmodell, das von der Vari-anz der Sozialstruktur ausgehend über die Konstruktion differenzieller Sozialisa-tionsbedingungen auf die Varianz der Lernvoraussetzungen schließt.[72]

---

71 Diese Schulform trat, als Schulversuch eingeführt, lediglich additiv zu den bestehen-den Formen hinzu und kann daher rückblickend nicht als Systemreform angesehen werden.

72 Dieses kategoriale Beobachtungsschema besitzt eine bis heute anhaltende Persistenz, die sich nicht zuletzt in der Renaissance pädagogisch-psychologischer und bildungsso-ziologischer Forschung (vgl. etwa Baumert/Schümer 2001; Maaz/Baumert/Trautwein 2010; Becker 2011) ebenso zeigt, wie im aktuellen Heterogentitätsdiskurs.

1.1 Bildungsplanung als Instrument gesellschaftlicher Entwicklung

Die grundlegende organisatorische Struktur des deutschen Schulwesens mit seiner Differenzierung in das Gymnasium einerseits und weitere, abgestufte Sekundarschularten andererseits, bestand und besteht seit dem preußischen Ständestaat, obwohl zwischen dem Kaiserreich und der frühen Bundesrepublik die Ausrichtung seines Inhaltsprogramms entsprechend der wechselnden politischen Herrschaftsformen und weltanschaulich-ideologischen Orientierungen variierte (vgl. Fend 2006b). Entscheidende Impulse für Veränderungen resultierten im Verlauf des 20. Jahrhunderts weniger aus dem Willen, pädagogische Praxis zu verbessern. Vielmehr spielten die gesellschaftlichen und politischen Ausgangslagen nach den verlorenen Weltkriegen, die Deutschland ausgelöst hatte, eine entscheidende Rolle, insofern das Schulwesen als Instrument einer wertebezogenen Konsolidierung der Nachkriegsgesellschaften restaurativ beansprucht wurde:

> „Im Mittelpunkt der bildungspolitischen Diskussion nach den Zusammenbrüchen von 1918 und 1945 standen daher nicht Modernität und Leistungsfähigkeit, sondern Wertesysteme und ihre bildungsorganisatorischen Konsequenzen: die sozialistische oder sozialliberale Einheitsschule im Dienste republikanisch-demokratischer Gesellschaftsentwicklung, die konfessionell separatierte Bekenntnisschule im Dienste der Menschenbildung." (v. Friedeburg 1989: 334)

In der Adenauer-Republik der 1950er Jahre wurde die dynamische Entwicklung einer expandierenden Wirtschaft durch eine politische, institutionelle und soziale Restauration flankiert und abgesichert, die durchgreifende gesellschaftsstrukturelle Veränderungen blockierte.[73] Die erreichte Vollbeschäftigung führte Mitte der 1960er Jahre nicht nur zu einem Arbeitskräftemangel in der Industrie, die demographischen Daten wiesen zudem auf einen zukünftigen eklatanten Mangel an höher qualifizierten Abschlüssen im Bildungswesen hin. Georg Picht beklagte 1964 in einer Artikelserie, die den Titel „Die deutsche Bildungskatastrophe" erhielt, im Kern die sozioökonomischen Folgen der bildungspolitischen Versäumnisse der Adenauer-Jahre, die insbesondere an der niedrigen AbiturientInnenquote abgelesen wurden. Picht argumentierte dabei aus einer strikt volkswirt-

---

73 Das von Walter Eucken und Alfred Müller-Armack entworfene und von Ludwig Erhardt politisch umgesetzte ordoliberale Modell der ‚sozialen Marktwirtschaft' zielte vor allem auf eine staatliche Absicherung sozialer Stabilität, die durch wirtschaftliches Wachstum und moderate soziale Umverteilung garantiert werden sollte (vgl. Haselbach 1991).

schaftlichen Perspektive: „Bildungsnotstand heißt wirtschaftlicher Notstand."
(Picht 1964: 17) Der Zusammenhang zwischen Wirtschaftssystem und Bildungssystem wurde in die denkbar einfache, finanzpolitisch aber ‚verstehbare' Formel
gebracht, dass die „Steigerung der Qualität der Leistung" von der „Steigerung der
Quantität der Lehrer" abhänge (ebd.: 30). Neben der Perspektive des wirtschaftlichen Wachstums stellte Picht jedoch auch einen kausalen Zusammenhang zwischen Sozialpolitik und Schulpolitik her:

> „Unser sozialpolitisches Bewusstsein ist womöglich noch rückständiger als unser
> Bildungswesen. Es ist deshalb nötig, zunächst an einige sehr einfache Sachver-
> halte zu erinnern. In der modernen ‚Leistungsgesellschaft' heißt soziale Gerech-
> tigkeit nichts anderes als gerechte Verteilung der Bildungschancen; denn von den
> Bildungschancen hängen der soziale Aufstieg und die Verteilung des Einkommens
> ab." (ebd.: 31)

Nach Pichts Vorstellung hatte die Modernisierung des ländlichen Schulwesens,
die Verdopplung der AbiturientInnenquote und die Erhöhung der LehrerInnen-
zahlen zu den Kernelementen eines ‚nationalen Notstandsprogramms' zu gehören (vgl. ebd.: 68).

1.2   Meritokratisierung des Schulwesens

Mitte der 1960er Jahre konnte das Ausmaß der Bildungsungleichheit auf Grundlage soziodemographischer Daten aufgezeigt werden. Neben der einschlägigen
Studie von Hans-Günther Rolff (1967) „Sozialisation und Auslese in der Schule", die erstmals eine sozialisationstheoretische Perspektive an die Frage der Bildungsungleichheit anlegte, hatten vor allem die Konstanzer Studien von Hansgert
Peisert und Ralf Dahrendorf (1967) den größten Einfluss auf die wissenschaftliche und bildungspolitische Diskussion; insbesondere jenes Bild der ‚katholischen
Arbeitertochter vom Land' hat sich nachhaltig etabliert. Nicht nur rückten in der
Folge Frauen als ‚ungenutzte Begabungsreserve' in den Blickpunkt des Interesses,
auch die Verhinderung des Bildungsaufstiegs der Arbeiterschichten durch das ge-
gliederte Sekundarschul- und Berufsbildungswesen konnte als Teil des Problems
ausgemacht werden. Im Kern fiel auf, dass das Schulsystem in seiner bestehenden
Form einen Beitrag zur sozialen Immobilisierung bestimmter gesellschaftlicher
Gruppen und Milieus leistete und für die als notwendig erachtete Aufgabe der
gesellschaftlichen Modernisierung durch Ermöglichung sozialer Mobilität nicht
geeignet schien.

Nachdem die wirtschaftlichen Folgen einer verfehlten Schulpolitik die Debatte initiiert hatten, konnte die Problemperspektive auf gesamtgesellschaftliche Fragestellungen ausgeweitet werden, die die demokratische Verfasstheit der ‚Bürgergesellschaft' und ihrer Institutionen fokussierte. Mit Dahrendorfs Beteiligung an der Debatte kamen neben den bildungsökonomischen auch liberal orientierte rechtspolitische Argumente hinsichtlich der Modernisierungsbedürftigkeit der bundesdeutschen Nachkriegsgesellschaft ins Spiel. Mit der Formel „Bildung ist Bürgerrecht" forderte Dahrendorf eine „aktive" Bildungspolitik und zielte mit seiner Kritik auf die faktische Verhinderung gesellschaftlicher Teilhabechancen, auch in Hinblick auf die demokratische Partizipation (vgl. Dahrendorf 1965: 25). Der bildungspolitische und bildungsplanerische Schulterschluss zwischen den sozialdemokratischen und den liberalen Protagonisten der Bildungsreform setzte vom Grundsatz her letztlich aber am unerfüllten Versprechen der ‚meritokratischen' Leistungsgesellschaft an, d.h. man arbeitete sich nach wie vor an den vormodernen Strukturen der Berufsstände ab, die eine leistungsgerechte Allokation und damit gesellschaftlichen Fortschritt verhinderten. Chancengleichheit in diesem sozial-liberalen Verständnis meint jedoch nichts anderes als die Abwesenheit von wettbewerbsverzerrenden und leistungsfernen Einflüssen – oder, wie es Ludwig von Friedeburg formulierte:

> „Freie Bahn dem Tüchtigen, lautete die bürgerliche Forderung, die sie (die Sozialdemokraten, M.E./U.H.) mit den Liberalen gegen die berufsständische Bildungspolitik der Konservativen gerichtet hatten. Chancengleichheit wurde dabei nicht als Ergebnis gesellschaftlicher Umwälzung aufgefasst, sondern als erweiterter Spielraum für den individuellen Aufstieg durch Bildung." (von Friedeburg 1989: 335)

Dieses sozial-liberal konturierte Gleichheitspostulat lässt sich somit als ein bürgerrechtliches und politisches, weniger als ein materielles verstehen, weil es der fundamentalen Prämisse folgte, dass das staatliche Schulwesen zu einer de facto (und nicht lediglich de jure) meritokratisch arbeitenden, modernen Institution umgebaut werden könne.

1.3   Sozialstruktur, Sozialisation und Lernfähigkeit

Hinsichtlich der bildungs- und wirtschaftspolitischen Zwecksetzung des Schulwesens schien ab Mitte der 1960er Jahre ein Konsens möglich, der die bildungsökonomischen Reformziele trug. Eine andere Frage ist jedoch, wie diese Ziele in eine pädagogische Programmatik übersetzt und die organisatorischen Reformbestrebungen mit einem pädagogisch-praktischen Sinn ausgestattet werden konnten. Denn die gesamte Reformdiskussion bezog sich fast ausschließlich auf die ‚technische' Seite der Schulorganisation, die Ebene der Profession und damit der pädagogischen Interaktion blieb zunächst unbeachtet. Dies änderte sich spätestens mit dem vom Deutschen Bildungsrat 1968 vorgelegten Gutachten „Begabung und Lernen", das als Referenzpunkt für die Entwicklung einer genuin *erziehungswissenschaftlichen* Perspektive der Bildungsreform sowie für die Ausrichtung der erziehungswissenschaftlichen Forschung in den Folgejahren gelten kann.

Von vorrangigem Interesse ist das Gutachten für die weitere Diskussion, weil sich in ihm u.E. der für die Reformdebatte bedeutsame Versuch einer *Übersetzung der gesellschaftspolitischen Problembeschreibungen* (insbesondere der mangelnden Chancengleichheit) und der daraus resultierenden Anforderungen an das Schulsystem *in pädagogische Problembeschreibungen* dokumentiert, die dann überhaupt erst die Grundlage für eine wissenschaftlich abgesicherte Entwicklung pädagogischer Lösungsmodelle und entsprechender Handlungsprogramme bereitstellte. Dreh- und Angelpunkt dieses Versuches war die erziehungswissenschaftliche Neuorientierung am Leitbegriff der *Sozialisation*.

Infolge der durch das Gutachten der Bildungskommission vollzogenen fachwissenschaftlichen Disqualifizierung erbgenetischer Begabungstheorien und deren Ersetzung durch sozialisationstheoretische Grundlagen, die nunmehr die Möglichkeitsbedingungen der kognitiven Entwicklung von Kindern und Jugendlichen beschreiben sollten, wurde insgesamt die Bedeutung *sozialer Faktoren* für die Gestaltung von Lehr-Lern-Prozessen aufgewertet. So vermerkte Heinrich Roth in seinem Vorwort zum Gutachten:

> „Man kann nicht mehr die Erbanlagen als wichtigsten Faktor für die Lernfähigkeit und Lernleistungen (= Begabung) ansehen, noch die in bestimmten Entwicklungsphasen und Altersstufen hervortretende, durch physiologische Reifevorgänge bestimmte Lernbereitschaft. Begabung ist nicht nur Voraussetzung für Lernen, sondern auch dessen Ergebnis. Heute erkennt man mehr als je die Bedeutung der kumulativen Wirkung früher Lernerfahrungen, die Bedeutung der sachstrukturell richtigen Abfolge der Lernprozesse, der Entwicklung effektiver Lernstrategien, kurz: die Abhängigkeit der Begabung von Lernprozessen und die Abhängigkeit aller Lernprozesse von Sozialisations- und Lehrprozessen." (Roth 1969: 22)

Der radikale Perspektivwechsel, der mit der Abkehr von naturalistischen Begabungsvorstellungen vollzogen wird, hat nicht nur Konsequenzen für die Frage der ‚Lernfähigkeit' des Individuums (und damit für die Neubewertung der Qualität der Lehr-Lernprozesse), sondern auch für die erziehungswissenschaftlichen Prämissen, mit denen die AdressatInnen pädagogischer Kommunikation *beobachtet* werden (sollen). Mit der Bezugnahme auf Sozialisation entsteht aber ein neues schulpädagogisches Problem: Wenn Sozialisationsbedingungen die Lernfähigkeit in besonderer und spezifischer Weise beeinflussen, dann stellt dies auch die Legitimation ‚meritokratischer' Selektionsentscheidungen in Frage. Die bildungsökonomisch auf der Organisationsebene des Gesamtsystems konturierte Chancenungleichheit wird damit auf die Ebene der Lehrer-Schüler-Interaktion projizierbar: Wenn Lernfähigkeit durch die Effekte außer- und vorschulischer Sozialisation maßgeblich bedingt ist, dann kann Pädagogik nicht mehr von ‚natürlichen' Grenzen der kognitiven Entwicklung ausgehen, sie hat es dann vielmehr mit Variablen zu tun, die sie selbst im Rahmen von Lehr-Lernprozessen mehr oder weniger beeinflussen kann.

Ulrich Oevermann setzte sich in seinem Beitrag zum Gutachten mit dem Zusammenhang von Sprache und sozialer Schicht auseinander und stellte in Anlehnung an Basil Bernstein auf die soziale Funktion der schichttypisch differierenden ‚restringierten' und ‚elaborierten' ‚Sprachcodes' ab. Infolge der mittelschichtorientierten Erwartungsstrukturen der Schule und der PädagogInnen würden die restringierten Sprachfertigkeiten zu einer Abwertung von Kindern der Unterschicht führen, weil die Pädagogik unzulässiger Weise von der beobachtbaren Sprachentwicklung auf den Grad an Komplexität der kognitiven Strukturen schließe (vgl. Oevermann 1969: 338f.). Oevermanns Argumentation läuft darauf hinaus, dass der restringierte Sprachcode als individuell funktional für die Orientierung in der sozialen Lebenswirklichkeit des milieuspezifischen Kontextes und damit letztlich als Element der sozialen Identität verstanden werden muss. Kompensatorische Spracherziehung, die lediglich auf die schulische Elaborierung des individuellen Sprachcodes zielt, wird von Oevermann problematisiert, weil sie Entfremdungserfahrungen und damit Verunsicherungen induziere. Stattdessen wird eine Anpassung der schulischen Leistungskriterien an die sozialisatorisch divergierenden Ausgangsbedingungen gefordert:

> „Sprachanreicherungsprogramme können mit der Modifikation der Leistungskriterien gekoppelt werden, und eine bloße Anpassung an die Sprach- und Verhaltensstile der Mittelschicht vermeiden, wenn in ihnen die spezifischen Formen des intelligenten Verhaltens der Unterschicht allmählich in eine differenzierte sprachliche Symbolorganisation ‚eingeholt' werden. Die Einrichtung vorschulischer Erziehungshilfen muss, wie auch hinsichtlich der Entwicklung der übrigen psychischen Funktionen, angesichts der lebensgeschichtlich frühen Determination der Sprachentwicklung und des Sprachgebrauchs im Vordergrund stehen." (ebd.: 340)

An Oevermanns Argumentation sind zwei Aspekte bemerkenswert: Zum einen lässt sich im Zusammenhang der Sprachcodediskussion die Forderung nach einer

Umstellung der erziehungswissenschaftlichen Beobachtungsperspektive von Defizit auf Differenz erkennen. Der Abwertung vermeintlich unterentwickelter Sprachfertigkeiten der Unterschicht wird die Funktionalität ihres Sprachcodes für den Sozialisationskontext entgegengesetzt und damit die schulische Hierarchisierung der Sprachfertigkeiten zugunsten ihrer sozialen *Ungleichartigkeit* markiert. Hinsichtlich der Verhältnisbestimmung von Schule und Gesellschaft resultiert daraus, dass sich Schulpädagogik mit differenzierendem Blick an den außerschulischen Lebenswirklichkeiten ihrer AdressatInnen orientieren muss, will sie deren Potenziale fördern. Sie muss, wenn man so will, selbst ‚verstehende Soziologie' werden, soll das Reformziel der Chancengleichheit realisierbar sein. Zum anderen wird in Bezug auf schulische Sprachförderung jedoch tendenziell mit einem sozialisatorischen Determinismus[74] argumentiert, aus dem abgeleitet wird, dass Schule die sprachlichen und kognitiven Eingangsvoraussetzungen ihrer AdressatInnen nur dann erfolgswahrscheinlich beeinflussen könne, wenn sie bereits auf der Ebene der frühen und vorschulischen Sozialisation interveniere. Damit verlagert sich aber der Schwerpunkt der zu erbringenden pädagogischen Beobachtungsleistung von der *individualistischen Askription* von Begabung auf eine tendentiell *kollektivistische Askription*, die die Erwartbarkeit sozial ungleicher Lernvoraussetzungen fokussiert.

Das Schulsystem bleibt trotz dieser Perspektivverschiebung zwar weiterhin die wesentliche „soziale Dirigierstelle" (Schelsky 1957), die in modernen Gesellschaften die Zuweisung von Individuen auf soziale Positionen reguliert. Aber es kann seine meritokratische Selbstbeschreibung nicht mehr bruchlos aufrechterhalten, da der sozialen Selektivität nicht mehr das Argument der individuellen Begabungsgerechtigkeit entgegengebracht werden kann. Meritokratische Selektion setzt faktisch realisierte Chancengleichheit voraus und gerade dies wird durch die Bezugnahme auf Sozialisation grundlegend in Frage gestellt. Stattdessen steht die Dysfunktionalität des staatlich organisierten und gegliederten Schulwesens im Fokus, denn das Gutachten des Bildungsrates nimmt eine Perspektive ein, die dem Schulwesen hinsichtlich des Umgangs mit den unterschiedlichen sozialen Voraussetzungen der AdressatInnen – heute würde man von Heterogenität sprechen – einen aktiven Beitrag am Bildungserfolg zurechnet.

Erziehungswissenschaftlich führte die Neuperspektivierung des Verhältnisses von Schule und Gesellschaft im Zuge der Bildungsreform zu einer stärkeren Orientierung an soziologischen Wissensbeständen, die letztlich zu einer „Ver-

---

74 Es sei daran erinnert, dass Bernstein in seiner Analyse der differenziellen Sprachcodes die „sozio-kulturelle[n] Determinanten des Lernens" (Bernstein 1959: 52ff.) im Blick hatte.

sozialwissenschaftlichung" (Radtke 1996: 26ff.) der Pädagogik beitrugen. Damit rückten nicht nur bildungssoziologische Erklärungsmodelle in den Fokus der pädagogischen und bildungspolitischen Aufmerksamkeit, die sich den Erscheinungsformen sozialisationsbedingter Bildungsungleichheit widmeten, sondern auch Angebote aus dem Bereich der Gesellschaftstheorie, wobei u.a. der Strukturfunktionalismus Parsons' herangezogen wurde, um den komplexen Funktionszusammenhang zwischen den gesellschaftlichen Teilsystemen Wirtschaft, Politik, Kultur und Erziehung zu untersuchen (vgl. etwa Jensen 1970).

Insbesondere Helmut Fends (1980) einflussreicher Versuch, das Schulsystem selbst als ,aktiven', d.h. funktionalen Teil der Gesellschaft zu analysieren, kann in den Bezugsrahmen der Bildungsreformen der 1970er Jahre und der Orientierung am Sozialisationsbegriff eingeordnet werden. Fend nutzte Parsons Theorie des gesellschaftlichen Handlungssystems für die Konturierung einer Schultheorie, mit der Schule als ein mit spezifischen Funktionen für die Gesellschaft und für das Individuum betrautes Subsystem analysierbar wird (vgl. Fend 1980 u. 2006a). Die zentrale Analyseebene ist dabei das Ineinandergreifen zeitlich und räumlich voneinander differenzierter Sozialisationsprozesse, die in der Schule zusammenlaufen: die frühen Lernerfahrungen in der Primärsozialisation als Resultat der sozialen Interaktion zwischen Kindern und Eltern, die Lernerfahrungen in schulischen Erziehungsprozessen als Modi der sozialen Interaktion zwischen SchülerInnen und Lehrpersonen sowie die Sozialisation auf der Ebene der durch die Schule erst geschaffenen *peer group*. Schule ist somit nicht nur mit den sozialisatorischen Voraussetzungen der SchülerInnen konfrontiert, sie stellt selbst eine Sozialisationsinstanz dar, der die gesamtgesellschaftliche Aufgabe der Reproduktion von Gesellschaft zukommt (vgl. noch Fend 2006a u. 2008). Dies schließt auch die Vermittlung abstrakter gesellschaftlicher Ideologien und Verhaltensnormen (vgl. Dreeben 1980: 42ff.) in Form eines ,heimlichen Lehrplans' (vgl. Zinnecker 1975) ein. Die pädagogische Reflexion bezieht sich damit nicht lediglich auf Gesellschaft als Sachverhalt, auf den sie in der Schule gleichsam passiv trifft, sondern sie nutzt funktionalistische Gesellschaftstheorie, um die Institution Schule im gesellschaftlichen Gefüge als aktiven Handlungsträger zu positionieren.

Der Referenzwechsel in der pädagogischen Semantik von Begabung auf Sozialisation schaffte indes nicht nur Plausibilität für funktionalistische Schultheorien, sondern begründete auch eine neue pädagogische Aufmerksamkeit für *soziale Differenz*. Um sozialisationsbedingt unterschiedliche Lernvoraussetzungen in einem neuen Beobachtungsmodus adaptieren zu können, musste sich die Pädagogik entsprechend wissenschaftliche Erkenntnisse zu eigen machen, die ihr mögliche Anhaltspunkte für den Aufbau von Lehrmethoden, für die richtigen Zeitpunkte der Komplexitätssteigerung im vermittelten Wissen und für die Lernhindernisse geben, die sie zu erwarten und zu überwinden hat. Mit anderen Worten musste Pädagogik aus psychologischem und soziologischem Wissen *pädagogisches Wissen* generieren, sollte die proklamierte „realistische Wendung" (Roth 1962) nicht nur in der wissenschaftlichen Reflexion, sondern auch im pädagogisch-praktischen Sinne relevant werden.[75]

‚Sozialisation' als programmatischer Perspektivwechsel vom *individuellen Begabungsdefizit zur sozialisatorischen Differenz* adressierte dabei zwar neue Wirksamkeitserwartungen an die pädagogische Lehrpraxis und an die curriculare Ausgestaltung schulischer Bildungsprozesse. Gleichzeitig ‚lernte' die Pädagogik jedoch, ihre AdressatInnen entlang von Gruppenvariablen zu klassifizieren, was nicht nur pädagogische Askriptionsoptionen erhöhte, sondern einem sozialisationstheoretisch abgestützten Determinismus in der Erwartung von Lernvoraussetzungen Vorschub leistete.[76] Dabei ist es jedoch semantisch nach wie vor möglich, die Umstellung auf Sozialisation wieder mit Defizit-Erwartungen zu verknüpfen und in Hinblick auf ungleiche Lernvoraussetzungen nunmehr „familiäre Defizite" (vgl. etwa Leschinsky/Cortina 2008: 23) als Determinanten zu identifizieren.

1.4   Scheitern und Kritik der Bildungsreform

Die Bildungsreform selbst war grundlegend als Organisationsreform (‚äußere Schulreform') auf der Gesamtsystemebene geplant und wurde entsprechend mit organisatorischen Mitteln umgesetzt. Neben der Einführung der Gesamtschule als neuer Schulform fiel darunter auch die Neugestaltung der Lehrpläne, d.h. eine Curricularisierung der Lehrinhalte. Das Ziel des Curricularisierungsansatzes kann steuerungstechnisch als Versuch charakterisiert werden, die inhaltliche Makrosteuerung des Gesamtsystems wirksam mit der Mikroebene der Unter-

---

75 Ende der 1970er Jahre folgte eine breite Diskussion um das Verhältnis von erziehungswissenschaftlicher Forschung und pädagogisch-institutionellem Handeln, das vor allem im Schema des Theorie-Praxis-Konflikts problematisiert worden ist. Als Reaktion darauf kann dann auch die Entwicklung einer erziehungswissenschaftlichen Wissens-Verwendungsforschung (vgl. dazu Dewe/Radtke 1991; Dewe/Ferchhoff/Radtke 1992) betrachtet werden, die Erwartungen an eine erfolgreiche Kommunikation zwischen Erziehungswissenschaft und pädagogischer Praxis zur Disposition stellte.

76 Bereits seit den 1980er Jahren wurde eine soziologische Kritik am Sozialisationsdeterminismus (vgl. Luhmann 2002: 48ff.; Zinnecker 2000; für geschlechtsspezifische Sozialisation Hagemann-White 1984) formuliert, der fachwissenschaftlich zu einer Relativierung der Erklärungsfähigkeit tradierter Sozialisationstheorien beitrug.

richtspraxis zu verknüpfen.[77] Nicht zuletzt dieser Organisationsbezug war auch der Referenzpunkt der Reformkritik, die auf unterschiedlichen Ebenen ansetzte: Während aus einer erziehungswissenschaftlichen Perspektive Ende der 1970er bzw. zu Beginn der 1980er Jahre sichtbar wurde, dass die organisatorischen Mittel der Reform, insbesondere die Gesamtschule, nicht ihren Zweck (nicht zuletzt Chancengleichheit) erfüllten[78], fokussierte eine eher von reformpädagogisch-professionellen Autonomieansprüchen gekennzeichnete Bürokratiekritik bereits während der Reform die Zwecke der Reform. Eine dritte Kritiklinie greift den bürokratiekritischen Impuls auf, entfaltete diesen aber im Verlauf der 1980er Jahre staatskritisch in Referenz auf neue soziale Bewegungen.

Das Resümee, das Klemm, Rolff und Tillmann 1985 hinsichtlich der Bildungsreform aus erziehungswissenschaftlicher Perspektive zogen, fiel ernüchternd aus: „Schulreform – Krise ohne Ende" hieß es einleitend und dies nicht nur, weil die Schulreform, wie die Autoren feststellen mussten, zu Beginn der 1980er Jahre als gescheitert, sondern als vom Ansatz her falsch beurteilt wurde und lediglich für „mehr Staat, mehr Kontrolle" (Klemm/Rolff/Tillmann 1985: 10) stand. Gewichtiger waren empirische Befunde wie derjenige, dass sich die Zahl der Arbeiterkinder, die auf ein Gymnasium wechselten, zwischen 1972 und 1982 lediglich von 6% auf 10% erhöht hatte, wenngleich die Quote bei den Realschulbesuchen bei einem Viertel lag (vgl. ebd.: 26). So kommen die Autoren zu dem Schluss, dass die „Untersuchung sozialer Unterschiede bei der Bildungsbeteiligung in der Sekundarstufe I" zu der „Feststellung einer stabil gefügten Bildungshierarchie" führt: „Beamter, Angestellter, deutscher und schließlich ausländischer Arbeiter" (ebd.: 27). Noch 2006 lassen sich diese Befunde auch in einer langfristig angelegten Perspektive als stabil erkennen, wie Geißler zusammenfassend feststellt: „Die Bildungsexpansion hat also ein paradoxes Ergebnis produziert: Sie hat die Bildungschancen aller Schichten verbessert, ohne gleichzeitig gravierende schichttypische Ungleichheiten zu beseitigen." (Geißler 2006: 286) Der ‚Fahrstuhleffekt' hat folglich nicht gleichzeitig zu einem sozialen Ausgleich in den Abschlussniveaus geführt und kann als Effekt in Bezug auf die HauptschulabsolventInnen ohnehin infrage gestellt werden (vgl. dazu Solga/Wagner 2004: 217).

---

77 Flankiert wurde die Curricularisierung von einer sich entwickelnden Curriculumforschung, die insbesondere im Rahmen von Begleit- und Implementationsstudien umgesetzt wurde (vgl. dazu Radtke 1996: 33f.).

78 Die Erwartungen an die Gesamtschule mussten auf Grundlage der Gesamtschul-Studie, die Fend in Hessen durchführte, bereits Mitte der 1970er Jahre relativiert werden (vgl. Fend 1976).

Als Erfolgsgeschichte schien sich demgegenüber die Gleichstellung der Mädchen abzuzeichnen, da aufgrund der organisatorischen Reformmaßnahmen, die den Zugang zu allen Bildungsabschlüssen eröffnete, die geschlechtsbezogenen Disparitäten kompensiert werden konnten. Allerdings lässt sich einerseits feststellen, dass Frauen ihre Allokationschancen auf Grundlage der Bildungsabschlüsse beim Übergang in den Beruf nicht realisieren konnten (vgl. bereits Faulstich-Wieland et al. 1984; Kampshoff/Nyssen 1999), so dass angesichts der langfristigen Effekte der Bildungsexpansion in Bezug auf geschlechtsspezifische Bildungsbenachteiligungen von einer Transformation des schulischen Selektionsproblems in ein Allokationsproblem gesprochen werden müsste. Andererseits lässt sich auch innerhalb des Bildungssystems eine Angleichung der geschlechterkategorialen Benachteiligung der Frauen an die klassenkategorial strukturierte Benachteiligung der Männer ablesen:

> „Mit der Bildungsexpansion erhöhte sich das Bildungsniveau von Frauen nicht generell. Vielmehr wurden ‚nur‘ die Blockierungen der Bildungschancen der Töchter aus den höheren sozialen Schichten aufgehoben. Das Risiko, ‚unten‘ zu bleiben, betraf nun nicht mehr die große Mehrheit, sondern in der Regel nur noch Töchter aus sozial schwachen Familien." (Solga 2005b: 256)

In Anschluss an Adornos Kritik am bürokratischen Rationalismus der ‚total verwalteten Welt‘ richtete Hellmut Becker bereits Mitte der 1950er Jahre seine Schulkritik auf die inhaltlich wissenschaftsorientierte und formal bürokratische Funktion der Schule, die dem Kind insbesondere in der Unterstufe „Verbildungen" zufüge. Folgerichtig werde die „höhere Schule heute im Gegensatz zu ihrer ursprünglichen Aufgabe zur entscheidenden Instanz für die soziale Auslese" (Becker 1968: 149). Beckers reformpädagogisch motivierte und dabei die professionelle Autonomie des Pädagogen betonende Analyse der „verwalteten Schule" (ebd.) schien Ende der 1970er Jahre auch noch für die *problematischen Folgen* der Bildungsreform eine gültige Beschreibung abzugeben (vgl. Steffens 2007). Becker selbst bezog 1976 Stellung gegen die Reform, die in einer Weise „durchbürokratisiert" worden sei, „dass sie ihren kreativen und innovativen Charakter" verloren habe (Becker zitiert nach Radtke 1996: 25). Mit dieser Reformkritik werden Argumente nachhaltig in den Diskurs um Chancengleichheit im Bildungswesen eingezogen, die in der organisatorischen Dimension des Schulsystems den zentralen Faktor identifizieren, der die Realisierung einer pädagogischen Praxis ‚vom Kinde aus‘ sabotiert und gegen die professionellen Autonomieansprüche läuft (vgl. dazu Luhmann/Schorr 1988: 343ff.).

In weitläufiger Bezugnahme auf die *Neuen Sozialen Bewegungen* wie die Neue Frauenbewegung, die Friedens- und Ökologiebewegung, die ,Dritte-Welt'-Bewegung, welche nicht zuletzt infolge der politischen Etablierung der Grünen zu Artikulationsmacht gelangten (vgl. etwa Dick/Keese-Phillips/Preuss-Lausitz 1986), entwickelten sich seit Mitte der 1980er Jahre bewegungszentrierte pädagogische Programmatiken (vgl. Hinz 1993; Prengel 2006; Preuss-Lausitz 1993).[79] Ihr Charakteristikum ist, dass sie *politische Pädagogiken* sind, die jedoch nicht mehr die Perspektive der gesamtgesellschaftlichen Modernisierung, sondern eine Perspektive der Emanzipation gesellschaftlicher Gruppen auf Basis libertär orientierter und postmoderner Politikformen verfolgten. Referenzthemen sind nicht mehr soziale Ungleichheit und Chancengleichheit, sondern Gleichberechtigung, basisdemokratische Mitbestimmung sowie Anerkennung von *Identität*. Interessant ist dabei rückblickend vor allem eine Parallelbewegung der sich durchsetzenden neoliberalen bzw. neokonservativen Kritik am keynesianistischen Wohlfahrtsstaat (vgl. dazu Deppe 1997: 135ff.) einerseits und der pädagogischen Kritik an der zentralstaatlichen Umsetzung der Bildungsreform andererseits. So finden sich auf der einen Seite Tendenzen der marktorientierten Entstaatlichung und Deregulierung auch des Bildungssektors, auf der anderen Seite ein verändertes Politikverständnis, das einem bewegungspolitischen Partikularismus folgt und an der politischen und rechtlichen Gleichstellung marginalisierter sozialer Gruppen orientiert ist.

Als ,Erfolgsgeschichte' zeichnet sich indes – trotz des ,Scheiterns' der Bildungsreform – die erziehungswissenschaftliche Transformation eines zentralen pädagogischen Beobachtungsschemas und dessen Generalisierung ab: Die Umstellung von *Begabung auf Sozialisation* sowie von *Defizit auf Differenz*, die sich in spezifischer Form im Rahmen der Interkulturellen Pädagogik und der Feministischen Pädagogik wiederfindet.

---

79 Diese Entwicklung zu Beginn der 1980er Jahre ist deshalb bedeutsam, weil sie die Weichen für die Herausbildung der vielfaltspädagogischen bzw. differenzpädagogischen Ansätze zu Beginn der 1990er Jahre stellt.

Erziehungswissenschaft und Migrationsgesellschaft

Während im Zuge der Bildungsreform die erziehungswissenschaftlichen und bildungspolitischen Bezugnahmen auf die sozialstrukturellen Bedingungen pädagogischer Praxis unter den Vorzeichen sozialisationstheoretischer Neuorientierungen und einer aktiven Gesellschaftsgestaltung standen, wurde eine fundamentale gesellschaftliche Entwicklung nicht registriert, die indes den sozialen Wandel der Bundesrepublik in den Folgejahren prägen sollte: Die gezielte Anwerbung von ArbeitsmigrantInnen seit Mitte der 1950er Jahre führte in der Bundesrepublik während der folgenden Jahrzehnte zu einer migrationsgesellschaftlichen Konsolidierung, deren Faktizität politisch jedoch bis Ende der 1990er Jahre notorisch negiert wurde (vgl. Bade/Bommes 2004).

Ließ sich Erziehung bildungsreformerisch noch als ‚Motor' der gesamtgesellschaftlichen Entwicklung interpretieren und mit einer zukunftsorientierten Modernisierungssemantik verbinden, setzte sich das Schulwesen in Form „administrativ-organisatorische[r] Ad-hoc-Lösungen" (Diehm/Radtke 1999: 135) lediglich reaktiv und mit zeitlicher Verzögerung zur migrationsgesellschaftlichen Entwicklung in ein Verhältnis. Da Migration bildungspolitisch als ein *gruppenspezifisch eingrenzbares pädagogisches Sonderproblem* konstruiert wurde, erschienen eine kompensatorische ‚Sonderpädagogik' und deren Umsetzung durch Einrichtung von Spezialklassen für MigrantInnen bildungsorganisatorisch als folgerichtig.

Die ‚frühen' pädagogischen Reaktionen auf Migration, welche in historisierenden Darstellungen als Periode der „Ausländerpädagogik" oder „Assimilationspädagogik" bezeichnet werden (vgl. etwa Nieke 1995: 13ff.; Nohl 2010: 21ff.), stellten indes kein klar konturierbares pädagogisches Programm dar.[80] Ausländerpäda-

---

80 Die Problematik periodisierender Darstellungen liegt in der Notwendigkeit zu Vereindeutigungen. Dies betrifft nicht nur die Vorstellung klar abgrenzbarer Phasen, die

gogik etablierte sich faktisch ohne eine erziehungswissenschaftlich-konzeptio-
nelle Rahmung, so dass auch die kritische Reflexion der schulorganisatorischen
Behandlung des durch Migration veranlassten Wandels zunächst ausblieb. Dabei
ist zu beobachten, dass erst mit der Adaption des Multikulturalismus-Diskurses
in der erziehungswissenschaftlichen Auseinandersetzung mit migrationsgesellschaftlichen Fragestellungen der Wechsel zu einem genuin pädagogischen Programm vollzogen wurde (vgl. Diehm/Radtke 1999: 133). Die Frage nach den gesellschaftlichen Bedingungen für Erziehung und Bildung ließ sich infolgedessen
auf Grundlage einer pädagogischen Kultursemantik beantworten, die allerdings
selbst zu einem erziehungswissenschaftlichen Reflexionsanlass wurde, der die
entstehende Interkulturelle Pädagogik dann von Anfang an beschäftigte. Auch im
Kontext der Interkulturellen Pädagogik lässt sich nachzeichnen, dass das grundsätzliche Reflexionsproblem aus dem Versuch resultiert, die ,externe' Kategorie
der ,kulturellen Differenz' in eine ,interne' pädagogische Kategorie zu übersetzen.

2.1   Schulpolitik als Ausländerpolitik

Mit der Mitte der 1960er Jahre vollzogenen Einbeziehung der ausländischen Kinder mit gesichertem Aufenthaltsstatus in die allgemeine Schulpflicht wurden die
formalrechtlichen Grundlagen für die gemeinsame Beschulung ausländischer
und deutscher SchülerInnen gelegt (vgl. Krüger-Potratz 2005: 55). Die Fixierung
des Inklusionsanspruchs eröffnete jedoch auch neue Exklusionsoptionen, die
in unterschiedliche Formen der separierenden Differenzierung mündeten: Das
Spektrum reichte von der Einrichtung einer zeitlich begrenzten Einschulung in
(nationale) Vorbereitungsklassen, welche durch gezielte Sprachförderung die Integration in den Regelunterricht vorbereiten sollten, bis hin zu eigenständigen
,Ausländer- oder Nationalklassen' (vgl. Czock 1993: 66ff.). Die durch die organisatorischen Sondermaßnahmen strukturell bereitgestellten Exklusionsoptionen

---

im Modus einer Fortschrittsgeschichte konturiert werden, sondern auch die Annahme, die pädagogische Reaktion auf Migration beginne erst mit der Anwerbepolitik
der 1950er Jahre. Das Konstrukt ,Ausländerpädagogik' kann vor diesem Hintergrund
eher dem Gründungsnarrativ der Interkulturellen Pädagogik selbst zugerechnet werden, als dass es einen klar konturierbaren Sachverhalt beschreibt (vgl. dazu Diehm/
Radtke 1999: 125ff.; Krüger-Potratz 2005: 38ff.). Marianne Krüger-Potratz verweist
zudem darauf hin, dass im Rahmen der ,Ausländerpädagogik' an bereits etablierte,
historisch tradierte ,Lösungsstrategien' im „Umgang mit sprachlich-kultureller Heterogenität im nationalstaatlich verfassten Bildungswesen" angeknüpft wurde (Krüger-
Potratz 2005: 57).

wurden offensichtlich zunächst von einzelnen Schulen und lokalen Schulsystemen in ‚wilder' Praxis auf Dauer gestellt (vgl. ebd.: 110). Ab Mitte der 1970er Jahre zeichnet sich dann ab, dass diese Praxis auch bildungsadministrativ als Dauerlösung institutionalisiert wurde[81], wie dies etwa bei den bayerischen und nordrheinwestfälischen „Vorbereitungsklassen in Langform" (vgl. Hunger 2001: 127) der Fall war. Diese ‚Lösungen' nahmen als „Nebenfolge von Organisationsroutinen" (Diehm/Radtke 1999: 137) faktisch die Form einer schulorganisatorischen Desintegrationsmaßnahme an. Zudem ermöglichten die Vorbereitungsklassen selbst keinen formalen Bildungsabschluss, sondern leisteten vielmehr der „Segregation der Schüler- und Bevölkerungsgruppen" (ebd.) Vorschub.

Auch die Abschaffung der ‚Vorbereitungsklassen in Langform' im Jahr 1982 trug nicht zu einer flächendeckenden Integration in die Regelklassen bei. Wie sich am Fallbeispiel der Stadt Bielefeld zeigen ließ, stieg die Überweisung von ausländischen Kindern auf Sonderschulen mit dem Förderschwerpunkt Lernen in der Folge eklatant an, während der Anteil deutscher Kinder an Sonderschulen eine deutlich rückläufige Tendenz aufwies (vgl. Gomolla/Radtke 2002: 134ff.). Offensichtlich führte die Suche nach neuen Exklusionsoptionen und deren Legitimationsfähigkeit dazu, Kinder mit Migrationshintergrund als ‚lernbehindert' zu klassifizieren, um ihnen einen ‚neuen' sonderpädagogischen Bedarf zuschreiben zu können. Durch diese Neu-Klassifizierung konnte eine ‚neue' pädagogische Problembeschreibung mit Plausiblität ausgestattet und an die bestehenden schulorganisatorischen Differenzierungsstrukturen angepasst werden. Das Problem der bis heute beobachtbaren Überrepräsentation von SchülerInnen mit Migrationshintergrund an Sonder- oder Förderschulen (vgl. Kornmann 2006; Weishaupt/Kemper 2009) scheint seine historische Ursache nicht zuletzt in diesem, an den Strukturbedingungen des Erziehungssystems orientierten ‚Umgang mit Heterogenität' zu haben. Wir haben hier quasi den ‚klassischen' Fall eines ungleichheitswirksamen ‚Matching', ‚interner' Kategorien (Lernbehinderung) und ‚externer' Kategorien (Migration) vorliegen.

Obwohl die gesellschaftliche Entwicklung infolge des Anwerbestopps 1973 eine politisch nicht intendierte Richtung nahm, insofern der vermehrte Familiennachzug gerade zur Verstetigung der Einwanderungssituation führte, orientierte sich nicht nur die Ausländer- und Integrationspolitik, sondern ebenfalls die Bildungs- und Schulpolitik weiterhin am ‚Gastarbeitermodell' (vgl. Oberndörfer 2005) mit seiner wirtschaftlichen, politischen und rechtlichen Asymmetrisierung

---

81 Dies dokumentiert sich einschlägig im KMK-Erlass von 1976, mit dem die Möglichkeit der regulären Zuweisung in Vorbereitungsklassen auf bis zu sechs Jahre ausgedehnt wurde (vgl. Czock 1993: 110).

der ‚Gruppe' der ArbeitsmigrantInnen und ihrer Kinder. Noch die KMK-Empfehlungen der 1970er Jahre lassen eine bildungspolitische *Doppelorientierung* erkennen, die in Überblicks-Darstellungen zur Ausländerpädagogik insbesondere an den Maßnahmen zur Sprachförderung in der Verkehrssprache Deutsch einerseits, am ‚muttersprachlichen Ergänzungsunterricht' andererseits abgelesen wird (vgl. etwa Auernheimer 2005: 38; Nohl 2010: 25). Der Zweck dieser Doppelorientierung bestand darin, „Integration für die Dauer des Aufenthalts bei gleichzeitigem Erhalt der Rückkehrfähigkeit" (Czock 1993: 69) zu erreichen. Dabei sollte der Unterricht in den als ‚Muttersprachen' klassifizierten nationalen Amtssprachen nicht zuletzt die (Wieder-)Eingliederung der Kinder in das Schulsystem des Herkunftslandes im Fall einer Rückkehr sicherstellen.

Aus dieser Schulpolitik resultierte der ‚integrationspolitische' Widerspruch[82], dass die Inklusion im Erziehungssystem an das Ziel der rechtlichen, ökonomischen, vor allem aber politischen Exklusion gekoppelt wurde. Diese ‚Desintegrationspolitik' lief somit nicht nur der migrationsgesellschaftlichen Wirklichkeit zuwider, sondern ermöglichte es grundlegend, soziale Schließungsprozesse im Bildungssystem mit ‚legitimen' Askriptionsoptionen auszustatten. ‚Ausländerpädagogik' gewann vor diesem Hintergrund als eine pädagogische Praxis der Inklusion/Exklusion Kontur, die durch Ausnutzung organisatorischer Systemstrukturen eine spezifische SchülerInnenpopulation generierte, die durch Verteilung auf Vorbereitungsklassen, Nationalklassen oder Sonderschulen zur *Sichtbarkeit* gebracht wurde. Mit der schulorganisatorischen Konstruktion des „Migrationsproblems" (vgl. Bommes/Radtke 1993) schaffte das Schulsystem zugleich die Plausibilitätsbedingungen, die es später ermöglichten, eine nunmehr ‚vorgefundene' AdressatInnengruppe mit Begriffen wie ‚kulturelle Identität' oder ‚kulturelle Differenz' zu klassifizieren und zu einem Gegenstand *pädagogischer* Programmatik werden zu lassen. So argumentierte die KMK bereits 1976 hinsichtlich des eigentlich ausländerpolitisch begründeten ‚Erhalts der Rückkehrfähigkeit' mit dem ‚neuen', nunmehr pädagogisch gewendeten Begründungsmotiv der „Erhaltung der sprachlichen und der *kulturellen Identität*" (KMK-Erklärung 1976, zit. nach Czock 1993: 111; Hervorhebung M.E./U.H.).

---

82 „Die Schule reagiert also scheinbar paradox: Während die Familienzusammenführung und der damit verbundene Strukturwandel der ausländischen Wohnbevölkerung gerade auf das Ende der Gastarbeiter-Ära verweist, verstärkt die Schule die typische Gastarbeiterkinder-Beschulungsstrategie." (Hamburger 1994c: 59)

2.2 Zwischen Unterschichtung und Kulturkonflikt: Die erziehungswissenschaftliche Konstruktion der ‚Zweiten Generation'

Ab Mitte der 1970er Jahre setzte sich auch die Erziehungswissenschaft verstärkt mit der Tatsache der Einwanderung auseinander und zwar insbesondere aufgrund des erwartbaren Sachverhalts, dass die Kinder der eingewanderten Familien von Anfang an das deutsche Bildungssystem durchlaufen werden. Für die erziehungswissenschaftliche Diskussion ist in diesem Zusammenhang insbesondere die Studie von Schrader, Nikles und Griese „Die zweite Generation. Sozialisation und Akkulturation ausländischer Kinder in der Bundesrepublik" von Bedeutung.[83] Der Fokus der Studie richtete sich auf die im Bildungssystem zukünftig zu erwartenden, entweder selbst migrierten oder bereits in der Bundesrepublik geborenen Kinder, die als eine „‚Zweite Generation' ausländischer Arbeiter" (Schrader/Nikles/Griese 1976; vgl. auch Goetze 1976) antizipiert und typisiert wurden. Das aus der Rückschau Auffällige dabei ist, dass eine Prognostik der erwartbaren Entwicklung dieser ‚Zweiten Generation' formuliert wurde, die ohne einen Bezug auf belastbare schulstatistische Daten hinsichtlich deren Bildungserfolg oder -misserfolg auskommt. Da aus den lediglich situativen und gegenwartsbezogenen Selbstbeschreibungen der in der Studie befragten Kinder, Eltern und Lehrkräfte entsprechend keine methodisch validen ‚Prädiktoren' abgeleitet werden konnten, wich man in Form einer „Ad-hoc-Theorie" auf sozialisationstheoretische und kulturalistische Erklärungsmuster aus (Diehm/Radtke 1999: 139f.), um langfristige pädagogische Problemerwartungen formulieren zu können.

Nunmehr standen nicht mehr lediglich ‚funktionale' Sprachprobleme, sondern „Fragen der Persönlichkeitsentwicklung, der über den sprachlichen Bereich hinausgehenden Kommunikationsschwierigkeiten und der Identitätsentwicklung, also *‚eigentlich erziehungswissenschaftliche'* Probleme" (Schrader/Nikles/Griese 1976: 51; Hervorhebung M.E./U.H.) im Vordergrund.[84] Jene ‚erziehungswissenschaftliche' Problembeschreibung berücksichtigte dabei sowohl sozioökonomische als auch soziokulturelle Differenzierungsprozesse: Einerseits wurde auf

---

83 Die Studie basierte auf einer Auswertung quantitativer und qualitativer Befragungen von Kindern, Eltern und LehrerInnen zu den Themen „Schulsituation und Organisation", „Lebensbedingungen der Kinder und ihrer Familien (Wohnen, Familienstruktur, inter- und intraethnische Kontakte, Berufstätigkeiten der Eltern, Bleibemotivation) sowie die Haltung der deutschen Schulkameraden und deutschen Eltern zur Anwesenheit der Ausländer" (Schrader/Nikles/Griese 1976: 12).

84 So werden in diesem Kontext beispielsweise auch die Erziehungsstile der Eltern oder die Geschlechterstrukturen in den Familien analysiert (vgl. ebd.: 99ff.).

die soziale ‚Unterschichtung' der Bundesrepublik durch Einwanderung und die blockierte Aufstiegsmobilität der ‚Gastarbeiter' und ihrer Kinder verwiesen (vgl. ebd.: 22ff.), andererseits Akkulturation und Assimilation als konflikthafte Rollenintegrationsprozesse thematisiert (vgl. ebd.: 69ff.; vgl. Goetze 1976).

Die weitere Diskussion um die ‚Zweite Generation' nahm letztlich die im Zuge der Bildungsreform erfolgte Perspektivumstellung von ‚Begabung' auf ‚Sozialisation' auf und nutzte Theorieangebote zum Verhältnis von „Sozialisation, Sprache und sozialer Schichtung" (Harant 1976: 150). Als Blockade für den Bildungserfolg bei den ‚Gastarbeiterkindern' wurde – ebenso wie bei den deutschen Arbeiterkindern – ein fehlendes Passungsverhältnis zwischen Familie und Schule in Hinblick auf Wertorientierungen, Verhaltensmuster und Sprachcodes identifiziert, mit Blick auf die Besonderheit dieser ‚Gruppe' jedoch spezifisch als Akkulturationsproblem umgearbeitet:

> „Ein wesentlicher qualitativ anderer Unterschied zu deutschen Arbeiterkindern resultiert aus den vielfältigen *kulturellen Widersprüchen*, denen Gastarbeiterkinder im Verlauf ihrer Sozialisation in einem ‚fremden' Land ausgesetzt sind. Die kulturellen Determinanten begründen erst die Spezifika der sozialen Situation der Kinder ausländischer Arbeiter, die sie von deutschen Arbeiterkindern grundsätzlich unterscheidet." (ebd.: 153)

Dieser ‚Unterschied' wurde mit Formulierungen wie „kulturelle Defizite" (Goetze 1976: 82), „kulturelle Diskrepanz" (Harant 1976: 156) oder „‚Kulturkampf'", verstanden als „Auseinandersetzung mit der Fremdkultur" (Schrader/Nikles/Griese 1976: 109) markiert. Somit bildete ein als spezifisch erachteter ‚Sozialisationshintergrund'[85] den Referenzrahmen für die Erwartung gruppentypischer ‚Entfremdungsprobleme'. Ein derartig sozialisationstheoretisch abgestützter Kulturalismus erlaubte es, die ‚Gastarbeiterkinder' als unterscheidbare Gruppe zu klassifizieren und über die Askription gruppentypischer Akkulturationsschranken zu charakterisieren. Im Fall der Studie von Nikles, Schrader und Griese (1976: 73) mündete dies in ein Klassifikationsschema, das die Möglichkeiten der Lernentwicklung und der Persönlichkeitsentfaltung vom Kriterium des Einreisealters abhängig machte und aus dem schließlich institutionell-organisatorische Differenzierungsoptionen abgeleitet werden konnten (vgl. dazu Diehm/Radtke 1999: 141).

---

85 In dieser Hinsicht operiert auch die im erziehungswissenschaftlichen Diskurs aktuell gebräuchliche Kategorie ‚Migrationshintergrund' mit der Annahme, dass von einem durch die Migrationssituation spezifisch gerahmten ‚Sozialisationshintergrund' auszugehen ist.

Rückblickend lässt sich hinsichtlich der ‚Phase' der Ausländerpädagogik folgende Entwicklung skizzieren: Das zunächst als ‚funktional' behandelte Problem
der Nicht-Beherrschung der schulischen Vermittlungssprache einer lediglich als
temporär anwesend erachteten ‚Gruppe', auf das mit organisatorischer Separierung reagiert wurde, erfuhr im Zuge seiner ‚Versozialwissenschaftlichung' in
Form einer sozialisationstheoretisch flankierten ‚Kulturkonflikthypothese' eine
Redefinition, die es dann ermöglichte, genuin erziehungswissenschaftlich zu argumentieren. Letztlich führten aber die bildungspolitisch optierten schulorganisatorischen Lösungsstrategien überhaupt erst dazu, dass eine durch das Schulsystem markierte und vermeintlich homogene Gruppe – die der ‚Ausländerkinder'
– entstand. Offensichtlich wurde die Ausländerpädagogik erst mit dieser organisatorisch evozierten Sichtbarkeit einer unterscheidbaren Gruppe *als Pädagogik*
adressierbar und dazu aufgefordert, die Besonderheit der dieser Gruppe zugeschriebenen Eigenschaften auch *pädagogisch zu begründen*.

2.3 Interkulturelle Pädagogik als Kritik der Ausländer-pädagogik

Die Kritik an der Ausländerpädagogik entfaltete sich wesentlich als „Selbstkri-
tik" (Steiner-Khamsi 1992: 200) und setzte nicht zuletzt an der Verzahnung von
Ausländerpolitik und Ausländerpädagogik an (vgl. Griese 1984). Dabei ging es
nicht nur um die politische Indienstnahme der Pädagogik, sondern um ihren aktiven Beitrag hinsichtlich der „Definition des Ausländerproblems" (Hamburger
1994a: 8). Demgegenüber profilierte sich die Interkulturelle Pädagogik gerade
dadurch, dass sie die Defizit- und Assimilationsperspektive der Ausländerpädagogik ablehnte und stattdessen die pädagogisch-programmatische Forderung
nach Anerkennung kultureller Differenz erhob. Das bereits im Rahmen der Ausländerpädagogik entwickelte Deutungsangebot ‚kulturelle Differenz' bzw. ‚kulturelle Identität' wurde als Beobachtungsschema übernommen, jedoch mit anderen
Wertungsoptionen verbunden.

Die Interkulturelle Pädagogik intervenierte politisch-*normativ* gegen die De-
fizitannahmen der Ausländerpädagogik, zunächst aber ohne deren Unterscheidungslogik zu hinterfragen (vgl. Diehm/Radtke 1999: 137). Sie fand bereits eine
bildungspolitische wie erziehungswissenschaftliche Situation vor, in der kulturelle
Semantiken Plausibilität erlangt haben, suchte nun aber eine Neubegründung der
Pädagogik im Horizont einer *zukünftigen Multikulturellen Gesellschaft* (vgl. Nieke
1995: 30ff.). Über den Bezugsbegriff der ‚Interkulturalität' sollte nicht mehr das
Trennende zwischen verschiedenen Kulturen, sondern der Aspekt der Begegnung

und der wechselseitigen Anerkennung hervorgehoben werden. Die so konturierte Problemstellung setzte den Einbezug von Kindern ohne Migrationshintergrund konstitutiv voraus und begründete in der Abkehr von einer Sonderpädagogik für MigrantInnen gleichzeitig den Anspruch Interkultureller Pädagogik, *allgemeine* Pädagogik zu sein (vgl. etwa Nieke 1994). Dabei wurde der politische Entwurf des Multikulturalismus zwar als deskriptives Modell zur Beschreibung einer von Migration geprägten Gesellschaft in Anspruch genommen (vgl. dazu Roth 2002: 24; Gogolin/Krüger-Potratz 2006: 110). Das Paradox, das die Interkulturelle Pädagogik damit allerdings ins Spiel brachte, besteht darin, dass ihr Legitimationszusammenhang nunmehr an einer spezifischen Gesellschaftsbeschreibung hängt, die als lediglich *eine* mögliche in Konkurrenz zu anderen steht und sozialwissenschaftlich nicht hinreichend abgesichert werden kann (vgl. Radtke 1991; Nassehi 1997; Bienfait 2006). Die Bezugnahme auf ,Kultur' entwickelte sich somit zu einem der zentralen Reflexionsprobleme Interkultureller Pädagogik.

2.4   Kulturalisierung als Reflexionsproblem

Der Rekurs auf den „suggestive[n] wie problembeladene[n] Terminus der ,Kultur'" (Reckwitz 2006: 61) ist im Fall der Interkulturellen Pädagogik insofern spezifisch gerahmt, als ,Kultur' im Kontext von Migration eine immer schon ethnisch bzw. territorial kategorisierte Unterscheidungsoption nahelegt. Auch im Schema der ,Kultur' beobachtete Differenzen werden pädagogisch erst dann relevant, wenn mit ihnen konkrete Problemstellungen in Bezug auf die AdressatInnen von Pädagogik verknüpft werden können. Hier zeichnet sich nun ein grundlegendes Spannungsverhältnis ab: So bezieht sich Pädagogik von ihrem Bestimmungsgrund her auf das Individuum, mit ,Kultur' findet jedoch eine Kategorie Verwendung, die zur Unterscheidung von Kollektiven und zur Klassifikation von Zugehörigkeit genutzt wird. Das Kulturalisierungsproblem entsteht entsprechend dort, wo sich die Interkulturelle Pädagogik zu ihren AdressatInnen ins Verhältnis setzt und diese dabei in einem dominanten Schema national-kultureller Differenz beobachtet.

Seit Ende der 1980er Jahre beginnt die Interkulturelle Pädagogik ein selbstkritisches Verhältnis zu den unterschiedlichen Varianten ihres Bezugsbegriffs ,Kultur' –,Multikulturalität', ,Interkulturalität' oder ,Ethnizität' – zu entwickeln. Diese Selbstreflexion artikuliert sich in Form einer immanenten Kulturalisierungs- resp. Ethnisierungskritik, welche auf zwei Problematisierungsebenen ansetzt:

• Die erste Ebene betrifft die Kategorisierung von Individuen als Angehörige kulturell und ethnisch gefasster Gruppen und das damit aufgeworfene Problem, dass die Askription von Kollektivmerkmalen auf Individuen eine fundamentale Subsumtionslogik in die Pädagogik einträgt.

- Die zweite Ebene betrifft die Kulturalisierung gesellschaftlicher Strukturbildungsprozesse, was zur Folge hat, dass Gesellschaft selbst lediglich als ein Gefüge kulturell und ethnisch differenzierter Gruppen konstruiert wird. Kritisiert wird hierbei das aus sozialwissenschaftlicher Perspektive unterkomplexe Gesellschaftsverständnis, da die für die moderne Gesellschaft bedeutsamen ökonomischen, sozialen, politischen, rechtlichen Funktions- und Reproduktionszusammenhänge außer Acht gelassen und in der Folge soziale, politische und rechtliche Ungleichheitsphänomene im Schema eines Kulturkonflikts missinterpretiert werden.

Im Kern zielt die Kulturalisierungskritik folglich darauf, einen doppelten Reduktionismus zu markieren, der zum einen die Komplexität individueller Lebenswirklichkeiten, zum anderen die strukturelle Komplexität moderner Migrationsgesellschaften verfehlt. Die Kulturalisierungskritik trägt der Interkulturellen Pädagogik damit ersichtlich ein erkenntnistheoretisch konturierbares Reflexionsproblem ein, insofern es um nichts Geringeres geht als um die Frage, auf welche soziale Wirklichkeit wie Bezug genommen wird.

Es lassen sich auf beiden Problematisierungsebenen je unterschiedliche Strategien beobachten, die als solche auf die damit verknüpfte erkenntnistheoretische Herausforderung reagieren: Eine *erste* Strategie zielt auf die Problematisierung der reduktionistischen Konstruktion individueller und kollektiver *Identitäten* und reagiert mit einer Dekonstruktion und Ausdifferenzierung des Kulturbegriffs. Mit dem Fokus auf mehrdeutige ‚hybride‘ Identitäten oder auf „Mehrfachzugehörigkeit" (Mecheril 2003: 24) wird das in der Kulturalisierungskritik markierte Problem der „kulturalistischen Reduktion" (Hamburger 1994b: 35) und der „Essenzialisierung kultureller Zugehörigkeit" (Mecheril 2004: 115) wesentlich mit einer Dynamisierung des Kulturbegriffs und einer *machttheoretischen* Perspektive auf Prozesse der Subjektkonstitution bearbeitet. Im Hintergrund steht hierbei unter anderem die Rezeption kultursoziologischer und poststrukturalistischer Theorieangebote. Nicht zuletzt spielt in diesem Zusammenhang die Bezugnahme auf Cultural und Postcolonial Studies eine besondere Rolle, in deren Kontext ein nicht-essentialistischer Kulturbegriff an Relevanz gewinnt, mit dem wirklichkeitsgenerierende Prozesse der Sinn- und Bedeutungskonstitution als „symbolische Seite sozialer Praxis" (Auernheimer 2005: 74) in den Blick rücken. Insbesondere in Auseinandersetzung mit Arbeiten, die im Kontext des Centre for Contemporary Cultural Studies (CCCS) in Birmingham seit Ende der 1970er Jahre entstanden sind, wird an Versuche einer Reformulierung des Kulturbegriffs angeschlossen (vgl. dazu etwa Auernheimer 2005; Leiprecht 2008a; Kalpaka/Mecheril 2010).[86]

Die Interkulturelle Pädagogik findet im Rahmen der Cultural Studies insofern spezifische Anknüpfungspunkte, als in diesem Theoriekontext Ambivalenzen der Subjektkonstitution im Bedeutungshorizont symbolischer Differenzierungskategorien wie Ethnizität, ,race', Geschlecht etc. zu einem zentralen Referenzproblem werden (vgl. Mecheril/Witsch 2006; Marchart 2008). Vor allem Stuart Halls[87] Arbeiten basieren dabei wesentlich auf einer (post-)strukturalistisch begründeten Revision des klassischen Marxismus und einer an Althussers Ideologietheorie (1977) anschließenden Rassismustheorie (vgl. Hall 1994). Ethnizität bezeichnet in der zugrunde gelegten Perspektive keine vorsoziale Tatsache oder Eigenschaft von Individuen, sondern stellt ein arbiträres Moment der symbolischen Konstitution imaginärer Identitäten im Horizont machtförmiger Artikulations- und Aushandlungsprozesse dar. Damit können Ethnisierungsprozesse und Rassismen nicht lediglich als Überbauphänomen verhandelt werden; vielmehr erschließt sich ihre strukturbildende Relevanz in Bezug auf soziale Praktiken und subjektive Identitätsbildungen aus den historisch kontingenten Ein- und Ausschließungsprozessen, an die sie rückgebunden sind (vgl. ebd.: 89ff.).

Die *zweite* Strategie, dem insistierenden Reflexionsproblem der Kulturalisierung zu begegnen, lässt sich demgegenüber in Ansätzen verfolgen, die an der Frage der adäquaten Beschreibung moderner Gesellschaften ansetzen und entsprechend Gesellschaftstheorie als Reflexionsangebot nutzen. Im Wesentlichen wird dabei an Luhmanns Theorie funktionaler Differenzierung angeschlossen, die es zudem in schultheoretischer Hinsicht ermöglicht, die Eigenrationalitäten des Erziehungssystems hinsichtlich der gesellschaftlichen „Herstellung ethnischer Differenz" (Gomolla/Radtke 2002) in Rechnung zu stellen. In dieser zweiten Reflexionsbemühung geht es nicht primär darum, eine nicht-reduktionistische Perspektive auf die AdressatInnen von Pädagogik einzunehmen. Vielmehr wird danach gefragt, welche Funktion und welche Folgen/Nebenfolgen die reduktionistische Bezugnahme auf Individuen durch Organisationen hat. Hieran anknüpfend rücken nun verstärkt die institutionell-organisatorischen Strukturzu-

---

86 Damit werden gleichzeitig auch Verknüpfungen mit der im anglo-amerikanischen Kontext etablierten und in der Kritik an kulturalisierenden Perspektiven entwickelten ,anti-racist education' ermöglicht (vgl. Kalpaka/Räthzel 1990).

87 Stuart Hall war nicht nur von 1968-1979 Leiter des CCCS, sondern kann insgesamt als ein prominenter Vertreter der Cultural und Postcolonial Studies gelten, dessen Rezeption nicht zuletzt im Kontext antirassistischer resp. rassismuskritischer Pädagogik Bedeutung zukommt (vgl. etwa Leiprecht 2001 sowie die Beiträge in Melter/Mecheril 2009 u. Scharathow/Leiprecht 2009).

sammenhänge der Pädagogik in den Vordergrund (vgl. Bommes/Radtke 1993; Gomolla/Radtke 2002). Kultur bzw. Ethnizität wird dabei grundlegend als *Beobachtungsleistung des Erziehungssystems* thematisiert.

Der Reflexionsgewinn dieses institutionell-organisatorischen Ansatzes besteht letztlich in der erziehungswissenschaftlichen Konturierung einer Beobachterposition zweiter Ordnung (vgl. Diehm/Radtke 1999: 66ff.), die sich mit Prozessen der Klassifikation und Askription sozialer Unterschiede in und durch Bildungseinrichtungen befasst. Ethnisierende/kulturalisierende Semantiken können „im Kontext von Schule, Jugendarbeit, Sozialpädagogik, Wohlfahrtsverbänden und Sozialarbeit [...] als praktische Organisationsressource" (Bommes 1994: 372) bestimmt werden, insofern auf ihrer Grundlage „Entscheidungsoptionen" (Gomolla/Radtke 2000: 325) erweitert werden, die etwa an den Übergangsschwellen des Bildungssystems als Diskriminierung beobachtet werden können (vgl. Gomolla/Radtke 2002).

Die in der fachwissenschaftlichen Diskussion vielfach aufgezeigte Kulturalisierungsproblematik hat letztlich dazu geführt, dass die Interkulturelle Pädagogik zentral damit befasst ist, sich mit ihren eigenen „nicht-intendierten negativen Nebenfolgen" zu konfrontieren (Hamburger 2009: 128).[88] Interkulturelle Pädagogik lässt sich damit nur noch im Modus „Reflexiver Interkulturalität" (ebd.: 127; vgl. Hamburger 1999) begründen, mit der die sinnhafte und kontextabhängige Referenz auf Kultur und Ethnizität durch soziale Akteure und Institutionen in den Vordergrund rückt (vgl. Mecheril 2004: 114; Gogolin/Krüger-Potratz 2006: 134).[89] In diesem Horizont erweist sich die Bezugnahme auf das Gesellschaftsmodell des Multikulturalismus und das diesem korrespondierende Verständnis von Gesellschaft als Sozialgefüge unterscheidbarer kultureller und ethnischer Gruppen nicht nur aus allgemeinen sozialwissenschaftlichen Überlegungen als problematisch, sondern insbesondere die auf dieser Grundlage erfolgende Kategorisierung von Individuen trägt der Pädagogik ein Reflexionsproblem ein. Nicht zuletzt wird dabei deutlich, dass die mit Migration befassten pädagogischen Organisationen von ethnisierend-kulturalisierenden Unterscheidungen Gebrauch

---

88 Nicht zuletzt drückt sich dies auch in alternativen Begriffsbildungen wie „Migrationspädagogik" aus (vgl. etwa Mecheril 2004).

89 ‚Reflexiv' meint hier einerseits die Reflexionsaufforderung, sich über die Logik des eigenen Unterscheidens aufzuklären, gleichzeitig jedoch auch, die Beobachtung der praktischen Folgen pädagogischer Kommunikation zu berücksichtigen. Vor dem Hintergrund der Unterscheidung von Reflexion und Reflexivität bei Luhmann (vgl. Kap. I.3 u. I.4) oszilliert der hier verwendete Begriff der Reflexivität zwischen beiden Bedeutungsdimensionen.

machen, die im Fall des Schulsystems zur gleichzeitigen Sichtbarmachung wie Benachteiligung der so typisierten Gruppen beitragen.[90]

Die klassifikationskritische Bezugnahme auf Kultur bzw. Ethnizität nimmt entsprechend die Form einer reflexiven Beobachtung der damit verbundenen sozialen Prozesse der institutionellen Differenz*setzung* an. Pädagogische Programmatiken, die sich im Modus einer ‚Beobachtung erster Ordnung' auf kulturelle Differenzen zwischen Individuen beziehen, setzen sich demgegenüber nicht unerheblichen fachwissenschaftlichen Begründungsproblemen aus.

---

90 Damit steht letztlich der „Beitrag der westdeutschen Erziehungswissenschaften zur Modellierung des Migrationsproblems" (Radtke 2006) als solchem im Blickpunkt.

Erziehungswissenschaft und Geschlechterverhältnisse 3

Im Rahmen der Bildungsreform blieb die Thematisierung geschlechtsbezogener Ungleichheiten der Problematisierung des generellen Modernisierungsrückstandes des Bildungssystems sowie der schichttypisch ungleichen Verteilung von Bildungschancen untergeordnet. Geschlechtsbezogene Bildungsungleichheiten wurden dabei wesentlich auf der Grundlage der strukturimmanenten Probleme des Bildungssystems und d.h. vor allem des mangelnden Bildungsangebots betrachtet, dem durch die flächendeckende Einführung der Koedukation und dem Zugang von Mädchen und Frauen zu allen Bildungsgängen mit organisatorischen Maßnahmen begegnet werden sollte. Den Theorieangeboten zur schichtspezifischen Sozialisation in den Publikationen des Deutschen Bildungsrates standen jedoch weder vergleichbare Überlegungen oder Untersuchungen zur geschlechtsspezifischen Sozialisation zur Seite, noch findet sich hier eine gesellschaftstheoretisch begründete erziehungswissenschaftliche Perspektive auf Geschlechterdifferenzen.

Erst im Rahmen der sich in engem Zusammenhang mit der zweiten Frauenbewegung etablierenden Frauenforschung wurde das Problem der Bildungsbenachteiligung in den Kontext der gesellschaftlichen Geschlechterordnung gestellt, wobei die durch Erziehung tradierten Weiblichkeitsvorstellungen als gleichermaßen ideologisch wie funktional für die Aufrechterhaltung geschlechtlicher Arbeitsteilung betrachtet wurden (vgl. bereits Pross 1969). Die Problematisierung des Beitrags des Erziehungssystems zur Reproduktion ungleicher Geschlechterverhältnisse erfuhr jedoch im Verlauf der 1980er Jahre angesichts der relativen Verbesserung der formalen Bildungschancen von Mädchen spezifische Verschiebungen: Vor dem Hintergrund der Beobachtung, dass sich das Problem ungleicher Bildungschancen im Schulsystem in ein Problem allokativer Benachteiligung gewandelt hatte, richtete sich die Kritik auf die Unzulänglichkeit der lediglich schulorganisatorischen Reformmaßnahmen. In den Blick der feministischen Schulkritik rückten seither verstärkt ‚subtilere' Benachteiligungsstrukturen auf curricularer Ebene und in der Unterrichtsinteraktion, die nicht zuletzt auch auf die flächendeckende Einführung der Koedukation selbst zurückgeführt wurden.

Die in den 1970er Jahren entstehende *Feministische Pädagogik* basierte auf der programmatischen Relevanzsetzung der Kategorie Geschlecht, die im Horizont einer gesellschaftspolitisch motivierten Patriarchatskritik entfaltet wurde. Die normativen Begründungsmotive der Feministischen Pädagogik hängen damit an den Plausibilitätsbedingungen, die erst durch eine spezifische Gesellschaftsbeschreibung (‚Patriarchat') hergestellt werden. Im Zuge der verstärkten Rezeption sozialkonstruktivistischer und poststrukturalistischer Theorieangebote wird jedoch in der erziehungswissenschaftlichen Geschlechterforschung eine explizite Erkenntniskritik formuliert, die sich auf die für die Feministische Pädagogik konstitutive geschlechterbezogene Binärunterscheidung selbst richtet. Nicht zuletzt wird hierbei das Problem der ‚Reifizierung' der Kategorie Geschlecht in der feministischen Programmatik exponiert.

3.1   Allokative Benachteiligung als Problematisierungsanlass

Der quantitative Ausbau des Schulsystems und die Einführung der Koedukation im Zuge der Bildungsreform schufen die formalorganisatorischen Bedingungen, um Frauen den Erwerb höherwertiger Bildungszertifikate generell zu ermöglichen (vgl. Geißler 2006: 280). Dem Prozess der formalen Bildungsinklusion von Frauen wurde auch ein bedeutsamer Einfluss auf gesamtgesellschaftliche Entwicklungen zugeschrieben: So konnte der seit den 1970er Jahren beobachtbare Wandel in den Geschlechterverhältnissen und die diagnostizierte Tendenz zur Auflösung traditioneller Familienformen als ein wesentlicher Effekt der Bildungsexpansion interpretiert werden (vgl. etwa Beck 1986).

Bereits in den 1980er Jahren zeichnete sich jedoch ein neues Benachteiligungsmuster ab, das entsprechend der Problembeschreibung „Erfolgreich in der Schule, diskriminiert im Beruf" (Faulstich-Wieland et al. 1984) den Fokus auf allokative Schließungsprozesse richtete. In den ersten Bilanzen zu den Effekten der Bildungsexpansion zeigte sich, dass der Bildungsaufstieg von Frauen im Übergang zum Beruf eine Blockade gefunden hatte, die offenbar in Zusammenhang mit generellen Transformationen innerhalb der ‚Arbeitsgesellschaft' stand: Die für die Bildungsexpansion charakteristische Ausgangssituation einer Nachfrage an höher qualifizierter Bildung hatte sich Ende der 1970er Jahre geradezu in ihr „Gegenteil verkehrt", mit der Folge, dass „ökonomische Krise", strukturelle „Massenarbeitslosigkeit" und „fehlende Ausbildungsplätze" einen Verdrängungsprozess auslösten, der die Zugangschancen von Frauen zum Arbeitsmarkt erheblich verschlechterte (ebd.: 118). Ideologisch flankiert wurde dieser Verdrängungsprozess durch die neokonservative Wende der Regierung Kohl Anfang der 1980er Jahre und eine entsprechende Familienpolitik, die traditionelle Geschlechterbilder reaktivierte (vgl. ebd.). Darüber hinaus ließen sich geschlechtsspezifische Berufsfindungsprozesse, geschlechtsbezogene Segmentierungen des Ausbildungssystems und geschlechterstereotype Rekrutierungsmechanismen der ausbildenden Institutionen als Ursachen der Benachteiligung im Übergang empirisch nachzeichnen (vgl. ebd.: 129ff.).[91] Die Persistenz geschlechtsbezogener Benachteiligungsstrukturen betraf in dieser Perspektive nicht mehr die formalen Chancen im Bildungssystem, sondern stellte sich als Allokationsproblematik dar, die gesellschaftsstrukturell und politisch verursacht war und auf die pädagogisch entsprechend nicht unmittelbar reagiert werden konnte.

3.2   Schulkritik als Patriarchatskritik

Die in den 1980er Jahren entstehende feministische Schulforschung konturierte ihre Problemstellung nicht lediglich am Befund allokativer Mobilitätsbarrieren, sondern zielte grundlegend auf den Zusammenhang von institutionalisierter Bildung und der Reproduktion der gesellschaftlichen Geschlechterordnung. Die Figur des ‚heimlichen Lehrplans‘ diente dabei als Leitmotiv, um die Einübung in geschlechterstereotype Rollenmuster auf Grundlage curricularer Inhalte ebenso wie sexistischer Interaktionsstrukturen innerhalb des Sozialisationsraumes Schule zu charakterisieren (vgl. dazu Rendtorff/Moser 1999: 50). Damit rückten geschlechtsspezifische Ausprägungen von „schulischem Selbstvertrauen" (vgl. Horstkemper 1987) oder die „sogenannte ‚Technikdistanz‘" von Mädchen als „schulgemachtes Problem" (Enders-Dragässer/Fuchs 1989: 153) in den Blick. Mit der Rekonstruktion eines Zusammenhangs zwischen schulisch erzeugten geschlechterstereotypen Fachinteressen und Selbstkonzepten, geschlechterdifferenzierten Berufsfindungsprozessen und den Ungleichheitsstrukturen auf dem

---

91 So zeigen auch aktuellere Studien, dass für die geschlechtsbezogene Kanalisierung von Berufsfindungsprozessen auch die Gelegenheitsstrukturen des lokalen Ausbildungsmarkts sowie die Rekrutierungsmechanismen und Normalitätserwartungen der Ausbildungsbetriebe von Bedeutung sind (vgl. Granato/Schittenhelm 2004).

Arbeitsmarkt ließen sich auch die allokativen Disparitäten beim Übergang in den Beruf an schulische Ursachen rückbinden.

Gleichzeitig wurde die Orientierung an formaler Gleichheit, die für die Reformsemantik der 1960er Jahre tragend war, als subtiler Androzentrismus dechiffriert, insofern die Koedukation den „Sexismus in der Schule" (Brehmer 1982) fortschreibe. Die Reaktivierung der Koedukationsdebatte griff dabei auf Patriarchatskritik zurück und nahm eine bewegungspolitisch motivierte Parteilichkeitsperspektive ein. Dies wird insbesondere in Beiträgen deutlich, die eine Abschaffung der Koedukation forderten und für die Gründung feministischer Mädchenschulen plädierten (vgl. dazu Faulstich-Wieland 1991).

Barbara Rendtorff und Vera Moser (1999: 51) kommen dabei insgesamt zu der Einschätzung, dass „der reflexhafte Bezug zunächst allerdings bei etlichen Autorinnen zu grobmaschig ‚das Patriarchat' blieb, ohne nach weiteren spezifischen Differenzen von Sozialisations- und Identitätsbildungsprozessen und institutionellen Funktionsaufgaben zu fragen". Die Option einer Wiedereinführung der geschlechtergetrennten Beschulung unter nunmehr feministisch-emanzipatorischen Vorzeichen wurde in der erziehungswissenschaftlichen Diskussion mehrheitlich zurück gewiesen und stattdessen eine „reflexive Koedukation" eingefordert, die auf einen professionell-pädagogischen Umgang mit den Nebenfolgen der koedukativen Praxis setzte (Faulstich-Wieland 1991: 163ff.). Vor diesem Hintergrund lässt sich ein grundlegendes Spannungsverhältnis zwischen dem politisch motivierten Lösungsvorschlag der Aufhebung der Koedukation einerseits und der pädagogischen Fragwürdigkeit dieser abermals rein *schulorganisatorischen* Lösung markieren. Auch wenn die Separierung der Genus-Gruppen politisch begründbar war, hätte eine derartige Ausrichtung der pädagogischen Praxis auf schulorganisatorisch separierte Gruppen aus erziehungswissenschaftlicher Sicht erhebliche Begründungsprobleme erzeugt.[92]

---

92 Gestützt wurde die erziehungswissenschaftliche Distanz gegenüber einer solchen Position zum einen mit dem durch SchülerInnenbefragungen erzielten Befund, dass ein Großteil der SchülerInnen selbst den koedukativen Unterricht präferierten (vgl. dazu Faulstich-Wieland/Horstkemper 1995). Zum anderen wurde in methodenkritischer Perspektive auf die schmale empirische Basis für die Behauptung einer schulischen Benachteiligung der Mädchen durch Koedukation hingewiesen; die Tendenz zur vereindeutigenden Interpretation und Verallgemeinerung empirischer Befunde kann demnach als in wesentlichen Zügen politisch motiviert, wissenschaftlich jedoch nicht hinreichend abgesichert interpretiert werden (vgl. dazu Breitenbach 1994).

3.3   Pädagogik und feministische Politik

Auch die im Unterschied zur Koedukationsdiskussion dezidiert auf die pädagogisch-professionelle Praxis bezogene Feministische Pädagogik ist von diesem
Spannungsverhältnis grundlegend geprägt. Ihre Entwicklung seit Mitte der
1970er Jahre ist untrennbar mit der ‚Neuen' Frauenbewegung verbunden und
verfolgte den politisch formulierten Emanzipationsanspruch zunächst vor allem
mit projektförmigen Praxiskonzepten einer „parteilichen Mädchenarbeit" und
„antisexistischen Jungenarbeit" (vgl. Rendtorff 2006: 51). „Feministische Mädchenarbeit" knüpfte dabei nahtlos an die neuen Organisationsformen (autonome
Gruppen, Selbsthilfegruppen) und Arbeitsprinzipien (Parteilichkeit) der Frauenbewegung an (vgl. Kunert-Zier 2005: 22ff.; Rendtorff 2006: 53). Zielperspektive
dieser außerschulischen Bildungsarbeit war die „Einbeziehung der Mädchen zur
Umsetzung feministischer Politik" (Kunert-Zier 2005: 24). Der Kategorisierung
und politischen Verallgemeinerung des „Subjekt ‚Frau(en)'" (Butler 1991: 16) im
feministischen Diskurs korrespondierte entsprechend das (Kollektiv-)Subjekt
‚Mädchen' im pädagogischen Kontext.

    Zentrale ‚wissenschaftliche' Begründungsfiguren fand die feministische Mäd-
chenarbeit indes im Rahmen von Theorieangeboten zur *geschlechtsspezifischen
Sozialisation*. Der Titel „Wir werden nicht als Mädchen geboren, wir werden dazu
gemacht" der in außerakademischen wie wissenschaftlichen Kontexten breit
rezipierten Publikation von Ursula Scheu (1977) deutet das sozialisationstheoretische Grundmotiv an, mit dem die feministische Diskussion nicht nur eine
Abgrenzung zu naturalistischen Begabungsvorstellungen vollzogen, sondern
auch eine generelle Distanz gegenüber biologistischen Konzeptualisierungen der
Geschlechterdifferenz eingenommen hat. Geschlechtsspezifische Eigenschaften,
Verhaltensweisen und Persönlichkeitsstrukturen wurden vielmehr als Resultat
herrschaftsförmiger Sozialisations- und Erziehungsprozesse analysiert. Allerdings arbeitete der sozialisationstheoretische Ansatz gleichwohl mit der Vorstellung stabiler Geschlechtsidentität und der Bipolarität männlicher und weiblicher
Rollenmuster, mit der Folge, dass Mädchen in erster Linie als Opfer patriarchaler
Unterdrückung und ‚Deformierung' in den Blick genommen wurden (vgl. Scheu
1977: 7). Die Idee der ‚Einübung' in geschlechtsspezifische Sozialcharaktere bildete dabei gleichsam die feministische Variante eines Sozialisationsdeterminismus,
dessen Behauptung einer kategorialen Differenz zwischen weiblich und männlich
typisierten Gruppeneigenschaften die geschlechtsbezogene Binärunterscheidung
auch zu einem pädagogischen Referenzproblem machte.[93]

---

93 Vgl. zur generellen Problematik deterministischer Sozialisationsvorstellungen auch in
    der Beobachtungslogik der feministischen Schulforschung Nyssen/Schön 1992.

Die Kritik an der ‚Unterdrückungshypothese' und ihrer verdeckten Defizit-Orientierung motivierte wiederum die Entdeckung der Besonderheiten und Potentiale von ‚Weiblichkeit', an die mit der Forderung nach positiver Bewertung von Differenz angeschlossen werden konnte. Im Rekurs insbesondere auf psychoanalytische Ansätze zur Entwicklung weiblicher Subjektivität (Chodorow 1985) und auf entwicklungspsychologische Ansätze zur weiblichen Moralentwicklung (Gilligan 1984) fanden differenztheoretisch konturierte Sozialisationskonzepte Resonanz, die auch im Rahmen der erziehungswissenschaftlichen Geschlechterforschung mit normativen Um- und Aufwertungsstrategien in Hinblick auf weiblich konnotierte Eigenschaften verknüpft wurden (vgl. dazu Breitenbach/Hagemann-White 1994: 256). Die beobachtungsleitende Annahme differenzierter, wenngleich sozialisatorisch erworbener männlicher und weiblicher Eigenschaften, Persönlichkeitsstrukturen und Erfahrungshorizonte wurde damit nicht in Frage gestellt, sondern selbst zum Ausgangspunkt *Differenz betonender* Emanzipationsstrategien.

3.4   Differenz und Gleichheit

In der philosophisch-politischen Variante des sogenannten „Differenzfeminismus"[94] wurde die emanzipatorische Orientierung an Gleichheit als Assimilation an eine faktisch partikulare „männliche symbolische Ordnung" (Cavarero 1990: 95) kritisiert, die gleichsam hinter dem Schleier des Universalismus verborgen liege. Dem klassisch feministischen Ziel der „Befreiung" konnte so die Entwicklung einer positiven und eigenständigen Idee von „weiblicher Freiheit" (ebd.: 105) zur Seite gestellt werden, die u.a. in die konkrete Forderung nach einer „Bisexualisierung des Rechts" (ebd.: 108) mündete.

Insbesondere Annedore Prengel nimmt in ihrer Bildungstheorie explizit differenzfeministische Motive sowie die damit verknüpfte Kritik an einem universalistisch gefassten Gleichheitsideal auf und wendet sich in diesem Zusammenhang gegen eine „kompensatorische Emanzipationserziehung" (Prengel 1986: 418). Diese sei durch eine immanente Assimilationsorientierung gekennzeichnet, welche die Mädchen dazu auffordere, „ihre Weiblichkeit [...] zu ignorieren oder

---

94 Eine ausführliche Auseinandersetzung mit unterschiedlichen, mit dem Terminus ‚Differenzfeminismus' bezeichneten Ansätzen kann hier nicht erfolgen. Diese schließen z. T. auch – so etwa im Fall Luce Irigaray – an dekonstruktivistische Perspektiven an und führen damit weitreichende erkenntnistheoretische Implikationen mit, die in der Rezeption jedoch teilweise unterschlagen werden (vgl. dazu Kahlert 2000).

als defizitär zu diskriminieren" (ebd.: 419). Dreh- und Angelpunkt ihrer Argumentation ist die Annahme eines kulturgeschichtlich gewordenen Geschlechterdualismus, aus dem ein geteilter Erfahrungshintergrund von Mädchen und Frauen als „weiblicher Lebenszusammenhang" (Prengel 2006: 115) abgeleitet und demjenigen der Jungen und Männer kategorial gegenüber gestellt werden kann. Prengel positioniert sich innerhalb der Kontroversen um „Differenz und Gleichheit" in der Frauen- und Geschlechterforschung (vgl. Gerhard et al. 1990), indem sie die *Differenz* weiblich/männlich als empirisch tragfähige Unterscheidung zur Kennzeichnung differenzieller „Lebensformen" (vgl. Prengel 1990: 123) verwendet, diese gleichzeitig aber mit dem normativen Postulat der Gleichheit verbindet, womit jedoch die Anerkennung und Wertschätzung der „Lebensweisen von Frauen" als „Gleichberechtigung" gemeint ist (Prengel 2006: 117). ‚Geschlecht' wird hier nicht als soziale Klassifikation begriffen, die Frauen und Männer durch Prozesse der Askription imaginär hervorbringt; vielmehr repräsentiert die Kategorie Geschlecht kulturell verschiedene, über je spezifische Erfahrungshorizonte und geteilte Lebensweisen verfügende Gruppen. Die so unterschiedenen Genus-Gruppen werden schließlich über einen moralisch-juridisch konturierten Gleichheitsbegriff – nicht über einen soziologisch-analytisch konturierten Begriff der Ungleichheit – zueinander ins Verhältnis gesetzt.[95]

3.5   Reifizierung der Kategorie Geschlecht als Reflexionsproblem

Ungeachtet der bereits in den 1980er Jahren einsetzenden Kritik an der Ontologisierung der Geschlechterdifferenz, die sich sowohl im Rahmen der Theoriebildung als auch in der Forschung zur geschlechtsspezifischen Sozialisation beobachten ließ (vgl. dazu Hagemann-White 1984; Gildemeister 1988), gewannen sozialwissenschaftliche Ansätze, mit denen Zweigeschlechtlichkeit als soziales Konstrukt gefasst werden konnte, in der Bundesrepublik erst im Laufe der 1990er Jahre an Bedeutung. Dass geschlechterbezogene Unterscheidungen nicht als ontologisch oder empirisch bestimmbare Faktizität, sondern als Folge eines sozial voraussetzungsvollen Differenzierungsprozesses zu analysieren sind, zählt mitt-

---

95 Entsprechend führt Prengels populärer Begriff der „egalitären Differenz" (Prengel 2006: 49; Prengel 2001; Prengel 1990), der später insbesondere für die Diskussion um ‚Heterogenität' eine Rolle spielt, diese Doppelung von Repräsentationsanspruch und Normativität mit.

lerweile zu den weitgehend geteilten Überzeugungen innerhalb der sozialwissenschaftlichen Geschlechterforschung.

Als zentrales Reflexionsproblem erweist sich dabei allerdings die „Reifizierung"
der Kategorie Geschlecht in der wissenschaftlichen Beobachtung und Interpretation sozialer Phänomene (vgl. Gildemeister/Wetterer 1992). Eine Gemeinsamkeit
unterschiedlicher theoretischer Orientierungen und Ansätze kann darin gesehen
werden, „jene sozialen Prozesse in den Blick zu nehmen, in denen ‚Geschlecht' als
sozial folgenreiche Unterscheidung hervorgebracht und reproduziert wird" (Gildemeister 2008: 167). Während für die deutschsprachige Frauen- und Geschlechterforschung Anfang der 1990er Jahre noch eine „Rezeptionssperre" gegenüber
wissenssoziologischen und sozialkonstruktivistischen Ansätzen bestand (vgl.
Gildemeister/Wetterer 1992: 203), ist inzwischen „ein dynamischer Umgang mit
Unterscheidungen verankert und die Kritik an fixierten Entgegensetzungen, an
Dichotomien, ist fast zum selbstverständlichen Credo geworden" (Wille 2007: 15).

Für die erziehungswissenschaftliche Rezeption markiert Helga Kelle in diesem
Zusammenhang allerdings eine Reihe von ‚Missverständnissen', die in der sozialkonstruktivistischen Reformulierung von Geschlecht entweder eine Variante des
Sozialdeterminismus zu erkennen glauben, oder im Gegenteil „voluntaristisch"
an die Konstruktionsidee anschließen, insofern diese Gestaltungsoptionen frei-
setze[96] (vgl. Kelle 2000: 120). In der Erziehungswissenschaft spielt neben zahlreichen unspezifischen Bezugnahmen zum einen die explizite Auseinandersetzung
mit ethnomethodologischen und interaktionstheoretischen Ansätzen eine zentrale Rolle, die nicht zuletzt in der geschlechterbezogenen Schulforschung auch
zur Bearbeitung methodologischer Fragestellungen geführt hat (vgl. Kelle 1999
u. 2000). Zum anderen schließen bildungstheoretisch angelegte Überlegungen
an poststrukturalistische resp. ‚postfeministische' Perspektiven an, wie sie insbesondere mit Butlers Umarbeitungen dekonstruktivistischer, diskurstheoretischer
und psychoanalytischer Theoriebezüge entwickelt wurden (vgl. etwa Heinrichs
2001; Plößer 2005).

Ausgangspunkt der Kritik unterschiedlicher theoretischer Konzeptualisierungen von Geschlecht als sozialer Konstruktion stellt nicht nur die bipolare Ent-
gegensetzung von Männlichkeit und Weiblichkeit als Eigenschaft und Wesens-
merkmal von Personen dar, sondern auch die in analytischer Absicht getroffene
Differenzierung zwischen ‚sex' als biologischem und ‚gender' als sozialem Ge-

---

96 Diese Problematik lässt sich auch in neueren Publikationen identifizieren. So führen
    Kreienbaum und Urbaniak (2006: 40) in einem Lehrbuch in Anschluss an das Konzept
    des „doing gender" aus: „Diese Erkenntnis hat Konsequenzen: Was man selbst her-
    stellt, kann man auch verändern."

schlecht, die insbesondere für die US-amerikanischen Debatten der 1970er und 1980er Jahre bestimmend war. Die sex-gender-Differenzierung vermag das mit der Geschlechterunterscheidung aufgerufene epistemologische Problem nicht zu lösen, weil es sich um einen in die Kategorie ‚sex‘ „bloß verlagerten Biologismus" handelt, der sich zudem durch die „stillschweigende Parallelisierung von biologischem und sozialem Geschlecht" auch in die „Gesamtkonstruktion ‚sex-gender‘" einträgt (Gildemeister/Wetterer 1992: 206f.). Die implizite Kausalität zwischen ‚sex‘ und ‚gender‘ perpetuiert demnach das auf Sichtbarkeit basierende Alltagsverständnis von Geschlecht und invisibilisiert die genuin klassifikatorischen Modi der Herstellung von Zweigeschlechtlichkeit.

Aus der Kritik an der kausallogischen Verknüpfung von ‚sex‘ und ‚gender‘ wird bei Judith Butler die Konsequenz gezogen, dass auch die Untersuchung jener Prozesse von Bedeutung ist, die „den Effekt eines vordiskursiven Geschlechts (sex) hervorbringen und dabei diesen Vorgang der diskursiven Produktion selbst verschleiern" (Butler 1991: 24). Der epistemologischen Tradition des *linguistic turn* folgend, geht Butler von Sprache als Wirklichkeit konstituierender und nicht lediglich repräsentierender Dimension aus. Wirklichkeitskonstitution durch Sprache ist dabei an machtförmige Diskurse gebunden, die das Feld des Sag- und Denkbaren eingrenzen und damit Subjekte als immer schon vergeschlechtlichte „intelligibel" werden lassen (ebd.: 38). Die Erzeugung von Intelligibilität ist dabei mit Prozessen der Ausschließung dessen verbunden, was sich als Undenkbares und Nicht-Sagbares der diskursiven/symbolischen Ordnung entzieht. In einer solchen, an Foucault anschließenden Perspektive sind nicht nur die gesellschaftlichen Geschlechterverhältnisse als konstitutiv machtförmig zu analysieren, sondern auch die Idee eines mit sich selbst identischen geschlechtlichen Subjekts oder einer kollektiven Geschlechtsidentität, die Subjektivierungsprozessen vorgängig und diesen gegenüber autonom ist, wird in Frage gestellt. Formuliert ist damit eine Fundamentalkritik am akademisch-politischen Feminismus und an der identitäts- und repräsentationspolitischen Bezugnahme auf die Kategorie ‚Frau‘ ebenso, wie an einem Befreiungsdiskurs, der die machtförmige Konstitution von Subjekten und die mit diesen verbundenen Ausschlüsse verkennt (vgl. Butler 1993).

Der in der sozialwissenschaftlichen Geschlechterforschung einflussreich und sehr kontrovers diskutierte Ansatz Butlers verweigert sich allerdings programmatischen Anschlüssen innerhalb einer handlungsorientierten Erziehungswissenschaft. Insbesondere aber wird der Gegenstand und die Begründung Feministischer Pädagogik prekär, bzw. kann diese nicht mehr ‚naiv‘ von einem gegenüber der pädagogischen Bezugnahme auf Geschlecht vorgängigen Geschlechterunterschied ausgehen. An diese ‚postfeministische‘ Epistemologie anschließende erziehungswissenschaftliche Reflexionen zielen entsprechend vor allem auf die Freilegung identitätslogischen Denkens in feministischen (Bildungs-)Theorien (vgl. Heinrichs 2001) oder auf eine grundlegende Hinterfragung der normativen und handlungsleitenden Begründungsfiguren und Prämissen feministisch-pädagogischer Praxis (vgl. Plößer 2005: 163ff.).

Im Unterschied dazu haben situative Ansätze wie „doing gender" (West/Zimmerman 1987), die sich auf wissenssoziologische und ethnomethodologische Traditionen in der Soziologie berufen, in der erziehungswissenschaftlichen Geschlechterforschung eine stärkere Resonanz erfahren. Mit ihnen ist eine Umstellung der Analyseperspektive verbunden, mit der „Zweigeschlechtlichkeit" als „ein Darstellungs- und Klassifikationsphänomen" und wesentlich als ein „Merkmal der Sozialorganisation" (Hirschauer 1994: 668) in Erscheinung tritt. Zweigeschlechtlichkeit wird damit als alltagsweltlich verfügbares Klassifikationsschema analysierbar, das sich über fortwährende „Unterscheidungsakte von Personen, Tätigkeiten, Gesten" aktualisiert und in Form eines stabilen „Wissenssystems" reproduziert (Hirschauer 1996: 349; vgl. Gildemeister/Wetterer 1992). Gegenüber einer voluntaristischen Lesart sozialer Konstruktionsprozesse stellen in der wissenssoziologischen Tradition argumentierende Ansätze gerade Prozesse der Institutionalisierung sozialer Wissensbestände heraus, welche der Geschlechterunterscheidung eine Dauerhaftigkeit und Quasi-Natürlichkeit verleihen, die wiederum an „institutionelle Arrangements" rückgebunden bleibt (Gildemeister 2008: 180).

Nicht zuletzt infolge seiner institutionentheoretischen Verankerung und der damit verbundenen forschungsmethodologischen Implikationen bietet der ‚doing gender'-Ansatz auch Anschlussmöglichkeiten für die geschlechterbezogene Schulforschung und hat hier zu Analyseperspektiven geführt, die darauf zielen, Operationen der Unterscheidung reflexiv zu halten und die Beobachtung „von den Differenzen auf die Praxis des Unterscheidens selbst" (Breitenbach 2002: 157) zu richten. Ethnographische Untersuchungen zu „Praktiken der Geschlechterunterscheidung" in der Schulklasse und der Peer-Interaktion (Breidenstein/Kelle 1998) sowie zu den sozialen Darstellungen und Zuschreibungen von Geschlechtszugehörigkeit im Kontext von Lehr-Lernprozessen (vgl. etwa Faulstich-Wieland/Weber/Willems 2004; Güting 2004) versuchen entsprechend, die Geschlechterdifferenz in der Beobachtungsperspektive *nicht* zu reifizieren, sondern methodisch offen zu halten, ob und welche Unterscheidungen mit welchen Folgen im institutionellen Kontext Schule prozessiert werden (vgl. Faulstich-Wieland 2010; Budde 2011).

3.6 Geschlechterdifferenz und die Aporien pädagogischer Programmatik

Die aus den erkenntnistheoretisch argumentierenden Reifikationskritiken zu ziehenden Schlussfolgerungen verweisen die *differenzorientierte* Feministische Pädagogik auf sich selbst zurück, weil diese Kritiken auf die Orientierung an sozialen Kategorien als solchen zielen und entsprechend keine Grundlagen für die Konzeptualisierung eines pädagogischen (Praxis-)Wissens anbieten, das sich unter Bezugnahme auf die Kategorie Geschlecht begründet. Mit anderen Worten kann aus der Reifikationskritik nicht nur keine pädagogische Programmatik abgeleitet werden, vielmehr werden in der Folge differenzpädagogische Ansätze in Frage gestellt, die der Unterscheidung Mädchen/Jungen als solche eine situationsunabhängige pädagogische Relevanz zusprechen und vor diesem Hintergrund eine generalisierte Berücksichtigung von Differenzen zwischen Mädchen und Jungen im Schulalltag einfordern.[97]

Diese Problematik betrifft nicht zuletzt die im aktuellen Heterogenitätsdiskurs einflussreich gewordene „Pädagogik der Vielfalt" (Prengel 2006), die gerade mit der pädagogischen Relevanz der Geschlechterdifferenz argumentiert und dieses Differenztheorem auch auf die Kategorien Kultur und Behinderung überträgt. Zwar setzt sich Prengel in diesem Rahmen dezidiert mit der Reifizierungskritik und dem postfeministischen Ansatz auseinander, weist diesen in seinen Konsequenzen aber insofern als zu weitreichend zurück, als er einer „Verleugnung der historischen und gesellschaftlichen Bedeutung und machtvollen Wirkung des symbolischen Systems der Zweigeschlechtlichkeit"[98] gleichkäme und auf die utopische Vision einer „neue(n) Geschlechtslosigkeit" gerichtet sei (Prengel 2006: 135). ‚Soziale Konstruktion' wird stattdessen als eine Idee affirmiert, an die gleichsam voluntaristisch die Zielperspektive „Selbstbestimmung und Verantwortung für die Gestaltung von Geschlechtlichkeit" (Prengel 2000: 126) angeschlossen werden kann.

Grundlegend erscheint uns hierbei die Logik einer Trennung von Form und Inhalt: Die Geschlechterunterscheidung als solche ist demnach als kultur-his-

---

97 In ihrer Analyse der feministischen Schulkritik weist Stephanie Maxim (2009: 49) darauf hin, dass, „[o]bwohl die Vertreterinnen des Differenzansatzes explizit an einer ausgearbeiteten Kritik identifizierenden Denkens anschließen", der „Problematik der Reifizierung kaum Beachtung" geschenkt wird. U.E. liegt dies weniger in einer mangelnden Beachtung als vielmehr in den programmatischen Zielen differenzorientierter Feministischer Pädagogik selbst begründet.

98 Paradoxerweise formuliert sich hier gerade der Grundgedanke ‚postfeministischer' Analysen zur sozial-historischen Genese von Zweigeschlechtlichkeit.

torische Form gegeben, ihr Inhalt erscheint jedoch als individuell ‚frei' gestalt-
bar – und es ist Sache der Pädagogik, diese Freiheit im pädagogischen Prozess
zu ermöglichen. Nicht die mit dem Patriarchatsbezug implizierte und in der
Geschlechterforschung kontrovers diskutierte Vorstellung von Geschlecht als
zentraler Ungleichheitskategorie auch moderner Gesellschaften bildet dabei den
Ausgangspunkt, sondern die je spezifischen kulturellen Erfahrungsräume und
Identitäten geschlechtlich bestimmter sozialer Gruppen. In der bei Prengel vollzogenen Übertragung dieser Perspektive auf die Interkulturelle Pädagogik und
die Integrative Pädagogik wird deutlich, dass Gesellschaft damit insgesamt als
Gefüge sozialer Gruppen gedacht wird, die im pädagogischen Kontext dann als
solche lediglich vorgefunden werden. Das damit aufgerufene erkenntnistheoretische Problem der Ontologisierung von Differenz und das pädagogisch folgenreiche Problem der Klassifikation von Individuen als Angehörige dieser Gruppen
erweist sich dabei als ein grundlegendes Reflexionshindernis, das sich in zuge-
spitztem Maße im aktuellen Heterogenitätsdiskurs zu reproduzieren scheint.

auch ein *spezifisch pädagogisches Konstrukt gesellschaftlicher Wirklichkeit*. Das Verbindungsglied zwischen beiden Gegenstandsbereichen liefert das Abstraktum der Gruppe: Die schulintern hergestellten Lerngruppen und schulextern ‚vorgefundene' soziale Gruppen[103] bilden die beiden Bezugsgrößen des Diskurses. Im Unterschied zur schulischen Gruppierung von Lernenden nach schulintern legitimierten, individuell attribuierbaren Differenzierungskriterien (‚Begabung', Leistung, Motivation, Sprachfertigkeit usw.) ist die Referenz auf soziale Gruppenmerkmale in Hinblick auf schulische Differenzierung indes erklärungs- und legitimationsbedürftig: Gerade in dieser Hinsicht wären folglich die Selbstbegründungsmotive und Problematisierungsanlässe des Diskurses zu befragen.

Während in den 1990er Jahren die bildungsphilosophische und bildungstheoretische Begründung vielfalts- bzw. differenzpädagogischer Programmatiken im Vordergrund stand und reformpädagogische Traditionen den Referenzpunkt der praxisbezogenen konzeptionellen Ausgestaltung bildeten (vgl. Hinz 1993; Prengel 2006; Preuss-Lausitz 1993), lässt sich ‚nach PISA' eine verstärkte Bezugnahme auf Heterogenität vor allem in schulpädagogischen, allgemein- und fachdidaktischen sowie sonderpädagogisch-diagnostischen Fachdiskussionen registrieren.[104] Damit rücken Methoden der Unterrichtsgestaltung und Strategien der Lerngruppendifferenzierung (vgl. etwa Eisenmann/Grimm 2011) weitaus stärker in den Mittelpunkt der Diskussion, die seither die Form einer *Didaktisierung und Methodisierung vielfaltspädagogischer Ideen* annimmt. Nicht zuletzt deshalb erscheint der aktuelle Heterogenitätsdiskurs vor allem als eine Reartikulation ‚klassischer' schulpädagogischer Themen wie demjenigen der Inneren Differenzierung (vgl. Trautmann/Wischer 2008). Wenn wir jedoch davon ausgehen, dass der Heterogenitätsdiskurs an die spezifische Semantik des Erziehungssystems rückgebunden ist, dann dürften derartige Reartikulationen eher auf die strukturellen Bedingungen des Systems hinweisen. Es stellt sich dann die Frage, in welcher Weise der Heterogenitätsansatz diese Bedingungen in Rechnung stellt und wie das Verhältnis von Problembeschreibung und Lösungsangebot diskursiv arrangiert wird.

Beherrschung von Kausalität basiert, aber dennoch einer spezifischen Handlungsrationalität folgen, die auf Absicht und nicht auf Gewissheit beruht.

103 „Kinder gehören unterschiedlichen Gruppen hinsichtlich Alter, Sozialschicht, Kultur, Ethnie, Familienform und Geschlecht an." (Prengel 1999: 27)

104 Dies lässt sich nicht zuletzt an den Bezugnahmen auf ‚PISA' als Markierung des Ausgangsproblems für heterogenitätssensible Unterrichtsmodelle ablesen. Eine Auseinandersetzung mit der Problematik der kategorialen Beobachtung von SchülerInnen entlang askriptiver Gruppenvariablen, wie dies in den PISA-Studien der Fall ist, bleibt innerhalb der Heterogenitäts-Diskussionen trotz der vorgetragenen Kritik an Bildungsstandards und Assessments erstaunlicherweise aus.

4.1   Verschiedenheit als Problematisierungsanlass: Zur thematischen Kontur des Heterogenitätsdiskurses

Vorliegende Systematisierungsversuche wählen unterschiedliche Bezugspunkte, um Thematisierungen von Heterogenität einzuordnen. Karin Bräu und Ulrich Schwerdt (2005: 11ff.) orientieren sich etwa an den fachdisziplinären Binnengrenzen der Schulpädagogik und stellen (neben bildungssoziologischen und bildungspolitischen Diskussionen) didaktische, lerntheoretische und bildungstheoretische Ansätze heraus (vgl. dazu auch Kampshoff 2009). Joachim Schroeder (2007) wiederum differenziert den Heterogenitätsdiskurs nach „Bedeutungsdimensionen" und unterscheidet dabei „deskriptiv-klassifizierende", „normativ-regulative" sowie „pädagogisch-programmatische" Dimensionen. Auch wenn die disziplinär übergreifenden Bezugnahmen die zunehmende pädagogische Verallgemeinerung des Heterogenitätstopos widerspiegeln, spielt Heterogenität als Leitmotiv vor allem im *schulpädagogischen* Forschungs- und Praxiskontext eine zentrale Rolle.[105] Dieser Umstand verweist darauf, dass Heterogenitätsprogrammatiken ihren Problembezug vorrangig im Kontext des Schulsystems, insbesondere in Hinblick auf die pädagogisch-professionellen Bedingungen der Gestaltung von Lehr-Lern-Prozessen, entwickeln.[106]

Der Heterogenitätsdiskurs weist damit – im Unterschied zu Diversity und Intersektionalität – eine unmittelbare Rückbindung an die Bezugsprobleme der Institution Schule auf, was sich nicht zuletzt in der kontinuierlichen Wiederkehr des schulpädagogischen Generalthemas der Lerngruppendifferenzierung (vgl. Wischer 2009: 69) artikuliert. Matthias Trautmann und Beate Wischer (2011) weisen hierbei zwei schulpädagogisch zentrale Diskurslinien nach, die sich einerseits durch *reformpädagogische* Bezugnahmen auf ‚Heterogenität' ergeben und ei-

---

105 Die schulpädagogische Auseinandersetzung mit Fragen der Heterogenität scheint insbesondere in der Primarpädagogik (vgl. Prengel 1999; Heinzel/Prengel 2002; Hinz/Walthes 2009) sowie in der Sonder- bzw. Inklusionspädagogik Resonanz zu finden (vgl. Schwohl/Sturm 2010). Allerdings erfolgt mittlerweile auch im Kontext der Pädagogik für die Sekundarstufe eine breitere Adaption der Heterogenitätsperspektive (vgl. Boller/Rosowski/Stroot 2007). In jüngerer Zeit lässt sich ein Prozess zunehmender ‚Entgrenzung' beobachten: Heterogenität wird als Referenzbegriff pädagogisch-professioneller Arbeit auf die „gesamte Lebensspanne" ausgedehnt. Es wird somit ein Problematisierungszusammenhang geschaffen, der von der Elementarpädagogik über die Schulpädagogik bis hin zu Fort- und Weiterbildung reicht (vgl. etwa die Beiträge in Schildmann 2010).

106 In diesem Zusammenhang lässt sich auch die zunehmende Bedeutung von Fortbildungsangeboten zum ‚Umgang mit Heterogenität' sowie die modulare Verankerung differenzpädagogischer Inhalte in der Lehramtsausbildung einordnen.

nem schulkritischen Gestus folgen, während im Kontext der konstruktivistischen *Lehr-Lern-Forschung* das Verhältnis von Lernausgangslagen und Lernergebnissen als ,technologische' Fragestellung ins Zentrum rückt. Eine Pointe ist dabei, dass Reformpädagogik und Lehr-Lern-Forschung in individualisierenden Differenzierungsstrategien ein ,gemeinsames' Lösungsmuster finden (vgl. ebd.: 30f.).[107]

Neben alternativen Begriffsbildungen wie Differenz, Diversität, Verschiedenheit oder Vielfalt, die in der Regel synonym verwendet werden[108], hat sich Heterogenität als Leitmotiv schulpädagogischer Problembeschreibungen erfolgreich durchgesetzt – trotz oder möglicherweise gerade aufgrund seiner Unbestimmtheit. Dem Kontingent der Heterogenitätskategorien, die innerhalb des Diskurses relevant werden, scheint zudem etwas Beliebiges anzuhaften, was innerhalb der Heterogenitätsliteratur auch registriert und kommentiert wird (vgl. etwa Heinzel/ Prengel 2002a: 12f.). Allerdings lässt sich in einer ersten Annäherung ein grundlegendes Schema der Kategorisierung von Differenzmerkmalen ausmachen:

> „Einige verweisen auf Unterschiede bei den Lebenszusammenhängen, den Familienformen, Normalbiographien, nationalen und religiösen Herkünften, andere beziehen sich auf Verschiedenheiten der kognitiven Lernvoraussetzungen, sprachlichen oder sozialen Kompetenzen, Interessen, Neigungen, Erwartungen, Leistungsmotivation, physischen und gesundheitlichen Voraussetzungen, Alter, Traditionen, Wertemuster und Normen je nach sozialem und kulturellem Hintergrund der Familien und die Wirkungen der Geschlechtersozialisation." (Kampshoff 2009: 37)

Was hinsichtlich solcher Aufzählungen von Unterschieden auffällt, ist, dass sie einer Differenzierung der AdressatInnen pädagogischer Kommunikation dienen, die neben klassischerweise pädagogisch typisierten individuellen Merkmalen (,kognitive Lernvoraussetzungen, sprachliche oder soziale Kompetenzen, Interessen, Neigungen, Erwartungen, Leistungsmotivation'), entlang kategorialer Merkmale wie Geschlecht, Religion, Nationalität, Kultur konstruierte Gruppenzugehörigkeiten beinhalten. Diese Merkmale werden als „soziale Ordnungskategorien [...] in denen sich Kinder und Jugendliche unterscheiden können" (Bräu/

---

107 So weit wir sehen, liegt mit der Publikation von Trautmann und Wischer der bislang umfassendste Versuch einer Systematisierung und kritischen Reflexion des Heterogenitätsdiskurses vor.

108 So verweist bspw. der Titel des Sammelbandes „Umgang mit Verschiedenheit in der Lebensspanne" (Schildmann 2010) darauf, dass die semantische Struktur ,Umgang mit' beibehalten und ,Heterogenität' lediglich durch ,Verschiedenheit' substituiert wurde, was sich auch in den Einzelbeiträgen des Bandes dokumentiert.

Schwerdt 2005: 12)[109] gefasst, die als ‚Ordnungskategorien' jedoch zunächst die *Invarianz* von Zugehörigkeit artikulieren: Die Askription familialer, nationaler, religiöser, kultureller, alters- und geschlechtsbezogener Zugehörigkeit bleibt dem Individuum unverfügbar und ist durch historisch und situativ je spezifische Ausformungen gesellschaftlicher Ungleichheit gekennzeichnet.

Bemerkenswert ist dabei, dass diese Gruppenzugehörigkeiten im Zusammenhang des Heterogenitätstopos die *„Ungleichartigkeit* (Hervorhebung M.E./U.H.) der Schülerinnen und Schüler hinsichtlich ihrer Lernvoraussetzungen und -bedingungen" (Boller/Rosowski/Stroot 2007: 13) bezeichnen[110] – und nicht die *Ungleichheit* der mit ihnen symbolisch markierten sozialen Positionierungen. Heterogenität zeigt in diesem Sinne kategoriale ‚Andersartigkeit' an, die als eine ‚vorgefundene' soziale Wirklichkeit behandelt und mit pädagogischer Relevanz ausgestattet wird.

Dass eine pädagogisch motivierte Askription sozialer Merkmale auf individuelle AdressatInnen überhaupt als legitim erachtet werden kann, resultiert historisch aus der Sozialisationsorientierung der Erziehungswissenschaft und der mit dieser einhergehenden ‚Versozialwissenschaftlichung' der Pädagogik seit den 1960er Jahren (vgl. Kap. II.1). Was sich hinsichtlich des Heterogenitätsdiskurses allerdings beobachten lässt, ist der weitgehende Verzicht auf eine erkenntniskritische sozialwissenschaftliche Reflexion gerade derjenigen Realitätsannahmen über soziokulturelle, sozioökonomische, geschlechtsbezogene Differenz, die den Diskurs konstituieren. Überraschenderweise fehlt dem Heterogenitätsdiskurs dabei nicht nur eine Auseinandersetzung mit Gesellschaftstheorie, sondern – was letztlich schwerer wiegt – auch eine Reflexion der weitgehend unexplizierten sozialisationstheoretischen Grundlagen, mit denen er in Bezug auf die pädagogische Bedeutung kategorialer sozialer Unterscheidungen arbeitet. Dieser Reflexionsver-

---

109 Bräu und Schwerdt (2005: 12f.) zählen neben „Geschlecht", „ethnische und kulturelle Herkunft", „soziale Herkunft" und „Alter" auch „Leistungsfähigkeit" und „körperliche und geistige Gesundheit" ebenfalls zu diesen ‚sozialen Ordnungskategorien'.

110 Eine fast gleichlautende Formulierung findet sich etwa bei Petra Hanke (2005: 115): „Im Kontext von Schule und schulischem Lernen ist mit ‚Unterschiedlichkeit' insbesondere die Ungleichartigkeit der Schülerinnen und Schüler in einer Lerngruppe in Bezug auf grundlegende Voraussetzungen und Bedingungen ihres Lernens gemeint." Auch die zahlreichen Definitionsversuche und etymologischen Ableitungen übersetzen Heterogenität mit Ungleichartigkeit: „Schlagen wir einmal im Wörterbuch nach, finden wir als Worterklärung für Heterogenität die Auskunft: ‚Ungleichartigkeit', ‚Verschiedenheit', abgeleitet von dem griechischen Wort ‚hetero' (‚fremd', ‚anders', ‚verschieden') [...]." (Meister 2007: 16) „‚Heterogen' kommt aus dem Griechischen: ‚heteros', der ‚Andere'. Der Gegensatz dazu ist ‚homogen' und bedeutet ‚gleichartig', was jedoch nicht gleichbedeutend mit identisch ist." (Graumann 2008: 16)

zicht wird durch die Ausformulierung einer pädagogischen Ethik kompensiert, die den negativen Klassifikationsoptionen, die mit diesen Unterscheidungen verbunden sind, mit der normativ begründeten Forderung nach *Anerkennung* jener askribierten Unterschiede begegnet (vgl. grundlegend Prengel 2006).

Demgegenüber liegen jedoch Versuche vor, die Konstitutionsbedingungen von Heterogenität im Kontext gesellschaftlicher Ungleichheits- und Machtbeziehungen zum Gegenstand zu machen und stattdessen „Differenzlinien" in den Blick zu nehmen, entlang derer sich asymmetrisierende Normalitätserwartungen im Bildungssystem artikulieren (vgl. Wenning/Hauff/Hansen 1993; Lutz/Wenning 2001; Krüger-Potratz/Lutz 2002; Lutz/Leiprecht 2003 u. 2006). In dieser Diskurslinie, die einen Überschneidungsbereich mit dem Intersektionalitätsansatz in der Erziehungswissenschaft bildet, werden institutionalisierte Machtformen auch innerhalb des Bildungssystems berücksichtigt, die soziale Differenzlinien wie Ethnizität, Geschlecht oder Religion bipolarisieren und hierarchisieren. Allerdings ist dieser Ansatz bislang nicht institutionen- oder organisationstheoretisch ausformuliert worden (vgl. dazu ausführlicher Kap. II.6). Eine institutionelle Perspektive wiederum bieten dezidiert schultheoretisch rückgebundene Reflexionsansätze, die an differenzierungstheoretische Grundmotive oder die strukturfunktionalistische Schultheorie Fends anschließen und mit denen die immanenten Struktur- und Prozessmerkmale des öffentlichen Schulsystems als Möglichkeitsbedingung der Thematisierung von Heterogenität in den Blick rücken (vgl. Wenning 1999; Wischer 2007 u. 2009; Trautmann/Wischer 2008 u. 2011).

Jenseits dieser kritischen Auseinandersetzungen mit unterschiedlichen Aspekten der pädagogischen Konstruktion von Heterogenität hat der Diskurs bislang – so weit wir sehen – weder grundlagentheoretische Kontroversen noch Ansätze einer systematischen Selbstreflexion – wie dies für die Interkulturelle Pädagogik oder die erziehungswissenschaftliche Geschlechterforschung zutrifft – hervorgebracht. Dies deutet darauf hin, dass innerhalb und zwischen den unterschiedlichen Diskurslinien ein weitgehender ‚common sense' hinsichtlich der Evidenz des Sachverhalts ‚Heterogenität' und seiner pädagogischen Behandlung besteht. Wenn in diesem Sinn von Heterogenität die Rede ist, scheint entsprechend eine Übereinkunft hinsichtlich der Plausibilität des an Gruppenkategorien orientierten Beobachtungsschemas vorzuliegen (vgl. dazu kritisch Diehm 2005).

Ausgehend von diesen allgemeinen Einschätzungen zur Kontur des Heterogenitätsdiskurses werden wir im Weiteren der Frage nachgehen, wie die pädagogische Bezugnahme auf soziale Differenzkategorien begründet wird und welche Reflexionsprobleme damit verbunden sind. Stark vereinfacht, scheint sich der

Diskurs in dieser Hinsicht entlang drei unterscheidbarer Problematisierungsachsen zu entfalten, die wir jeweils zu rekonstruieren versuchen:

• Die erste Problematisierungsachse betrifft die bildungstheoretischen Begründungsmotive, die den Zusammenhang von *Differenz und Gleichheit* als Spannungsverhältnis im pädagogischen Umgang mit der ‚Verschiedenheit' der AdressatInnen thematisieren. Jene Verschiedenheit wird dabei sozialontologisch als Differenz soziokultureller Identitäten gefasst.

• Eine zweite Problematisierungsachse operiert mit der Unterscheidung *Heterogenität und Homogenität*. Diese Unterscheidung nimmt eine antinomisierende Form an, insofern die ‚faktische' Leistungsheterogenität der AdressatInnen institutionalisierter Pädagogik einer ‚fiktiven', jedoch schulorganisatorisch angestrebten Leistungshomogenisierung als inkommensurabel gegenübergestellt wird.

• Die dritte Problematisierungsachse betrifft die Frage, wie pädagogische Differenzierung auf die soziale Differenziertheit der AdressatInnen bezogen werden kann. Der Diskurs folgt hier der Idee einer pädagogisch adäquaten und in diesem Sinn *realistischen Differenzierung*.

4.2   Differenz und Gleichheit: Begründungsprobleme des Heterogenitätsdiskurses

Rückblickend zeichnet sich ab, dass sich der Diskurs um Heterogenität Ende der 1980er/Anfang der 1990er Jahre zu konturieren beginnt. Im Jahr 1993 sind gleich drei Monographien (Hinz 1993; Prengel 2006; Preuss-Lausitz 1993) erschienen, die im Begriffszusammenhang von Vielfalt, Heterogenität und Differenz eine neue *pädagogische Leitidee* zu formulieren beabsichtigten. Ausgehend von den fachwissenschaftlichen Entwicklungen in der Interkulturellen, der Integrativen und der Feministischen Pädagogik wurde nach gemeinsamen Prinzipien gesucht, um ein „allgemeinpädagogisches Paradigma" (so etwa Hinz 1993: 398) begründen zu können. Dabei schlagen die Konzepte unterschiedliche Richtungen ein: Während Andreas Hinz – orientiert am Begriff Heterogenität – die Diskussion der „Dialektik zwischen Gleichheit und Verschiedenheit" (ebd.: 54; 379) in unmittelbarer Auseinandersetzung mit dem Bedingungsgefüge des Bildungssystems führt[111], spielen bei Ulf Preuss-Lausitz Bezugnahmen auf die sozialen Bewegun

---

111 Hinz orientiert sich in seiner Arbeit allerdings relativ eng an Prengels Konzept, insbesondere seine Auseinandersetzung mit ‚Feministischer Pädagogik' folgt Prengels Argumentation.

gen der 1970er und 1980er Jahre und deren Einfluss auf die Pädagogik sowie die soziale und politische Situation im vereinigten Deutschland eine zentrale Rolle. Annedore Prengel verfolgt ihrerseits einen bildungsphilosophischen bzw. bildungstheoretischen Ansatz, der schulpädagogisch entfaltet wird und die Diskussionen in der Interkulturellen, der Feministischen und der Integrativen Pädagogik in der Konzeption einer allgemeinen ‚Pädagogik der Vielfalt' zusammen führt. Diese drei Pädagogiken werden unmittelbar an die emanzipationspolitischen Ziele der ‚neuen sozialen Bewegungen' rückgebunden, insofern sich diese „gegen Behindertendiskriminierung, Frauenfeindlichkeit und Ausländerfeindlichkeit, auch Rassismus" (Prengel 2006: 14) wenden.[112] Den bildungstheoretischen Ausgangspunkt bildet dabei die Thematisierung des Verhältnisses von ‚Verschiedenheit und Gleichberechtigung' im Begriff der *Vielfalt.* Hinsichtlich der Problemkonstruktion ‚Heterogenität' kommt dem Ansatz Prengels eine bis heute zentrale Bedeutung zu.[113]

Die Plausibilität von Prengels vielfach aufgegriffenem begrifflichen Konstrukt der „egalitären Differenz" (Prengel 2006: 49 u. 2001) erschließt sich vor dem Hintergrund des historischen Kontexts der innerfeministischen Diskussionen der ausgehenden 1980er Jahre (vgl. dazu Gerhard et al. 1990). Wir sind auf diesen Entstehungshintergrund in Kapitel II.3 bereits eingegangen, deshalb verweisen wir an dieser Stelle lediglich darauf, dass Prengel argumentativ mit einem Form/Inhalt-Schema arbeitet, in welchem der Geschlechterbinarismus eine Differenz bezeichnet, der unterschiedliche „soziokulturelle Lebensweisen und Lebenszusammenhänge" (Prengel 2006: 137) korrespondieren. Der Verweis auf die „Unbestimmbarkeit" oder „Undefinierbarkeit und Pluralität des weiblichen Geschlechts" (ebd.: 136f.) bezieht sich dabei auf den *Inhalt* der jeweiligen ‚Seite' der Geschlechterunterscheidung, nicht aber auf die soziale *Form* des Geschlechterunterschiedes selbst. Mit ‚egalitärer Differenz' wird schließlich der Anspruch gefasst, sowohl Unterschiede zwischen den Genus-Gruppen als auch die jeweiligen Gestaltungen und Interpretationen von Weiblichkeit und Männlichkeit im Sinne einer „Haltung des Respekts beider Geschlechter für sich selbst und das jeweils andere" (ebd.: 135) als gleichberechtigt anzuerkennen. Grundlegend für die Päd-

---

112 Prengel (2006: 12) spricht daher auch von „pädagogischen Bewegungen" und markiert damit, dass Pädagogik hier als Form der Politik verstanden wird.

113 In den Einleitungskapiteln zahlreicher neuerer Sammelbände wird wiederkehrend auf vielfaltspädagogische Motive Bezug genommen, obwohl auch kritische Auseinandersetzungen mit diesem Ansatz bereits seit Ende der 1990er Jahre – wenngleich vereinzelt – aus der Perspektive der Interkulturellen Pädagogik (vgl. Lutz 1999; Wenning 1999; Eppenstein 2003) bzw. der Geschlechterforschung (vgl. Lutz 1999; Heinrichs 2001) vorliegen.

agogik der Vielfalt ist nun die Übertragung dieses Form/Inhalt-Schemas auf die Kategorien ‚Kultur' und ‚Behinderung', was eine entsprechende Abstraktion und Rekontextualisierung der Idee ‚Egalitärer Differenz' bedingt. Prengel versucht eine bildungsphilosophisch anschlussfähige Verbindung zwischen Verschiedenheit/Differenz einerseits und Gleichheit andererseits herzustellen:

> „Gleichheit kann nicht bestimmt werden ohne Verschiedenheit. Die Existenz von Verschiedenheit ist Voraussetzung für die Feststellung von Gleichheit." (ebd.: 30)

Verschiedenheit wird dabei als vorgefundener Sachverhalt begriffen und als Primat aller anschließenden Problematisierungen gesetzt: Verschiedenheit ‚existiert', während Gleichheit Ergebnis einer intendierten Beobachtungsleistung, einer ‚Feststellung' ist. Gleichheit ist somit normativ beabsichtigt, Verschiedenheit jedoch *real*. Was zunächst als abstrakt-logisch gefasster Versuch der Bestimmung von Verschiedenheit und Gleichheit erscheint, ist jedoch angesichts der rechtsphilosophischen Überlegungen, auf die Prengel den Gleichheitsbegriff stützt (vgl. ebd.: 29ff.), spezifisch gerahmt: So erschließt sich der hierbei aufgeworfene Problemzusammenhang aus dem historischen Widerspruch zwischen einem proklamierten Rechtsuniversalismus einerseits, einem gleichermaßen national-staatlichen wie patriarchalen Partikularismus andererseits, mit dem Frauen, Kinder und Nicht-StaatsbürgerInnen aus dem Geltungsbereich egalisierender Rechtsvorstellungen ausgeschlossen wurden.[114]

Ausgehend von diesem rechtsphilosophischen Begriff der Gleichheit bezieht sich Prengel in der weiteren Argumentation allerdings weder auf Fragen rechtlicher, noch auf Probleme sozio-ökonomischer Ungleichheiten. Vielmehr bezeichnet ‚Gleichheit' ein normatives Prinzip der Anerkennung von Gruppen- bzw. Kollektividentitäten: Die „Anerkennung zwischen soziokulturell unterschiedlich individuierten Personen" wird dabei mit „Solidarität" und „egalitärer Differenz" ineins gesetzt und als „Anerkennung auch inkommensurabler Erlebnisweisen" bestimmt (ebd.: 61).

Prengels Gleichheitsvorstellung leitet sich aus einer politisch-rechtlich konturierten Vorstellung von Gleich*berechtigung* ab, „die sich als Bedingung der Möglichkeit von Vielfalt versteht" (ebd.: 35). Die begriffliche Konstruktion „Gleichheit

---

114 Dieser Zusammenhang findet keine ausdrückliche Explikation. Prengel bezieht sich aber u.a. zentral auf eine Studie von Dann (1980), in der es um das „Gleichheitspostulat in der alteuropäischen Tradition und in Deutschland bis zum ausgehenden 19. Jahrhundert" geht und verweist auf Literatur, die den historischen Ausschluss von Frauen aus dem Menschenrechtsdiskurs des 18. und 19. Jahrhunderts behandelt (vgl. Prengel 2006: 30).

– Differenz" ist als Verhältnis von „Gleichberechtigung – Verschiedenheit" (vgl. dazu ebd.: 31, FN 7) zu lesen, das Motiv der Gleichheit folgt dabei einer als ‚postmodern' verstandenen demokratischen Ethik des Pluralen, die in Referenz auf Honneths politische Philosophie anerkennungstheoretisch gewendet wird (vgl. ebd.: 60ff.). Während das gesellschaftskritische Moment moderner Sozialtheorien seit Hegel gerade in der Aufdeckung des Widerspruchs lag, der sich in der sozio-ökonomischen *Ungleichheit* der rechtlich Gleichen (Bürger) artikulierte, schließt Prengel soziale Ungleichheit als erklärungsbedürftigen Sachverhalt aus der *normativen* Grundlegung der Vielfaltspädagogik, die zentral mit dem Motiv der ‚qualitativen Differenz' argumentiert, aber geradezu aus:

> „Der Begriff der Verschiedenheit spricht qualitative Differenzen an, er ist abzugrenzen von quantitativen Differenzen, die mit dem Begriff der Ungleichheit konnotiert sind." (ebd.: 31)

> „Der Begriff der Verschiedenheit benennt also nach unserer Definition qualitative Differenzen im Sinne von Inkommensurabilität. Er steht im Gegensatz zu all jenen anderen Möglichkeiten, angesichts der Mannigfaltigkeit der Welt Unterscheidungen zu treffen, die diese Mannigfaltigkeit als Hierarchie zu systematisieren, als Dualitäten zu polarisieren bzw. von einem Prinzip abzuleiten versuchen." (ebd.: 32)

Allerdings bergen auch mit nicht-hierarchisierender Absicht unternommene Versuche, unmarkierte Mannigfaltigkeit mit *Unterscheidungen* zu ordnen, die der Logik ‚qualitativer Differenz' folgen, das insistierende Problem, mit jeder Markierung von ‚Inkommensurabilität' der gesellschaftlichen Lebens- und Erfahrungsräume – etwa zwischen Männern und Frauen, Autochthonen und Allochthonen, Behinderten und Nicht-Behinderten – eine binäre (dualistische) Asymmetrie zu *reifizieren*.[115] Es ist ersichtlich diese selbst erzeugte ‚Gefahr' der

---

115 In der rassismustheoretischen Diskussion wird jenes Kriterium der „Inkommensurabilität der verschiedenen kulturellen Formen" (Taguieff 1991: 237) als Prinzip eines neuen, differenzialistischen Rassismus problematisiert, der die biologischen Motive der Rassenkonstruktion zugunsten kulturalisierender Grenzziehungen transformiert. Nicht mehr die Ungleichwertigkeit, sondern die unvereinbare ‚Andersartigkeit' wird zum Referenzpunkt sozialer Gruppenzugehörigkeit und von dieser ‚semantischen' Transformation bleibt auch ein trivialisierter Antirassismus, der eine „konfuse, aber ebenso naive und erstaunliche Wiederentdeckung der Vielfalt, der Pluralität, der Andersartigkeit, der Differenzen…" (ebd.: 236) proklamiert, nicht unberührt. Es wäre vor diesem Hintergrund zu diskutieren, welche Implikationen das vielfaltspädagogische Motiv der Inkommensurabilität im Kontext von Geschlecht, sozialer Schichtzugehörigkeit, Religiosität usw., d.h. in einem generalisierten Verständnis von Verschiedenheit hat.

Reifizierung, der Prengel mit der normativen Verpflichtung auf Anerkennung von Differenz zu begegnen versucht, die jedoch lediglich auf die unerwünschte Wertungsoption, nicht auf den Sinn der Unterscheidung selbst bezogen wird:

> „Auf Klassifikationssysteme nicht verzichten, sie als Orientierungs- und Verständigungsmittel nutzen, aber auch: Um die Gefahren identifizierenden Denkens wissen und sie reflektieren." (Prengel 2005: 27)

Das Problem einer derartigen Gleichheitsvorstellung besteht vor allem in der tendenziellen Kulturalisierung sozialer Ungleichheit, da Prengel in ihren grundlegenden Motiven nicht den ungleichen Zugang zu gesellschaftlichen Ressourcen wie Einkommen, Macht und Bildung zum Ausgangspunkt der Vielfaltsorientierung nimmt, sondern die daraus resultierenden strukturellen Ungleichheiten als *Sozialontologie des soziokulturell Verschiedenen* klassifiziert. Die Aporien einer solchen Begründung der Vielfaltspädagogik entfalten sich, wenn die Übertragung der bildungstheoretischen Konstruktionen auf das Feld der pädagogischen Praxis bzw. der pädagogischen Beobachtung berücksichtigt wird:

> „In der Pädagogik der Vielfalt hat darum neben der Anerkennung der Verschiedenheit zwischen Einzelnen auch die Anerkennung kollektiver Verschiedenheit zwischen Gruppen Platz. Gruppengemeinsamkeiten dürfen aber nicht von außen zugeschrieben werden und nicht durch gruppeninterne Hierarchien erzwungen werden, so dass Einzelne der Gruppe subsumiert werden, sondern es wird ihnen Raum gewährt, sich zu zeigen, zu entwickeln und zu verändern, sich gegebenenfalls auch wieder aufzulösen. Pädagogik der Vielfalt fördert Gruppenbildungen zwischen Mädchen und Jungen, zwischen Kindern aus dem gleichen Kulturkreis, zwischen Kindern mit ähnlichen Erfahrungen mit Behinderungen, weil Emanzipation auch ein kollektiver Prozess ist. Deren Gestaltung und Dauer muss situativ flexibel entschieden werden." (Prengel 2006: 188)

Die Referenz auf ‚externe' Katgorien, mit denen Gruppenzugehörigkeit indiziert wird (Mädchen/Jungen, Kulturkreise, Behinderungen), soll für die ‚interne' Differenzierung der SchülerInnen genutzt werden, auch wenn ‚Gestaltung und Dauer' dieser Differenzierung ‚flexibel' zu handhaben sind. Die aus Gruppenzugehörigkeit abgeleiteten individuellen Erfahrungshintergründe können nur deshalb mit pädagogischen Relevanzen verbunden werden, weil sie normativ mit einer positiven Wertungsoption (Anerkennung, Emanzipation) belegt, Unterscheidung und Wertung folglich als dasselbe behandelt werden. Zwischen der pädagogisch begründeten guten Absicht und einer sich deutlich abzeichnenden Sozialontologisierung oszilliert Prengels Vielfaltsdiskurs kontinuierlich, sodass epistemologische Probleme als normative bearbeitet werden und normative Gesichtspunkte mit dem Verweis auf das ‚reale' Moment der Vielfalt legitimiert werden können.

Dies trägt letztlich zu einer Immunisierung der Vielfaltspädagogik gegen eine Kritik bei, die, würde sie die Logik dieses Diskurses akzeptieren, dazu gezwungen wäre, sich *gegen* Anerkennung, Wertschätzung und Emanzipation auszusprechen. Klassifikationstheoretisch lassen sich darin jedoch die für den Heterogenitätsdiskurs typischen Reflexionsprobleme erkennen, denn Prozesse des kategorialen Unterscheidens und Bezeichnens ‚realer' Vielfalt bleiben auch dann beobachterabhängig, wenn mit ihnen keine ‚negativen' Absichten (etwa direkte Diskriminierung) verbunden werden. Gruppenkategorien tragen in die pädagogische Beobachtung unweigerlich sozial asymmetrisierte Wertungsoptionen ein und die pädagogische Bezugnahme auf Askriptionen kann entsprechend nicht ‚unschuldig' erfolgen. Mit anderen Worten kann nichts verhindern, dass in der pädagogischen Praxis negative Werturteile an die Aufforderung, ‚qualitativen' Differenzmerkmalen mit größerer Aufmerksamkeit zu begegnen, angeschlossen werden.

4.3 Homogenität/Heterogenität als Beobachtungsschema: Interaktionsbasierte und organisationsbasierte Differenzierungsstrategien

Im Unterschied zur bildungsphilosophischen Begründung des Heterogenitätsansatzes wird mit dem Begriffspaar Heterogenität/Homogenität im Schulsystem ein weiteres Begründungsmotiv spezifiziert, das sich im Kern auf die institutionellen Bedingungen pädagogischer Differenzierung bezieht. Grundlegend ist dabei die Ausgangsannahme, dass die Orientierung am Grundsatz der formal-organisatorischen Gleichbehandlung aller SchülerInnen sowie die Ausrichtung der Lehr- und Unterrichtsplanung an einer erwarteten Durchschnittsleistung nicht hinreichend oder in Hinblick auf den Lernerfolg sogar kontraproduktiv sind. Die „Fiktion" leistungshomogener Lerngruppen (vgl. Tillmann 2004 u. 2008) und darauf gerichteter Normalitätserwartungen wird insofern kritisiert, als leistungsorientierte Homogenisierungsstrategien im mehrgliedrigen Schulsystem vor allem den empirisch nachweisbaren Effekt einer *sozialen* Homogenisierung der SchülerInnen erzeugen:

> „In der Grundschule wird Heterogenität [...] ausschließlich am unteren Ende des Leistungsspektrums beschnitten [...] Die Sortierung nach der 4. Klasse erfolgt somit nach einem offiziellen (Leistung) und einem inoffiziellen Kriterium (soziale

Herkunft). Wenn beide miteinander in Konflikt geraten, siegt im Zweifelsfall die soziale Herkunft." (Tillmann 2004: 8)[116]

In Hinblick auf die Unterscheidung Homogenität/Heterogenität rückt damit „der Modus schulischer Differenzierung als zentrales Konstruktions- und Strukturprinzip eines Schulsystems in den Vordergrund" (Wischer 2009: 69) einer schulkritischen Perspektive.

Die Problematisierung der homogenisierenden Formen *äußerer Differenzierung* von Lernenden nach Regel- und Sonderschulen, Sekundarschulformen, Schulklassen, Niveaukursen usw. besitzt in der Selbstbegründung heterogenitätssensibler Pädagogiken eine grundlegende Bedeutung: Die leistungsbezogene Homogenisierung von Lerngruppen wird dem Schulsystem einerseits als genuines Handlungsziel zugeschrieben, andererseits bildet die ‚Fiktion' der Homogenität gleichsam die Negativfolie, von der ausgehend Strategien der *inneren Differenzierung* und *Individualisierung* profiliert werden. In dieser Perspektive erscheint das deutsche Schulsystem mithin insgesamt als ein „misslungener Homogenisierungsversuch" (Saldern 2007: 43), sodass der Widerspruch zwischen Faktizität und Fiktion, zwischen der *realen* Heterogenität und der *falschen* Homogenisierung das Grundmotiv der Problematisierung bildet. Die Adäquanz innerer Differenzierung wird folgerichtig aus dem Konstrukt der heterogenen Lerngruppe abgeleitet.

Aus einer systemtheoretischen Perspektive verweist die Semantik Heterogenität/Homogenität letztlich jedoch auf die beiden überhaupt möglichen Formen der Differenzierung, die aus der konstitutiven Doppelstruktur von Organisation und Interaktion als Modi schulischer Kommunikation (vgl. Kap. I.3) resultieren: ‚Homogenität' wird im Heterogenitätsdiskurs semantisch letztlich an die Logik schulorganisatorischer Differenzierungsoptionen, ‚Heterogenität' an Differenzierungsoptionen innerhalb der Interaktionsprozesse des Unterrichtsgeschehens gekoppelt. In beiden Fällen ist jedoch eine je spezifisch konturierte *Einheit* der Lerngruppe der Ausgangspunkt für die in den Blick genommenen Differenzierungsprozesse. Homogenisierung und Heterogenisierung sind gleichermaßen Differenzierungsoperationen *innerhalb* des Schulsystems, dies jedoch auf Grund-

---

116 Diese Argumentation verweist auf das seit den 1970er Jahren diskutierte Problem wechselseitiger Durchdringung von „manifester" Leistungsdifferenzierung und „latenter" Differenzierung nach sozialen Merkmalen (vgl. Haußer 1981: 22ff.) Als ein Effekt ‚homogenisierender' Differenzierung kann auch die systematische Erzeugung schulformspezifischer „differenzieller Lern- und Entwicklungsmilieus" (Baumert/ Schümer 2001) bzw. benachteiligender Lernmilieus in Hauptschulen (vgl. Solga/Wagner 2004) betrachtet werden.

lage unterschiedlicher Beobachtungsschemata, die Heterogenität und Homogenität allererst hervorbringen:

> „Homogenität/Heterogenität sind keine objektiven Eigenschaften der Vergleichsgegenstände; sie werden ihnen durch Vergleichsoperationen zugeschrieben. Heterogenität/Homogenität werden also ‚hergestellt' und liegen nur bezogen auf den Beobachtenden und die von ihm angestellte Operation vor." (Wenning 2007: 23)

Eine Pointe liegt u.E. allerdings darin, dass das Beobachtungsschema Heterogenität organisatorische Gruppierungseffekte voraussetzt: Die Plausibilitätsbedingungen heterogenitätssensibler Pädagogik werden erst durch das beobachtete ‚Misslingen' homogenisierender organisatorischer Lerngruppendifferenzierung geschaffen. Dass die im Diskurs antinomisch konstruierte Unterscheidung Homogenität/Heterogenität nur plausibel ist, wenn sie als Unterscheidung von Organisation und Interaktion dechiffriert wird, lässt sich an einem weiteren Aspekt zeigen: Homogenisierung und Heterogenisierung sind Gruppierungsprinzipien, die grundsätzlich auch im Kontext *innerer Differenzierung* zu beobachten sind: Leistungsheterogene oder leistungshomogene Lerngruppenarrangements können im Unterricht gleichermaßen optiert werden. Beide Optionen lassen sich dabei jedoch nicht aufgrund eines ‚technologischen' Vorteils unterscheiden, sie scheinen vielmehr in Abhängigkeit von der pädagogischen Aktivität der Lehrpersonen mehr oder weniger erfolgreich (vgl. dazu Roßbach/Wellenreuther 2002: 49ff.). Auch das vielfaltspädagogische Konzept der „guten Ordnung" (Prengel 1999) im Unterricht gründet auf der weitreichenden Idee, dass Leistungssteigerung durch eine kompetitive Form der ‚Binnenhomogenisierung' auf Grundlage von Leistungserwartungen erreicht werden kann:

> „Für alle Leistungsniveaus kann eine faire Konkurrenz nur darin bestehen, dass annähernd ähnlich befähigte Kinder miteinander wetteifern und sich so gegenseitig anspornen. Die Pädagogik der heterogenen Lerngruppe sollte solche Möglichkeiten zu konkurrieren nicht ausschließen, sondern Fairness kultivieren." (Prengel 2005: 30f.)

Entscheidend für die Präferenz binnendifferenzierender Lerngruppenbildung scheint uns vor diesem Hintergrund vielmehr, dass diese im Modus der *Reversibilität* operiert und damit andere *Temporalisierungsoptionen* bietet als die organisatorische Lerngruppenbildung, die sich demgegenüber nur begrenzt rückgängig machen lässt und als solche auf der grundsätzlichen *Irreversibilität* organisatorischer Entscheidungen wie Einschulungsrückstellungen, Klassendifferenzierung oder Übergangsempfehlungen basiert. Wenn wir von Reversibilität/Irreversibilität als Unterscheidungskriterium ausgehen, lässt sich anhand der Argumentation Prengels zeigen, dass nicht die Strategie der Leistungshomogenisierung *als solche*, d.h. die Gruppierung von SchülerInnen entlang desselben askribierten leistungsbezogenen Eigenschaftskriteriums (‚annähernd ähnlich befähigte Kinder‘), sondern nur die formal-organisatorische Endgültigkeit dieser Gruppierung und ihre Folgen im Heterogenitätsdiskurs abgelehnt wird.

Die Präferenz für Reversibilität (Interaktion) versucht letztlich dem Umstand der Unverfügbarkeit der Wirkungen pädagogischer Kommunikation Rechnung zu tragen: Sie entlastet sowohl die AdressatInnen von den manifesten Konsequenzen der Selektion als auch die Profession von der Begründungslast für fehleranfällige und folgenreiche Entscheidungen. Weil es grundsätzlich möglich ist, ‚selektionsentlastet‘ zu differenzieren, kann die formale Irreversibilität ‚äußerer‘ Gruppierungsmechanismen ausgeblendet werden. In besonderem Maße wird die Formulierung des Bezugsproblems ‚Heterogenität‘ hinsichtlich des Anfangsunterrichts in der Primarstufe virulent:

> „Die Grundschule als gemeinsame Schule für (fast) alle Kinder der entsprechenden Altersgruppe hat es prinzipiell mit einer unausgelesenen Schülerpopulation und damit mit der vollen Variabilität von Schülerleistungen, Schülervoraussetzungen und familialen Hintergrundmerkmalen zu tun, wie sie in der entsprechenden Grundgesamtheit vorkommt." (Roßbach 2005: 179)[117]

In dieser konstruierten ‚Nulllage‘ pädagogischer Differenzierung, in der eine ‚noch nicht selektierte‘ SchülerInnenschaft vorgefunden wird, zeichnet sich einerseits die für den Heterogenitätsdiskurs charakteristische Kombination von sozialen Herkunftsmerkmalen und genuin schulischen Merkmalen wie Lernvoraussetzungen und Leistung ab. Andererseits lassen sich darin die grundlegenden Anforderungen an *jede* Form der Lerngruppendifferenzierung bis hin zu individualisierenden Unterrichtspraktiken exponieren: Diese kann sich nur unter der Voraussetzung meritokratisch legitimieren, dass die systematische Trennung sozialer Merkmale von Leistungsmerkmalen beobachtungspraktisch realisierbar ist. Insofern die Kritik an organisatorisch-homogenisierenden Differenzierungsprozessen damit argumentiert, dass ‚offizielle‘ Leistungsmerkmale nicht von ‚inoffiziellen‘ sozialen Herkunftsmerkmalen entkoppelt werden und gerade dies zur Reproduktion von Bildungsungleichheit beiträgt, müsste nunmehr plausibel

---

117 Hinsichtlich der Konturierung des hier exponierten Beobachtungsproblems erstaunt, dass familiale Herkunftsmerkmale unter den Aspekt der ‚Unausgelesenheit‘ fallen.

gezeigt werden, dass und wie diese Entkopplung auf Grundlage interaktionell-heterogenisierender Differenzierung möglich ist.

Paradoxerweise basiert die Beobachtungsstrategie, die den Heterogenitäts-diskurs begründet, nun gerade darin, askriptiven Merkmalen im pädagogischen Prozess Geltung zu verschaffen. Entsprechend müsste der Diskurs in seinen Begründungsmotiven den Nachweis erbringen, dass es heterogenitätssensiblen Differenzierungsstrategien der Individualisierung, der Binnendifferenzierung, des offenen Unterrichts etc. gelingen kann, den ‚sozialen Filter' *im Interaktionsprozess* auszuschalten. Ein solcher Nachweis, der komplexitätsinduzierte Kausalitäts-probleme einer jeden pädagogischen Beobachtungsstrategie zu lösen hätte, liegt jedoch erwartbar nicht vor.

4.3.1 Meritokratie ohne Selektion

Insofern der Heterogenitätsdiskurs die Annahme eines Wesensunterschiedes zwischen pädagogischen Handlungszielen (Lernförderung) und der Selektions-funktion der ‚verwalteten Schule', also zwischen Interaktion und Organisation, fortlaufend semantisch reproduziert, trennt er die Beobachtung und Attribuie-rung von Leistung systematisch von ihrer konstitutiven Referenz auf Selektion:

> „Die in modernen Gesellschaften unverzichtbare Selektionsfunktion der Schule mit ihrer hierarchisierenden, an der sozialen Bezugsnorm orientierten Einordnung von Schulleistungen steht im didaktischen Handlungsfeld der heterogenen Lerngruppe im Hintergrund, weil ihre Betonung für den Lernprozess selbst kontraproduktiv ist. Didaktische Leistungsförderung und summativ-hierarchisierende Leistungskont-rolle, mit anderen Worten der Lernprozess und die Bewertung der Leistung, werden getrennt." (Prengel 2009: 170)

Damit trennt die schulpädagogische Heterogenitätssemantik den interaktionsba-sierten Prozess der Leistungsgenese von der nachträglichen Beurteilung seines Ergebnisses, allerdings bleibt unklar, wie eine ‚didaktische' Förderung von ‚Leis-tung', die ihrerseits die Beobachtung und Differenzierung von Leistung opera-tiv voraussetzt, ohne fortlaufende Bewertung möglich ist. Paradoxerweise wird die Selektionsorientierung der pädagogischen Kommunikation zurückgewiesen und im selben Zug die Fiktion einer pädagogisch machbaren Meritokratie ohne Selektion begründet. Die heterogenitätssensible Konstruktion von Leistung ori-entiert sich dabei an der Idee der ‚qualitativen Differenz', vor deren Hintergrund die Verschiedenheit individueller Leistung dem vereinheitlichenden Maßstab der numerisch-quantifizierenden Leistungsmessung entgegengestellt wird. Das abs-

trakte Schema der ‚gleichberechtigten Anerkennung' soziokulturell differenzierter Identitäten findet sich entsprechend als Beobachtungsschema auch in Bezug
auf Schulleistung wieder:

> „Die anerkennenswerte Leistung suchen wir nicht mehr ausschließlich im deklara-
> tiven Wissen, also dem Wissen, dass etwas ist, sondern vor allem im prozeduralen
> Wissen, dem Wissen, wie man etwas bewirken kann. Indem wir bereit sind, weitaus
> mehr Leistungsaspekte anzuerkennen, taugt der enge Schulleistungsbegriff nicht
> mehr. Damit ist auch seine Abbildung im Notenbegriff hinfällig. Leistung wird
> dann erst durch eine reichhaltige prozess- und produktbezogene Dokumentation
> und Präsentation in ihren Facetten sichtbar. Eine geeignete Leistungsdokumenta-
> tion muss deshalb die Schülerinnen und Schüler beteiligen. [...] Es wäre jedoch zu
> wenig, die Lernprozesse der Kinder nur auf diese Art erschließen zu wollen. Eine
> systematische Überprüfung der Lernfortschritte bedarf weiterer Instrumente, die
> schnell handhabbar sein müssen und dennoch ausreichend vielfältige Informati-
> onen erfassen sollen. Und schließlich besteht noch ein Kommunikationsproblem:
> Wir wissen zu wenig über geeignete Möglichkeiten, förderdiagnostisch gewonne-
> ne Erkenntnisse über Lerndefizite den Kindern und v.a. den Eltern in pädagogisch
> sinnvoller Weise zurückzumelden." (Carle 2002: 86f.)

Unabhängig davon, dass auch in dieser Anerkennungsperspektive Wissen von
Nichtwissen, d.h. Lernerfolg und -misserfolg unterschieden wird – auch wenn
sich die Normalitätserwartungen nunmehr auf ‚prozedurales' Wissen beziehen
–, wird das zentrale Problem in der mangelnden Trennschärfe des Notensystems
gegenüber der ‚qualitativen Differenz' der Leistungsformen gesehen. Leistungsüberprüfung kann damit vorrangig auf der Interaktionsseite der Schule veran-
schlagt und als Instrument der Leistungsförderung definiert werden. Auch eine
selektionsentlastete Leistungsüberprüfung und -beurteilung wird dabei jedoch
im Horizont einer defizitorientierten Beobachtung (‚Lerndefizite') wirksam, von
der unklar bleibt, wie sie mit der zuvor formulierten Anerkennungsperspektive
vereinbar ist. Daraus lässt sich allerdings folgern, dass leistungsbezogene Klassifikationsschemata auch im Modus von Fördersemantiken *asymmetrisierende
Wertungsoptionen* freisetzen.

Heterogenitätssensible Verfahren der Leistungsdifferenzierung treten bei nä-
herer Betrachtung auch dezidiert mit dem Anspruch auf, über die lerneffiziente-
re und präzisere Beobachtungsstrategie zu verfügen: „Keine Zensuren. Sie sind
zu ungenau, werden den Jugendlichen und ihren Leistungen nicht gerecht." (von
der Groeben 2008: 88) Demnach stellt sich die Differenzierung von Leistung im
numerischen Schema als inadäquat angesichts der angenommenen ‚realen' Leistungsheterogenität dar und verhindert die Beobachtung und Dokumentation
‚faktischer' Leistung. Gegen die „‚Alleinherrschaft' von Tests und Zensuren" wer-

den entsprechend alternative Formen der „Leistungsbegleitung und -bewertung" (ebd.) in Anschlag gebracht:

> „Die Kritiker solcher [alternativer, M.E./U.H.] Verfahren verteidigen ein normierendes System von standardisierten Kontrollen und Zensuren mit dem Argument der Genauigkeit und Gerechtigkeit. Die Befürworter halten dagegen: Gerade weil es um Genauigkeit und Gerechtigkeit geht, müssen wir Instrumente und Verfahren entwickeln, mit deren Hilfe wir individuelle Entwicklungen und Leistungsstände genauer beschreiben und gerechter bewerten können." (ebd.: 89)

Heterogenitätsorientierte Didaktik und Methodik führt in dieser Perspektive idealtypisch zu einer *stärkeren Leistungsdifferenzierung* und zu einer größeren, jedoch qualitativ klassifizierten Leistungsdifferenz. Der eingeforderte spezifische ‚Umgang mit Heterogenität' als leistungsorientierter Differenzierungspraxis tritt mit dem Anspruch auf, Leistungsfähigkeiten, ‚Begabungen' und Lernentwicklungen mit *höherer Diskriminanz* beobachten zu können. ‚Heterogenisierung' wird nicht nur als die leistungsgerechtere, sondern beobachtungspraktisch als ‚leistungsfähigere' Differenzierungsstrategie begriffen: „Indem Leistungsvielfalt zum Prinzip der Klassenzusammenstellung wird, werden Leistungsunterschiede leichter erkennbar, diagnostische Kompetenz ist leichter entwickelbar." (Carle 2002: 90) Die heterogenitätssensible Differenzierung im Unterricht zielt folglich auf eine Verfeinerung der Verfahren leistungsdifferenzierender *Abweichungsverstärkung* (vgl. Kap. I.3).

Der Heterogenitätsdiskurs partizipiert somit an der meritokratischen Selbstbeschreibung der Schule – mit dem Unterschied, dass er als Meritokratie ohne Selektion in Erscheinung tritt. Er nutzt dabei die im Schulsystem strukturell eingebaute Sinngrenze zwischen Organisation und Interaktion aus, um seinen Sinnbezug einseitig auf der interaktionellen Prozessebene der Lernförderung und ‚Vermittlung' zu fixieren und Selektion stattdessen als ‚äußeren' Zwang behandeln zu können. Dass auch die ‚innere' Differenzierung eine Differenzierungsform ist, der faktisch „Selektionsentscheidungen abverlangt werden" (Trautmann/Wischer 2011: 104), muss demgegenüber aus einer schultheoretischen Perspektive erst in Erinnerung gerufen werden.

4.4   ‚Natürliche' Differenz und die Konstruktion eines pädagogischen ‚Realismus'

Die Kritik an den organisatorischen Differenzierungsmechanismen zielt auf Prozesse der Herstellung (fiktiver) Homogenität im und durch das Schulsystem; Heterogenität hingegen wird als vorgefundener Sachverhalt behandelt, auf den sich pädagogische Kommunikation nur reaktiv bzw. adaptiv einstellen kann. In diesem Kontext fallen hinsichtlich der Konstruktion ‚realer' Heterogenität generell Naturalisierungstendenzen und mithin biologisierende Metaphern und Analogieschlüsse in der Heterogenitätsliteratur auf, die – soweit wir sehen – bislang unwidersprochen geblieben sind.

Heterogenität wird beispielsweise mit dem Argument normativ bejaht, dass „jede Monokultur zur Einseitigkeit und allmählichem Absterben jeglichen Lebens führt" (O. Graumann 2002: 7). In einem anderen Beitrag findet sich folgende Passage: „So wie in der Natur Biodiversität die Voraussetzung für eine nachhaltige Entwicklung ist, verlangt auch ein auf Dauer und Verlässlichkeit angelegtes Zusammenleben von Menschen kulturelle Diversität." (C. F. Graumann 2002: 28f.) Als ein weiteres, einschlägiges Beispiel kann die weit verbreitete Karikatur von Hans Traxler (1983: 25) mit dem Titel „Die Schule der Tiere" bemüht werden, auf dem ein Lehrer sowie eine Reihe unterschiedlicher Tiere (Vogel, Affe, Elefant, Fisch, Seehund, Hund) zu sehen sind, die vor einem großen Baum stehen. Diese Tiere werden von dem Lehrer – der kein Tier ist (!) – aufgefordert, alle dieselbe Aufgabe zu lösen, nämlich auf den Baum zu klettern. In der Rezeption der Zeichnung Traxlers ist vor allem die Idee exponiert worden, dass die Gleichbehandlung von SchülerInnen mit ungleichen Bildungsvoraussetzungen zu Bildungsbenachteiligung führt. Aber auch hierbei scheint eine biologisierende Analogiebildung pädagogisch plausibel zu sein, die komplexen Interdependenzen schulischer Bildungsprozesse bleiben dabei zugunsten einer simplifizierenden Sinnfälligkeit der Verschiedenheit, vor allem aber der Unveränderbarkeit ‚arttypischer' Eigenschaften verdeckt.

Allerdings werden naturalisierende Klassifikationen in der einschlägigen Heterogenitätsliteratur nicht nur metaphorisch, sondern auch in Referenz auf psycho-biologische Dispositionsannahmen begründet:

> „Wenn […] zwei Menschen die gleichen Chancen hatten, sich aber unterschiedlich entfalten, müssen die Ursachen für ihre Unterschiede bei ihnen selbst – z.B. bei ihren Genen – und nicht in der Umwelt gesucht werden. Wir müssen akzeptieren, dass sich Schüler von Anfang an in ihrem geistigen Leistungspotenzial unterscheiden und dass sich diese Unterschiede nicht reduzieren lassen. Mehr noch, wir müssen davon ausgehen, dass diese Schere immer weiter aufgeht, da Schüler mit besse-

ren Voraussetzungen auch in höherem Maße von Lerngelegenheiten profitieren und deshalb ihren Vorsprung ausbauen können." (Stern 2004: 38)[118]

Hinter den naturalisierenden Heterogenitätssemantiken entfaltet sich nicht nur die Vorstellung einer ‚natürlichen' Grenze des individuell Möglichen, sondern damit auch der Begrenztheit des *pädagogisch* Möglichen. Diese ‚natürliche' Grenze stellt sich insbesondere als Beobachtungsproblem dar, denn Verfahren ‚natürlicher Differenzierung'[119] versuchen ein individualisierendes Lernsetting zu konstruieren, das eine eigenaktive Auslotung der Lerngrenzen durch die Lernenden selbst ermöglichen soll.[120] Die systematische Beobachtung fokussiert folglich Unterschiede zwischen SchülerInnen, die dem pädagogischen Einwirken als vorgelagert erscheinen und als *natürliche Differenz* behandelt werden. Die Vorstellung von der Ungleichartigkeit der Kinder einer Lerngruppe ist auch hier die Prämisse der Beobachtungslogik und die genaue Beobachtung, bspw. auf Basis lerndiagnostischer Verfahren, dient dem Zweck, pädagogische Erwartungsstrukturen (z.B. individuelle Bezugsnormen) möglichst frühzeitig und präventiv aufbauen zu können.

Das vielfaltspädagogische Motiv der soziokulturellen ‚qualitativen Differenz' und die Vorstellung der Ungleichartigkeit in den Lernvoraussetzungen verdichten sich innerhalb des Heterogenitätsdiskurses zu einem *pädagogischen Realismus*, dessen Basisannahme diejenige einer ‚natürlichen' Differenziertheit der Ge-

---

118 Eine solchermaßen vorgetragene psychologische Überzeugung stellt grundsätzlich in Frage, dass Lernprozesse überhaupt zielorientiert beeinflusst werden können bzw. nur soweit es die genetische Disposition der Lernvoraussetzungen zulässt. Eine ‚genetische Diagnostik' wäre in dieser Argumentation der Schlüssel für Entscheidungen über Förder- und folgerichtig auch für mögliche Selektionsmaßnahmen – vorausgesetzt, die Psychologie würde über ein tragfähiges Kausalmodell für den Zusammenhang von DNA-Basenpaarung und kognitiver Entwicklung verfügen, was ihr erwartbar bis heute nicht gelungen ist. Derartige psychologische Beiträge reagieren auf die unverfügbaren Kausalitäten komplexer Interaktionsprozesse (typischerweise) mit biologistischer Spekulation.

119 Im Rahmen konstruktivistischer Lerntheorien und an diese anschließende didaktische Individualisierungskonzepte ist der Idealtypus der „natürlichen Differenzierung" (vgl. Wittmann 2010) formuliert worden, der auch in Bezug auf das Heterogenitätsthema rekontextualisiert wird (vgl. Scherer 2008; Scheunpflug 2008; Krauthausen/Scherer 2010).

120 Dieser Zusammenhang wird etwa im Kontext der Hochbegabungsdiagnostik deutlich: Problematisierungshintergrund ist hierbei, dass die pädagogische Beobachtung im angenommenen Fall von ‚Hochbegabung' jene ‚natürliche' Grenze nicht realistisch einschätzt und den/die Lernende/n unterfordert.

samtlerngruppe nach sowohl individuellen als auch sozialen Kategorien bildet.
Das Problem heterogenitätssensibler Differenzierung besteht infolge der Referenz
auf ‚qualitative' Unterschiede in den Lernvoraussetzungen darin, eine *realistische
Differenzierung* zu erreichen, weshalb auch eine möglichst hohe, auf die Lerngruppe bezogene Adaptivität des Unterrichts zum Ziel erhoben wird. Das Konstrukt der Ungleichartigkeit prädisponiert damit das Spektrum des pädagogisch
Notwendigen und Erreichbaren.

4.4.1 Sozial-Ontologisierung von Differenz: Heterogenität als lernrelevante ‚Ungleichartigkeit'

Die Idee der Ungleichartigkeit entfaltet sich in einem spezifischen Sinn in der
Thematisierung der Ausgangssituation pädagogischer Kommunikation im Anfangsunterricht: So sei in der Primarstufe „die Schülerschaft [...] nicht ausgelesen
und sehr heterogen" (Heinzl/Prengel 2002a: 10). Entsprechend dieser Semantik
ist die vorgefundene Lerngruppe noch nicht durch formale Leistungsmarkierungen differenziert (‚nicht ausgelesen'), so dass die Beobachtung schulpädagogisch
relevanter Unterschiede noch nicht auf vorangegangene, ‚memorierte' Diffe-
renzierungs- und Bewertungsentscheidungen zurückgreifen kann. Individuelle
Lernvoraussetzungen und sichtbare Sozialmerkmale liegen dem pädagogischen
Blick noch undifferenziert vor, so dass die Unterscheidung nach „Leistungsvielfalt, Geschlechtervielfalt, Kulturenvielfalt" (Prengel 2004: 45) als spezifisches Ziel
heterogenitätssensibler Differenzierung formuliert wird.

Wie bereits diskutiert, gibt die Heterogenitätsliteratur keinen Hinweis darauf,
wie eine Unterscheidung zwischen askriptiven Merkmalen und Leistungsmerkmalen in der pädagogischen Beobachtung möglich sein soll. Problematisch wird
dies, weil die semantische Kopplung beider Merkmalstypen gerade zum Begründungsmotiv heterogenitätssensibler Pädagogik gemacht wird, ‚beobachtungs-
kritische' Reflexion jedoch infolge der fehlenden Unterscheidungsfähigkeit verhindert wird. Folgendes Beispiel verdeutlicht darüber hinausgehend, wie sozial
ungleiche Lagen (Armut/Reichtum) in soziokulturell ungleichartige, aber lernre-
levante Lebenswirklichkeiten übersetzt und welche pädagogischen Schlussfolgerungen daraus gezogen werden:

> „Kevin kommt in die Schule – er ist mehr oder weniger auf der Straße groß gewor-
> den. Seine Eltern gehören zu den ‚überflüssig Gewordenen' in unserer Gesellschaft,
> ohne Arbeit, ohne Perspektive, ohne Kraft, ihr Leben zu gestalten, sich um ihre Kin-
> der zu kümmern. Sie leben, so eben ausreichend alimentiert von dieser Gesellschaft,

vor dem Fernseher. Essen, Nikotin und Alkohol sind ihre Fluchtmittel. Ihre Kinder lieben sie, aber sie sind von ihnen überfordert. Kevin hat viel gelernt in seinen ersten Lebensjahren: Er muss selbst für sich sorgen, er kann sich auf nichts und niemanden verlassen, er überlebt nur, wenn er sich und seine unmittelbaren Bedürfnisse unüberhör- und unübersehbar in den Mittelpunkt stellt. Gesprochen hat er noch nicht viel in seinem Leben, sein Kopf aber ist voller unverarbeiteter Bilder aus der medialen Welt. Louisa ist das wohlbehütete Kind liebender Eltern, die sich auf sie gefreut haben. Sie wächst in einem Haus mit vielen Büchern und großem Garten auf. In diesem Haus tauschen sich die Menschen über sich selbst und die Welt aus. Auch Louisa wird gehört, und was sie denkt, ist anderen wichtig. Ihr wird vorgelesen aus ausgewählt schönen Büchern, mit ihr wird musiziert, gemalt, gespielt, Fahrrad gefahren, geschwommen. Sie hat schon einiges von der Welt gesehen, als sie in die Schule kommt. Sie fühlt sich aufgehoben und geliebt. Auch Louisa hat viel gelernt, aber dennoch unvergleichlich anderes als Kevin. [...] Unsere Schulen aber reagieren auf die Verschiedenheit dieser Kinder damit, dass sie sie gleich behandeln bei den Vorgaben, was sie lernen sollen, in welcher Zeit sie lernen sollen. Louisa wird sich bald langweilen, Kevin schnell entmutigt aufgeben. [...] In einer Schule, die es mit der Verschiedenheit ihrer Kinder wirklich aufnimmt, könnten beide – besonders leicht in *jahrgangsgemischten Gruppen* – ihren je eigenen Zugang zum Lernen finden. Kevin müsste zunächst lernen, Vertrauen zu fassen, in einer Gemeinschaft zu leben, sich selbst zurückzunehmen, wenige Minuten stillsitzen und hinhören zu bewältigen, einen Stift nicht nur als Waffe zu benutzen. Louisa kann gleich mit den ‚Großen' weiterlernen, denn ein bisschen lesen, rechnen und schreiben kann sie längst und feinmotorisch ist sie geschickt. Kevin braucht, dass das, was er besser als alle anderen Kinder kann, in der Schule gesehen und gewürdigt wird: ohne Angst auf einen Baum klettern, verwegen mit dem Skateboard einen Hang runtersausen, alleine einkaufen gehen und vieles mehr. Wenn er das Louisa zeigen kann, die ohne ihre Eltern noch mit Ängsten zu kämpfen hat, daher seine Stärke und seinen Mut bewundert, erträgt er, wenn sie ihm später beim Schreiben und Lesen hilft [...]. Aus der Hirnforschung wissen wir, dass zwischen Lern- und Entwicklungsalter bis zu vier Jahren liegen können, ohne dass von Behinderung gesprochen werden muss [...]." (Thurn 2010: 28f.)

Bereits dem Bild divergierender sozialer Herkunft, aus dem Anhaltspunkte für zu erwartende Schulkarrieren abgeleitet werden, eignet etwas Karikatives.[121] Es konstruiert Plausibilitätsketten, die im Fall Kevin von „überflüssig"[122] über „ohne Kraft", „Nikotin und Alkohol", „überleben", „nicht viel gesprochen", „unverarbei-

---

121 Schon die Wahl der (fiktiven) Namen der beiden Kinder verweist auf das soziale Klischee, das hier offenbar bedient wird.

122 Die Bezeichnung die ‚überflüssig Gewordenen' enthält offensichtlich eine (wenngleich nicht ausgewiesene) Anspielung auf die durch Heinz Bude (1998) angestoßene exklusionstheoretische Diskussion um die „Überflüssigen" als soziologischer Referenzkategorie. Auch bei dieser handelt es sich jedoch zunächst um nichts anderes, als um eine Kategorie, die der Klassifikation von Individuen dient, die diese zuallererst markiert

tete Bilder" bis hin zu „stillsitzen und hinhören", „Stift als Waffe" und letztlich „Nicht-Behinderung" läuft, im Fall des ‚Wunschkindes' Louisa von „wohlbehütet" über „ausgewählt schöne Bücher", „Haus", „großer Garten", „vorlesen", „musizieren", „zuhören" bis hin zu „mit den Großen lernen" und „feinmotorisch". Beide Kinder kommen gemäß dieses sozial- und geschlechterstereotypisierenden Konstrukts mit sozialisationsbedingt differierenden Eigenschaften in die Schule, die als „unvergleichlich anders" bestimmt werden[123]: Semantisch ist damit der kategorial-exklusive Charakter des Unterschiedes zwischen den beiden Kindern markiert. In der zitierten Passage findet sich indes kein ‚kausales' Argument für die Erwartbarkeit unterschiedlicher Lernentwicklungen (die im Fall Kevins zuletzt im Horizont von „Behinderung" thematisiert wird) und die daraus abgeleitete Präferenz für Jahrgangsmischung: Die sichere Erwartung, dass Louisa mit den „Großen" weiter lernen können wird, während Kevin sein Sozialverhalten verbessern müssen wird, scheint argumentativ auf eine pädagogische Evidenz zu setzen, nach der ‚sichtbare' Sozialmerkmale als zuverlässiger Prädiktor für individuelle Lernmerkmale gelten können.

Mit Luhmann und Schorr (1988) hätten wir es in diesem Fall mit einem *Kausalplan* zu tun, der die formalen Bedingungen für wissenschaftlich konturierte Kausalität außer Acht lässt und stattdessen auf Plausibilität (oder Evidenz) baut. Deutlich wird hierbei aber die Ontologisierungsfähigkeit kategorialer Klassifikationen: Die *soziale* Andersartigkeit der Lernausgangslagen wird unter Ausnutzung fungibler Askriptionsoptionen so konstruiert, dass Kevin als ein potenzieller Risikoschüler, Louisa hingegen als lernerfolgreich *prognostiziert* werden kann. Auch die ‚Anerkennung' der als maskulin-körperlich überzeichneten Fähigkeiten Kevins unterstützt diese, auf der Logik sozialer Sichtbarkeit beruhende ‚pädagogische' Prognostik. Dass es auch für Kevin möglich wäre, so gut lesen, schreiben, rechnen zu können wie Louisa, wird als Deutungsmöglichkeit nicht in Erwägung gezogen: Das als ‚qualitative Differenz' konstruierte herkunftsbedingte Können (Einkaufen/Skateboardfahren vs. Schreiben/Lesen) nimmt dabei die Form einer prädiktorischen Endgültigkeit an. Eine solche Heterogenitätspädagogik operiert in ihrem Bezug auf kollektivistische Askriptionen als eine Pädagogik des ‚Als-ob', mit der das pädagogisch Unverfügbare verfügbar gemacht werden soll. Versuche der Verfügbarmachung durch Bezugnahme auf soziale Unterscheidungen unterminieren dabei jedoch unweigerlich die eigene Normativität, Pädagogik ‚vom Kinde aus' praktizieren zu wollen: Es entsteht eher eine Pädagogik *‚vom Typus*

---

und einer sozialen Position zuweist. Zur Kritik an der Konstruktion der ‚Überflüssigen' vgl. auch Steinert 2000; Hark 2007.

123 Auch hier findet sich die Vorstellung der Inkommensurabilität wieder.

aus', die nicht die ‚Individualität' der AdressatInnen, sondern das ihnen zuge-schriebene pädagogisch-professionelle Konstrukt eines Sozialcharakters als Ar-gument für Jahrgangsmischung plausibel machen soll.[124]

4.4.2 Prävention und Diagnostik

Die Idee der ‚realistischen Differenzierung' als adäquate pädagogische Antwort auf Heterogenität reartikuliert sich auch in den Begründungen für heterogeni-tätssensible Diagnostik und in einer Strategie, deren Prinzip als *Lernprävention* bezeichnet werden könnte: Die im Zuge der PISA-Studien erfolgte Problemkonst-ruktion einer ‚Risikopopulation'[125] nicht-deutschsprachiger resp. mehrsprachiger, bildungsferner und sozial benachteiligter SchülerInnen (vgl. dazu Klemm 2009) hat bildungspolitisch und erziehungswissenschaftlich insbesondere Strategien der Frühförderung als Lösung plausibel werden lassen.[126] Eine derartige Lösungs-strategie hat präventiven Charakter, insofern ein zukünftig erwartbares Scheitern an schulischen Lernanforderungen verhindert werden soll. Prävention, die bereits ‚vor' der Schule ansetzt, ist auf eine zuverlässige Diagnostik angewiesen, die ihrer-seits wiederum von der frühzeitigen Beobachtbarkeit individueller Merkmale ab-hängt, die in einem späteren Stadium der Lernentwicklung für mögliche Risiken verantwortlich sein könnten. Prävention operiert in diesem Sinn auf Grundlage einer Prognostik, die hinsichtlich der antizipierten Zukunft mit unhintergehba-ren Ungewissheiten konfrontiert ist – und dies trifft auch auf Verfahren der För-derdiagnostik zu.[127]

---

124 Anhand des hier gebotenen Beispiels wird zudem deutlich, dass die dominante Refe-renz auf eine ‚individuelle Bezugsnorm' in der Leistungsbeurteilung soziale Klassifi-kationen keinesfalls ausschließt.

125 Der Begriff ‚Risikoschüler' hat jedoch nicht nur als bildungspolitische Klassifikation, sondern auch als eine erziehungswissenschaftliche Kategorie Karriere gemacht.

126 Vgl. dazu den Maßnahmenkatalog der KMK von 2001 (http://www.kmk.org/index. php?id=1032&type=123). Dass heterogenitätssensible Beobachtungsstrategien auch in der Elementarpädagogik besondere Relevanz besitzen, resultiert nicht zuletzt aus die-ser Präventionsorientierung: „Heterogenität in Form sprachlicher Vielfalt kann unter ganz verschiedenen Gesichtspunkten betrachtet werden. In der sozialpädagogisch ge-prägten Elementarpädagogik liegt der Fokus seit jeher auf Gruppen, die sozial benach-teiligt sind; wobei es unter anderem um die Frage geht, wie diesen Gruppen durch präventive Maßnahmen zu einem gelungenen Schulstart bzw. zu chancengerechten Schullaufbahnen verholfen werden kann." (Fried 2009: 83)

127 Heterogenitätssensible Förderdiagnostik schließt hierbei normativ an die bereits im Kontext der ‚älteren' Differenzpädagogiken vollzogene semantische Umstellung von

Diagnostische Kompetenz wird daher als eine professionelle Schlüsselqua-
lifikation definiert, wenn Prinzipien einer heterogenitätssensiblen Pädagogik
praktisch umgesetzt werden sollen: Neben dem „Beobachten (Erfassen) individueller Lernvoraussetzungen und Lernprozesse" (Hanke 2005: 120) umfasst dies
auch „(sach- und lerngerechtes) Deuten individueller Lernprozesse im Sinne eines verstehenden Nachvollziehens von Denk- und Handlungsstrukturen" (ebd.:
122). Grundlage einer solchen ‚verstehenden' Beobachtungsstrategie bildet ein
entsprechendes pädagogisches Diagnose-Wissen, das sich über vier zentrale Wis-
sensbereiche zu erstrecken habe: ‚Entwicklungs- und kognitionspsychologisches
Wissen', ‚fachwissenschaftliches Wissen', ‚allgemein- und fachdidaktisches Wissen' (vgl. ebd.) sowie als vierter Bereich „ein Wissen um die Lernbiographien der
Schülerinnen und Schüler sowie um die jeweiligen sozialen, kulturellen und ethnischen Hintergründe" (ebd.: 122f.). Diese Beobachtungsstrategie soll Lehrkräfte
letztlich zu einer inneren Differenzierung bzw. zu „natürlicher Differenzierung"
(ebd.: 124) der Lerngruppe befähigen. Welchen Informationsgehalt dabei das ‚Erfassen' und ‚Deuten' der ‚sozialen, kulturellen und ethnischen Hintergründe' der
Lernenden besitzt, bleibt hingegen – erwartbar – unexpliziert. Stattdessen wird
damit ein diffuses Unterscheidungswissen über die soziale ‚Ungleichartigkeit'
(ebd.: 115) der SchülerInnen aufgerufen, das die Praxis letztlich dazu auffordert,
dieses Wissen als Differenzierungswissen einzusetzen und in der pädagogischen
Diagnostik auf ihre AdressatInnen zu projizieren.

Gruppenkategorien, die mit pädagogischen Eigenschaftserwartungen verknüpft und im prognostischen Beobachtungsmodus zur Identifizierung individueller Lernvoraussetzungen genutzt werden sollen, basieren nicht auf graduell-
quantitativen, sondern auf *kategorial-exklusiven* Unterscheidungen: Ein Kind
kann graduell im Verhältnis zu anderen als mehr oder weniger motiviert, auf-
merksam, fleißig, interessiert usw. typisiert werden; es kann im Verhältnis zu sich
selbst Motivation, Aufmerksamkeit, Fleiß, Interesse steigern bzw. *entwickeln*. An
kategoriale Gruppenmerkmale wie ‚sozialer, kultureller und ethnischer Hintergrund' können hingegen *keine pädagogischen Entwicklungssemantiken* angeschlossen werden, weil sie nicht *Folge* pädagogischer Kommunikation sind: Wäh-

---

‚Defizit'- auf ‚Differenz'-Beobachtung an. Diese Umstellung bleibt allerdings im Kontext heterogenitätssensibler Diagnostiken insofern folgenlos, als das grundlegende
Beobachtungsschema ‚Defizit' offensichtlich beibehalten und lediglich seiner negativen Wertungsoption entledigt werden soll: Individualisierung von Unterricht, so
Höhmann, ermögliche Lehrern Zeit für ‚Beobachtung' zu gewinnen: „So können sie
Lernkompetenzen und Lerndefizite […] genauer diagnostizieren. […] Wichtig ist dabei eine stärken- und nicht defizitorientierte Beobachtungshaltung." (Höhmann 2004:
30)

rend Motivieren, Aufmerksamkeit erzeugen, Interesse wecken, Fleiß anregen usw. den Einfluss und die Verantwortung des pädagogischen Handelns sichtbar machen, klassifizieren derartige Gruppenmerkmale auch im pädagogischen Diskurs kategorial-exklusiv: Sie lassen sich nicht verändern. Soziale oder kulturelle ‚Ungleichartigkeit' ist damit vor allem als Sachverhalt für die pädagogische *Beobachtung* ‚real', die nach Möglichkeiten der Ungewissheitsabsorption und Erwartungsstabilisierung sucht.

Die mit der bildungspolitischen Institutionalisierung des Heterogenitätsdiskurses verknüpfte Expansion von Prävention und Diagnostik führt zu einem Phänomen, auf das Helga Kelle und Anja Tervooren hinweisen: Unter dem Heterogenitätsaspekt argumentiert einerseits der schulpädagogisch profilierte Diskurs für die altersheterogene Inklusion und setzt auf den professionellen ‚Umgang mit Heterogenität' als Verbesserung des pädagogischen Differenzierungsvermögens in Hinblick auf individuelle Förderung, während andererseits die Diagnostik an der Schnittstelle Elementar-/Primarpädagogik expandiert und durch Sichtung potenziell ‚nicht-normal' entwickelter Kinder eine ‚Zunahme' von Heterogenität feststellt:

> „Wo die reformorientierte Grundschulpädagogik gewillt zu sein scheint, alle Kinder – wie es auch ihrem programmatischen Entwurf entspricht – in die Grundschule aufzunehmen und deren Bildungslaufbahnen zu normalisieren, da verweisen die sich etablierenden Regimes des Testens in der frühen Kindheit darauf, dass die Heterogenität wächst, und zwar nicht nur trotz, sondern möglicherweise auch wegen der verstärkten Beobachtung der Entwicklung von Kindern. In der Konsequenz ist eine wachsende Zahl von Kindern dem Risiko ausgesetzt, einen nicht-normalen Verlauf ihrer Entwicklung bescheinigt zu bekommen." (Kelle/Tervooren 2008: 8)

In diesem Zusammenhang erhält die (Sozial-)Ontologisierung der Lernvoraussetzungen von Kindern eine besondere Tragweite, weil *vor*schulische Lernentwicklungsprognosen nach Anhaltspunkten für ein erwartbares Lernpotenzial suchen, das weder durch pädagogische Vermittlungsbemühungen noch durch die innerschulische Form der Leistungsmarkierung zur Sichtbarkeit gebracht worden ist und in diesem Beobachtungsvakuum scheint ein Rückgriff auf die ‚Evidenz' *sozialer* Sichtbarkeit als probate Lösung zu fungieren. ‚Bildungsrisiken' werden auf Grundlage einer diffusen präventionsintendierten Beobachtungsleistung erzeugt, ihre Ursache jedoch auf die AdressatInnen pädagogischer Kommunikation projiziert. Sozial ‚sichtbare' Anhaltspunkte können sowohl für pädagogische Erwartungsstabilisierung im Interaktionsprozess als auch für die möglichst frühzeitige Antizipation späterer Entscheidungsprämissen genutzt werden. Nicht zuletzt deshalb wird Heterogenität als Beobachtungsschema in Bezug auf den Anfangsunterricht und auf eine möglichst früh ansetzende Diagnostik relevant.

4.4.3 Lernvoraussetzung Gesellschaft: Heterogenität als differenzpädagogische ‚Soziologie'

Zahlreiche Beiträge gehen in Übereinstimmung mit den seitens der OECD 2004 formulierten Überlegungen zu einem neuen Lehrerleitbild von der Ausgangssituation einer „zunehmende(n) Heterogenität der Schülerpopulation" (vgl. KMM 2004) aus und konstatieren in einer Steigerungsrhetorik: „Die Heterogenität der Schülerschaft unserer Schulen nimmt unzweifelhaft enorm zu." (Schilmöller/Fischer 2011: Klappentext) Innerhalb des Diskurses lassen sich dabei Tendenzen erkennen, eine ausschließlich an kategorialer Differenz orientierte Verschiedenheitssemantik zu überwinden und den Begründungszusammenhang heterogenitätssensibler Pädagogik an die Semantik soziologischer Gegenwartsdiagnosen anzuschließen. Es handelt sich in gewisser Hinsicht um den Versuch, den Heterogenitätsdiskurs zu ‚versozialwissenschaftlichen'. Der soziale Wandel in der modernen Gesellschaft fungiert hierbei als Ausgangspunkt pädagogischer Problembeschreibungen, sodass die Heterogenitätsperspektive an die vermeintliche Evidenz soziologischer Empirie[128] rückgebunden werden kann:

> „Bildungssoziologische Analysen und Alltagserfahrungen von Lehrerinnen und Lehrern decken sich in der Feststellung, dass die Lerngruppen in sämtlichen Schulformen in den beiden letzten Jahrzehnten heterogener geworden sind. Ursache sind gesamtgesellschaftliche Entwicklungen, auf die Schule selbst *nur in geringem Umfang Einfluss nehmen kann* (Hervorhebung M.E./U.H.): die Auflösung traditioneller Milieus, Werthorizonte und Loyalitäten, die Individualisierung von Lebensmustern, von Geschlechts-, Status- und Berufsidentitäten, die Diversifizierung von nationalen Herkünften und Familienformen, in den letzten Jahren vor allem die zunehmende Marginalisierung sozial Benachteiligter unter den Vorzeichen einer neoliberalen Wirtschafts- und Sozialpolitik. [...] Homogene Lerngruppen herstellen zu können, erweist sich angesichts dieser gesellschaftlichen Realität immer deutlicher als Fiktion." (Bräu/Schwerdt 2005: 10)

Auch in dieser Argumentation findet sich die diskurstypische Kopplung von sozialen Bedingungen und Lernvoraussetzungen, die abermals die Fiktionalität

---

128 Wischer (2009: 4) zeichnet nach, dass empirische Forschungsergebnisse mit Ausnahme von Verweisen auf PISA innerhalb des Heterogenitätsdiskurses faktisch keine Rolle spielen und bisweilen sogar als irrelevant oder unglaubhaft zurückgewiesen werden.

der homogenen Lerngruppe belegen soll. Interessanter erscheint uns allerdings die *Passivierung des Schulsystems* gegenüber den skizzierten Phänomenen eines sozialen Wandels, der innerhalb des Diskurses zumeist mit dem Allgemeinplatz der ,Pluralisierung von Lebensbedingungen' aufgerufen wird. Einerseits kann der gegenwartsdiagnostische Wert der aufgezählten Indikatoren dieses Wandels, die als heterogenitätspädagogischer Handlungsanlass vorgestellt werden, sachlich nur eingeschränkt Geltung beanspruchen.[129] Andererseits werden gesellschaftliche Prozesse auch der Ungleichheitsgenese (,Marginalisierung sozial Benachteiligter') angesprochen, an denen das Schulsystem keineswegs passiv oder lediglich reaktiv sondern – entsprechend seiner ,meritokratischen Funktion' – aktiv und systematisch beteiligt ist. Mithin wird die pädagogisch beobachtete Heterogenität in der Schule aber auch auf die Gesellschaft als solche projiziert und damit zu einem Strukturmerkmal erklärt, was dann wiederum zirkulär die Annahme sozial heterogener Lernvoraussetzungen evident erscheinen lässt:

> „Pluralismus kann dabei als Kennzeichen einer komplexen Gesellschaft betrachtet werden, die strukturell zwischen sozialer, kultureller, geschlechts-, alters-, interessen- und leistungsbezogener Heterogenität unterscheidet. Als Rahmenbedingungen haben diese Heterogenitätsdimensionen direkten oder indirekten Einfluss auf die Möglichkeiten der Bildungsbeteiligung und auf das Lernverhalten von Schülerinnen und Schülern in den Schulen." (Boller/Rosowski/Stroot 2007: 13)

Die Implikation einer solchermaßen ,kausal' argumentierenden Verknüpfung von kollektivistischen (,soziale Heterogenität') und individualistischen (,leistungsbezogene Heterogenität') Askriptionen, d.h. von ,externen' sozialen und ,internen' pädagogischen Unterscheidungen scheint indes weitreichend: Heterogenitätspädagogiken versuchen offensichtlich, prognostische Ungewissheit durch ein Beobachtungsschema zu absorbieren, das auf der sozialen Sichtbarkeit kollektivistischer Askriptionen beruht, die aufgrund ihrer Invarianz Erwartungssicherheit hinsichtlich des ,Lernverhaltens' zu bieten scheinen.

Ein weiteres Beispiel für die Projektion schulischer Beobachtungsrationalität auf ,die Gesellschaft' stellt die häufige Bezugnahme auf Ulrich Becks Individualisierungstheorem (1986) dar. Die Referenz auf gesellschaftliche Individualisierung

---

129 Die hier vorgestellten Indikatoren finden sich z.T. bereits seit Ende des 19. Jahrhunderts in der soziologischen Literatur, etwa bei Ferdinand Tönnies (1887/2005), der die Erosion von Gemeinschaftsformen in der Moderne problematisierte oder auch Georg Simmels Theorie der Individualisierung (1890/1966), die Ulrich Beck zu Beginn der 1980er Jahre in seiner populär gewordenen Gegenwartsanalyse der „Risikogesellschaft" (Beck 1986) reinterpretiert hat.

in der Problemkonstruktion scheint hierbei vor allem vom pädagogischen Lösungsangebot ,Individualisierender Unterricht' geleitet:

> „Integrative Pädagogik hat Lösungen für dieses Schlüsselproblem der Individua-
> lisierung erarbeitet, die wegweisend sind für Schule und Gesellschaft: Jedes Kind
> lernt auf seinem Niveau, in seinem Tempo, in eigenem Stil. [...] Integrative Pädago-
> gik entspricht dem gesellschaftlichen Schlüsselthema *Individualisierung* schulpäd-
> agogisch [...]." (Prengel 1999: 50)

Die sprachliche Homonymie zweier Individualisierungsbegriffe wird in eine
sachliche Homologie überführt[130], sodass individualisierender Unterricht als adäquate Reaktion auf gesellschaftliche ,Schlüsselprobleme' erscheinen kann (vgl.
ähnlich auch Bräu 2005: 132).[131]

Sozialisationstheoretische Rückbindungen in den Bezugnahmen auf Gesellschaft finden sich in der Heterogenitätsliteratur nur bedingt, sie gehen über Ver-
mutungen darüber, dass „Sozialisationsheterogenität [...] nach dem Anlage-Um-
welt-Konstrukt" unterschiedliche „Lernausgangslagen" (Jürgens 2005: 151) und
damit wiederum unterschiedliche Startchancen erzeuge, nicht hinaus. Mit dem
Terminus ,Lernausgangslage' sind unterschiedliche Leistungsvoraussetzungen
wie „Konzentration", „Motivation", „Intelligenz" und „Leistungsangst" (ebd.: 152)
angesprochen, bei denen aber unklar bleibt, in welchem Verhältnis sie zu unterschiedlichen sozialen Lebenslagen stehen sollen.

Angesichts der (hier freilich nur grob skizzierten) Argumentationslinien kann
nicht davon ausgegangen werden, dass der Diskurs immanent über ein fundiertes
soziologisches Reflexionswissen verfügt, vielmehr wird selektiv auf sozialwissenschaftliches Vokabular zugegriffen, das der nachträglichen Plausibilisierung des
pädagogischen Beobachtungsschemas Heterogenität dient. Zugespitzt formuliert,
erfindet die Heterogenitätspädagogik letztlich ihre eigene ,Soziologie'.

---

130 An anderer Stelle wird die „offene Schule" als adäquates pädagogisches Realisierungs-
    programm für Karl Poppers Ideal der „offenen Gesellschaft" eingefordert (Preuss-
    Lausitz 2004: 17).

131 Was damit jedoch mehr oder Anderes gemeint sein kann, als dass Heterogenitäts-
    pädagogik ,fitness' für die erfolgreiche Bewältigung individualisierter Lebensrisiken
    infolge der neoliberalen Erodierungen wohlfahrtsstaatlicher Leistungssysteme her-
    stellt, bleibt unklar.

4.5 Soziale Klassifikation und pädagogische Ordnung: Aporien des Heterogenitätsdiskurses

Die den Heterogenitätsdiskurs in seinen Selbstbegründungsmotiven prägende Thematisierung von Homogenität und Heterogenität sowie die Bezugnahme auf kategoriale soziale Differenz verweisen u.E. darauf, dass sich der Heterogenitätsdiskurs um ein ‚Matching'-Problem zentriert, weil die Frage, wie schul*externe* Kategorien (askriptive Merkmale) und schul*interne* Kategorien (Lern- und Leistungsmerkmale) in ein Passungsverhältnis gebracht werden sollen, für den Diskurs gleichermaßen konstitutiv wie kausallogisch unbeantwortbar ist – und diese Unbeantwortbarkeit verursacht ein diskurstypisches Reflexionshindernis:

- Zum einen setzen heterogenitätspädagogische Konzepte die Annahme voraus, dass Leistungsvariablen von Sozialvariablen relativ *abhängig* sind und die Beobachtung von Sozialvariablen entsprechend etwas über die erwartbare Ausprägung individueller Leistungsvariablen offenbart – was reflexiv gewendet schon deshalb unwahrscheinlich ist, weil ‚Leistung' das Resultat pädagogischer Askription ist und keine ‚natürliche' Eigenschaft von Kindern, gleich welcher sozialen Zugehörigkeit. Heterogenitätspädagogiken beobachten dabei im Modus einer klassifikatorischen Doppelreferenz, die kollektivistische und individualistische Askriptionen aneinander anschlussfähig hält, ohne deren Verhältnis theoretisch oder empirisch bestimmen zu können.

- Zum anderen legitimiert sich das Schulwesen (und mit ihm die professionelle Schulpädagogik) gerade dadurch, dass der Zusammenhang zwischen askriptiven Gruppenmerkmalen und Lernen/Leistung in der modernen Gesellschaft meritokratisch unterbrochen werden soll. Soziale Gruppenzugehörigkeit kann vor diesem Hintergrund nur deshalb als pädagogisch relevantes Kriterium ins Spiel gebracht werden, weil und insofern der erziehungswissenschaftliche Heterogenitätsdiskurs offensichtlich darauf vertraut, dass die Bewertung von Leistungen, Fähigkeiten, ‚Begabungen' faktisch *unabhängig* von kollektivistischen Askriptionen erfolgt. Der Diskurs kann seine eigenen ‚meritokratischen' Möglichkeitsbedingungen jedoch nicht belegen.

Daraus resultieren diskursimmanent erzeugte Aporien: An den Kindern beobachtete soziale Gruppenmerkmale sollen förderbezogen relevant und *zugleich* selektionsbezogen irrelevant sein; sie sollen für die ‚Verschiedenheit der Begabungen' sensibilisieren und *zugleich* sozial gefilterte Urteile verhindern; sie sollen die Gestaltung von Leistungsgruppierung orientieren und *zugleich* für die Leistungsbewertung außer Kraft gesetzt werden. Die sachliche Plausibilität heterogenitätssensibler Differenzierungsstrategien, Didaktiken, Methodiken und Diagnostiken ist dabei konstitutiv an die *operative Fiktion* ‚realistischer' Begabungs- und vor allem Leistungszuschreibung im Prozess der pädagogischen Beobachtung gebunden.

Mit der Letztreferenz auf ,qualitative Differenz' (Ungleichartigkeit) wird innerhalb des Diskurses ein Reflexionshindernis eingezogen, das eine mögliche *Erzeugung askriptiver Ungleichheit* auf der Ebene des unterrichtlichen Interaktionsgeschehens per definitionem ausschließt. Die Leitidee der ,qualitativen Differenz', die ihrerseits an sozial-ontologische Vorstellungen gebunden ist, führt damit folgerichtig zu einer Zurückweisung von Problembeschreibungen, die sich nicht an der *Ungleichartigkeit der Eigenschaften*, sondern an der faktischen *Ungleichbehandlung* der AdressatInnen durch die institutionalisierte pädagogische Praxis orientieren:

> „Aus diesen Gründen ist jenen Auffassungen zu widersprechen, die ein ,hohes Niveau der erworbenen Kompetenzen bei möglichst geringer Streuung' von Leistungsständen in Schulklassen als ein Kriterium erfolgreichen Unterrichts ansehen (vgl. Ditton 2006: 235, *zit. i. Org.*, M.E./U.H.). Würde man in der Unterrichtsgestaltung diesem Maßstab konsequent folgen, so würde damit ein widersinniges, weil Leistung hemmendes Bremsen der schnell Lernenden einhergehen. Ein begründetes Erfolgskriterium im Hinblick auf Leistungsförderung kann darum nur die individuell optimal erfolgreiche Leistungsentwicklung aller verschiedenen Schülerinnen und Schüler sein." (Prengel 2009: 171)

Das Ungleichartigkeits-Schema zwingt offensichtlich dazu, nicht nur die Heterogenität der ,unausgelesenen' SchülerInnenschaft am Anfang, sondern auch eine *Ergebnisheterogenität* als ,natürlich' betrachten zu müssen. Die hier in Referenz auf Hartmut Ditton kritisierte Forderung, ein hohes Leistungsniveau bei geringerer Streuung sei als Qualitätsmerkmal schulischer Lehr-Lernprozesse in Betracht zu ziehen, geht von der Annahme aus, dass eine strukturelle Verringerung sozialer Selektivität im Bildungssystem grundsätzlich möglich ist. Folgerichtig ist dabei von einer *aktiven* Rolle professioneller und institutioneller Strukturvariablen hinsichtlich der Gewährleistung bzw. Nicht-Gewährleistung von Allokationschancen auszugehen. Die von Prengel in Anschlag gebrachte Zielperspektive der ,natürlichen' Ergebnisheterogenität entledigt sich demgegenüber jener Gewährleistungsverantwortung: Nicht die Orientierung der Pädagogik an meritokratischen Leistungsfiktionen wird hierbei hinterfragt, vielmehr erscheint die Ungleichheit in den Ergebnissen als legitim, sofern sie die ,natürliche' Verschiedenheit der AdressatInnen abzubilden vermag.

Eine derartige Heterogenitätsperspektive läuft Gefahr, mit dem Verweis auf die ,Verschiedenheit' der SchülerInnen die systematische Erzeugung differenzierter sozialer Ungleichheiten im und durch das Erziehungssystem – entgegen der

proklamierten Absicht – zu legitimieren. Der institutionellen Gewährleistungsverantwortung entzieht sich der Heterogenitätsdiskurs durch eine Semantik des
Vorläufigen: Differenzierungsoptionen im fortlaufenden Interaktionsprozess haben – zumindest konzeptionell – einen *reversiblen Charakter*, dies unterscheidet
sie von ‚homogenisierenden' organisatorischen Differenzierungen, die kaum oder
nur über bürokratischen Weg rückgängig gemacht werden können. Da jedoch in
den Interaktionsprozessen die Entscheidungsprämissen für Beurteilungen erzeugt werden müssen, bleibt diese einseitige Referenz auf Interaktion eine durch
strukturelle Korrelate gerade nicht rückgebundene Semantik – sie bleibt eine *fik-
tive Semantik*.[132]

Dass die Aufmerksamkeit für ‚Verschiedenheit', ‚Differenz' und ‚Vielfalt' im
pädagogischen Kommunikationsprozess ebenso wahrscheinlich zu Formen der
Exklusion der AdressatInnen (auch im Modus innerer Differenzierung) führen
kann, ist im Grunde auch eines der verdeckten Hauptprobleme, mit denen sich
der Diskurs latent befasst. Die normativen Appelle, die sich um das Kernmotiv
der Anerkennung von Differenz arrangieren, verweisen vor allem darauf, dass
sie *notwendig* sind: Heterogenitätssensibilität als solche verhindert noch nicht,
dass Lehrkräfte ‚qualitative Differenz' mit negativen Wertungsoptionen und Selektionsentscheidungen verbinden. In diesem Sinn schützen auch pädagogische
Diagnostik und Förderung das Individuum nicht vor Selektion (vgl. dazu Kronig
2001). Die vielfaltspädagogische Perspektive versucht dabei ihre eigene subsum-
tionslogische Klassifikation zu dementieren, indem sie Unterscheidung und positive Wertung ineins setzt. So kann die Diskussion von ‚Gleichheit und Differenz'
auf der Seite der erwünschten Wertungsoptionen im Modus der Moralkommuni-
kation geführt werden. Was nur noch sichtbar bleibt, ist die anerkennungsethisch
begründete gute Absicht des Unterscheidens, mit der den virulenten Reifikations-
problemen kaum beizukommen ist. Angesichts der asymmetrisierenden Logik
von Kategorien wie ‚Migrationshintergrund' vertraut der Diskurs letztlich aber
auf die ‚normative Kraft' des Kontrafaktischen. Infolge des erziehungswissenschaftlichen Versuchs, die pädagogische Praxis lediglich durch Ethik zu beeinflussen, bleibt es der institutionalisierten Praxis selbst überlassen, ob sie in diesem
Sinn ‚moralisch' handelt.

Im Unterschied zur Chancengleichheitsdiskussion der 1970er Jahre wird dabei
nicht die strukturelle Verbesserung der relativen sozialen Allokations- bzw. Mo-
bilitätschancen – also Gleichwertigkeit in den Abschlüssen – als übergeordnete
Zielstellung verfolgt; vielmehr bildet das methodisch-didaktische Problem des
Umgangs mit der ‚Verschiedenheit' der SchülerInnen im Unterricht den semanti-

---

132 Zur grundlegenden Funktion „fiktiver Semantik" in der Pädagogik vgl. Treml 1991.

schen Bezugspunkt der Diskussionen. Was daraus resultiert, ist eine Invertierung der Perspektive: Während der Zusammenhang von schulischer Differenzierung und gesellschaftlicher Entwicklung in den 1970er Jahren noch als Interdependenzverhältnis beschrieben werden konnte (vgl. etwa Schlömerkemper 1981) und Ungleichheit/Gleichheit als Effekte des Schulsystems und der pädagogischen Praxis thematisiert wurden, unterbricht der Heterogenitätsdiskurs diese Interdependenz semantisch, indem er der Schule und der professionellen Praxis angesichts der gesellschaftlichen Ungleichheiten eine nur noch *passive* Rolle zuschreibt.

Der Heterogenitätsdiskurs potenziert Reflexionsprobleme der Kulturalisierung und Reifikation. Statt beobachtungstheoretischer Problematisierungen setzt der Diskurs auf listenförmige Zusammenstellungen von Kategorien, die im pädagogischen Kommunikationsprozess potenziell relevant werden sollen. Dies führt letztlich zur Konstruktion „generalisierter Vielfalt" (Wischer 2009: 74), die jedoch ihre eigenen Inkonsistenzen erzeugt:

> „Eine […] Schwierigkeit liegt im Unterscheiden von relevanten bzw. geeigneten von irrelevanten bzw. ungeeigneten Schülermerkmalen und Diagnoseverfahren: Der Reformdiskurs tendiert zu listenartigen Zusammenstellungen, wo aus unserer Sicht Prioritätensetzungen notwendig wären." (Trautmann/Wischer 2011: 117)

Diese Schwierigkeit verweist aber vor allem darauf, dass der Diskurs erwartbar keinen Wirkungszusammenhang zwischen sozialen Merkmalen und pädagogisch relevanten Merkmalen herstellen kann. Die Logik der Liste scheint vielmehr darin zu bestehen, dass alle Merkmale für die Beobachtung gleichmöglich bereit gehalten werden, da Kontingenzbeschränkungen in diesem Zusammenhang ‚kausal' nicht begründbar sind. Die Heterogenitäts-‚Listen' stellen angesichts dieses Dilemmas bereits die ‚Lösung' dar: Gerade *weil* sie keine Prioritäten setzen, halten sie Opportunitäten für die Praxis offen – und verwandeln das epistemologische Begründungsproblem des wissenschaftlichen Diskurses in ein praxeologisches Problem, dessen Bearbeitung damit an die Profession delegiert wird. Der pädagogischen Praxis wird ein differenziertes – und das bedeutet vor allem: flexibles – Klassifikationswissen mit dem Ziel zur Verfügung gestellt, ihre AdressatInnen pädagogisch ‚adäquater' unterscheiden und entsprechend behandeln zu können. Was ‚die Praxis' daraus macht, kann von der Wissenschaft jedoch weder vorausgesehen noch beeinflusst werden.

Differenz organisieren: Diversity zwischen Humanressource und Antidiskriminierung

Während der Heterogenitätsdiskurs seinen genuinen Problembezug der Lerngruppendifferenzierung in Referenz auf das Interaktionssystem Unterricht findet, entfalten erziehungswissenschaftliche Diversity-Ansätze ihre Plausibilität auf der Ebene der institutionell-organisatorischen Rahmenbedingungen schulischer und außerschulischer Bildung. Die Diversity-Perspektive erlangt sowohl für die Einzelschule, bspw. im Rahmen von Schulprogrammen und Schulprofilen (vgl. etwa Wiltzius 2011), als auch in sozialpädagogischen Handlungsfeldern von der Elementarpädagogik über offene Jugendarbeit, Kinder- und Jugendhilfe bis hin zur außerschulischen Bildungsarbeit Relevanz (vgl. etwa die Beiträge in ARCHIV 2012). Der Entstehungszusammenhang des Diversity-Ansatzes liegt allerdings historisch und systematisch betrachtet jenseits des pädagogischen Feldes und weist in seinen Begründungsmotiven keinen unmittelbaren Bezug auf pädagogisch-praktische Problemstellungen oder institutionelle Strukturmerkmale des Erziehungssystems auf.

Vielmehr lässt sich der Ursprung des Diversity-Diskurses auf Organisationsentwicklungsstrategien zurückführen, mit denen das Ziel der effektiveren Nutzung von ‚Humanressourcen' durch die Adaptivitätssteigerung gegenüber relevanten gesellschaftlichen Organisationsumwelten erreicht werden soll. Damit liegt unter dem Stichwort ‚Diversity' zunächst ein abstraktes und inhaltlich unbestimmtes, dadurch aber relativ fungibles Beobachtungsschema vor, das jedoch an grundlegende Problemstellungen und Semantiken des *Organisationsmanagements* gekoppelt ist. In dieser Referenz entfaltet auch die dominante Linie des ‚Diversity-Managements' ihre Sinnfälligkeit. Ein Charakteristikum des Diversity-Diskurses besteht darin, dass er hinsichtlich seines sachlichen Problembezugs eine *Doppelreferenz* aufweist:

- Zum einen werden Diversity-Konzepte als Instrumente der Organisationsentwicklung entworfen, die auf die Steigerung operativer Effizienz zielen und dabei grundlegend an der Idee eines differenztoleranten Teambuilding orientiert sind. Insbesondere Diversity-Management beruht auf betriebswirtschaftlichen Handlungsrationalitäten und markt- und wettbewerbsorientierten Personalentwicklungsstrategien.
- Zum anderen schließt Diversity aber auch an Antidiskriminierungssemantiken an, die im Kontext sozialer Bewegungen entstanden sind. Für diese Verschränkung von Diversity und Antidiskriminierung bildet jedoch auch der Systemtypus der Organisation den Referenzrahmen.

,Diversity' streut über ganz unterschiedliche Systemkontexte wie Wirtschaft, Wissenschaft, Recht, Politik, Erziehung und ihre entsprechenden Semantiken. Diversity-Konzepte bewegen sich damit gleichzeitig auf einem weiten Feld kontingenter Bezugnahmen: Diese reichen von einer an Produktivitätssteigerung interessierten Prozessoptimierung in Wirtschaftsorganisationen über Strategien zur operativen Umsetzung von Antidiskriminierungsvorgaben in Profit- und Non-Profit-Organisationen bis hin zu emanzipationspolitisch motivierten Strategien, wobei sich letztere gegen die ökonomistischen Verkürzungen und die ,instrumentelle Vernunft' des Diversity-Management-Ansatzes wenden.

Der Diversity-Diskurs oszilliert infolge seiner Doppelreferenz auf Management und Antidiskriminierung kontinuierlich zwischen der Funktionalität differenzsensibler Organisationsentwicklung einerseits und der Legitimationswirksamkeit diskriminierungskritischer Normativität andererseits. Gemeinsam ist allen Diversity-Ansätzen jedoch, dass sie Gesellschaft auf der Grundlage eines Kategorientableaus beobachten, das Zugehörigkeiten und Identitäten entlang kollektivistischer Askriptionen differenziert und zum Anhaltspunkt für Wertschätzung und Anerkennung von Differenz nimmt. Im Rahmen des Diversity-Diskurses wird dabei ein potentiell ,unendlich' erweiterbares Repertoire an Kategorien bereitgestellt: „Geschlecht, Alter, Nationalität, Ethnizität, Kultur, Religion, sexuelle Identität und Orientierung, familiäre beziehungsweise Lebenssituation, Klasse, Ausbildung, Werte, Verhaltensmuster und so weiter" (Krell et al. 2007: 9).[133]

---

133 Der Begriff Klasse bzw. class wird innerhalb des Diskurses zwar vereinzelt in die Aufzählung von Diversity-Kategorien aufgenommen, bleibt dabei aber gesellschaftstheoretisch weitgehend unbestimmt: Entsprechend der englischsprachigen Diktion des Begriffs bezeichnet er nicht viel mehr als ,sozioökonomische Differenz' und wird daher auch synonym zum Schichtungs- oder Milieubegriff verwendet.

Auch in der erziehungswissenschaftlichen Adaption des Diversity-Diskurses spielt die Bezugnahme auf Kategorien, die soziale Gruppenzugehörigkeit anzeigen, eine zentrale Rolle. Damit ist eine grundsätzliche Homologie zum Heterogenitätsdiskurs gegeben, insofern auch Diversity die AdressatInnen pädagogischer Kommunikation nach einem Klassifikationsschema beobachtet, das auf Verschiedenheit im Sinne ‚qualitativer Differenz' basiert. Allerdings geschieht dies im Unterschied zum Heterogenitätsdiskurs vor dem Hintergrund jener Doppelreferenz auf Antidiskriminierung und Management: Während die diskursimmanent verfügbaren Referenzen auf Antidiskriminierung im Modus einer Reflexionsaufforderung sowohl an die erziehungswissenschaftliche als auch professionelle Auseinandersetzung mit Differenz genutzt werden, gewinnt die manageriale Perspektive im Bereich der freien Wohlfahrtsverbände bzw. der Organisationen der Kinder- und Jugendhilfe, aber auch im Kontext von Schulentwicklung und schulischem Qualitätsmanagement verstärkt an Bedeutung. Im Hintergrund stehen hierbei nach PISA einsetzende bildungspolitische Modernisierungsstrategien, die sich, wie ‚Schulautonomisierung' und ‚Output-Steuerung', wesentlich am Modell des New Public Management orientieren.

Wir werden im Folgenden zunächst auf das Schema der kategorialen Diversity-Konstruktion innerhalb des managerialen Diskurses eingehen, weil dieser einerseits Aufschluss über die grundlegenden Problematisierungen gibt, auf die Diversity als Lösung reagiert. Andererseits lassen sich jedoch Reflexionshindernisse nachzeichnen, die der Diskurs infolge seiner Doppelreferenz erzeugt und die letztlich in erziehungswissenschaftliche Diversity-Ansätze importiert werden.

5.1 Begründungsprobleme des Diversity-Ansatzes

Die Verbreitung von Diversity-Management in Deutschland beginnt seit Anfang der 1990er Jahre, zum einen in den Wirtschaftswissenschaften und in der beratungsorientierten Managementliteratur, zum anderen in der operativen Praxis international operierender Unternehmen. Insbesondere infolge der Fusionen deutscher und US-amerikanischer Konzerne wurden Unternehmen wie Daimler Benz oder Deutsche Bank mit Diversity-Management-Programmen konfrontiert (vgl. Vedder 2006: 10). Diese Programme sind historisch im Zusammenhang der Personal- und Organisationsentwicklung mittlerer und großer Wirtschaftsunternehmen in den USA seit Mitte der 1980er Jahre entstanden – und damit in einem von der Reagan-Administration geprägten politischen Klima, in dem Antidiskriminierungs-Programme wie ‚Affirmative Action' diskreditiert und deren Fortführung und Weiterentwicklung systematisch blockiert wurde (vgl. Vedder

2009: 120). Parallel setzte sich eine neo-konservative bzw. neo-liberale Politik-
und Wirtschaftsstrategie durch, die den unternehmerischen Verwertungsinteressen grundsätzlich keine politischen Hürden in den Weg legen wollte (vgl. Bendl
2007: 19). Forciert durch den 1987 veröffentlichten *Workforce 2000*-Report, dessen Prognose zufolge „women, racial minorities and immigrants" zukünftig einen
größeren Anteil der erwerbstätigen Personen ausmachen werden als die ‚Gruppe'
der „‚native' white men" (Zanoni et al. 2010: 12; vgl. Litvin 1997), fanden Diversity-Konzepte zunehmend Resonanz. Infolge der demographischen Entwicklung
sahen sich Unternehmen schon aus wettbewerbstechnischen Überlegungen dazu
veranlasst, Management-Programme zu entwickeln, die sich an die prognosti-
zierte Vielfalt der Belegschaften richteten:

> „The notion of diversity revolutionized the understanding of differences in orga-
> nizations, as it portrayed them for the first time in the history of management as
> strategic assets, which, if well managed, could provide a competitive advantage. [...]
> [D]iversity was conceptualized as a set of rare, valuable and difficult to imitate re-
> sources." (Zanoni et al. 2010: 12)

Dieser Entstehungskontext ist für das Verständnis von Diversity-Management
von Bedeutung, da angesichts der Verknappung nachgefragter ‚Humanressourcen' ein diversitätssensibles Personalmanagement als Wettbewerbsvorteil
Plausibilität erlangen konnte. Dabei wird nicht nur die zu erwartende ‚Diversität'
zukünftiger Belegschaften in den Blick gerückt, sondern auch die Vielfalt poten-
tieller KundInnengruppen, die aus der Perspektive des Diversity-Management
soziokulturell differenzierte Absatzmärkte entstehen lassen, auf die wiederum
mit diversitätssensibler Produktgestaltung und adaptivem Produktmarketing
reagiert werden soll.[134] Im Rahmen der Zielsetzung der Verbesserung der organisationsinternen sozialen Kohäsion zielt Diversity zudem darauf, dysfunktionale Kommunikations- und Handlungsbarrieren abzubauen und folgt damit der
Tradition klassischer Human-Relations-Ansätze in der Managementtheorie (vgl.
etwa Kieser 2002).

Das Leitbild ‚Diversity' erzeugt im Unterschied zu klassischen Gleichstellungspolitiken wie ‚Affirmative Action' innerhalb des Wirtschaftssystems gerade dadurch Anschlussfähigkeit, dass es Unternehmen nicht mit politisch-rechtlichen

---

134 „Organisationen sind wirtschaftlich erfolgreicher, wenn sie systematisch auf die Be-
    dürfnisse von heterogenen Kundengruppen, unterschiedlichen Beschäftigten und
    vielfältigen sonstigen Stakeholdern (Geldgebern und Geldgeberinnen, Lieferanten
    und Lieferantinnen, Behörden ...) eingehen." (Vedder 2009: 113)

Eingriffen in ihre Entscheidungsstrukturen konfrontiert. Im Prinzip stellen Diversity-Konzepte marktgelenkte Äquivalente für staatliche und rechtliche Antidiskriminierungsprogramme dar, die den Unternehmen mehr Spielräume eröffnen und sie von potentiellen Sanktionen entlasten.

Mit Diversity wird also in erster Linie ein Beobachtungsprogramm bereitgestellt, das der Organisationsentwicklung dient und Organisationen dazu befähigen soll, sich auf die für sie relevante Umwelt einstellen zu können. Die unternehmerische Beobachtung von sozialer Differenz nutzt dabei ein Klassifikationsschema, mit dem neben (potentiellen) Organisationsmitgliedern auch KundInnen und KlientInnen entlang von Gruppenkategorien klassifiziert werden. Allerdings verbreitet sich der Diversity-Ansatz auch im Non-Profit-Sektor als Managementstrategie bspw. im Rahmen wohlfahrtsstaatlicher Institutionen, auf Hochschulebene oder in NGOs (vgl. Merx 2006; Dippel 2009). Neben dem durch das in Deutschland eingeführte Allgemeine Gleichbehandlungsgesetz (2006) erzeugten politisch-rechtlichen Druck kommt dabei der flächendeckenden Transformation öffentlicher Verwaltungseinheiten in dezentralisierte Organisationen im Zuge des *New Public Management* (vgl. Brunsson/Sahlin-Andersson 2000) eine vorrangige Bedeutung zu. In Folge dieser ‚Verbetriebswirtschaftlichung' wohlfahrtsstaatlicher Leistungsbereiche werden auch in den staatlichen Sektoren Strategien effizienzorientierter Prozessoptimierung und ein angepasstes Personalmanagement relevant. Die Adaption von Diversity-Management in der öffentlichen Verwaltung wird entsprechend plausibel, wenn neben dem Versprechen auf optimierte Ressourcennutzung auch die Erwartung einer verbesserten Umweltadaptivität in Rechnung gestellt wird.

Gleichwohl trifft der Diversity-Ansatz im öffentlichen Institutionengefüge auf Strukturbedingungen, die sich von denen des Wirtschaftsunternehmens nach wie vor erheblich unterscheiden. Für die US-amerikanische Diskussion um Diversity-Management lässt sich etwa zeigen, dass sich eine geschäftszentrierte „Business-Perspektive" und eine an Gleichstellungsfragen interessierte „Equity-Perspektive" als zwei – letztlich unvereinbare – Hauptströmungen gegenüber stehen (vgl. Vedder 2006: 7). Diese beiden Perspektiven markieren jedoch nicht lediglich divergierende ‚Philosophien', vielmehr verläuft die Spaltung zwischen ‚Business' und ‚Equity' entlang unterschiedlicher institutioneller Kontexte und Lobby- bzw. Interessengruppen. So sieht Vedder die jeweiligen Perspektiven durch „DiM-ManagerInnen in Unternehmen" und „VertreterInnen wirtschaftsnaher Interessengruppen" auf der einen, „DiM-ManagerInnen im öffentlichen Dienst" und „VertreterInnen der Gewerkschaften" auf der anderen Seite repräsentiert (ebd.).

Insofern dem ‚business-case'-orientierten Bekenntnis zu Diversity in Form freiwilliger Selbstverpflichtungen und entsprechender Außenpräsentation der

Unternehmen das Ausbleiben konkreter Gleichstellungsmaßnahmen gegenüber steht, geraten Diversity-Management-Ansätze in der US-amerikanischen Diskussion als „postmodern, post-Obama mantra of equality" (Embrick 2011: 542) in die Kritik. Diversity scheint aus dieser Perspektive vor allem der Legitimationsbeschaffung und der Imagebildung für Unternehmen zu dienen und gleichzeitig antirassistische und antisexistische (Gleichstellungs-)Politiken in den Hintergrund zu drängen (ebd.; vgl. auch Collins 2011). Zugespitzt formuliert, leistet Diversity Management demnach letztlich einen Beitrag zur *Depolitisierung* der sich ursprünglich gerade emanzipationspolitisch artikulierenden Strategien gegen historisch sedimentierte rassistische und sexistische Strukturen der Benachteiligung, Marginalisierung und Diskriminierung.

In der deutschsprachigen Diskussion lassen sich demgegenüber Argumentationsmuster erkennen, mit denen Diversity als eine für Management und Antidiskriminierung gleichermaßen anschlussfähige Programmatik präsentiert wird (vgl. Krell/Sieben 2010: 47; Krell 2010: 147ff.). Titel wie „Diversity Management: Chancengleichheit für alle und auch als Wettbewerbsfaktor" (Krell 2008) zeigen Versuche einer widerspruchsfreien Verknüpfung von ‚Business' und ‚Equity' ebenso an, wie die verbreitete Verortung der historischen Wurzeln der Diversity-Perspektive in der US-amerikanischen Bürgerrechtsbewegung der 1950er und 1960er Jahre – obwohl der Terminus Diversity damals noch keine Rolle spielte (vgl. Vedder 2006: 2ff.). Mit dieser ‚Historisierung' wird jedoch ein Narrativ begründet, das Diversity nun gerade im Sinne einer emanzipationsintendierten *Politisierung* re-interpretiert und infolgedessen normativ legitimiert. Entsprechend soll Diversity „politische Anforderungen sozialer Bewegungen des Anti-Rassismuskampfes bzw. der Bürgerrechtsbewegung, der Frauenbewegung, der Schwulen- und Lesbenbewegung als *strategic grassroot approach to change* in verschiedene gesellschaftliche Subsysteme wie Bildung, Wirtschaft und Recht" (Bruchhagen/Koall 2008: 931) implementieren helfen. Organisationen des im weitesten Sinne Öffentlichen Sektors wie gebietskörperschaftliche Verwaltungen oder auch Hochschulen, die Diversity als Organisationsentwicklungsansatz adaptieren, folgen wesentlich diesem Legitimations-Narrativ.[135] In einer weniger an

---

135 So heißt es beispielsweise auf der Homepage der Universität Duisburg-Essen: „Der Diversity Management-Ansatz stammt aus den USA und wird dort bereits über 20 Jahre, seit Mitte der 1980er-Jahre, diskutiert, erforscht, in die Praxis umgesetzt und auch in fast allen Institutionen ‚gelebt'. Die historischen Wurzeln von Diversity und Diversity Management (DiM) gehen noch weiter zurück und liegen in den Bürgerrechtsbewegungen, den Protesten und den Kämpfen gegen Diskriminierung und für Gleichbehandlung in den USA in den 1950er/-60er Jahren." (vgl. http://www.uni-due. de/diversity/dimgeschichte.shtml)

Legitimation, sondern an der Funktionalität des Ansatzes orientierten Variante des managerialen Diversity-Diskurses, wird diese enge Kopplung der Diversity-Perspektive an Antidiskriminierungsintentionen hingegen in Frage gestellt, bzw. werden Antidiskriminierungseffekte zwar begrüßt, nicht jedoch als genuines Organisationsziel verstanden:

> „Diversity stellt kein Antidiskriminierungskonzept im engeren Sinne dar [...]. Treten Antidiskriminierungskonzepte für das Recht auf Repräsentation und Teilhabe bestimmter zuvor benachteiligter Gruppen ein, so stehen Nutzenüberlegungen im Fokus von Diversity [...]. Zwar zielt Diversity darauf ab, Systeme durchlässig und neutral und die Arbeitsfelder offen und flexibel zu gestalten, aber anti-diskriminierende Effekte werden eher als Auswirkung oder als Folge gesehen, denn als Antrieb oder Ziel [...]. Diversity [strebt] als geschäftszentrierter Ansatz eine Steigerung von Erfolg, Produktivität und Kundennähe an." (Stuber/Wittig 2007: 67f.)

Der gleichzeitig beobachtbare Versuch, die emanzipationspolitischen Begründungsmotive für die Legitimation auch betriebswirtschaftlicher Verwertungsinteressen unmittelbar zu nutzen, erzeugt in der Behauptung einer Gleichursprünglichkeit von Emanzipation und Verwertungsrationalität vor diesem Hintergrund ersichtliche Kurzschlüsse:

> „Diversitätsmanagement ist von seiner Herkunft ein aus der Bürgerrechtsbewegung der USA stammendes Managementkonzept, das vor allem davon ausgeht, dass die bessere Nutzung der Humanressourcen Wettbewerbsvorteile bringt." (Hanappi-Egger 2006: 105)

5.2 Kulturalisierung von Differenz: Vielfalt als Organisationsressource

Der Diversity-Diskurs ist ebenso wie der Heterogenitätsdiskurs mit seinem Konstrukt der Vielfalt dadurch gekennzeichnet, dass er gesellschaftliche Strukturen kulturalisiert. Im Fokus von Diversity stehen ‚kulturell' unterscheidbare Gruppen und deren kollektive Identität, wie sich anhand des grundlegend von Taylor Cox (1991 u. 2001) entworfenen Leitbildes der „multicultural organization" zeigen lässt. Dabei bezieht sich der Terminus ‚multikulturell' (oder auch ‚cultural diversity') nicht nur auf nationale oder ‚ethnische' Herkunft, sondern mit ‚Kultur' werden Unterschiede zwischen sozialen Gruppen bezeichnet, die in letzter Konsequenz unter Ausnutzung des ‚klassischen' Spektrums askriptiver Merkmalszuschreibungen konstruiert werden:

„A cultural identity group is a group of people who (on average) share certain values and norms distinct from those of other groups. Although the boundaries of these groups may be defined along many dimensions, I am primarily concerned with gender, race, ethnicity, and national origin." (Cox 1991: 35)[136]

Das Konzept der ‚multikulturellen Organisation' kann dabei an die im Managementdiskurs seit den 1980er Jahren etablierte Semantik der „Unternehmenskultur" und der „Organisationskultur" (vgl. Matthai 2009) anschließen: Programmatisch zielt der Ansatz auf die Herstellung einer Adaptivität zwischen Unternehmenskultur auf der einen, den Interessen und Bedürfnissen unterscheidbarer ‚kultureller Gruppen' innerhalb des Personals auf der anderen Seite. Dabei wird die Annahme eines kausalen Zusammenhangs zwischen personeller Diversität und wirtschaftlicher Effizienz zentral über den Topos der Perspektivenvielfalt bei der Entwicklung von Innovationen und Problemlösungsstrategien entfaltet (vgl. Cox 2001: 6ff.). Hinsichtlich einer ‚adaptiven' Unternehmenskultur rücken vor allem innerbetriebliche Kommunikations- und Interaktionsstrukturen in den Blick: „Valuing Diversity-Trainings" sollen bspw. für Unterschiede sensibilisieren, dem Abbau von Stereotypen und Vorurteilen dienen und das Betriebsklima sowie die organisationsinternen Kooperationen verbessern (vgl. Krell 1996: 342). Diversity basiert hierbei auf der Annahme, dass innerbetriebliche ‚Kulturkonflikte' die Leistungsfähigkeit der MitarbeiterInnnen (individuell und als innerbetrieblich sichtbare Gruppe) einschränken.

Allerdings bilden nicht gesellschaftsstrukturell marginalisierte soziale ‚Minderheiten' den Referenzrahmen für explizite Problematisierungen von Diskriminierungen; vielmehr wird eine *individualisierte Vielfalt* konstruiert, die – im Gegensatz zu klassischen Gleichstellungspolitiken – gleichzeitig auf Akzeptanz bei Mehrheitsangehörigen („dominant groups") setzen kann, die im Rahmen von Diversity-Strategien gleichermaßen integriert werden sollen (vgl. dazu Zanoni/Jannsens 2003: 56). Diversity nivelliert damit die Nicht-Beliebigkeit gesellschaftlich asymmetrisierter Verhältnisse, insofern im Modus einer generalisierten und d.h. individualisierten Vielfalt jede Person aufgrund eines beliebigen ‚kulturellen' Merkmals potentiell als diskriminiert gelten kann. Die durchgängige Kulturalisierung und Individualisierung sozialer Differenz wird dabei als solche keineswegs problematisiert, sondern gerade als Qualität des Diversity-Ansatzes hervorgehoben:

---

136 Dass hierbei auch die Kategorie Gender als ein soziokulturelles Gruppenmerkmal verhandelt wird, weist deutliche Parallelen zur Konstruktion ‚qualitativer Differenz' im vielfaltspädagogischen Ansatz auf.

> „Von besonderer Bedeutung im Kontext von Managing-Diversity-Strategien und
> der Konzeption der multikulturellen Organisation ist der Kulturbegriff. Kultur
> wird hier nicht auf Nation oder Ethnie verkürzt, sondern in einem weiten Sinne
> als individuelles und kollektives Handlungs- bzw. Lebensmuster bestimmt. Kultur
> findet sich demnach auf der Ebene der Gesellschaft (Ethnie), der Organisation (Or-
> ganisationskultur) und bei den Individuen (Lebensmuster)." (Döge 2004: 13)

Gesellschaft setzt sich dieser Logik zufolge aus askriptiven Gruppen zusammen,
die nach Ethnie, Geschlecht, sexueller Orientierung etc. unterschieden werden
und ein Reservoir an persönlichkeitsbildenden Eigenschaften, Erfahrungshori-
zonten und Handlungsmustern zur Verfügung stellen, aus deren Wertschätzung
die Organisation Nutzen ziehen und sich Wettbewerbsvorteile sichern kann. Mit
der kulturalisierenden Klassifikation von Individuen im Kontext eines identitäts-
logisch konturierten Gruppenparadigmas betreibt auch der Diversity-Diskurs
seine eigene, diskursspezifische ,Soziologie', die den organisationsinternen Anforderungen an umweltbezogener Beobachtungsfähigkeit folgt:

> „Diversity discourse portrays socially constructed demographic categories as obvi-
> ous, immutable and thereby precludes any consideration of mechanisms for change.
> Diversity discourse instructs individuals to treat others on the basis of their cate-
> gory memberships and to attribute others' motivations, attitudes and behaviors to
> their category memberships." (Litvin 1997: 207)

Insofern Diversity sozialwissenschaftliche Gruppenkategorien verwendet, die mit
institutionalisierter ,wissenschaftlicher' Legitimation ausgestattet sind, erzeugt
der Diskurs Reflexionsabschlüsse, die verhindern, dass die innerorganisatorische
Rationalität in der Konstruktion ,extern vorgefundener', sozio-kulturell differenzierter Gruppen selbst zum Gegenstand der Diversity-Diskussion werden kann.
Entsprechend orientiert sich die selektive Beobachtung von Gesellschaft nicht am
Referenzproblem sozialer Ungleichheiten entlang der Linien ,Klasse', ,Geschlecht'
oder ,Ethnizität', an deren Genese Arbeits- und staatliche Verwaltungsorganisationen selbst konstitutiv beteiligt sind. Vielmehr ermöglicht das kulturalisierende
Beobachtungsschema im Modus ,qualitativer Differenzen', normative Anerken-
nungssemantiken mit organisationalen Verwertungsinteressen zu harmonisieren.

5.3   Differenz ohne Ungleichheit: Diversity und meritokratische Rationalität

Trotz des prinzipiell als ‚offen' proklamierten Kontingents an Diversity-Kategorien weist der Diskurs eine Selektivität in der Kategorien-Wahl auf, die einen offenbar systematischen Charakter besitzt. Jene Systematik erschließt sich aus der Funktionalität der jeweiligen innerorganisatorischen Beobachtungsleistungen, die durch diversitätssensible Klassifikation erreicht werden soll. Der ‚Wertschätzung' von Vielfalt sind durch die organisationsspezifischen In- und Exklusionsrationalitäten Grenzen gesetzt und diese Grenzen artikulieren sich gerade in den ‚fehlenden' Kategorien. Auffällig ist, dass die Kategorie ‚Klasse' im Kontext der Diversity-Listen nur in seltenen Fällen aufgeführt wird. Diese Nicht-Berücksichtigung des Klassenbegriffs scheint jedoch insofern folgerichtig, als bspw. Arbeitsorganisationen jene sozialen Klassen (und Schichten) durch selektive Allokation und Ausbeutung von Arbeitskraft selbst allererst erzeugen. Anders als im Fall von ‚Geschlecht' oder ‚Ethnizität' wird ‚Klassenzugehörigkeit' entsprechend nicht als eine dysfunktionale Zuschreibung in Hinblick auf die ökonomische Wettbewerbsfähigkeit gewertet.

Der Diversity-Perspektive liegen folglich Annahmen darüber zugrunde, welche sozialen Differenzen als funktional, welche als dysfunktional, verzichtbar oder gerade kontraproduktiv für organisationstypische Zielsetzungen klassifiziert werden können.[137] Im Fall des Unternehmens wird ‚legitime' Diskriminierung bspw. durch Personalrekrutierung betrieben, die neben Bildungszertifikaten und nachgewiesenen berufsspezifischen Qualifikationen auch individuell habitualisierte Umgangsformen und sogenannte ‚soft skills' berücksichtigt. Die generalisierte Wertschätzung von Diversity ist daher immer schon durch formal dokumentierte und informell zugeschriebene Leistungsfähigkeit, Kompetenzen und Ressourcen gefiltert und begrenzt. Diversity-Management folgt der Grundidee, dass die Anerkennung kultureller Identitäten und die Beseitigung nicht-legitimer Benachteiligung entlang von Gruppenmerkmalen *leistungshemmende* Konflikte innerhalb und zwischen den Hierarchieebenen einer Organisation *faktisch* ausschalten kann, sodass sich im selben Zuge die Verantwortung für die Erbringung einer Leistung wieder *individuell attribuieren* lässt:

---

137 So gelangt Dagmar Vinz etwa zu der Einschätzung, dass Diversity-Management vor allem „der Rekrutierung einer ‚Elite' – nun mit dem Fokus auf ‚Talentreserven' aus allen gesellschaftlichen Gruppen – dient" (Vinz 2008: 40).

„In this way, every employee can be seen as 'different', and diversity is reinscribed within a classical meritocratic organizational discourse, attributing to individuals the responsibility to grasp opportunities." (Zanoni/Jannsens 2003: 57)

Die Anerkennung kulturell verstandener Vielfalt ermöglicht die Beibehaltung einer meritokratischen Selbstbeschreibung der Organisationen, die wiederum auf die individuelle Zurechenbarkeit von Fähigkeiten und Leistungen sowie deren differenzielle Gratifikation gerichtet ist. Das Meritokratie-Schema spiegelt sich auch in der deutschsprachigen Diversity-Diskussion um die zugrunde gelegten Beobachtungskategorien. Sowohl in der beratungsorientierten als auch in der wissenschaftlichen Literatur wird in unterschiedlichen Varianten auf ‚nicht oder kaum veränderbare' Diversity-‚Kerndimensionen' verwiesen:

„Sechs kaum oder gar nicht veränderbare Aspekte personeller Vielfalt haben sich als DiM-Kerndimensionen herausgebildet, die im Mittelpunkt stehen: Alter, Behinderung, Ethnizität/Herkunft, Geschlecht, Religion und sexuelle Orientierung." (Vedder 2009: 113; vgl. Stuber 2004: 17)

Während hierbei abermals das übliche Repertoire askriptiver Merkmale bemüht wird, bleiben soziale Schicht oder Klassenlage ausgespart. Stattdessen wird auf „stärker veränderbare ‚Sekundärdimensionen' verwiesen, zu denen z. B. Einkommen, beruflicher Werdegang, Familienstand, Elternschaft oder (Aus-)Bildung zählen" (Vinz/Schiederig 2010: 28). Damit sind indes noch keine strukturellen Ungleichheiten berücksichtigt, vielmehr werden die damit bezeichneten sozialen Lagen kulturalisiert bzw. verlebensweltlicht, sodass insbesondere „Wertorientierungsunterschiede (‚diversity in values')" und „Fähigkeits- und Wissensunterschiede (‚diversity in skills and knowledge')" (ebd.: 28f.) in den Blick rücken.

Die Unterscheidung zwischen ‚Kerndimensionen' (Geschlecht, ethnische Herkunft, Alter) und ‚Sekundärdimensionen' (Einkommen, Beruf, Bildung) reproduziert jedoch zunächst nichts anderes als die ‚klassische' Unterscheidung zwischen askriptivem (‚nicht veränderbarem') und erworbenem (‚veränderbarem') Sozialstatus (zur Kritik dieser Unterscheidung vgl. Kap. I.1). Entscheidend ist dabei allerdings, dass sich an die ‚veränderbaren Sekundärdimensionen' keine Anerkennungssemantik mehr plausibel anschließen lässt, weil derartige individualistische Askriptionen als ‚erworben' und damit als individuell verantwortet gelten. Das Kriterium ‚Leistung' resp. das des erwarteten individuellen Leistungspotentials stellt dabei ganz offensichtlich die immanente Grenze der Wertschätzung von Diversität dar, denn Diskriminierungsrelevanz erlangen die in den Blick genommenen Diversity-Merkmale in dieser Logik nur dann, wenn diese in *keinem*

Zusammenhang zu dem stehen, was jeweilige Organisationen in ihrer eigenen Binnenlogik *legitimerweise* als individuell zu erbringende Leistungen, Anforderungen, Kompetenzen, Qualifikationen etc. voraussetzen.

Letztlich führt die den Diskurs offensichtlich strukturierende Unterscheidung zwischen askriptiven und erworbenen Statusmerkmalen dazu, dass auf dieser Grundlage zwischen legitimen (erworbene Merkmale) und illegitimen (askriptive Merkmale) Diskriminierungsoptionen differenziert wird. Aber auch die Referenz auf die als ‚nicht-veränderbare Kerndimensionen' gefassten kollektivistischen Askriptionen bleibt an die jeweiligen Organisationsrationalitäten rückgebunden und diese können trotz der normativen Absichtserklärung der Anerkennung bspw. für Unternehmenszwecke ausgenutzt werden.

Stellt man mit Tilly in Rechung, dass Organisationen ‚externe' Kategorien intentional mit ‚internen' Kategorien zum Zweck der Ausbeutung von Arbeitskraft auf den unterschiedlichen Hierarchieebenen der Organisation zu ‚matchen' versuchen (vgl. dazu Kapitel I.2), kann nicht mehr vorreflexiv von einer „produktiven Nutzung sozialer Differenzen" (Bruchhagen/Koall 2008: 931) durch Diversity-Management gesprochen werden.[138] Arbeitsorganisationen operieren vielmehr grundsätzlich im Möglichkeitshorizont der ‚internen Exklusion', während der normative Rekurs auf Antidiskriminierung im Diversity-Diskurs dazu tendiert, diesen Sachverhalt auszublenden.

5.4   Diversity und (Anti-)Diskriminierung

Infolge der vorangehend skizzierten Entstehungshintergründe des Diversity-Ansatzes im Kontext managerialer Diskurse sowie der damit einhergehenden meritokratistischen Rationalität der Unterscheidung zwischen legitimen und illegitimen Diskriminierungsoptionen scheint die Adaption von Diversity im Rahmen von Antidiskriminierung zunächst nicht unmittelbar naheliegend. Gleichwohl gewinnen Diversity-Konzepte im Rahmen der Antidiskriminierungspolitik der Europäischen Union unübersehbar an Bedeutung und werden programmatisch für die operative Umsetzung des rechtlich verankerten Antidiskriminierungsauf-

---

138 Bspw. verweist die Diversity-Beauftragte der Daimler-Benz-AG in einem Interview darauf, dass der Konzern bereits seit 15 Jahren „Türk-Treffs" eingerichtet hätte, welche „vielen internationalen Kollegen die Möglichkeit bietet, sich auszutauschen" und mit Blick auf die internationale Belegschaft wird dann festgestellt, dass „in jedem Auto, in jedem LKW ein Stück Diversity steckt". (http://blog.daimler.de/2009/01/16/interview-diversity-was-ist-das) Die ethnisierende Differenzierung betriebsinterner Tätigkeitsbereiche lässt sich folglich bruchlos mit Diversity-Programmatik harmonisieren.

trags in Organisationen beansprucht.[139] Diversity hat allerdings im Rahmen des europäischen Gemeinschaftsrechts weder den Status eines Rechtsbegriffs noch verwenden die europäischen Antidiskriminierungsrichtlinien den Begriff (vgl. Rudolf 2008: 9f.).

Diversity findet seine Anknüpfungspunkte im Antidiskriminierungsdiskurs offensichtlich deshalb relativ problemlos, weil es zum einen selbst ein theoretisch voraussetzungsarmes Konzept darstellt und weil zum anderen die im Diversity-Management fokussierten Kerndimensionen weitgehend mit den unter Diskriminierungsschutz gestellten Merkmalen in den einschlägigen EU-Antidiskriminierungsrichtlinien (2000-2004) übereinstimmen. Diese haben mit dem Allgemeinen Gleichbehandlungsgesetz (AGG)[140] auch Eingang in deutsches Recht gefunden.[141] De facto erlangt Diversity seine Relevanz im Wirtschaftssystem in Deutschland offensichtlich durchaus auch als Interventions-Strategie politisch-rechtlicher Steuerung, insofern sich die Umsetzung von Antidiskriminierungs-vorgaben im Rahmen des AGG mit der Verbreitung von Diversity-Ansätzen im unternehmerischen Kontext faktisch verbindet (vgl. Lederle 2008).

Aus einer organisationssoziologischen Perspektive kann jedoch davon ausgegangen werden, dass Diversity durch politisch-rechtlichen Druck lediglich auf der organisationsinternen ‚talk'-Ebene (vgl. Brunsson 1989) adaptiert wird, nicht jedoch den operativen Kern bzw. die Entscheidungsprozesse von Organisationen substantiell tangiert.[142] Wie Diversity im Rahmen der Umsetzung von Antidiskri-

---

139 Vgl. hierzu insbesondere die von der Generaldirektion Justiz, Grundrechte und Bürgerschaft der Europäischen Kommission durchgeführte Kampagne (http://ec.europa.eu/justice/fdad/cms/stopdiscrimination)

140 In § 1 AGG heißt es: „Ziel des Gesetzes ist, Benachteiligungen aus Gründen der Rasse oder wegen der ethnischen Herkunft, des Geschlechts, der Religion oder Weltanschauung, einer Behinderung, des Alters oder der sexuellen Identität zu verhindern oder zu beseitigen." (http://www.allgemeines-gleichbehandlungsgesetz.de)

141 Die EU-Richtlinien wurden freilich erst nach langwierigen kontrovers geführten Debatten sowie unter dem Druck der Ankündigung eines Vertragsverletzungsverfahrens durch die EU im Jahr 2006 in nationales Recht übersetzt.

142 So weisen die Ergebnisse einer von Sabine Lederle durchgeführten, neo-institutionalistisch angelegten Studie darauf hin, dass die formale Implementation von Diversity-Konzepten im Rahmen der Organisations- und Personalentwicklung in Wirtschaftsunternehmen in Deutschland Anfang der 2000er Jahre nicht zuletzt dem antizipierten legislativen Druck zuzurechnen war, der durch die EU-Vorgaben zur Umsetzung der Antidiskriminierungsrichtlinien in nationales Recht erzeugt wurde. Die Unternehmen reagierten entsprechend mit der Einrichtung von Diversity Management-Stellen bzw. ganzen Abteilungen sowie der Durchführung von MitarbeiterInnenschulungen und Diversity-Trainings. Die Unternehmen nutzen diese Maßnahmen insbesondere

minierungsgesetzen organisationsintern wirksam werden soll, bleibt jenseits von
Proklamationen insgesamt unklar.[143] Stattdessen zeichnet sich auch in Bezug auf
Non-Profit-Organisationen die Verdrängung von Antidiskriminierungspolitiken
durch Anerkennungsstrategien ab: So heißt es etwa auf dem Diversity-Portal der
Heinrich-Böll-Stiftung unter dem programmatischen Titel „Von Antidiskriminierung zu Diversity", dass mit diesem ‚Perspektivenwechsel' „das längerfristige
Ziel einer positiven Wendung des Antidiskriminierungsauftrags hin zu einer Kultur der Anerkennung und Wertschätzung gesellschaftlicher Vielfalt" (Merx 2006,
o.S.) verfolgt werde.

Diese Entwicklung mag auch der Tatsache geschuldet sein, dass sich die von
der Europäischen Kommission nahe gelegte Verknüpfung von Diversity- und Antidiskriminierungspolitik mit keinerlei konkreten Maßnahmen im Sinne eines
Policy-Programms (etwa im Bereich der Sozial- und Bildungspolitik) verbindet.
Damit wird der spezifische *politisch-rechtliche Sinn* von Antidiskriminierung
durch programmatische Anpassung an die depolitisierte ‚Idee' des Diversity-
Management nivelliert. Der Antidiskriminierungsauftrag der EU ist für die Mitgliedsstaaten hinsichtlich der Vorgaben zur rechtlichen Umsetzung der einschlägigen Richtlinien bindend, es existieren jedoch nur schwache Vorgaben für eine
aktive Antidiskriminierungspolitik, die gesellschaftsstrukturelle Ungleichheiten
zu ihrem Gegenstand machen könnte. Dies steht zum einen im Zusammenhang
damit, dass die EU sich selbst nicht „als regulierende Instanz des Ausgleichs von
sozialer Ungleichheit" sieht, sondern diese Aufgabe „im Zuge der Subsidiarität
den Mitgliedsstaaten überantwortet" (Sauer/Wöhl 2008: 250).

Zum anderen ist dies aber auch der selektiven Bezugnahme auf Formen von
Diskriminierung seitens der EU-Antidiskriminierungspolitik geschuldet: So finden die einschlägigen ungleichheitssoziologischen Kategorien soziale Klasse, soziale Schicht oder soziales Milieu nicht nur im Diversity Management, sondern

---

für die Außendarstellung, ohne dass jedoch Konsequenzen für die operativen Entscheidungsstrukturen festgestellt werden konnten. Mit anderen Worten: Diversity
wird als Zeremonie implementiert, um den Erwartungsstrukturen der institutionellen
Umwelt – in diesem Falle des Rechtssystems – zu genügen (vgl. Lederle 2008).

143 Auch die 2006 u. a. von Daimler Benz, Deutscher Bank und Deutscher Telekom sowie der Integrationsbeauftragten des Bundes ins Leben gerufene und inzwischen von
zahlreichen Unternehmen unterzeichnete „Charta der Vielfalt" nimmt nur begrenzt
auf das AGG Bezug und wenn, dann in spezifischer Weise: So wird in einer neueren
Broschüre, im Rahmen der Argumentation, warum Unternehmen sich auf die Programmatik ‚Diversity als Chance' verpflichten sollten, in einem letzten Punkt auch auf
„Senkung von Risiken" verwiesen: „AGG-Schadensersatzklagen sind weniger wahrscheinlich, wenn ein Betrieb Diversity Management umsetzt." (http://www.vielfalt-
als-chance.de/data/downloads/webseiten/Charta-Flyer_Juni2011.pdf)

auch im Antidiskriminierungsrecht keine Berücksichtigung. Darüber hinaus wird die für die ungleiche Inklusion in gesellschaftliche Funktionssysteme wesentliche Diskriminierungsressource der Staatsbürgerschaft explizit aus dem Kanon der durch die EU-Richtlinien geschützten Merkmale ausgeschlossen. Auch Antidiskriminierungsgesetze als politisch-rechtliche Steuerungsinstrumente verfügen folglich über eine konstitutive Unterscheidung zwischen illegitimer (Geschlecht, ethnische Herkunft) und legitimer (Staatsbürgerschaft) Diskriminierung, mit der sie ‚Gesellschaft' selektiv beobachten. Die damit paradoxerweise erneut festgeschriebene Ungleichbehandlung von StaatsbürgerInnen und Nicht-StaatsbürgerInnen durch geltendes Antidiskriminierungsrecht folgt jedoch auch hier einer spezifischen Rationalität: Im Fall der Staatsbürgerschaft handelt es sich um eine unter den Bedingungen nationalstaatlich verfasster Gesellschaften für den Zugang zu Recht, Ökonomie, Bildung, Gesundheitsversorgung etc. bedeutsame Diskriminierungsoption, deren Regulierung genuin durch staatliche Politik und staatliche Verwaltungsorganisationen gesteuert wird (vgl. dazu Hormel 2007: 196ff. u. 2008).

Birgit Sauer und Stefanie Wöhl zufolge zeichnet sich ab, dass die EU-Politik „Diversität zu einer neuen Regierungsrationalität" (Sauer/Wöhl 2008: 251) zu machen versucht, die „den Differenzgedanken mit einer neuen Strategie der Ungleichheitspolitik" (ebd.: 267) verknüpft. Ob und mit welcher Konsequenz hier tatsächlich von einer neuen Regierungsrationalität gesprochen werden kann, muss offen bleiben. Was sich jedoch über die unterschiedlichen Diskursfelder im Spannungsfeld von Wirtschaft, Wissenschaft und Politik hinweg als Tendenz abzeichnet, ist, dass die zunehmende Bezugnahme auf Diversity die politisch-rechtlich konturierte Thematisierung von Ungleichheiten zugunsten einer auf individuelle Leistungsfähigkeit, Kompetenzen und Ressourcen bezogenen Differenzsemantik in den Hintergrund treten lässt (vgl. Faist 2010). Die faktische Doppelreferenz des Diskurses auf Nutzenmaximierung und Ausschöpfung von Humanressourcen einerseits, Antidiskriminierung anderseits, steigert die Legitimationsfähigkeit von Profit- und Non-profit-Organisationen, indem sie dafür sorgt, dass zwischen beiden Referenzen semantisch fungibel changiert werden kann. Dies geschieht faktisch jedoch nur innerhalb der Grenzen, die mit meritokratistischer Rationalität gezogen werden und nur innerhalb dieser Grenzen können Diversity und Antidiskriminierung semantisch anschlussfähig gehalten werden.[144]

---

144 „Diversitätsmanagement kann seine sozial-normative Wirkkraft nur entlang ökonomischer Grenzen entfalten und lediglich die aufgrund von neoliberaler Wirtschaftspolitik sehr reduzierten sozialen Aufgaben von Gleichstellung, Gleichbehandlung und Antidiskriminierung übernehmen." (Bendl 2007: 25)

5.5   Diversity im erziehungswissenschaftlichen Kontext

Diversity findet in den letzten Jahren auch in der deutschsprachigen erziehungswissenschaftlichen Diskussion als Leitbild Verbreitung, was allerdings erwar-
tungswidrig weniger aus einer systematischen Auseinandersetzung mit der unter
dem Stichwort ‚Diversity-Education' geführten englischsprachigen Diskussion
resultiert. Vielmehr konturiert sich der erziehungswissenschaftliche Diversity-
Diskurs entweder durch direkte Adaption des Diversity-Management-Ansatzes
oder durch Bezugnahme auf philosophische, politische und gesellschaftstheoretische Debatten um Differenz und Ungleichheit. Darüber hinausgehend wird
er jedoch auch als eine Weiterentwicklung Interkultureller und Antirassistischer
Pädagogik verstanden sowie in der Neukonturierung sozialpädagogischer Perspektiven aufgegriffen.

Dass der Sachbezug der Begriffe Diversität bzw. Diversity im Kontext der erziehungswissenschaftlichen Thematisierung von Differenz in Hinblick auf ihre
pädagogischen Konsequenzen unspezifisch bleibt, verweist zunächst darauf, dass
diese Begriffe Elemente eines ‚importierten' Diskurses sind, der erst an pädagogische Semantiken angepasst werden muss. Infolge seines Entstehungszusam-
menhanges führt der Diversity-Diskurs Begründungsfiguren mit, die semantisch
mit Organisationsrationalität verbunden bleiben und auf wirtschaftlichen oder
politisch-rechtlichen Plausibilitäten basieren. Eine Bezugnahme auf Diversity im
Rahmen spezifisch pädagogischer Problemstellungen ist entsprechend begrün-
dungsbedürftig bzw. bedarf der Reformulierung (vgl. etwa Hormel/Scherr 2004;
Mecheril 2007 u. 2008; Leiprecht 2008b; Scherr 2011).

In einer ersten Annäherung zeichnet sich ab, dass sich die mit Diversity verbundenen pädagogischen Problemstellungen innerhalb des deutschsprachigen
erziehungswissenschaftlichen Diskurses fachdisziplinär bzw. institutionell (z.B.
Schulpädagogik/Sozialpädagogik) nur bedingt differenzieren lassen. Offenbar
variieren die Diversity-Referenzen je nachdem, ob

- hinsichtlich der Begründungsfiguren für die Adaption von Diversity eine An-
  lehnung an manageriale oder gesellschaftstheoretische bzw. politische Motive
  erfolgt;
- Diversity in Bezug auf das pädagogische Personal primär als Professionalisie-
  rungs- oder als Reflexionsaufforderung verstanden wird;
- Diversity an Problemstellungen der Interkulturellen und Antirassistischen
  Pädagogik, der Geschlechterforschung oder der Differenzierung heterogener
  Lerngruppen angeschlossen wird;
- Diversity-Kategorien als individuelle und kollektive Identitätsmerkmale oder
  als machtförmige und ungleichheitsrelevante soziale Unterscheidungen ver-
  standen werden.

Im Spannungsfeld dieser Referenzen findet der Diversity-Diskurs Anschlüsse an pädagogische resp. erziehungswissenschaftliche Semantiken und entfaltet seine thematische Struktur.

5.5.1 Diversity-Pädagogik als Auseinandersetzung mit sozialen Ungleichheiten und Diskriminierungen

Während die Bezugnahme auf Diversity in den Sozialwissenschaften, vor allem in der Frauen- und Geschlechterforschung, kritisch diskutiert wird und Kontroversen ausgelöst hat (vgl. etwa Wetterer 2002; Purtschert 2007), scheint die Rezeption im erziehungswissenschaftlichen Kontext bislang nicht von einer vergleichbaren Kritik begleitet zu sein. Diversity wird u.a. als eine Perspektive aufgegriffen, die eine Weiterentwicklung Interkultureller und Antirassistischer Pädagogik verspricht. Auf Grundlage von Diversity-Konzepten soll dabei das viel diskutierte Problem der ‚Kulturalisierung‘ (vgl. Kap. II.2) überwunden werden, indem auf die Pluralität von Identitätskonstruktionen einerseits, auf die Multidimensionalität sozialer Macht- und Ungleichheitsrelationen andererseits Bezug genommen wird (vgl. Hormel/Scherr 2004).

In Hinblick auf den Beitrag von Diversity zur Initiierung von Lern- und Bildungsprozessen, die auf kulturalisierende und ethnisierende Zuschreibungen verzichten, rücken bei Ulrike Hormel und Albert Scherr Dimensionen wie „soziale Klasse und sozialer Status, sex/gender, sexuelle Orientierung, Ethnizität/ Nationalität, ‚Rasse‘, Alter, Sprache, Religion, psychische und physische Gesundheit, Behinderung und Regionalität" (ebd.: 205) in den Fokus. Dabei werden diese Dimensionen nicht im Sinne individueller oder gruppenbezogener Eigenschaften in den Blick genommen, sondern unter dem Gesichtspunkt ihrer Relevanz für Selbst- und Fremdzuschreibungen, situative Identitätskonstruktionen sowie für die Genese gesellschaftlicher Ungleichheitsverhältnisse.

Auf Grundlage der Beobachtung, dass gängige englischsprachige Ansätze der Diversity-Education nur begrenzt eine derart ent-essentialisierende Perspektive einnehmen, lässt sich das Problem markieren, dass auch in der pädagogischen Adaption des Diversity-Schemas nicht per se eine Überwindung kulturalisierender, geschlechter- und klassenstereotypisierender Sichtweisen zu erwarten, sondern ebenso eine „routinierte Verwendung sozialer Klassifikationen" (ebd.: 215) nahegelegt ist. Die Bezugnahme auf Diversity wird daher grundlegend mit einer Antidiskriminierungsperspektive verbunden, insofern Differenzkonstruktionen „Mitteilungen von Minderwertigkeit enthalten und für die Begründung von Benachteiligung herangezogen werden" (ebd.: 212) können.

Damit stehen nicht zuletzt die Konstitutionsbedingungen sozialer Differenz im Kontext ungleichheitsgenerierender und -legitimierender Gruppenzuordnungen als Referenzpunkt sowohl für die pädagogisch-professionelle Selbstreflexion als auch für die Formulierung von Bildungsinhalten im Vordergrund. Hierauf bezogene Bildungsprozesse haben dann nicht die Sensibilisierung gegenüber beliebigen Differenzen, in denen sich Individuen unterscheiden können, zum Gegenstand, sondern zielen auf die reflexive Auseinandersetzung mit ungleichheits- und diskriminierungsrelevanten Differenzkonstruktionen. Diversity-Pädagogik wird vor diesem Hintergrund zum einen als Variante einer menschenrechtsorientierten Weiterentwicklung einer ‚Bildung für die Einwanderungsgesellschaft' konturiert, zum anderen jedoch ebenso als konzeptioneller Ansatz für die Bearbeitung von Bildungsbenachteiligungen und Diskriminierungen beansprucht (vgl. ebd.: 218f.).

Es bleibt dabei jedoch offen, welchen Beitrag eine solchermaßen begründete Diversity-Pädagogik zur Überwindung institutioneller Diskriminierung im Bildungssystem leisten kann: Denn auch eine macht- und ungleichheitssensible Diversity-Programmatik findet ihre beobachtungspraktische Referenz zunächst in kollektivistischen Askriptionen, d.h. in schul*externen* Kategorien und nicht auf Grundlage der empirischen Beobachtung pädagogisch-institutioneller Klassifikations- und Askriptionsprozesse. Infolgedessen plausibilisiert auch eine soziologisch aufgeklärte Diversity-Perspektive zunächst diejenigen Askriptionsoptionen, die sie überwinden will. Die mit Diversity ins Spiel gebrachten Logiken der Unterscheidung können zwar sozialwissenschaftlich hinterfragt und dekonstruiert werden, nicht aber die Logiken der Bezeichnung, die diese in der pädagogischen Praxis potentiell freisetzen. Mit der programmatischen Bezugnahme auf Diversity wird auch in diesem Fall das epistemologische Problem kategorialer Beobachtung letztlich in ein pädagogisch-praktisches Problem verwandelt.

Die damit aufgeworfene, aber bislang ungeklärte Frage, was Diversity als Organisationsentwicklungsansatz überhaupt in Hinblick auf das Bezugsproblem ‚institutionelle Diskriminierung' im Bildungssystem leisten kann, diskutiert Mechtild Gomolla am Beispiel des „Diversity Mainstreaming" (Gomolla 2010). Trotz der begrifflichen Referenz auf institutionelle Diskriminierung bleibt im Rahmen derartiger Konzepte eine Analyse der institutionellen bzw. organisatorischen Verursachungsstrukturen in der Regel aus (vgl. ebd.: 220f.). Indem die Problematik der Benachteiligung im Bildungssystem als ein Problem der Nicht-Anerkennung sozialer Gruppen verhandelt wird, werden mitunter die kulturalisierenden Muster der Ausländerpädagogik und Interkulturellen Pädagogik – nun im Gewande des „populären Organisationsentwicklungsjargons" – fortgeführt (ebd.: 222).

Wenn Schulen Diversity-Programme, auf deren Grundlage ‚Diskriminierung‘ bekämpft werden soll, übernehmen, ohne sich selbst darüber aufzuklären, in welcher Weise ihre internen Strukturen Diskriminierungen befördern und ermöglichen, besteht entsprechend die Gefahr, dass mögliche Ursachen für Diskriminierung entweder als Vorurteilsproblematik individualisiert oder auch auf die davon betroffenen ‚Gruppen‘ projiziert werden – und dies ggf. auch trotz einer auf Antidiskriminierung ausgerichteten Rhetorik. Demgegenüber wird von Gomolla ein konsequenter „Blickwechsel von vermeintlichen Gruppenidentitäten auf institutionalisierte Bewertungsstrukturen" vorgeschlagen, um offen und kontextabhängig der Frage nachzugehen, „welche Differenzaspekte für das pädagogische Handeln relevant sind; welche institutionellen Barrieren die gleichberechtigte Teilhabe von Individuen und Gruppen versperren, wo die Ursachen dafür zu suchen sind und welche strukturellen Veränderungen […] gleichberechtigte Teilhabe befördern könnten" (ebd.: 236).

Eine an Fragen von Macht, Ungleichheit und Diskriminierung ausgerichtete Auseinandersetzung mit Diversity zeichnet sich insbesondere im Bereich der sozialpädagogischen Diskussion ab (vgl. Leiprecht 2008b u. 2011; Mecheril/Plößer 2011; Scherr 2011), deren Ausgangspunkt die Reflexion der Sozialen Arbeit in einem durch Migrationsgesellschaft, Klassen- und Geschlechterverhältnisse spezifisch konstituierten gesellschaftlichen Bedingungsgefüge bildet. Diversity-Dimensionen werden hierbei als nicht-beliebige Unterscheidungen behandelt, die in „machtvolle Differenzordnungen" (Mecheril/Plößer 2011; vgl. auch Mecheril 2008) eingebettet sind und mit „Zuschreibungs- und Bewertungsprozessen" verknüpfte „Einteilungen" (Leiprecht 2011: 17) artikulieren. In diesem Sinne wird die faktische soziale Bedeutung der mit Diversity thematisierten Unterscheidungen einerseits vorausgesetzt, andererseits jedoch festgestellt, dass „Diversity für die Soziale Arbeit […] keineswegs ein klar gefasstes Set voneinander abgrenzbarer Kategorien bietet, mit dem gesellschaftspolitisch relevante Unterschiede bestimmt werden können" (Scherr 2011: 88). Angesprochen ist damit das Problem, dass der Ansatz selbst keine theoretische Perspektive bereitstellt, die es erlaubt, die formulierte Problemstellung eines Zusammenhangs von „Machtbeziehungen und Ungleichheiten in ihrer Verschränkung mit diskriminierenden Klassifikationen differenziert in den Blick zu nehmen" (ebd.: 87). Damit sind nun aber wiederum grundlegende und ungelöste Fragen der soziologischen Ungleichheitsforschung berührt, die u.a. auch in der sozialwissenschaftlichen Debatte um Intersektionalität auf der Tagesordnung stehen.

Im Fall der programmatischen Bezugnahme auf Diversity muss allerdings ungeachtet dieser Theorieprobleme dennoch unterstellt werden, dass dem ‚Set an Kategorien'[145] konkrete Relevanz im pädagogischen Kontext zukommt. Das damit aufgerufene Reifikationsproblem wird zum einen durch ent-essentialisierende Strategien, mit denen der Konstruktcharakter sozialer Kategorien herausgestellt wird, zum anderen durch die Verschiebung der Aufmerksamkeit auf je situations- und kontextabhängige Relevanzsetzungen von ‚Differenzlinien' (vgl. Leiprecht 2011: 29f.) bearbeitet. Paul Mecheril und Melanie Plößer plädieren hieran anschließend für einen „reflexive[n] Diversity-Ansatz" (Mecheril/Plößer 2011: 285; vgl. auch Mecheril 2008) und damit gewissermaßen für eine reflexionsorientierte *beobachtungs*theoretische Wendung auf die institutionelle und interaktive Herstellung je konkreter „Differenzordnungen" (ebd.: 281). Dabei stellen sie die grundlegende Problematik heraus, dass die Bezugnahme auf Diversity im Fall der Sozialpädagogik im Modus eines institutionalisierten professionellen Beobachtungsschemas erfolgt:

> „Diversity als Ansatz, der die Wirkmächtigkeit von Unterschieden hervorhebt und zugleich Möglichkeiten ihrer Anerkennung betont, trifft mit der Sozialen Arbeit auf eine Profession, für die der Bezug zu Differenz, verstanden als Unterscheidung von einem Normalitätsmuster, konstitutiv ist." (ebd.: 279)

Mit anderen Worten ist die Bezugnahme auf Diversity-Kategorien unweigerlich mit einer der Sozialen Arbeit immanenten Klassifikations- und Askriptionspraxis konfrontiert, die durch Sichtbarmachung von Abweichung gegenüber gesellschaftlichen Normalitätserwartungen ihren AdressatInnenbezug herstellt. Folgerichtig überlagern sich mit der Adaption des Diversity-Diskurses in der Sozialen Arbeit zwei adressatenbezogene Askriptionsmuster: Die Unterscheidung Normalität/Abweichung als ‚interne' Unterscheidung und Diversity-Kategorien als ‚externes' Beobachtungsschema. Wie und mit welchen Folgen beide Askriptionsmuster in der Praxis kombiniert werden und welche Reflexionsmöglichkeiten damit eröffnet oder sogar blockiert werden, stellt wiederum eine nur empirisch zu beantwortende Frage dar.

---

145 Im Unterschied zum betriebswirtschaftlichen Kontext wird hier insbesondere die Kategorie ‚Klasse' oder ‚Schicht' hinzugefügt.

5.5.2 Diversity-Management im Kontext ‚Neuer Steuerung' im Bildungswesen

Während sich die vorangehend diskutierten erziehungswissenschaftlichen Bezugnahmen auf Diversity grundsätzlich innerhalb der Problematisierungsmöglichkeiten der Antidiskriminierungsperspektive des Diskurses bewegt haben, betonen die im Folgenden zu thematisierenden Referenzen explizit die Management-Perspektive des Diskurses. Dies gilt sowohl für Adaptionen im Bereich der Organisationen der Sozialen Arbeit (vgl. etwa die Beiträge in Aschenbrenner-Wellmann 2008; Schröer 2009) und in der Beruflichen Weiterbildung (vgl. etwa Gessler/Stübe 2008), auf die hier nicht weiter einzugehen ist, als auch für die Adaption von Diversity im Rahmen des schulpädagogischen Heterogenitätsdiskurses (vgl. etwa Stroot 2007).

Dass die manageriale Diversity-Perspektive auch im deutschen Schulwesen Resonanz erhält, scheint nicht zuletzt im Horizont aktueller Modernisierungsprozesse plausibel, die mit Leitmotiven wie ‚Schulautonomisierung' und ‚Neuer Steuerung' vorangetrieben werden (vgl. dazu Altrichter/Maag Merki 2010). Auch wenn gegenwärtig nicht abzusehen ist, ob und wie weitgehend die deutschen Schulsysteme marktförmige Steuerungsinstrumente zur bildungsbezogenen Angebots-Nutzungs-Regulierung umsetzen werden, zeichnet sich deutlich die Einführung zumindest quasi-marktlicher Steuerungselemente (vgl. Weiß 2001; Bellmann/Weiß 2009) sowie der administrative Aufbau von Steuerungsstrukturen ab, in denen der Einzelschule eine wesentlich erhöhte Verantwortung für die Umsetzung von Schulentwicklungsprozessen und Qualitätsmanagementmaßnahmen sowie für deren interne und externe Evaluation zugewiesen wird.

Die Verpflichtung der Einzelschule zu Schulprogrammarbeit (vgl. Gruschka et al. 2004) bzw. zur Schulprofilbildung im Wettbewerb um SchülerInnen (vgl. Altrichter/Heinrich/Soukoup-Altrichter 2011) folgt damit jedoch dem Leitbild des „lernenden Unternehmens" (Fullan 1999), das seine Marktumwelt mit dem Ziel ‚beobachtet', die eigene Umweltadaptivität zu verbessern. In dem Maße, in dem die einzelne Schule mit eigenen Entscheidungsbefugnissen in unterschiedlichen Bereichen der Ressourcenverwaltung oder der Akquise von SchülerInnen ausgestattet wird, sind Schulen entsprechend auch dazu gezwungen, managerial zu ‚denken'.

Die international vergleichende Erziehungswissenschaft kann mit Blick auf Staaten wie England oder Schweden nachzeichnen (vgl. Kotthoff 2003), dass die Forcierung des *school based management* (vgl. dazu Böttcher 2002) zu einer sozial selektiven Rekrutierung von SchülerInnen beiträgt, die die Form einer gezielten ‚Input-Selektion' annimmt und letztlich Prozesse der residenziellen Segregation und der Bildungsbenachteiligung erheblich verstärkt (vgl. Tomlinson 2000). Vor diesem Hintergrund scheint uns zunächst ein Blick auf die englischsprachige Debatte um Diversity in Hinblick auf die Plausibilitätsbedingungen aufschlussreich, die der Ansatz dort im Kontext der marktorientierten Reformen im Schulwesen erlangt.

Jill Blackmoore (2006) kann etwa am Beispiel des australischen Bildungssystems aufzeigen, dass und in welcher Weise ‚progressive‘ und an der Überwindung von Ungleichheiten im Bildungssystem interessierte Gleichstellungsprogramme im Zuge der Umsetzung des New Public Management und der damit einhergehenden Durchsetzung von Wettbewerbssteuerung durch Diversity-Management-Programmatiken verdrängt wurden:

> „Educational restructuring was informed by new managerialism and market notions of choice, competition and contractualism during the 1970s in the UK, the 1980s in New Zealand, and 1990s in Australia." (ebd.: 186)

> „During the 1990s, a discourse of diversity has come to supplant discourses of equal opportunity in the public and private sectors of many Western democracies, as well as in all education." (ebd.: 181)

Wie insbesondere für die britische Bildungspolitik dokumentiert ist, hatten die eingeführten Mechanismen der freien Schulwahl und der Autonomisierung der Einzelschule weitreichende Folgen in Hinblick auf die soziale Selektivität von Bildungschancen (vgl. etwa Tomlinson 2000). Die mit der Einführung von Schulautonomisierung verknüpfte Verantwortlichkeit der Einzelschule für die von ihr erbrachten Leistungen, die im Rahmen von nationalen und internationalen Tests regelmäßig evaluiert werden, hatte zur Folge, dass Schulen begannen, potentielle SchülerInnen als ‚erwünschte‘ oder ‚unerwünschte KundInnen‘ zu klassifizieren (vgl. ebd.: 211). Schulen entwickelten entsprechend aktive Strategien, vor allem solche SchülerInnengruppen zu rekrutieren, die Aussicht auf die Erzielung eines hohen Leistungsniveaus versprachen.

Vor dem Hintergrund dieser massiven Seiteneffekte des New Public Management im britischen Bildungssektor kann erwartet werden, dass die Einführung von Elementen ‚Neuer Steuerung‘ generell spezifische Plausibilitätsbedingungen für Diversity-Management in der Schule schafft. Mit Einführung der freien Schulwahl gewinnen familiale Bildungsaspirationen, Bildungsstrategien und Bildungswahlentscheidungen an Bedeutung. Diese können sich an dem ausgewiesenen inhaltlichen Profil einer Schule, aber auch an ‚Diversity-Faktoren‘, insbesondere an der sozialen resp. ‚ethnischen‘ Zusammensetzung der SchülerInnenschaft orientieren.

Diversity-Management erfährt unter solchen Kontextbedingungen insofern immer schon eine besondere Rahmung, als es für Schulen nicht lediglich um die Frage geht, mit welchen AdressatInnen sie es zu tun haben, sondern mit welchen sie es in Hinblick auf den erwarteten ‚Output' zu tun haben *möchten*: ‚Diversity' nimmt für die Organisation Schule entsprechend die Form eines *ressourcenorientierten Handlungsmodells* an. Schulen, die im Wettbewerb um ‚erwünschte' SchülerInnen nicht mithalten können oder wollen und deren ‚Klientel' sich tendenziell aus einer sozial benachteiligten und ‚ethnisch' heterogenen SchülerInnenschaft zusammensetzt, können sich Programme eines „more inclusive and equitable schooling" (Blackmoore 2006: 182) dann nicht mehr leisten, wenn sie sich an den Imperativen des Marktes orientieren müssen. Soziale und ‚ethnische' Diversität wird damit zu einem latenten *Bestandsrisiko* für Schulen, sodass die mit Diversity programmatisch beanspruchte Wertschätzung von Differenz in ein erhebliches Spannungsfeld gerät: „Leaders were expected to balance the tension between a respect for difference while developing and nurturing shared organizational goals." (ebd.: 183)

Wie das australische Beispiel zeigt, wird Diversity im schulischen Kontext offensichtlich nicht zuletzt deswegen anschlussfähig, weil Schulautonomie und Schulwettbewerb es notwendig machen und ermöglichen, dass Schulen ihre relevante Umwelt ressourcenorientiert beobachten. Das Ziel der Überwindung von Bildungsbenachteiligung gerät in dem Moment aus dem Blick, in dem sich Schulen Wettbewerbsbedingungen ausgesetzt sehen, unter denen die ‚richtige' Diversität ihrer SchülerInnen zu einem Wettbewerbsvorteil wird und sie Strategien entwickeln, um ihre AdressatInnen selektiv auswählen und aktive Inputselektion betreiben zu können. Dass Schulen eine differenzsensible Beobachtung ihrer sozialen Schulumwelt entlang eigener askriptiver Merkmalszurechnungen betreiben, folgt letztlich der Logik managerialer Entscheidungsrationalität in der ‚lernenden Organisation' Schule. Diversity-Management wird in Schulen als ein steuerungspraktisch fungibles ‚Matching'-Programm integrierbar, das sich an erwünschten schulischen ‚Output'-Kriterien orientiert, dabei jedoch die soziale Selektivität im Bildungssystem durch ‚Input'-Selektion strukturell verstärken dürfte.

In der deutschsprachigen Diskussion ist ebenfalls zu beobachten, dass Diversity-Management über das Konzept der ‚lernenden Organisation' mit Ansätzen zur Schulentwicklung verbunden wird (vgl. etwa Hameyer 2006; Stroot 2007; Wiltzius 2011). Thea Stroot überträgt das Leitbild der „multikulturellen Organisation" auf die Einzelschule und erachtet es insbesondere für „Strategien der Personalgewinnung und -entwicklung", in Bezug auf „die ‚Gewinnung' und ‚Behandlung' der Lernenden" sowie im Rahmen der Überprüfung von „Lerninhalte[n] und -formen" als bedeutsam (ebd.: 61f.). Der managerialen Diktion folgend werden

die in der ‚lernenden Organisation' „lernenden Individuen" als „Ressource" definiert (ebd.: 62). Darüber hinausgehend wird auf die Notwendigkeit auch einer
„demokratische[n] und/oder ethisch-moralische[n] Weiterentwicklung von Ma-
naging-Diversity-Ansätzen" (ebd.) verwiesen, um den Bildungsauftrag des öffentlichen Schulwesens berücksichtigen zu können.

Uwe Sielert (2006) argumentiert folgerichtig mit „Marketingvorteilen" durch
„Erschließung neuer Kunden und bessere Berücksichtigung ihrer Bedürfnisse"
(ebd.: 11), wobei gleichzeitig die „Lebenserfahrung und die besonderen Qualifikationen aller kulturellen Gruppen […] positiv genutzt" werden sollen (ebd.:
12). Hier wird deutlich, wie die spezifischen Problemkonstruktionen des Ma-
nagementdiskurses unmittelbar in den Schulkontext hineinkopiert werden: Zum
einen geht es um verbesserte Umweltadaptivität (Kundenorientierung und Kun-
dengewinnung), zum anderen um die Ausnutzung der Ressourcen ‚kultureller'
Gruppen. Abermals wird eine „Kultur der Anerkennung" reklamiert, die die
„Anerkennung eines jeden Individuums, *unabhängig von seiner Leistung* (Herv.
M.E./U.H.)" garantieren soll, weil „pädagogische Einrichtungen" „soziale und
materielle Ungleichheiten nur wenig mindern" könnten (ebd.: 12).

Die Leistungsunabhängigkeit des Anerkennungsmotivs verweist hierbei
– ‚symptomal' gelesen – auf nichts anderes als die Tatsache, dass Leistung ein
schulintern legitimes Diskriminierungskriterium darstellt und Anerkennungs-
rhetorik in diesem Fall widersinnig ausfiele, weshalb Anerkennung von Vielfalt
auch nur leistungsunabhängig erfolgen *kann*. Dass sich die soziale Selektivität des
Bildungssystems gerade in der Leistungsbeobachtung und -bewertung manifestiert, kann somit dethematisiert bleiben. Es ist dann erwartungsgemäß auch die
gegebene „kulturelle Vielfalt", die zur Entfaltung kommen soll (ebd.: 13), während
Erscheinungsformen sozialer Ungleichheit weitgehend außerhalb der Reichweite ‚pädagogischer Einrichtungen' verortet werden. Für eine solche Konstruktion
bedarf es zwar keines Rekurses auf Diversity-Management, offensichtlich aber
erweist sich die mit Legitimationsfähigkeit ausgestattete Möglichkeit zur Kulturalisierung sozialer Differenzen als anschlussfähig für schulische Beobachtungsleistungen, mit denen sich Benachteiligungseffekte der Schule ursächlich auf die
Eigenschaften der davon betroffenen ‚Gruppen' projizieren lassen.

Auch Strategien diversitätssensibler Lerngruppendifferenzierung als didaktisch nutzbare ‚Organisierung' von Differenz scheinen der Logik managerialer
‚Teambuilding'-Ansätze zu folgen, die in der Lehr-Lern-Forschung übernommen
und in methodisch-didaktische Programme wie ‚Kooperatives Lernen' übersetzt
werden (vgl. dazu kritisch Maier 2012):

> „Unterschiede zwischen Individuen werden auch im kooperativen Lernarrangement als Ressource für die Bearbeitung von Aufgabenstellungen sowie zur Abfederung von Konflikten unterschiedlicher gesellschaftlicher Gruppen genutzt. Wenngleich die zu erbringende Leistung im Kooperativen Lernen teilweise anders definiert ist als im individuellen oder konkurrierenden Lernen, geht es darum, dass sich Schülerinnen und Schüler als zukünftige Leistungsträger eines Teams bewähren." (ebd.)

Wenn die Multiperspektivität, die durch soziokulturell konstruierte ‚qualitative Differenz' zwischen SchülerInnen entstehen soll, innerhalb der Lerngruppen als Ressource für erfolgreiches Problemlösen genutzt wird, müssen Vorstellungen darüber bestehen, warum Geschlecht, Ethnizität, soziale Herkunft usw. in Bezug auf die spezifischen Leistungsfähigkeiten und Kompetenzen einen Unterschied machen. Da dies jedoch kausaltheoretisch nicht begründet werden kann, lässt sich auch nicht vermeiden, dass die Unterscheidung zwischen ‚LeistungsträgerInnen' und ‚LeistungsversagerInnen' askriptive Zurechnungen reproduziert.

5.6 Soziale Klassifikation und organisierte Differenz: Aporien des Diversity-Diskurses

Differenzsemantiken, die sich im Kontext des Diversity-Diskurses in den unterschiedlichen Formen von Organisationen (Unternehmen, öffentliche Verwaltung, Wohlfahrtsverbände, Hochschulen, Schulen und Schulverwaltungen etc.) artikulieren, operieren grundlegend in einer Doppelreferenz auf normativ begründete Antidiskriminierung und auf ein funktional begründetes (Human-)Ressourcenmodell. Dies ermöglicht es Diversity-Programmatiken, trotz des deutlich zu Tage tretenden managerialen Utilitarismus des Ansatzes, mit den Legitimationsmöglichkeiten rechnen zu können, die eine Referenz auf Anerkennung ‚kultureller Differenzen' bietet.

Jene Normativität hat ihre manifesten Grenzen jedoch dort, wo die operativen ‚Notwendigkeiten' in Organisationen oder die raison d'état tangiert wird: Für Wirtschaftsunternehmen wie für Schulsysteme bildet die Referenz auf Leistung (Qualifikation, Schulleistung, Fähigkeiten usw.) das *legitime* Ausschlusskriterium in der Anerkennung von Differenz. Diversity-Programmatiken stellen Organisationen damit eine Differenzsemantik zur Verfügung, die diesen die *Aufrechterhaltung der meritokratischen Fiktion leistungsgerechter Allokation* ermöglicht. Denn wie für den Heterogenitätsdiskurs gilt auch für Diversity konstitutiv, dass das angebotene Beobachtungsschema individuelle ‚Leistung' und askriptive Merkmalszuschreibung systematisch unterscheiden können muss, was auch hier

kaum erwartbar ist. Stattdessen wird „Managing Diversity" gar als Ansatz präsentiert, der dem „‚Zwangscharakter' der Schule eine positive Besetzung der Lust
an Verschiedenheit zur Seite" (Bruchhagen/Koall 2009: 43) stellt. Dass die selek-
tionsgesteuerte Erzeugung von Ungleichheit (ihr ‚Zwangscharakter') zur genuinen Funktion der Schule zählt und Verschiedenheit nicht zuletzt dann Relevanz
erlangt, wenn sie im Sinnhorizont von Leistung beobachtet wird, gerät damit erst
gar nicht in den Horizont der Überlegungen.

In Anschluss an Gomollas Überlegungen zu den Grenzen und Möglichkeiten
von Diversity-Mainstreaming (2010) wäre zunächst die Frage zu stellen, welche
Differenzkonstruktionen im Schulkontext *empirisch* benachteiligungsrelevant
werden. Angesichts des Spektrums kategorialer Unterscheidungen, die mit dem
Klassifikationsschema Diversity potenziell aufgerufen sind und unter Berücksichtigung der komplexen Mechanismen, die zu Benachteiligungen im und durch
das Bildungssystem führen, würde dies zuallererst eine Analyseperspektive er-
fordern, die das schulimmanente *Matching* ‚externer' und ‚interner' Kategorien
in den Blick nimmt. Die ‚realen', in den Schulen kollektiv etablierten Klassifikationsschemata wären dabei ebenso zu erforschen, wie kommunale oder regionale
Gelegenheitsstrukturen für die Konstruktion erwünschter bzw. unerwünschter
Diversität: Denn auch der lokale ‚Sozialraum' erzeugt spezifische Askriptionsoptionen für die jeweiligen Schulen, etwa im Modus der Zurechnung von SchülerInnen zu sozial privilegierten oder benachteiligten Wohnquartieren.

Diversity als Beobachtungsschema zwingt Professionelle innerhalb pädagogischer Handlungsfelder dazu, kategoriale Unterscheidungen zu treffen und diese
auf ihre AdressatInnen anzuwenden, wobei jene Kategorien der ‚Verschiedenheit'
im Modus ‚qualitativer Differenz' operieren. Gleichzeitig versprechen Diversity-
Programmatiken, die negativen Wertungsoptionen, die mit der Bezugnahme auf
Askriptionen verknüpft sind, *normativ* kontrollieren zu können. Die erziehungswissenschaftlichen Diversity-Konzepte hätten hier jedoch den empirischen Nachweis noch zu erbringen, dass das differenzsensible Beobachtungsschema die so
Beobachteten *nicht* benachteiligt. In Bezug auf die Einzelschulen ist letztlich nicht
abzuschätzen, ob und wie sie Diversity einsetzen – ob als Ansatz zur Überwindung von Diskriminierungen oder als Legitimationsressource für die soziale und
milieubezogene Vorselektion ihrer AdressatInnen.

Auch erziehungswissenschaftliche Bezugnahmen auf Diversity, die das manageriale Ressourcenmodell zurückweisen und den Ansatz als Weiterentwicklung
der ‚älteren' Differenzdiskurse zu reformulieren versuchen, sind ihrerseits zum
einen mit der Problematik konfrontiert, dass sie die Plausibilitätsbedingungen
der jeweiligen pädagogischen Organisationskontexte, die Diversity-Programmatiken gerade attraktiv machen, im Grunde negieren müssen: Der Widerspruch

liegt nicht zuletzt darin begründet, dass unter dem ‚Label‘ Diversity sowohl ein spezifisches Beobachtungsschema als auch die Kritik an diesem Beobachtungsschema in Erscheinung tritt. Zum anderen liegt die Tendenz vor, die Subsumtionslogik der ‚älteren‘ monokategorial gefassten Differenzdiskurse lediglich als ein Reduktionismusproblem zu behandeln, dem dann mit einer Vervielfältigung ‚reflexiv‘ gehaltener Diversity-Kategorien begegnet wird. Damit wäre allerdings, wenn wir Luhmanns Unterscheidung zwischen Reflexion und Reflexivität (vgl. Kap. I.3 u. I.4) aufgreifen, lediglich die Ebene der operativen Reflexivität berührt. Die bereits im Kontext der Interkulturellen Pädagogik und der erziehungswissenschaftlichen Geschlechterforschung formulierte Figur der Reflexivität als *Reflexionsaufforderung* bezieht sich jedoch kritisch auf den Realitätsbezug und entsprechend auf den Repräsentationswert symbolischer Unterscheidungen, während im pädagogisch-praktischen Kontext dieselben Unterscheidungen unweigerlich das konkrete Bezeichnen von AdressatInnen motivieren und damit im Modus einer ‚Beobachtung erster Ordnung‘ verfahren. Ob Diversity in der pädagogischen Praxis in diesem Sinne für Reflexion und/oder für Reflexivität genutzt wird, bleibt entsprechend eine offene Frage.

Die Komplexität sozialer Ungleichheit: Intersektionalität zwischen kategorialer Beobachtung und Klassifikationskritik

6

Im Unterschied zu den Diskursen um Heterogenität und Diversity, die als solche keinen sozialwissenschaftlich rückgebundenen Theoriebezug besitzen, verspricht der unter dem Terminus Intersektionalität entfaltete Ansatz trotz seines spezifischen Entstehungshintergrundes innerhalb der Geschlechterforschung nicht nur einen generalisierten *sozialwissenschaftlichen* Zugriff auf unterschiedliche Konstellationen sozialer Differenz, sondern explizit eine Neubeschreibung der Komplexität gesellschaftlicher Ungleichheitsverhältnisse (vgl. McCall 2001; Winker/ Degele 2009; Walgenbach 2011). Der Intersektionalitätsansatz überschreitet insofern den ,genuinen' Gegenstandsbereich der Geschlechterforschung, als die Frage nach den ungleichheitswirksamen Überschneidungsbereichen – *intersections*[146] – unterschiedlicher, als „Strukturkategorien" (vgl. Klinger/Knapp 2005) verstandener Dimensionen sozialer Differenz (neben Geschlecht insbesondere Klasse, ,race' und/oder Ethnizität) in den Vordergrund rückt.

Damit sind innerhalb des Intersektionalitätsdiskurses nicht nur ungleichheitstheoretische, sondern auch erkenntnistheoretische Fragestellungen aufgerufen, die auf soziologische Grundlagenprobleme verweisen (vgl. Kap. I.1).[147] Die aktuell auch im deutschsprachigen Kontext beobachtbaren Debatten, die an das Konzept

---

146 Neben der wörtlichen Übersetzung ,Überschneidung' spielt innerhalb des Intersektionalitätsdiskurses zudem die von Kimberlé Crenshaw ins Spiel gebrachte, vor allem US-amerikanische Bedeutung des Begriffs als Straßenkreuzung (vgl. Crenshaw 1989) eine zentrale metaphorologische Rolle.

147 Vor diesem Hintergrund konstatieren bspw. Klinger und Knapp, dass „sich zur Beschreibung der Diskussionslage in der Gesellschaftstheorie sagen [lässt], dass die Kategorien Klasse, ,Rasse'/Ethnizität und Geschlecht bislang mit sehr unterschiedlichem

der Intersektionalität anschließen, versuchen sich der damit markierten Heraus-forderung *forschungsmethodologisch* oder *gesellschaftstheoretisch* zu stellen und sie tun dies auf Grundlage einer differenzierten Kategorisierung von Ungleich-heitsverhältnissen bzw. Diskriminierungsstrukturen. Im Unterschied zu den his-torischen Vorläufer-Debatten um ‚Mehrfachunterdrückung‘ und ‚triple-opressi-on‘ steht dabei die Idee eines nicht lediglich additiv bestimmbaren, sondern sich wechselseitig konstituierenden Verhältnisses von Ungleichheitsdimensionen im Vordergrund (vgl. Lutz 2001: 217ff.).

Eine Rekonstruktion der mittlerweile recht ausdifferenzierten Intersektiona-litätsdiskussion kann im Rahmen der folgenden Ausführungen nicht geleistet werden.[148] Hingewiesen sei darauf, dass sich gegenwärtig ein offenbar konsensfä-higes Narrativ herauszubilden beginnt, das den historischen Entstehungszusam-menhang der Intersektionalitätsperspektive im Kontext des US-amerikanischen ‚Black Feminism‘ seit den 1970er Jahren verortet.[149] Ebenso fällt ein explizites Be-mühen auf, Intersektionalität als ein neues wissenschaftliches ‚Paradigma‘ in der Geschlechterforschung auszuweisen (vgl. Davis 2008; Walgenbach 2010 u. 2011), ohne dass dies jedoch durch eine erkennbare Epistemologie abgesichert würde.

Gewicht und noch nie in einer systematisch integrierten Perspektive verhandelt wur-den“ (Klinger/Knapp 2005: 83).

148 Mitunter erscheint Intersektionalität als ein unspezifisches „Buzzword“ (Davis 2010), womit nicht zuletzt auf mittlerweile auftretende Systematisierungsprobleme hinge-wiesen ist. Einen Versuch, den aktuellen Stand der Debatte zusammen zu fassen und auch die im internationalen Vergleich unterschiedlichen Diskussionslinien nachzu-zeichnen, bieten Lutz/Herrera Viva/Supik 2010.

149 Intersektionalität bietet offenbar eine semantische Rahmung, innerhalb derer die auf die Kategorie ‚Geschlecht‘ zentrierte feministische Politik und Wissenschaft so-wie die daraus resultierenden blinden Flecken der ‚weißen‘ Frauenbewegung und fe-ministischen Forschung in einer Art und Weise problematisiert werden können, die eine Art Re-Harmonisierung konfligierender feministischer wissenschaftlicher und politischer Positionen erlaubt. Im Unterschied dazu verfügt jedoch die explizite The-matisierung der Ausblendung von Ungleichheiten zwischen Frauen und die durch den Feminismus selbst vollzogenen „Exklusionsprozesse“ über eine lange und in den aktuellen Diskussionen um Intersektionalität teilweise vergessene Geschichte (Davis 2010; vgl. dazu auch Erel et al. 2007; Walgenbach 2007; Lutz/Herrera Viva/Supik 2010; Gutiérrez-Rodríguez 2011). In diesem Zusammenhang wird auch auf die Rezeptions-sperren innerhalb der deutschsprachigen Geschlechterforschung gegenüber einer „Er-weiterung der Analysekategorie Gender“ (Lutz 2001: 222) hingewiesen, die seit Anfang der 1990er Jahre in der Bundesrepublik zu einer Kritik an jenen blinden Flecken des akademischen Feminismus und zur Forderung nach einer grundlegenden und syste-matischen Einbeziehung der Analysekategorien ‚race‘ und ‚Ethnizität‘ geführt hat (vgl. etwa Gutiérrez-Rodríguez 1996; Gümen 1998; Lutz/Huth-Hildebrandt 1998).

Ausgehend von diesen Begründungsbemühungen wird deutlich, dass der Intersektionalitätsdiskurs im Grunde eine konstitutive Doppelreferenz auf (feministische) Bewegungspolitik einerseits und (feministische) Wissenschaft andererseits aufweist. Zwischen beiden Referenzmöglichkeiten oszilliert der Diskurs und dies verursacht letztlich auch seine inneren Paradoxien: Er orientiert sich mitunter an (bewegungs-)politischen Plausibilitäten, wo es um die Bearbeitung wissenschaftlicher Begründungsprobleme geht und er konstruiert eine ‚empirische' soziale Wirklichkeit, aus der wiederum politische Handlungsstrategien abgeleitet werden (vgl. etwa Winker/Degele 2009: 146f.).

Die daraus resultierenden epistemologischen Schwierigkeiten artikulieren sich insbesondere im spezifischen Gebrauch der genannten Referenzkategorien, die dem Diskurs sein genuines Profil verleihen: Geschlecht, ‚race', Ethnizität und Klasse werden gleichzeitig als *politische Artikulationsform* behandelt und als *sozialwissenschaftliches Beobachtungsschema* genutzt, was insbesondere im Kontext der Wissenschaftsreferenz des Intersektionalitätsdiskurses zwangsläufig Reifikationsfragen provoziert.[150]

Der Intersektionalitätsdiskurs weist hinsichtlich seiner Beobachtungslogik zwei grundsätzlich zu unterscheidende Diskurslinien auf: Neben einer aktuell dominanten, an (*Struktur-*)*Kategorien* orientierten Perspektive in der Theoriebildung und in der empirischen Intersektionalitätsforschung, lässt sich eine zweite Linie konturieren, die *institutionelle Kontexte* zum Ausgangspunkt der Problematisierung intersektioneller Benachteiligung und Diskriminierung wählt. Dieser institutionelle Ansatz, auf den die Begriffskonstruktion ‚Intersektionalität' (vgl. Crenshaw 1989) zurückgeht, steht mit der in den Rechtswissenschaften verankerten ‚Critical Race Theory' in Zusammenhang (vgl. Chebout 2011), was nicht zuletzt hinsichtlich der Spezifikation seines Bezugsproblems bedeutsam ist.

Wir wollen im Weiteren die Frage in den Vordergrund stellen, welche ‚neuen' wissenschaftlichen Beobachtungsmöglichkeiten im Rahmen *kategorialer* und *institutioneller* Intersektionalitätsperspektiven jeweils eröffnet werden und wie sich deren Anschlussfähigkeit an erziehungswissenschaftliche Problemstellungen gestaltet. Bedeutsam für die Relevanz des Diskurses in der Erziehungswissenschaft ist allerdings, dass Intersektionalität tatsächlich zunächst im Kontext differenzpädagogischer Reflexionen bzw. auch im Diskussionszusammenhang der Interkulturellen und Antirassistischen Pädagogik aufgegriffen wurde (vgl. Lutz/Wenning 2001a; Lutz 2001; Krüger-Potratz/Lutz 2002; Lutz/Leiprecht 2003), bevor

---

150 ‚Black Women' ist bspw. als politische Kategorie plausibel, als sozialwissenschaftliche bzw. sozialstatistische *Gruppen*kategorie stellt sie jedoch eine soziale Klassifikation dar.

der Ansatz ins Zentrum aktueller Debatten innerhalb der deutschsprachigen Ge-
schlechterforschung gerückt ist (vgl. etwa Klinger/Knapp 2005; Klinger/Knapp/
Sauer 2007; Walgenbach 2007; Casale/Rendtorff 2008; Winker/Degele 2009; Lutz/
Herrera Viva/Supik 2010).

6.1 Der ‚kategoriale' Ansatz: Intersektionalität als Methodologie und Gesellschaftstheorie

Die kategoriengeleitete Beobachtung von ‚Intersektionalität' als sozialer Wirklichkeit hat im deutschsprachigen Kontext eine nicht erwartbare Karriere innerhalb der Geschlechterforschung und feministischen Theoriebildung gemacht:
Während die Resonanz postmoderner und poststrukturalistischer Theorieangebote in den Sozial- und Kulturwissenschaften im Allgemeinen, in der Geschlechterforschung im Besonderen in den 1990er Jahren eine erkenntniskritische
Distanzierung gegenüber identitäts- und gruppenlogischen – d.h. kategorialen –
Beobachtungsperspektiven ausgelöst hat[151], scheinen diese im Kontext der Intersektionalitätsdiskussion eine Renaissance zu erfahren.

Die kategoriale Perspektive entfaltet sich dabei auf zwei zu unterscheidenden Ebenen, einer methodologischen und einer gesellschaftstheoretischen. Zum
einen lässt sich beobachten, dass deduktiv ansetzende, quantifizierende Forschungsansätze, denen die feministische Wissenschaftstheorie klassischerweise
aus erkenntniskritischen Motiven eher distanziert gegenüber stand, eine Auf-
wertung als *Methodologie* erlangen. Zum anderen vollziehen in der Tradition
von Marx und Weber sowie der älteren Kritischen Theorie stehende Ansätze in
der Geschlechterforschung die Neu-Konturierung einer *Gesellschaftstheorie*, die
nach der Verbindung von Kapitalismus, Patriarchat und Kolonialismus als Herrschaftsformen fragt.

---

151 Hierbei ist neben den einschlägigen poststrukturalistischen Kritiken an der wis-
senschaftlich-politischen Bezugnahme auf die Kategorie ‚Frau' oder auf die des ‚Patriarchats' (vgl. etwa Butler 1991; Engler 2000) auch an differenzierungstheoretisch
begründete Infragestellungen von Geschlecht als systemübergreifendes strukturbil-
dendes Gesellschaftsverhältnis zu denken (vgl. etwa die Beiträge in Weinbach 2007).

6.1.1 Methodologische Perspektiven

Intersektionalität hat sich zu einer Forschungsrichtung entwickelt, in der die Bildung differenzierter Beobachtungskategorien eine bedeutsame Rolle spielt (vgl. etwa Hardmeier 2011; Schultz 2011). Intersektionalität wird hierbei im Modus einer Methodologie konzeptualisiert und ein wesentlicher Teil der Diskussion dreht sich entsprechend um die Frage „Welche Kategorien wie verbinden" (Winker/Degele 2009: 15). Kategoriale Forschungsansätze, wie sie klassischerweise im Kontext quantitativer bzw. standardisierter Erhebungs- und Auswertungsmethoden zu finden sind, setzen allerdings die Verfügbarkeit empiriefähiger Theorien voraus, die eine Hypothesenbildung und deren Testung erlauben. Methodologische Diskussionen sind in diesem Wissenschaftsverständnis dann notwendig und sinnvoll, wenn Epistemologien ausgearbeitet vorliegen, die eine Veränderung der Beobachtungstheorie und damit die Entwicklung neuer empirischer Erkenntnismöglichkeiten bieten. Allerdings scheint der Intersektionalitätsdiskurs nicht über eine genuine erkenntnis- bzw. beobachtungstheoretische Begründung zu verfügen. Vielmehr verweist die häufige Betonung des ‚provisorischen' oder ‚heuristischen' Kategoriengebrauchs innerhalb des Diskurses darauf hin, dass methodische und forschungspraktische Argumente gegenwärtig überwiegen.

Ein Ausgangspunkt der auch im deutschsprachigen Kontext geführten methodologischen Intersektionalitätsdiskussion ist Leslie McCalls breit rezipierter Beitrag „The complexity of intersectionality" (McCall 2005), der das Motiv der ‚Komplexität' sozialer Ungleichheitsverhältnisse zum Leitbild eines sozialstrukturanalytisch ausgerichteten Forschungsprogramms macht. Grundlage der von McCall entwickelten Intersektionalitätsperspektive stellt allerdings eine umfangreiche, unter dem Titel „Complex Inequality. Gender, Class and Race in the New Economy" (McCall 2001) veröffentlichte Studie dar, in der eine Rückbindung von Intersektionalität an das aus ihrer Sicht vernachlässigte Problem der „structural inequality" programmatisch eingefordert wird (vgl. ebd.: 14).[152]

Mit dem Terminus ‚Komplexität' ist offensichtlich der mehrebenenanalytische Zusammenhang zwischen den Variablen ‚gender', ‚class' und ‚race' gemeint, wobei deren jeweilige Mediatorenrolle hinsichtlich der differenziellen Ausprägung von Lohnstrukturen in unterschiedlichen Städten der USA im Vordergrund steht. Zum einen kann McCall zeigen, dass das Lohngefälle nicht nur im Verhältnis zwischen Frauen und Männern oder zwischen ‚Schwarzen' und ‚Weißen', son-

---

152 McCall spricht ihrer mehrebenenanalytisch ansetzenden Sozialstrukturanalyse zudem Modellcharakter für andere Fragestellungen – etwa der Untersuchung von Bildungsungleichheiten – zu (vgl. McCall 2001: 191).

dern etwa auch in Bezug auf Unterschiede im „gender wage gap among the col-
lege- and non-college-educated[153]" (ebd.: 119) variiert. Zum anderen wird durch
den Vergleich zwischen mehreren Städten der sozial-räumliche Einfluss auf Ungleichheitsrelationen mit in die Analyse einbezogen: Hier geht es sowohl um die
Varianz der ökonomischen Strukturbedingungen als auch um lokale Politik-Stra-
tegien im Umgang mit Ungleichheiten (vgl. ebd.: 175). Im Ergebnis skizziert Mc-
Call, dass die Ungleichheitsrelationen entlang der erhobenen Variablen extrem
variieren und dass politische Strategien entsprechend an der je kontextspezifisch
ausgeprägten Komplexität multipler Ungleichheitsstrukturen ansetzen müssten:

> „In one configuration, gender might present the starkest divisions, while in ano-
> ther it might be race or class, or in yet another it might be some combination. The
> presence of configurations of inequality, empirically, means that the politics of any
> single dimension of inequality must be informed by the broader context of inequa-
> lity and the economic conditions underlying it." (ebd.: 192)

Statistisch betrachtet basiert McCalls Verständnis von Intersektionalität auf der
Interaktion ungleichheitsrelevanter unabhängiger kategorialer Variablen (vgl.
dazu auch Kerchner 2011: 157), der Begriff „intersections" (McCall 2001: 29) wird
beobachtungstheoretisch jedoch nicht weiter entfaltet. Im Vordergrund steht
dabei die empiriefähige Modellierung makrosoziologischer, d.h. kategorialer
Strukturmerkmale und die statistische Beschreibung ihres Zusammenwirkens.
Die Idee der wechselseitigen Überschneidung von Ungleichheitsmomenten wird
hier folglich vor allem als ein methodologisches Problem konturiert und führt im
Ergebnis zu einem lediglich „statistischen Befund" (Kerchner 2011: 157).

In der deutschsprachigen Rezeption von McCalls Arbeiten steht demgegenüber allerdings ihr Systematisierungsvorschlag im Vordergrund, mit dem sie die
differenzierten Linien feministischer Forschung und die mit ihnen jeweils verbundenen Paradigmen und Methodologien entlang des Schemas *antikategorial,
intrakategorial* und *interkategorial* zu redefinieren versucht. In diesem Schema
verortet McCall ihren eigenen Ansatz als interkategorial bzw. als „categorial approach" (vgl. McCall 2005).

• Als *antikategorial* werden dekonstruktivistische und poststrukturalistische
  Theorien und an diesen orientierte Forschungen eingeordnet, welche kategoriale Zuordnungen nach ‚gender', ‚class' und ‚race' zurückweisen und demgegenüber soziale Prozesse symbolischer Bedeutungskonstitution in den Fokus

---

153 Hier wird deutlich, dass McCall ‚class' lediglich über den Bildungsabschluss dichotom
operationalisiert.

rücken. McCall lehnt die Implikationen dieser ‚antikategorialen' Erkenntniskritik ab, jedoch auf Grundlage methodologischer Argumente: „The metho-
dological consequence is to render suspect both the process of categorization
itself and any research that is based on such categorization, because it ine-
vitably leads to demarcation, and demarcation to exclusion, and exclusion to
inequality." (ebd.: 1777) McCall unterschlägt hierbei, dass sich ‚antikategoriale' Kritik weniger auf die normativen Implikationen kategorialer Beobach-
tungsfolgen als vielmehr auf das Problem der kategorialen Klassifikation von
sozialer Wirklichkeit bezieht, womit letztlich auch die ‚Realitätskonstruktion'
quantitativ-deduktiver Sozialforschung in Frage gestellt wird. Die schema-
tische Klassifikation differenzierter Forschungsfelder entlang der Frage des
‚Kategoriengebrauchs' erweist sich in diesem Fall als problematische Engfüh-
rung, insofern das Attribut ‚antikategorial' exklusiv für erkenntnistheoretisch
argumentierende Reflexionsansätze zu gelten scheint.[154]

- Als *intrakategorial* bezeichnet McCall Ansätze, die Fragen von Ungleichheit
primär in Referenz auf *eine* Kategorie bearbeiten und dabei Differenzen *innerhalb* einer jeweiligen Kategorie (‚gender' oder ‚class' oder ‚race') in den
Vordergrund stellen. Methodologisch gilt dies insbesondere für qualitative
Forschungsansätze, welche die intersektionale Konstitution sozialer Identitäten zum Gegenstand haben und Differenzen, Ungleichheiten und Diskriminierungen als ‚Intragruppenproblematik' in den Blick nehmen. In Bezug auf
die feministische Diskussion hat sie dabei ein Forschungsfeld im Blick, das sie
vor allem durch ‚Feminists of Color' vertreten sieht (vgl. ebd.: 1780ff.). McCall
problematisiert dabei den Fokus auf eine soziale Mikroebene, d.h. auf Fragen von Subjektkonstitution und Diskriminierungserfahrungen, welche die
Komplexität von Ungleichheitsverhältnissen auf der makrosozialen Ebene der
Gesellschaftsstruktur nicht angemessen erfassen könnten (vgl. ebd.: 1775 ff.).
Die Bestimmung ‚intrakategorialer' Ansätze basiert folglich auf einer heterologischen Systematisierung, welche die Referenz auf Forschungsparadigmen
(qualitativ/quantitativ), die Konstruktion spezifischer Trägerschaft (‚feminists
of color') sowie die Unterscheidung von Gesellschaftsebenen (Mikro/Makro)
gleichermaßen beinhaltet. Bemerkenswert an dieser Einordnung von For-
schungsansätzen ist insbesondere, dass ihnen von McCall offensichtlich ein

---

154 In der Tat wäre die Frage, was das Präfix ‚anti' sachlogisch rechtfertigt, handelt es sich
im Fall der adressierten wissenschaftstheoretischen bzw. erkenntniskritischen Perspektiven in der Geschlechterforschung doch wohl eher um ‚meta'-kategoriale Reflexionen.

wissenschaftlich lediglich partikularer und interessengebundener Status zugewiesen wird.

- Ihre eigene, quantitativ orientierte Forschung ordnet McCall dem *interkategorialen* Ansatz (bzw. „categorial approach") zu, welcher in der Intersektionalitätsforschung bislang kaum bekannt sei und fast keine Verwendung fände (vgl. ebd.: 1773). Im Fokus steht hierbei die Frage, wie sozialstrukturelle Ungleichheitsverhältnisse durch ein möglichst differenziertes Kategoriensystem abgebildet werden können. McCall reklamiert für ihren eigenen Forschungsansatz, in Form des ‚critical realism' einen wissenschaftstheoretischen Mittelweg zwischen Positivismus und Postmodernismus eingeschlagen zu haben, dessen epistemologische Grundannahme es sei, „that the real world puts limits on knowledge so that not all interpretations are equally plausible" (ebd.: 1793). Den beiden ‚überwundenen' wissenschaftstheoretischen Positionen bescheinigt sie zum einen, hinsichtlich der Möglichkeit von Erkenntnis ‚pessimistisch' zu sein, zum anderen favorisiert sie den Kritischen Realismus, weil er ihrer Ansicht nach eine Vorentscheidung für ‚ontologische' und nicht für ‚epistemologische' Zusammenhänge wählt (ebd.). Nicht zuletzt unterstreicht McCall, dass der Kritische Realismus keinen epistemischen Absolutheitsanspruch vertritt, sondern ‚unbeobachtbare Phänomene' („unobservable phenomena") in Rechnung stellt, deren Existenz zur Entwicklung ‚theoretischen Wissens' berechtigt (ebd.).

Jenseits der auf einem Missverständnis gründenden Annahme, im Fall ‚postmodernen Wissens' handele es sich um eine homogene und en bloc verhandelbare wissenschaftstheoretische Position (vgl. dazu auch Egeland/Gressgård 2011: 114), wird in McCalls Argumentation deutlich, dass sie das Verhältnis von Realität und Beobachtung als durch die Realität und nicht durch die Beobachtung präfiguriert betrachtet, ohne dass dies erkenntnistheoretisch hinreichend begründet werden kann.[155] Stattdessen wird eine *methodologische* Herleitung des kategorialen Ansatzes angeboten, die ‚antikategoriale' Einwände dadurch zu entkräften sucht, dass sie die lediglich 'provisorische' Bezugnahme auf soziale Kategorien in Aussicht stellt (vgl. McCall 2005: 1785). ‚Gender', ‚class' und ‚race' werden als makrostrukturelle Dimensionen von Ungleichheit heuristisch vorausgesetzt, um auf deren Grundlage die intersektionale Variabilität der Ungleichheitsrelationen

---

155 So heißt es abschließend: „This is not the place to advance a philosophical defense of a strong social ontology of this kind, but it is important to highlight these efforts at developing a scientific and social scientific practice that is postpositivist and consistent with feminist theories of intersectionality in their emphasis on complexity." (McCall 2005: 1794)

zwischen „already constituted social groups" (ebd.: 1785) bestimmen zu können. Anhand dieser Perspektive wird sichtbar, dass McCalls kategorialer Ansatz den ‚groupism' der soziologischen Ungleichheitsforschung (vgl. Kap. I.1) kaum überwinden kann. In den Vordergrund des kategorialen Ansatzes rückt letztlich die angemessene Bestimmung operationalisierbarer Variablen und das methodische „managen" von gesellschaftlicher ‚Komplexität' (McCall 2005: 1787). Komplexität scheint hierbei jedoch lediglich als Gegenbegriff zu ‚Reduktionismus' verstanden zu werden, insofern das methodische Komplexitäts-Management in der Erhöhung und Kombination von Beobachtungskategorien besteht.

Dies wirft insofern ein spezifisches Licht auf McCalls Einschätzung postmoderner bzw. poststrukturalistischer Erkenntniskritik, die lediglich dem ‚antikategorialen' Modus zugewiesen und damit ebenfalls im ‚kategorialen' Horizont redefiniert wird, obwohl jene offensichtlich gemeinten Theorien eher eine epistemologische Neuorientierung markieren, die dem ‚Kritischen Realismus' inkommensurabel gegenüber steht. Eine 'provisorische' Bezugnahme auf Kategorien kann diesen Widerspruch nicht lösen, vielmehr wird die heuristische Intention bereits dadurch konterkariert, dass der deduktive Forschungsansatz im Sinne einer conditio sine qua non soziale Wirklichkeit *kategorienabhängig* beobachtet. Damit bleibt die Frage vollkommen ungeklärt, wie die im Kontext ‚antikategorialer' Ansätze aufgeworfene Problematik der Reifikation sozialwissenschaftlicher Gruppen-Kategorien im Modus einer Heuristik begegnet werden kann. Methodologisch betrachtet, beschäftigt sich der ‚categorial approach' nämlich vorrangig mit Problemen der Kategorienbildung und der Erzeugung eines adäquaten Variablensystems.

Vor diesem Hintergrund lässt sich der Versuch von Gabriele Winker und Nina Degele (2009), einen qualitativen Ansatz kategorialer Intersektionalitätsforschung zu konzipieren, als Reaktion auf die Probleme rein deduktiver Beobachtungsstrategien verstehen. Anspruch der Studie ist es, eine intersektionale ‚Mehrebenenanalyse' durchzuführen, die sowohl mikrosoziologische Dimensionen der Identitätsbildung, mesosoziologische Dimensionen von Institution und Organisation sowie die makrosoziologische Dimension berücksichtigt und in der Analyse sozialer Ungleichheit miteinander verbindet. In der Theoriebildung unterscheiden Winker und Degele zwischen der Ebene gesellschaftlicher Strukturkategorien („Klasse, Geschlecht, Rasse, Körper"), die herrschaftssoziologisch hergeleitet werden (vgl. ebd.: 37ff.), der Ebene „symbolischer Repräsentationen" (ebd.: 54ff.), die im Wesentlichen diskurstheoretisch gefasst wird sowie der Ebene der Identitätskonstruktionen (ebd.: 59ff.), die in Anlehnung an situative Ansätze (doing/undoing gender/difference) konstruiert wird.

Methodologisch wird im Rekurs auf Bourdieus Theorie der Praxis ein „praxeologischer Intersektionalitätsansatz" (ebd.: 63ff.) präsentiert, der sowohl deduktive (theoriegeleitete) als auch induktive (überraschungsoffene) Erhebungs- und Auswertungsmethoden umfassen und somit das Dilemma rein nomologisch-deduktiver Forschung im Modus einer abermals als Heuristik verstandenen Beobachtungsperspektive (vgl. ebd.: 68f.) verhindern soll – was allerdings nur bedingt gelingt. Obgleich es lohnenswert wäre, die ‚kategorialen' Dateninterpretationen, die die Studie beinhaltet, eingehender zu behandeln, beschränken wir uns auf das folgende Beispiel aus dem ersten dort präsentierten Fall: Eine der interviewten Personen (‚A') wird mit dem Satz zitiert: „Also, ich hatte immer den verkehrten Mann!" (Winker/Degele 2009: 101) Diese Aussage wird von Winker und Degele dann folgendermaßen interpretiert: „Mit diesem Satz zu Beginn macht A deutlich, dass sie heterosexuell ist. Allerdings grenzt sie sich damit nicht von Homosexualität ab." (ebd.: 102). Die zitierte Interviewpartnerin berichtet im weiteren Verlauf zwar davon, in der Jugend mit verschiedenen Männern ‚geschlafen' zu haben, allerdings lässt sich selbst daraus weder hinreichend ableiten, dass sie heterosexuell ist, noch, dass sie sich nicht von Homosexualität abgrenzt. Vielmehr subsumieren die Forscherinnen diese Sequenz aufgrund der semantischen Referenz ‚Mann' thematisch unter die Kategorie ‚Geschlecht' und leiten daraus offensichtlich ab, dass sich die Sprecherin als heterosexuell klassifizieren lässt. Hier wird implizit eine kausallogische Linearität und damit ‚Identität' zwischen Geschlecht als sozialem Verhältnis, Heterosexualität als gesellschaftlicher Norm und individueller sexueller Orientierung behauptet, die durch den präsentierten Fall – dessen zentrales Thema ‚Verantwortung für die eigene Lebenssituation' zu sein scheint – nicht hinreichend erschlossen werden kann. Die weitere Interpretation bleibt – wie die oben zitierte Passage – dem expliziten Ziel verpflichtet, „Differenzierungskategorien" im Material auszumachen (vgl. ebd.: 102ff.).

Insgesamt werden im Rahmen der Studie empirische Daten präsentiert, die die Beobachtung von Identitätskonstruktionen auf Grundlage von Interviews ermöglichen, die weiteren adressierten Ebenen Institution/Organisation und Gesellschaftsstruktur werden hingegen ohne eine empirische Grundlage als Faktoren in die Dateninterpretation einbezogen. Die anvisierte ‚Mesoebene' gesellschaftlicher Praxis bleibt etwa in Hinblick auf die Klassifikations*praxis* von Institutionen/Organisationen theoretisch wie empirisch unberücksichtigt und wird lediglich in Form theoretischer Ableitung thematisch. Im Resultat dienen die theoretisch begründeten und deduktiv eingesetzten ‚heuristischen' Struktur- und

Identitätskategorien als Analyseraster[156], auf dessen Grundlage das empirische Material einem strukturkategorialen ‚Scan' unterzogen wird.[157] Kategoriale Vorfestlegungen lassen sich – dies zeigt die Studie – auf diesem Weg durch Empirie nur begrenzt irritieren.

6.1.2 Gesellschaftstheoretische Perspektiven

Die kategoriale Perspektive gewinnt auch im Rahmen gesellschaftstheoretischer Überlegungen an Bedeutung. Hinsichtlich der deutschsprachigen Diskussion ist hier vor allem der Versuch von Cornelia Klinger und Gudrun-Axeli Knapp, Intersektionalität als Gesellschaftstheorie auszubauen, einflussreich geworden. Gleichwohl wird anhand der Arbeiten beider Autorinnen sichtbar, dass und welche grundlagentheoretischen Probleme eine mit Universalitätsanspruch vorgetragene Gesellschaftstheorie aufwirft, die auf drei sozialen Differenzkategorien (Klasse, Geschlecht, ‚Rasse'/Ethnizität) aufgebaut wird.

In direkter Bezugnahme auf McCalls ‚categorial approach' wird die Analyse multipler Ungleichheitsrelationen insofern als ein gesellschaftstheoretisches Desiderat ausgewiesen, als Fragen der Identitätsbildung und Diskriminierung das Forschungsfeld dominierten, eine makrosoziologische Fundierung des Ansatzes, mit der Klasse, Geschlecht und ‚Rasse'/Ethnizität als *gleichrangige* „Achsen der Ungleichheit" (Klinger/Knapp 2005: 87) berücksichtigt werden können, jedoch

---

156 Vgl. dazu das „Modell der intersektionalen Mehrebenenanalyse", dessen Abfolge von Beobachtungs- und Interpretationsschritten mit Begriffen wie „Symbolische Repräsentationen *identifizieren*" oder „deduktiv vorgegebene Strukturkategorien *finden*" arbeitet (Winker/Degele 2009: 97; Hervorhebungen M.E./U.H.). Darüber hinaus wird auch die Analyse der „Identitätskonstruktionen", die überraschungsoffen gehalten werden sollte, von dichotomisierten Kategorien wie arm-reich, homo-hetero, deutsch-türkisch etc. geleitet (vgl. ebd.).

157 Hinsichtlich der Beobachtung der Ebene der Identitätskonstruktionen orientieren sich Winker und Degele am „Stufenmodell empirisch begründeter Typenbildung" nach Kelle und Kluge (1999), dessen zentrales Kennzeichen auch die Verwendung theoretisch begründeter ‚Ex-ante'-Kategorien in der qualitativen Datenanalyse ist. Entsprechend zielt die Auswertungsstrategie darauf, fallspezifisch und fallübergreifend „Merkmalsausprägungen vor dem Hintergrund von Differenzkategorien" (Winker/Degele 2009: 91) zu bestimmen, wobei jene Differenzkategorien vorgegeben werden. Allerdings werden mit Dokumentarischer Methode (vgl. ebd.: 84) und kategorialer Typenbildung (Kelle/Kluge) letztlich inkommensurable Beobachtungsverfahren kombiniert (vgl. dazu Bohnsack/Nentwig-Gesemann 2003: 163f.).

noch ausstehe.[158] Die Festlegung auf diese drei Ungleichheits-Kategorien sowie die gleichzeitige Zurückweisung der Möglichkeit weiterer ‚Strukturkategorien' resultieren aus der gesellschaftsgeschichtlichen Fundierung der Ungleichheits-achsen in den Herrschaftsformen „Kapitalismus, Patriarchat und Kolonialismus/ Imperialismus" (Klinger 2008: 56).[159] Die dezidiert herrschaftssoziologische Pers-pektive, die beide Autorinnen einnehmen, bleibt der Kapitalismuskritik bei Marx und Weber sowie der (älteren) Kritischen Theorie verpflichtet und sie wird in Ab-grenzung zu im weitesten Sinn postmodernen bzw. poststrukturalistischen sowie systemtheoretischen Sozialtheorien formuliert.

Klinger und Knapp gehen in expliziter Distanzierung gegenüber der System-theorie von der Prämisse aus, dass soziale Ungleichheit ein auch moderne Ge-sellschaften primär strukturierendes Merkmal darstellt. Klasse, Geschlecht und ‚Rasse'/Ethnizität werden dabei als ubiquitäre, axiale Strukturmerkmale konzi-piert, die auf „unterschiedliche wie nachhaltige Weise die Ungleichheitsstruktur nahezu aller Gesellschaften prägen" (Klinger/Knapp 2005: 73). Jene Ungleich-heitsachsen erscheinen hierbei als transhistorische Herrschaftsstrukturen, deren je spezifische historische Form und je spezifisches Beziehungs- und wechselsei-tiges Konstitutionsverhältnis in der Intersektionalitätsanalyse zu bestimmen seien. In dieser herrschaftssoziologischen Reinterpretation des Intersektionalitätsansat-zes wird die universelle Gültigkeit der Kategorien-Triade jedoch letztlich durch die Annahme einer *Persistenz* der Herrschaftslogiken Kapitalismus (Klasse), Patriarchat (Geschlecht) und Kolonialismus (‚Rasse'/Ethnizität) abgesichert. Die zentrale Frage ist dann,

> „wie Geschlechterverhältnisse, Klassenverhältnisse und Konfigurationen von Eth-nizität in der Sozialstruktur und in der institutionellen Verfasstheit einer gegebe-nen Ökonomie und Gesellschaft, im nationalen wie im transnationalen Zusam-menhang, verbunden sind." (Knapp 2008a: 45f.)

Aus der herrschaftssoziologischen Perspektive resultiert zunächst eine explizite Abkehr vom ‚Gruppenparadigma' methodologisch begründeter Intersektiona-litätskonstruktionen, insofern eine gesellschaftstheoretische Bezugnahme auf

---

158 Klinger und Knapp argumentieren hierbei analog zu McCalls Schematisierung der Intersektionalitätsforschung, stellen aber heraus, dass dem Ansatz eine makrosozio-logische Theorieperspektive fehle.

159 Klinger setzt diese Herrschaftsformen selbst an anderer Stelle jedoch mit dem Begriff der „Strukturkategorien" gleich (Klinger 2008: 56). Jenseits dieser begrifflichen Un-klarheit wird damit deutlich, wie eng Klasse, Geschlecht, Ethnizität/‚Rasse' an ihren historischen Referenzkontext gebunden konzeptualisiert werden.

Intersektionalität „die gruppentheoretische Einengung der Kategorien Klasse, Geschlecht, Ethnizität zu überwinden" (ebd.: 47) habe. Allerdings führt dies nicht zu einer Reflexion der erkenntnistheoretischen Tauglichkeit einer an Kategorien orientierten Theoriebildung, sondern etwa bei Klinger (2008) dazu, jene Kategorien arbeitsanthropologisch in den materialen Reproduktionserfordernissen und stofflichen Reproduktionsbedingungen der Gesellschaft als solcher zu verankern. Diese bestehen nach Klinger zum einen in der „Organisation von Arbeit", die durch eine „Ordnung der Dinge" geregelt sei und die materielle Reproduktion der Gesellschaft betrifft, zum anderen in der „Organisation der Körper", die durch die „Ordnung des Lebens" geregelt sei und die „Reproduktion der Gattung" betrifft (ebd.: 42). Folgerichtig gelangt Klinger dann auch zu Einschätzungen wie derjenigen, dass hinsichtlich des „Stoffwechsels mit der Natur [...] der weibliche Körper in umfassenderer Weise gebraucht, verbraucht" werde „als der männliche" und dass „die differente Positionierung von Menschen im Gattungsprozess kein gesellschaftliches Artefakt, sondern eine Vorgabe der ‚Natur'" sei – im Unterschied zum „Anspruch des männlichen Geschlechtskörper-Kollektivs auf Macht und Verfügungsgewalt über das ‚Gut', das vom weiblichen Geschlechtskörper-Kollektiv hervorgebracht" werde, da es sich hierbei um ein „Herrschaftsverhältnis" handele (ebd.: 43).

Das grundlegende Prinzip hinter diesen Formulierungen besteht letztlich darin, Unterscheidung und Unterscheidungsfolgen (Wertungsoptionen) als getrennt zu behandeln: Damit wird die Unterscheidung (in diesem Fall Zweigeschlechtlichkeit) letztlich naturalisiert und lässt sich als symbolische Differenzmarkierung für die materialistische Gesellschaftsbeschreibung ‚retten', während die sozialen Folgen der Bezugnahme auf diese Unterscheidung dann im Modus von Herrschaftskritik abgelehnt werden. Poststrukturalistisch oder sozialkonstruktivistisch anzumeldende Zweifel am Erkenntnisgewinn einer solchen Beschreibung moderner Gesellschaft können folgerichtig nur als Form der Realitätsverleugnung betrachtet werden.[160]

In diese materialistische Verankerung der drei Strukturkategorien scheint sich die Überschneidungsidee von ‚Intersektionalität' jedoch gesellschaftstheoretisch

---

160 „Jedenfalls bei oberflächlicher Betrachtung befinden wir uns in einer Periode des *Post*kolonialismus und *Post*feminismus, sogar von einer post-industriellen Gesellschaft ist gelegentlich die Rede. Trotzdem ist jeder/m kritischen Beobachter/in klar, dass diese Herrschaftsverhältnisse bis in die Gegenwart weiter- und nachwirken, dass sie eher einen Formenwandel erfahren haben, als dass sie gänzlich verschwunden sind." (Klinger 2008: 55) Dass postkoloniale und postfeministische Theorien diesen ‚Formenwandel' gerade zum zentralen Reflexionsanlass für Wissenschaftstheorie und Erkenntniskritik bestimmen, mag dabei als Pointe stehen bleiben.

nicht ohne Weiteres integrieren zu lassen, sodass nach Klinger in Anlehnung an
Hill Collins zwischen „interlocking structures of opression" und „the metaphor of
intersectionality" zu unterscheiden wäre (ebd.: 39). Intersektionalität bleibt daher
für die „subjektive Ebene des Themas gesellschaftlicher Ungleichheit" (ebd.: 38)
und der auf dieser Ebene liegenden mikrodiversen Diskriminierungs*erfahrungen*
reserviert, ohne jedoch selbst *strukturbildend* wirksam zu sein:

> „Aufgrund der spezifischen Gegebenheiten der Mikroebene haben wir es im Hin-
> blick auf Intersektionalität tatsächlich mit einer zwar keineswegs beliebigen, aber
> doch relativ großen, in ihrer Kombination fast unendlich variablen und jedenfalls
> zukunftsoffenen Anzahl von Faktoren zu tun. Jeder Versuch, diese genau zu be-
> stimmen oder gar beschränken zu wollen, ist von Anfang an zum Scheitern ver-
> urteilt. Das gilt auch im Hinblick auf jene verbalen Manöver, die darauf abzielen,
> der prinzipiellen Unabschließbarkeit konkreter Erfahrungen durch summarische
> Inkludierung Rechnung zu tragen." (ebd.: 40)

Damit ist nicht zuletzt eine Kritik an Intersektionalitätsansätzen formuliert, die
über die Trias Klasse, Geschlecht, ‚Rasse'/Ethnizität hinausgehend weitere Dimensionen wie Alter, Behinderung, sexuelle Orientierung, religiöse Überzeugungen als potenziell ungleichheitswirksame *Strukturkategorien* in Betracht ziehen.
Strukturtheoretisch bleibt damit jedoch nur die Letztreferenz auf die triadische
Formation persistierender „systems of oppression" (ebd.: 55) auf der „Makroebene
gesellschaftlicher Strukturierung" (ebd.: 41), womit als grundlegendes Theorieproblem allerdings nicht mehr die Vermischung, Überlagerung oder Überschneidung von Ungleichheitsprozessen, sondern im Gegenteil, die *Unterscheidung zwischen Herrschaftssystemen* exponiert wird.[161] Deutlich wird damit aber, dass die
Festlegung auf Kategoriengebrauch auch in der Theorie zu einer Kategorienab-
hängigkeit der Beobachtungsmöglichkeiten führt, die keine Gradualisierung von
Differenz mehr zulässt, sondern zu kategorial-exklusiver Unterscheidung zwingt.

Knapp (2008b) hat im Gegensatz dazu versucht, Intersektionalität als eine Ver-
mittlungstheorie zwischen Ungleichheitssoziologie und Differenzierungstheorie
zu reformulieren (vgl. ebd: 140). Ausgangspunkt bildet dabei die Einsicht, dass
eine methodologische Orientierung an „wesentlichen Prinzipien oder axialen
Strukturen der Gesellschaft sozial-ontologische und epistemologische Fragen

---

161 So schreibt Klinger, dass begründet werden muss, „wie und wodurch sie (‚interlocking
structures', M.E./U.H.) sich voneinander unterscheiden, warum es also nicht etwa bloß
um eine oder um zwei Herrschaftssysteme geht" (Klinger 2008: 42). Grundlagentheoretische Schwierigkeiten entstehen hierbei, insofern die in den Blick genommenen
triadischen „Ungleichheitslagen" keiner „einheitlichen Logik", sondern unterschiedlichen „Konstitutionsbedingungen" (Becker-Schmidt 2007: 60) unterliegen.

aufwirft" (Knapp 2008b: 144), die Knapp auf Basis einer Kombination „nomina-
listischer und kritisch-realistischer" (ebd.) Erkenntnispositionen zu beantworten
versucht. Knapps Bezugnahme auf Differenzierungstheorie kann als ein Versuch
gelesen werden, die Idee der Komplexität intersektionaler Ungleichheit mit dem
Komplexitätsbegriff differenzierungstheoretischer Gesellschaftsanalysen anzu-
reichern, um die Unzulänglichkeiten eines rein methodologisch begründeten
Komplexitätsverständnisses grundlagentheoretisch zu überwinden. Das mit dem
Rückgriff auf Differenzierungstheorie markierte Zugeständnis an eine die herrschaftssoziologische Perspektive überfordernde ‚empirische' Komplexität des gesellschaftlichen Wandels wird allerdings durch die gesetzte Prämisse relativiert,
dass auch die moderne Differenzierung gesellschaftlicher „Funktionsmechanis-
men, Repräsentationsweisen und Strukturen der Ungleichheit" durch „totalisie-
rende und verdinglichende Momente" (ebd.) im Modus axialer Persistenz geprägt
sei.

Knapp rekurriert in ihrer Argumentation wesentlich auf die neuere soziologische Diskussion, die sich mit der Verhältnisbestimmung von Ungleichheits- und
Differenzierungstheorie befasst[162] und referiert anschließend unter der Kapitel-
überschrift „Die Ungleichheitstheorie öffnen" (ebd.: 150) ein breites Spektrum soziologischer Beiträge zur Ungleichheitsdiskussion der vergangenen dreißig Jahre.
Die Diskussion der inversen Perspektive „Keine ‚Soziale Differenzierung' ohne
Ungleichheit" (ebd.: 154) unterlässt es jedoch, differenzierungstheoretische Positionen selbst zu rekapitulieren und erkenntniskritisch zu diskutieren[163], so dass
am Ende nicht deutlich wird, worin der theoretische Gewinn dieses Vorgehens
für die Konstruktion einer Intersektionalitätstheorie besteht, die am kategorialen Beobachtungsmodus festhalten will. Resümierend formuliert Knapp dazu
lediglich, dass die „unterschiedlich spezialisierten Sektoren sozialer Praxis" und
die „gesellschaftliche Sphärendifferenzierung" daraufhin zu befragen seien, wie
„Prinzipien von Herrschaft und Ungleichheit, die in die historische Konstitution
dieses Zusammenhangs ungleichartiger, ungleichwertiger, interdependenter oder
zumindest interferierender Praxissphären eingegangen sind" (ebd.: 160).

---

162 Im Wesentlichen rezipiert Knapp Schimanks Rekonstruktion differenzierungstheoretischer Grundlagen und rekurriert auf die von Schwinn (2004) angeregte Auseinandersetzung zwischen Systemtheorie und Ungleichheitsforschung. Vgl. dazu auch Kap. I.

163 So wird auf keine/n einzige/n originäre/n Differenzierungstheoretiker/in Bezug genommen und dies gilt selbst für die im Zentrum der gesamten Diskussion bei Schwinn
und Schimank stehenden Arbeiten Luhmanns. Jene Diskussion ‚aus zweiter Hand'
lässt zentrale differenzierungstheoretische Gesichtspunkte wie bspw. den für die Un-
gleichheitsproblematik zentralen Aspekt der Inklusion/Exklusion in Bezug auf die
Systemebenendifferenzierung Gesellschaft, Organisation und Interaktion außer Acht.

Aus differenzierungstheoretischer Perspektive wäre hingegen zentral in Rechnung zu stellen, dass sich die Frage der Konstitutionsbedingungen kategorialer
Ungleichheit im Kontext ökonomischer, politischer, rechtlicher usw. Strukturen
einerseits, sowie Organisation und Interaktion andererseits, je unterschiedlich
stellt (vgl. auch Weinbach 2008). Die gesellschaftstheoretische Apriorisierung
axialer Strukturen unterminiert jedoch systematisch die grundlegenden Prämissen der Differenzierungstheorie und führt in eine grundlagentheoretische Inkommensurabilität hinein. Nicht zuletzt wird die intendierte Überwindung „terminologischer Schließungen" sowie „theoretische[r] Gräben und blockierende[r]
Arbeitsteilungen" (Knapp 2008b: 140) zwischen Ungleichheits- und Differenzierungstheorie infolge der Setzung eines die Theorie wie empirische Forschung lei-
tenden Primats *kategorialer Strukturbildung* verhindert. Was damit jedoch deutlich wird, ist der Umstand, dass der kategoriale Intersektionalitätsansatz selbst
keinen neuen Ausgangs- bzw. Anknüpfungspunkt für Gesellschaftstheorie bietet,
weil er keine eigene Erkenntnislogik generiert und seine Letztbegründung in axialen Prinzipien (oder Achsen der Ungleichheit) wiederum nur herrschaftskritisch
ableiten kann.[164]

6.2   Intersektionalität und die Logik institutioneller Klassifikation

Die Begründung der Intersektionalitätsperspektive durch Kimberlé Crenshaw
lässt sich nicht jenseits des rechtswissenschaftlichen Kontextes und hierin spezifisch konturierter Problemstellungen verstehen, auf welche die Begriffsbildung
Intersektionalität zu reagieren beansprucht. Crenshaw (1989) weist in einem
Beitrag, in dem sie den Begriff einführt, darauf hin, dass geltende Antidiskriminierungsgesetze den Sachverhalt der Diskriminierung lediglich selektiv registrieren, was paradoxerweise dazu führt, dass Formen von Diskriminierung, die
das Gesetz nicht als solche definiert, im und durch das Recht unsichtbar gemacht
werden. Sie zeigt dabei auf, dass in der US-amerikanischen Rechtsprechungspra-
xis ein auf kategoriale Merkmale wie ‚race' und ‚gender' fixiertes Beobachtungsschema zur Anwendung kommt, das Diskriminierungen, die dem zugrunde ge-

---

164 So kommt Knapp jüngst auch zu der Schlussfolgerung, dass sich „Fragen der Intersektionalität und damit auch der intersektionellen Unsichtbarkeit […] leichter im
   Rahmen handlungstheoretischer Gesellschaftstheorien verhandeln lassen, die es noch
   erlauben, auf Personenkategorien zu referieren, dass aber ihre Übersetzung in eine im
   engeren Sinne gesellschafts- bzw. differenzierungstheoretisch angelegte Begriffsarchi-
   tektur auf charakteristische Schwierigkeiten stößt" (Knapp 2010: 231).

legten System von Antidiskriminierungskategorien nicht entsprechen, aus dem Geltungsbereich des Gesetzes faktisch ausschließt. Anhand unterschiedlicher Beispiele aus der Rechtsprechung verdeutlicht sie das Problem, dass die Diskriminierung von Schwarzen Frauen nur unzureichend erfasst wird, wenn diese als bloße Addition und nicht als Überschneidung ('intersection') von Rassismen und Sexismen verstanden wird. Die spezifische Form und eigene Qualität intersektionaler Diskriminierung lässt sich, so Crenshaw, gerade nicht in ‚race' und ‚gender' auseinander dividieren (vgl. ebd.: 25ff.). Zur Veranschaulichung der aufgezeigten Problematik bemüht sie die oftmals zitierte und auch kritisierte Metapher einer Straßenkreuzung (vgl. etwa Walgenbach 2007: 48f.; Winker/Degele 2009: 12f.):

> „Consider an analogy to traffic in an intersection, coming and going in all four directions. Discrimination, like traffic trough an intersection, may flow in one direction, and it may flow in another. If an accident happens in an intersection, it can be caused by cars travelling from any number of directions and, sometimes, from all of them. Similarly, if a Black woman is harmed because she is in the intersection, her injury could result from sex discrimination or race discrimination.
> Judicial decisions which premise intersectional relief on a showing that Black women are specifically recognized as a class are analogous to a doctor's decision at the scene of an accident to treat an accident victim only if the injury is recognized by medical insurance. Similarly, providing legal relief only when Black women show that their claims are based on race or on sex is analogous to calling an ambulance for the victim only after the driver responsible for the injuries is identified." (Crenshaw 1989: 149)

Worauf Crenshaw mit der Verkehrsmetaphorik zentral verweist, ist, dass das Antidiskriminierungsrecht nur dann greift, wenn die Opfer von Diskriminierung in das institutionalisierte Klassifikationsschema des Gesetzes ‚passen'. Dies hat zwei Konsequenzen:

- Die Nicht-Anerkennung der intersektionalen Diskriminierung Schwarzer Frauen durch geltendes Antidiskriminierungsrecht wird mit dem Beispiel des Arztes illustriert, der die Behandlung des Unfallopfers davon abhängig macht, dass die erfolgte Verletzung dem Klassifikationssystem einer Krankenversicherung entspricht und von dieser als Versicherungsfall anerkannt wird. Erst wenn eine Zuschreibung des Status ‚Schwarze Frau' auf Grundlage einer im Gesetz vorgesehenen kategorialen Klassifikation[165] (‚class') im individuellen Fall möglich ist, könnte der Rechtsschutz durch das Gesetz gewährt werden. Damit ist zum einen auf den selektiven *groupism* des Antidiskriminierungs-

---

165 In der deutschen Übersetzung wird der im obigen Zitat von Crenshaw verwendete Begriff ‚class' mit „separate Gruppe" wiedergegeben (vgl. Crenshaw 2010: 38).

rechts verwiesen, zum anderen jedoch auch auf die vereindeutigende Askripti-
onslogik, die der Rechtsprechung hierbei innewohnt.

• Die zweite Konsequenz der ‚Unfallanalogie' besteht darin, die Gewährung des
  Rechtsschutzes von der Identifizierung eines singulären auslösenden Faktors
  im Sinne des Verursacherprinzips abhängig zu machen: Der Status als Opfer
  wird erst anerkannt, wenn eine eindeutige Ursache – Rassismus *oder* Sexismus
  – nachgewiesen werden kann. Die Paradoxie, dass die Ambulanz erst gerufen
  wird, nachdem der Unfallverursacher ausgemacht werden konnte, beschreibt
  dieses Prinzip. Damit ist gleichzeitig jedoch auch auf *Kausalitätsbedingungen*
  hingewiesen, die das Recht zwar im Sinne eindeutiger Ursache- und Wir-
  kungszusammenhänge als notwendig voraussetzt, die in der ‚Realität' jedoch
  faktisch nicht gegeben sind. So verschwindet der Sachverhalt der Diskrimini-
  rung im Ergebnis einer Rechtsprechung, die Realität nur insofern anerkennen
  kann, als diese ihrem eigenen Klassifikationssystem entspricht.[166]

Die vielzitierte Kreuzungsmetapher hat in einem erweiterten Verständnis die
Funktion, auf eine gesellschaftliche Wirklichkeit zu verweisen, die sich von derjenigen, die das Rechtssystem auf Grundlage seiner selektiven Kategorien konstruiert, grundlegend unterscheidet: Indem Crenshaw vor allem auf den dynamischen
Aspekt des ‚flow', d.h. des Fließens des Verkehrs hinweist, wird in dieser Metapher des Verkehrs auf die empirische Komplexität gesellschaftlicher (Diskrimi-
nierungs-)Prozesse hingewiesen und nicht lediglich auf die Überschneidung von
‚Kategorien'.

Aus der rechtswissenschaftlichen Perspektive betrachtet sollen juridisch ko-
difizierte Normen und Regeln das Individuum vor der Gesellschaft schützen – in
diesem Fall vor Diskriminierung. Antidiskriminierungsgesetze sind dabei allerdings als „single-axis framework" (Crenshaw 1989: 139) konstruiert und können
Diskriminierung nur im Modus einer Entweder-oder-Axiomatik, d.h. *entweder*
als rassistische *oder* sexistische, nicht aber als Diskriminierung beobachten, die

---

166 Lucy N. Chebout (2011: 52) weist im Zusammenhang mit der von Crenshaw gewählten
    Analogie auf die in der deutschsprachigen Rezeption nur unzureichend berücksich-
    tigte Bedeutung der „nicht helfenden Ambulanz" hin, womit gerade die „Kritik an der
    Untauglichkeit von bestehenden Schutzmechanismen" in den Fokus rückt, „die eben
    nur bestimmte Unfall-Konstruktionen erfassen und andere nicht als solche erkennen"
    (ebd.: 49). Zudem wird in den seltensten Fällen der genuine Problembezug, in dessen
    Rahmen die ‚Metapher' Intersektionalität ihren *theoretischen* Sinn entfaltet, mitre-
    flektiert. Stattdessen wird verbreitet eine Diskussion geführt, die – sowohl in affir-
    mativer wie in kritischer Hinsicht – auf der Dekontextualisierung des Leitmotivs der
    ‚Überschneidung' sowie der bei Crenshaw rechtswissenschaftlich präzise formulierten
    Problemstellung beruht (vgl. dazu kritisch ebd.: 53).

sich durch das Zusammenwirken von Rassismen und Sexismen realisiert. Die Schutzfunktion versagt angesichts der komplexen Verletzungen und Schädigungen, die die Gesellschaft verursacht, weil das *Klassifikationssystem* des Rechts in diesem Fall unterkomplex bleibt und die Praxis der Rechtsprechung *Askriptionsoptionen* folgt, die Schädigungen nur im Modus exklusiv-kategorialer Unterscheidungen wie ‚gender' oder ‚race' sichtbar machen.

Der Begriff Intersektionalität weist entsprechend darauf hin, dass das Problem multipler Ungleichheitsrelationen nicht als Addition gedacht werden kann, sondern die Form einer spezifischen – intersektionalen – Qualität annimmt, welche im Fall der Diskriminierungserfahrungen Schwarzer Frauen mehr als die ‚Summe' von Rassismus und Sexismus ist:

> „Because the intersectional experience is greater than the sum of racism and sexism, any analysis that does not take intersectionality into account cannot sufficiently adress the particular manner in which Black women are subordinated." (Crenshaw 1989: 140)

Die damit angesprochene Problematik betrifft Crenshaw zufolge nicht nur das Antidiskriminierungsrecht, sondern auch die Identitätspolitik feministischer und antirassistischer Bewegungen, deren essentialisierende und universalisierende Bezugnahme auf entweder ‚gender' *oder* ‚race' letztlich dazu führt, dass Sexismus aus der Perspektive weißer Frauen, Rassismus aus der Perspektive Schwarzer Männer konzeptualisiert wird und die ebenso bedeutsamen „intragroup differences" (Crenshaw 1994: 93) ausgeblendet bleiben.

Die Frage, welche Diskriminierungen beobachtbar sind und welche nicht, hat eine konkrete Rückbindung an die Klassifikationslogik des Antidiskriminierungsgesetzes; aber erst auf der Ebene der Organisationen des Rechtssystems werden diese Klassifikationen auch entscheidungsrelevant und erlangen ihre Wirkmächtigkeit im gerichtlichen Vollzug der Rechtspraxis. Crenshaws Intersektionalitätsperspektive beschreibt folglich nicht ‚lediglich' die Besonderheit der konkreten Diskriminierungserfahrungen einer gesellschaftlichen ‚Gruppe' – Schwarze Frauen –, sondern die selektive Beobachtungslogik des Rechtssystems (oder aber auch sozialer Bewegungen). Damit kann Crenshaws Analyse als ‚Beobachtung zweiter Ordnung' charakterisiert werden, die über den Kontext der diskriminierungswirksamen Beobachtungsleistungen des Rechtssystems hinausgehend generell instruktiv ist für die Frage der beobachterabhängigen Erzeugung und Invisibilisierung faktischer Diskriminierungsstrukturen in Institutionen und Organisationen.

6.3   Reflexionsprobleme des Intersektionalitätsdiskurses

Ein Charakteristikum des Intersektionalitätsdiskurses lässt sich in seiner konstitutiven Doppelreferenz auf Wissenschaft einerseits, (Bewegungs-)Politik andererseits ausmachen: Diese Doppelreferenz führt dazu, dass in der Schwebe bleibt, ob es sich im Fall von ‚Intersektionalität‘ primär um den Versuch einer wissenschaftlich begründeten Neuorientierung der Geschlechter- und/oder Ungleichheitsforschung handelt oder primär um einen Versuch, politische Artikulationsfähigkeit zu erlangen bzw. zu erhalten. Dabei lässt sich auch beobachten, dass diese Doppelung mitunter dazu genutzt wird, die offen liegenden wissenschaftstheoretischen Begründungsprobleme durch Betonung politisch-normativer Aspekte des kategorialen Ansatzes zu relativieren.

Nicht zuletzt zeigt sich diese Doppelreferenz im Kontext der ‚Paradigmen‘-Diskussion, die den deutschsprachigen Diskurs aktuell begleitet. Die dabei kontrovers diskutierte Frage, ob und inwiefern es sich bei Intersektionalität um ein ‚neues Paradigma‘ handelt (vgl. Knapp 2005 u. 2008a; Bührmann 2009; Walgenbach 2010 u. 2011), resultiert aus der Selbstthematisierung der Geschlechterforschung als einer *sozialwissenschaftlichen* Disziplin: Die Beschränkung auf die Leitkategorie Geschlecht soll dabei überwunden, die Situierung des Ansatzes innerhalb des Referenzrahmens feministischer Forschung und d.h. auch feministischer Problemkonstruktion jedoch paradoxerweise beibehalten werden.

Während einerseits konstatiert wird, Intersektionalität habe sich zu einem „major paradigm of research in women's studies and elsewhere" (McCall 2005: 1771) entwickelt, dessen *forschungsmethodologische Konkretisierung* nunmehr anstehe, wird andererseits noch offen gehalten, ob „Intersektionalität als neues Paradigma feministischer Theorie" (Knapp 2005 u. 2008a) gelten kann, insofern ungeklärte Fragen der *theoretischen Fundierung* bestehen. Angesichts seines nach wie vor ungeklärten wissenschaftlichen Status scheint daher die politisch-normative Dimension des Ansatzes Bedeutung zu gewinnen: „‚Intersektionalität‘ thematisiert das zentrale theoretische und normative Problem in der feministischen Wissenschaft – die Anerkennung von Differenzen zwischen Frauen" (Davis 2010: 58), wobei gleichzeitig vermutet wird, „dass gerade die Vagheit und Offenheit von ‚Intersektionalität‘ ihr Erfolgsgeheimnis ist" (ebd.: 56).[167]

---

167 Vor dem Hintergrund der doch relativ präzisen Formulierung des Bezugsproblems einer intersektionalen Perspektive bei Crenshaw lässt sich hier deutlich machen, dass diese ‚Vagheit‘ eher als Resultat der Dekontextualisierung des Intersektionalitätsbegriffs zu betrachten ist.

Während die Diagnose einer derartigen Unbestimmtheit wissenschaftliche Begründungsprobleme aufwirft, scheint dies in der Diskussion jedoch aufgrund der Rückverweisung der Intersektionalitätsperspektive auf ein „normative commitment" gegenüber „feministische[n] Theorietraditionen bzw. Theoriebildung" (Walgenbach 2010: 24) relativiert zu werden.[168] In diesem Zusammenhang ist auch der Versuch zu beobachten, diesen Begründungsproblemen zu begegnen, indem die wissenschaftssoziologische *Beschreibung* der sozialen Konstruktion von Wissenschaftlichkeit nun gerade als Argument für die *wissenschaftliche* Konturierung von Intersektionalität genutzt wird (vgl. Davis 2010): In diesem Zusammenhang dient nicht zuletzt Thomas S. Kuhns (1976) Begriff des *Paradigmas,* mit dem die historische Etablierung von Plausibilitätsbedingungen für Evidenzerzeugung im Wissenschaftssystem bezeichnet ist, nunmehr selbst als Referenzpunkt für die wissenschaftliche Selbstlegitimation des Intersektionalitätsansatzes (vgl. Walgenbach 2011: 114ff.).[169]

Wenngleich die Debatten innerhalb des US-amerikanischen Feminismus seit den späten 1970er Jahren und hier insbesondere die Kritik von „schwarzen und anderen rassifizierten Frauen" (Yuval-Davis 2010: 186) an feministischer Theorie und Politik einen zentralen Entstehungshintergrund für den Intersektionalitätsdiskurs darstellen, haben diese keine vergleichbare Resonanz innerhalb der *allgemeinen* Geschlechterforschung erzeugt. Entscheidend hierfür mag sein, dass Intersektionalität als ein akademischer Diskurs Verbreitung findet, der als primär wissenschaftliche Neuperspektivierung feministischer Theorie und Forschung konzipiert und an die Semantik des Wissenschaftssystems angepasst wird:

> „Auch wenn der Ansatz ein altes Problem innerhalb der feministischen Forschung
> ansprach, tat er es auf eine neue Weise: Er bot eine neuartige Verbindung zwischen
> der kritischen feministischen Theorie über die Folgen von Sexismus, Klasse und
> Rassismus einerseits und einer von postmodernen feministischen Theorien inspi-
> rierten kritischen Methodologie – und brachte sie auf eine Art und Weise zusam-
> men, die bis dahin quasi unvorstellbar war." (Davis 2010: 60)

---

168 Allerdings wäre, wenn das Grundmotiv von Intersektionalität ernst genommen wird, die Frage aufzuwerfen, ob es dann nicht ebenso eines ‚normative commitments' etwa gegenüber rassismustheoretischen und postkolonialen Theorietraditionen oder auch marxistischen bzw. post-marxistischen Klassentheorien bedarf.

169 Das Paradox der historischen Wissenschaftsforschung und der Wissenschaftssoziologie besteht ja bereits darin, dass diese Forschung, wenn sie ihre eigenen Beobachtungskriterien „selbstimplikativ" (Luhmann 1998: 71) auf sich anwendet, zu dem Schluss kommen müsste, dass sie selbst keine ‚Wissenschaft' mehr ist.

Gleichzeitig erlaubt die Referenz auf Intersektionalität neben den Wissenschaftsbezügen auch die Bezugnahme auf eine politische Semantik und in diesem Sinne auch eine semantische Integration von feministischer Wissenschaft und Politik. Nach Kathy Davis kann dabei im ‚transatlantischen' Theorievergleich ein wesentlicher Unterschied zwischen der US-amerikanischen und der ‚europäischen' Intersektionalitätsdebatte darin gesehen werden, dass in der europäischen Linie die ‚poststrukturalistische' Erkenntniskritik betont wird, während insbesondere McCalls kategorialer Intersektionalitätsansatz in der amerikanischen Linie gerade als kritische Reaktion auf den ‚politischen Relativismus' poststrukturalistischer und postkolonialer Akademisierung zu verstehen sei und in diesem Sinne für eine macht- und herrschaftskritische Re-Politisierung der Identitätskonstruktionen ‚race', ‚class' und ‚gender' stehe (vgl. Davis 2008: 28f.).

Was hinsichtlich dieser Konturierung des Diskurses zwischen ‚Dekonstruktion vs. Politik' auffällt, ist, dass der Versuch der makrologischen *Versozialwissenschaftlichung* der Intersektionalitätsperspektive auf Grundlage kategorialer Beobachtungsschemata – wie dies gerade für McCalls ‚categorial approach' gilt – sowie die problematischen Implikationen, die aus einer derartigen Beobachtungslogik folgen, augenscheinlich unberücksichtigt bleiben. Dies ist insofern bedeutsam, als die Referenz auf kategoriale Unterscheidungen in einer politischen Handlungslogik, mit der Artikulationsfähigkeit angestrebt wird, etwas völlig anderes ist, als eine exklusiv-kategoriale Konstruktion von Gesellschaft auf Basis soziodemographisch erhobener Daten: Denn in der sozialwissenschaftlichen Beobachtung kann ‚Identität' immer nur *zugeschriebene* Identität im Sinne einer askribierten Zugehörigkeit sein, weshalb sich poststrukturalistische Erkenntniskritik auch gegen den *verwissenschaftlichten* Blick richtet und nicht gegen die Erlangung politischer Artikulationsfähigkeit (vgl. dazu etwa Spivak 1993) – diesseits wie jenseits des Atlantiks. In der deutschsprachigen Intersektionalitätsrezeption lässt sich zudem gerade beobachten, dass die Referenz auf ‚postmoderne feministische Theorie' zugunsten eines kategorialen, kritisch-realistischen Ansatzes zunehmend in den Hintergrund tritt (vgl. dazu auch Villa 2010).

Die Entwicklung einer intersektionalen Erkenntnisposition scheint angesichts der innerhalb des Diskurses koexistierenden Bezugnahmen auf divergente wissenschaftstheoretische Grundlagen (Strukturalismus/Poststrukturalismus, Kritischer Realismus, Nominalismus, Materialismus ‚etc.') kaum erwartbar. Der Diskurs nimmt dort tendenziell positivistische Züge an, wo die Frage nach Auswahl, Anzahl und Operationalisierbarkeit grundlegender Analysekategorien die epistemologische Reflexion kategorienbasierter Forschung als lediglich ‚antikategoriale' (McCall) Haltung zu relativieren versucht. Wie Isabelle Lorey herausstellt, besteht die Frage allerdings nicht darin, „welche Kategorien grundlegend sind", sondern eher darin, „was diesen Kategorien entgeht" (Lorey 2011: 102). Dieses Problem insistiert, weil Kategorien immer *Beobachtungs*kategorien sind und entsprechend beobachtermotivierte Unterscheidungen darstellen, während die beobachtete gesellschaftliche ‚Wirklichkeit' diese Unterscheidung selbst nicht aufweist. Kategorial muss folglich immer getrennt bezeichnet werden, was empirisch nicht getrennt voneinander vorkommt. Und paradoxerweise hat gerade diese Problematik die Formulierung der Intersektionalitätsperspektive bei Crenshaw motiviert. Der kategoriale Ansatz kann das Umkippen von Intersektionalität in „Intersektional*ismus*" (Villa 2010: 218) kaum verhindern, weil er – auch als kritisch-realistische Methodologie – unterstellen muss, dass Kategorien soziale Wirklichkeit repräsentieren.

In der aktuellen deutschsprachigen Rezeption der Intersektionalitätsperspektive findet das Reflexionsangebot, das der *institutionelle* Ansatz Crenshaws bereitstellt, so weit wir sehen, kaum Berücksichtigung. Neben einflussreichen Versuchen, die Idee der wechselseitigen Überschneidung von Ungleichheitsmomenten als vorrangig methodologisches Problem zu redefinieren einerseits, an herrschaftskritisch konturierte Gesellschaftstheorie rückzubinden andererseits, ist vor allem zu beobachten, dass einzelne Motive und Metaphern – insbesondere Crenshaws Bild der Verkehrskreuzung – von ihrem Referenzkontext entkoppelt verwendet bzw. als bloße ‚Metapher' kritisiert werden.[170] Das von Crenshaw spezifisch markierte Bezugsproblem verliert sich damit in einem mitunter unspezifisch gewordenen Diskurs, während der kategoriale Ansatz seine Plausibilität vor allem aus der Umwidmung des erkenntnistheoretischen Problems gesellschaftlicher Komplexität in ein methodologisch bewältigbares Reduktionismusproblem zieht: Es genügt dann, die Zahl relevanter Kategorien zu erhöhen, um mehr ‚Trennschärfe' in der ‚kritisch-realistischen' Beobachtung zu erzielen.

Allerdings wirft dies die Frage auf, auf welchem Weg die Intersektionalitätsforschung ihre empirischen Ergebnisse generiert: Wenn beispielsweise in Rechnung gestellt wird, dass McCall im Rahmen ihrer einschlägigen Studie mit soziodemographischen Daten arbeitet, die von staatlichen Instanzen erhoben wurden und damit der klassifikatorischen Logik administrativer Bürokratien folgen, macht dies zunächst die Beobachtungsrationalität deutlich. Infolge der Selektivität der Datenbasis kann McCalls kategoriale Intersektionalitätsforschung nicht der Ge-

---

170 Offensichtlich hat Crenshaw entsprechend auch im Rahmen einer Tagung in der Entgegnung auf die an ihr geübte Kritik auf die Bedeutung des juristischen Kontextes für die Konturierung des Ansatzes hingewiesen (vgl. dazu Yuval-Davis 2010: 187).

fahr entgehen, den Reduktionismus zu reproduzieren, der methodologisch überwunden werden sollte.[171]
    Auch in der deutschsprachigen Diskussion lässt sich dieses problematische
Verständnis intersektionaler Empirie nachzeichnen. So versucht bspw. Katharina
Walgenbach die Idee der Wechselwirkungen zwischen Kategorien als „besonde-
res Merkmal des Intersektionalitäts-Paradigmas" unter Rückgriff auf kriminal-
statistische Daten zu plausibilisieren. Die Forschung zu Erscheinungsformen und
Ursachen von Jugendgewalt zeige auf,

> „dass nur die Wechselwirkungen verschiedener sozialer Merkmale wie Männlich-
> keit, Migrationshintergrund, geringes Bildungsniveau, delinquente Peer Groups
> sowie eigene familiale Viktimisierungserfahrungen die Gruppe der Mehrfach- und
> Intensivtäter angemessen beschreiben. Jedes Merkmal für sich kann noch nicht als
> Prädiktor für Jugendgewalt herhalten." (Walgenbach 2011: 124)

Bemerkenswert erscheint hier zum einen die ausbleibende Distanzierung gegenüber kriminologischen Klassifikationen (‚Gruppe der Mehrfach- und Intensivtäter'), zum anderen die unkritisch übernommene Annahme eines Kausalzu-
sammenhangs zwischen *askriptiven* ‚sozialen Merkmalen' und ‚abweichendem'
Verhalten[172]. In dieser Argumentation wird die Intersektionalitätsperspektive
letztlich mit einer präventionsorientierten Klassifikations- und Askriptionsra-
tionalität identifiziert, die ihre Beobachtungsfähigkeit (‚Prädiktor für Jugendgewalt') durch *Matching* interner (‚Mehrfach- und Intensivtäter') und externer
(‚soziale Merkmale') Kategorien erreicht.
    Letztlich entstehen derartige Paradoxien aus dem Versuch, die von Crenshaw
entwickelte Intersektionalitätsperspektive überhaupt mit einem wissenschaftlich
begründeten kategorialen Beobachtungsschema zu verknüpfen. Dass sich ein relevanter Teil der theoretischen Bemühungen innerhalb des Diskurses offensichtlich um die Konstruktion und Begründung von Kategorien zentriert, ohne dabei die Beobachterabhängigkeit des Kategoriengebrauchs grundlagentheoretisch
selbst zum Gegenstand zu machen, verweist auf Reflexionsprobleme, die inner-

---

171 So weist McCall etwa darauf hin, dass sich intersektionale Forschungsperspektiven
    z.b. auch in Abhängigkeit davon verändern, ob im U.S.-Census neue „racial and ethnic
    categories" Verwendung finden (ebd.: 1787).
172 Als Quelle verweist Walgenbach hier u.a. auf den Zweiten Periodischen Sicherheits-
    bericht der Bundesregierung (vgl. Walgenbach 2011: 124). Zur Problematik einer
    kausallogischen Verbindung sozialer ‚Merkmale' und einem vermeintlich objektivier-
    baren Phänomen ‚Jugendkriminalität' und ‚Jugendgewalt' vgl. etwa die Beiträge in
    Dollinger/Schmidt-Semisch 2010.

halb des kategorialen Ansatzes nicht bearbeitet werden (können). Die den Diskurs prägende Metaphorik der Überschneidung, Verschränkung, Überlagerung, Wechselwirkung usw. ist innerhalb des kategorialen Ansatzes deshalb semantisch notwendig, *weil* die verwendeten Kategorien ihre Beobachtungsfähigkeit nur dadurch entfalten können, dass sie etwas unterscheiden und bezeichnen und damit letztlich diskursive Fixierungen produzieren.

Crenshaw hatte mit dem Begriff Intersektionalität darauf hingewiesen, dass sich Benachteiligungs- bzw. Diskriminierungserfahrungen angesichts der Komplexität gesellschaftlicher Dynamiken dem Schema kategorialer institutioneller Klassifikation entziehen. Mit anderen Worten: Das Ursprungskonzept von Intersektionalität *widerspricht der Logik kategorialer Beobachtung*, auch wenn diese in gesellschaftskritischer, herrschaftskritischer, machtkritischer, diskriminierungskritischer Absicht begründet wird. Dieses wissenschaftliche Beobachtungs-Paradox des Intersektionalitätsdiskurses wird gerade von seiner politischen Seite aus betrachtet dann sichtbar, wenn die Bezugnahme auf ‚race' und ‚gender' nicht mehr dem Ziel der Erlangung politischer Artikulationsfähigkeit und der Benennung von Antagonismen[173] im Sinne einer (identitäts-)*politischen* Praxislogik verpflichtet ist, sondern dem Zweck der kategorialen (statistischen wie theoretischen) Bestimmung von Gruppenrelationen und sozialer Ungleichheits-Verhältnisse dient. Politische und wissenschaftliche Kategorien unterscheiden sich jedoch ‚paradigmatisch' hinsichtlich der Logik ihres Sinns.

Ein vielfach aufgegriffener Lösungsvorschlag für das Kategorienproblem besteht darin, anstelle der Metaphorik der Überschneidung bzw. Kreuzung die Metapher der „interdependenten Kategorie" (vgl. die Beiträge in Walgenbach/Dietze/Hornscheidt/Palm 2007) zu verwenden. Nicht mehr die Frage *inter*-kategorialer Interdependenz steht dann im Vordergrund, vielmehr wird die „soziale Kategorie" (Walgenbach 2007: 62) Gender gewissermaßen als in-sich-interdependente Kategorie konstruiert (vgl. ebd.: 61). Die Vorstellung ist hierbei, dass die Kategorie Gender die Kategorien „Ethnizität, Klasse, Nation, Religion" bereits enthält bzw. sich alle Kategorien jeweils wechselseitig konstituieren:

> „Die vormals aufgezählten Kategorien werden nun durch die Konzeption der komplexen *internen Architektur* quasi in das innere der Kategorie verlagert. Somit wird auch die Vorstellung eines ‚genuinen Kern' von sozialen Kategorien verworfen und

---

173 Als „Artikulation" bezeichnen Laclau und Mouffe (1991: 141) die diskursive Konstituierung eines *politischen Subjekts* (ebd.: 152). ‚Artikulationsfähigkeit' bedeutet dann, dass eine gewisse Machtposition erreicht wird, die es zuallererst ermöglicht, gesellschaftliche *Antagonismen* (ebd.: 161)‚sichtbar und sagbar' zu machen.

die Gefahr der Stabilisierung von Kategorien im Zuge der Thematisierung von Interdependenzen eingedämmt." (ebd.: 64)

Wenn Kategorien jedoch nicht mehr etwas von etwas anderem unterscheidbar halten, sich mithin wechselseitig enthalten, stellt sich die Frage, welche wissenschaftliche Beobachtungsrelevanz sie dann noch besitzen. ‚Interdependente Kategorien' scheinen zu dementieren, was sie tun, nämlich unterscheiden/bezeichnen/ adressieren; denn auch im Fall von Interdependenz zeigt ‚Inter-' eine notwendige Unterscheidung bzw. Trennung an. Zudem kann auch die Konstruktion der ‚interdependenten Kategorie' das beobachtungstheoretisch konturierbare Problem nicht überwinden, dass Kategorien immer an eine Beobachtungsposition *erster Ordnung* rückgebunden bleiben, d.h. dass sie nicht gleichzeitig Bezeichnen *und* Reflexion ermöglichen: „Differenzen bzw. Ungleichheiten" seien, so Walgenbach, „nicht mehr *zwischen* (distinkt oder verwoben gedachten) Kategorien wirksam [...] sondern *innerhalb* einer Kategorie" (ebd.: 24). Allerdings ist davon auszugehen, dass die hier gemeinten Differenzen bzw. Ungleichheiten nicht zwischen oder innerhalb von Kategorien, sondern auf der Ebene gesellschaftlicher Wirklichkeit ‚wirksam' sind, womit jedoch vor allem die unbeantwortete Frage aufgeworfen ist, welchen Repräsentationswert ‚interdependente' Kategorien besitzen.

Angesichts der damit aufgeworfenen Probleme der „Repräsentation" und „Epistemologie" wird im Kontext der Interdependenz-Diskussion der Ausweg wiederum in Heuristik gesucht:

> „Trotz dieser Dilemmata haben wir uns entschieden, heuristische Begriffsfelder und Kategorienrahmen zu kartieren, um einen politischen und epistemologischen Handlungsraum abzustecken." (Dietze/Hornscheidt/Palm/Walgenbach 2007: 15)

In Anlehnung an Gayatri Chakravorty Spivaks Konzept des „strategischen Essentialismus" wird ein „strategische[r] Kategorialismus" (Dietze/Haschemi Yekani/ Michaelis 2007: 138) als Lösung für das Repräsentationsproblem ins Spiel gebracht, der eine kategoriale Bezeichnungspraxis mit der gleichzeitigen „Desidentifikation" und Dekonstruktion von Kategorien (ebd.: 139) zu verbinden sucht.[174] Während Spivak essentialisierende Identitätskonstruktionen als temporäres

---

174 Dies wird am Beispiel der „Vielfalt unterschiedlicher queerer Intersektionalitäten" (Dietze/Haschemi Yekani/Michaelis 2007: 115) entfaltet: Das Ziel ist es, „queere [...] Epistemologien auf explizit intersektionale Füße" (ebd.: 111) zu stellen, wobei „*Queer of Color-* und *Queer Diaspora-Critique*", „*Queer Disability-, Queer Jewish-* und *Transgender-Studies*" sowie der queeren Kritik an sozialer Klasse" (ebd.: 115) nacheinander diskutiert werden.

machtstrategisches Moment zur Erlangung *politischer* Artikulationsfähigkeit von ‚Subalternen' verstanden hat, die in dem Moment aktiv zu dekonstruieren seien, in dem sie zu Essentialismen erstarren (vgl. Spivak 1993: 3f.), konstruiert der ‚strategische Kategorialismus' im Unterschied dazu gerade eine *wissenschafts-theoretisch* begründete Beobachtungsperspektive, die ihrerseits an eine „interdependente Epistemologie" (vgl. Dietze/Haschemi Yekani/Michaelis 2007: 112ff.) rückgebunden wird.[175] Damit erweist sich der ‚strategische Kategorialismus' insofern als problematische Referenz auf den ‚strategischen Essentialismus', als im Anspruch auf Theoriebildung zugleich kategorial unterschieden und bezeichnet werden muss, was strategisch subvertiert werden soll.

6.4 Intersektionalität als erziehungswissenschaftliches Reflexionsangebot: Ungleichheit und Differenz im Bildungssystem

Angesichts der vorangehend skizzierten Konturen des Intersektionalitätsdiskurses scheint eine Adaption im Kontext erziehungswissenschaftlicher Theorie und Empirie grundlegend mit dem Problem konfrontiert, dass der kategoriale Ansatz sowohl methodologisch als auch theoretisch pädagogische Beobachtungslogiken unterstützt, die, wie bereits anhand von Heterogenitätsansätzen und Diversity-Programmatiken diskutiert, eine reifizierende Typisierung und Klassifikation von AdressatInnen pädagogischen Handelns erwartbar werden lassen. Im Unterschied zum Heterogenitätsdiskurs wird im Kontext von Intersektionalität jedoch die Genese komplexer sozialer Ungleichheit nicht dethematisiert, sondern explizit zum Gegenstand der Analyse gemacht. Gerade hierin scheint auch die Attraktivität des Ansatzes zu liegen, insofern die Bezugnahme auf Heterogenität, Differenz oder Vielfalt mit der Analyse von Macht- und Ungleichheitsstrukturen verbunden werden kann. Was in diesem Zusammenhang zunächst bedeutsam ist: Im Unterschied zu Heterogenität und Diversity wird Intersektionalität nicht als pädagogische Programmatik im engeren Sinne konzipiert, sondern als eine wissenschaftliche Beobachtungsperspektive. Es geht hierbei nicht primär um Fragen der pädagogischen Praxis, sondern um die Konturierung einer Forschungsperspek-

---

175 Der ‚strategische Essentialismus' eignet sich nach Spivak gerade nicht, um aus diesem eine wissenschaftliche Beobachtungsstrategie im Sinne eines „academic essentialism" abzuleiten. Spivak hat auf der Ebene von Wissenschaft entsprechend am Anti-Essentialismus festgehalten und das Prinzip der Strategie von Theorie unterschieden: „A strategy suits a situation; a strategy ist not a theory." (Spivak 1993: 4)

tive, die explizit im Kontext erziehungswissenschaftlicher „Ungleichheitsfor-schung" verortet wird (Krüger-Potratz/Lutz 2002: 81).

Auch in Bezug auf die erziehungswissenschaftliche Intersektionalitätsdis-kussion interessiert uns im Folgenden, in welcher Weise die – diesmal explizi-ten – sozialwissenschaftlichen Beschreibungen von sozialer Differenz für den pädagogischen Kontext reformuliert werden. Denn der Diskurs ist zwangsläufig mit spezifischen Problemzusammenhängen verbunden, die sich aus den päda-gogisch-praktischen und institutionell-organisatorischen Strukturen des öffent-lichen Bildungswesens ergeben. Dabei zeigt sich u.e., dass Intersektionalität im Unterschied zu Heterogenität und Diversity primär ein an die Erziehungswissen-schaft selbst adressiertes *Reflexionswissen* anbietet[176] – zumindest gilt dies für die wenigen, jedoch einschlägigen Grundlagentexte des erziehungswissenschaftli-chen Intersektionalitätsdiskurses, auf die wir uns im Folgenden beziehen werden.

Das Besondere hinsichtlich der Rezeption der Intersektionalitätsperspektive im Rahmen der Erziehungswissenschaft ist, dass sie bereits stattgefunden hat, bevor der Begriff ‚Intersektionalität' in der deutschsprachigen Geschlechterfor-schung Karriere gemacht hat[177]. Die erziehungswissenschaftliche Adaption von Intersektionalität bewegt sich dabei insbesondere im Horizont der Verhältnisbe-stimmung von Geschlechterforschung einerseits und Interkultureller Pädagogik resp. Migrations- und Rassismusforschung andererseits (vgl. Lutz 2001; Krüger-Potratz/Lutz 2002; Lutz/Leiprecht 2003).

Im Zentrum des erziehungswissenschaftlichen Intersektionalitätsansatzes steht die Bestimmung ungleichheitswirksamer sozialer *Differenzlinien*, deren Umfang im Verlauf der Diskussion ausgeweitet wurde (vgl. Lutz/Wenning 2001a; Krüger-Potratz/Lutz 2002; Leiprecht/Lutz 2006). Den Referenzpunkt bilden dabei pädagogische Konstruktionen von Normalität, die spezifische Ausschlüsse und Ungleichheiten produzieren. Diese Differenzlinien – Geschlecht, Sexualität, ‚Ras-se'/Hautfarbe, Ethnizität, Nation/Staat, Klasse/Sozialstatus, Religion, Sprache, Kultur, ‚Gesundheit'/,Behinderung', Generation, Sesshaftigkeit/Herkunft, Besitz, Nord-Süd/West-Ost, Gesellschaftlicher Entwicklungsstand (vgl. Leiprecht/Lutz 2006: 220) – stellen asymmetrisierte und hierarchisierte Unterscheidungsoptio-nen in Form von „Grunddualismen" (Lutz/Wenning 2001a: 20) bereit, die in so-zialen Prozessen „als Norm bzw. als Abweichung von der Norm funktionalisiert" (Lutz 2001: 227) werden können.

---

176 Die „eigentliche Herausforderung" der Intersektionalitätsperspektive richte sich, so Marianne Krüger-Potratz und Helma Lutz, „an die Erziehungs*wissenschaft*" (Krüger-Potratz/Lutz 2002: 85).

177 Zumindest konnten wir keine früheren Bezugnahmen finden.

Die Begriffswahl ‚Differenzlinien' ist entsprechend nicht im Sinne makrosoziologisch abgeleiteter *invarianter* Strukturkategorien zu verstehen, ihre Logik besteht vielmehr darin, dass sie Binarisierungsformen bezeichnen, in denen sich soziale Dominanzverhältnisse ausdrücken. So wird bspw. ‚Ethnizität' insofern als bipolarisiert verstanden, als diese Differenzlinie die Unterscheidung ‚ethnisch'/ ‚nicht-ethnisch' konstituiert (vgl. Leiprecht/Lutz 2006: 220). Die Differenzlinie Ethnizität wird hier folglich nicht zur Unterscheidung ethnischer ‚Gruppen' verwendet – anderenfalls wäre sie nicht bipolar, sondern würde zur Klassifikation unterschiedlicher Ethnien führen –, sondern bezeichnet das Resultat eines Zuschreibungsprozesses, in dem Fremdheit/Andersheit markiert wird. Damit distanziert sich die Begriffswahl ‚Differenzlinie' von einer Gruppenlogik, die im Kategoriengebrauch implizit mitgeführt wird und weist die Effekte jener Asymmetrisierung und Zuschreibung entlang der Differenzlinien grundlegend als soziale Konstruktionen aus (vgl. ebd.: 223). Im Vordergrund steht damit nicht der ‚Umgang' mit Intersektionalität als einem Merkmal von Lerngruppen, sondern die Implikationen und Folgen sozialer Differenzzuschreibungen in pädagogischen Kontexten.

Die Listen von Differenzlinien versuchen das erwartbare Spektrum an Klassifikationsoptionen in pädagogischen Feldern zu antizipieren und situativ bzw. kontextuell zu präzisieren. Dabei wird neben der Frage, wie sich PädagogInnen zu ihren AdressatInnen in ein Verhältnis setzen (vgl. Leiprecht/Lutz 2006), auch das Verhältnis zwischen SchülerInnen im Modus wechselseitiger Typisierungen (vgl. Lutz 2001) berücksichtigt. KritikerInnen des Ansatzes sehen die Differenzlinien als „disparate Merkmalslisten" (Auernheimer 2011: 418), zudem würden die heterologischen Konstitutionszusammenhänge der mit den Kategorien bezeichneten gesellschaftlichen Verhältnisse ihre gleichrangige Listung fragwürdig erscheinen lassen (vgl. Schroeder 2007: 46ff.). Allerdings verweisen die Differenzlinien auf ein Spektrum erwartbarer Klassifikationen, die im Kontext pädagogischer Kommunikation Bedeutung erlangen *können*, die Listen selbst intendieren nicht die askriptive Typisierung von Individuen. Vielmehr dienen sie der Analyse des ‚pädagogisch-institutionellen' Blicks, dessen Zugriff auf soziale Unterscheidungen erwartbar nicht von sozialwissenschaftlicher Epistemologie geleitet sein dürfte, sondern an Sichtbarkeiten orientiert bleibt, die ihrerseits in Prozessen der Askription hervorgebracht werden. Hinsichtlich der Typisierungsoptionen unter SchülerInnen kann etwa empirisch gezeigt werden, dass die Bezugnahme auf so-

ziale Unterscheidungen Distinktionsgewinne und Identitätskonstruktionen unterstützt, die dann wiederum anhand der Differenzlinien rekonstruiert werden.[178]
     Die Umstellung auf ein erweitertes Set von ungleichheitsrelevanten Differenz-
linien zugunsten der deduktiven Verwendung makrosoziologischer Kategorien,
die als solche immer schon eine Vorentscheidung in der Beobachtung enthalten,
kann als ein Versuch angesehen werden, sich pädagogischen Klassifikationspra-
xen anzunähern, die zu sozial relevanten Unterscheidungen und Benachteiligungen führen. Das Set an Differenzlinien beschreibt eine beobachtungspraktisch
offen gehaltene Opportunitätsstruktur möglicher intersektionaler Benachteiligungen und verweist darauf, dass es von den sozialen Kontexten und situativen
Rahmungen abhängt, welche Differenzlinien sich wie überschneiden.
     Aber wie im Fall von Diversity verweist auch hier das ‚Fehlen‘ von Differenz-
linien auf einen ‚blinden Fleck‘ des Ansatzes: So findet etwa innerhalb der mit
dem Referenzkontext „Intersektionalität im Klassenzimmer“ erstellten Liste bei
Rudolf Leiprecht und Helma Lutz (2006) der Bildungsstatus keine eigenständige Berücksichtigung, obwohl davon auszugehen ist, dass insbesondere die Zuschreibung ‚bildungsfern/bildungsnah‘ im Kontext von Schule Relevanz besitzt.
Zudem werden keine *schulintern* generierten ‚Differenzlinien‘ wie bspw. ‚moti-
viert/nicht-motiviert‘, ‚begabt/nicht-begabt‘, ‚leistungsstark/leistungsschwach‘,
‚schnell-lernend/langsam-lernend‘ usw. hinsichtlich der Überschneidung ungleichheitswirksamer Zuschreibungen in Betracht gezogen. In Bezug auf ‚Intersektionalität im Klassenzimmer‘ kann der Ansatz zwar ein weit gefasstes und offen gehaltenes Spektrum kollektivistischer Askriptionsoptionen berücksichtigen,
nicht jedoch die Prozesse ihrer Transformation in schulische Klassifikationen wie
Lernfähigkeit, Lernmotivation oder ‚Begabung‘. Die u. E. bedeutsame Frage nach
dem *Matching* individualistischer und kollektivistischer Askriptionen im schulischen Handlungsgefüge bleibt damit unbeantwortet. Infolgedessen wird den spezifischen Produktions- und Reproduktionsbedingungen sozialer Ungleichheiten

---

178 So geht es etwa im Rahmen der Analyse von Interviews mit Jugendlichen (Lutz 2001)
     um die Frage, mit welchen sozialen Unterscheidungen Jugendliche operieren, welche
     Zuschreibungs- und Ausschließungsprozesse hierbei eine Rolle spielen, welche spezi-
     fischen intersektionalen Überlagerungen bei der kontextbezogenen Prozessierung so-
     zialer Differenzen in Rechnung zu stellen sind und welche Bedeutung diese für deren
     Selbst- und Weltverständnis, für die Artikulation von Dominanz- und Machtbezie-
     hungen sowie für sozial-strukturelle Positionierungen haben. Im konkreten Fall wird
     etwa gezeigt, dass die Überlagerung ethnisierender und geschlechtsbezogener Zu-
     schreibungen – z. B. in Bezug auf die Konstruktion eines ‚rückständigen‘ Geschlech-
     terverhältnisses unter ‚den Muslimen‘ – eine spezifische Bedeutung im Rahmen der
     Artikulation alltagsrassistischer Deutungsmuster annimmt (vgl. ebd.: 227).

im und durch das Bildungssystem nicht hinreichend Rechnung getragen. Hierzu wäre die intersektionelle Analyseperspektive an organisations- und institutionentheoretische sowie schultheoretische Fragestellungen rückzubinden. Die Frage nach der Relevanz des Intersektionalitätsperspektive in der Erziehungswissenschaft wird zunehmend als Problemstellung exponiert, die sich nur durch empirische Forschung je kontextbezogen klären lässt (vgl. etwa Kelle 2008; Krüger-Potratz 2011). Die im Rahmen der erziehungswissenschaftlichen Geschlechterforschung, der Interkulturellen Pädagogik und auch der Diversity-Pädagogik wiederkehrend eingeforderte Reflexivität in Bezug auf soziale Differenzkonstruktionen wird dabei gleichsam als genuiner Ausgangspunkt bestimmt. Merle Hummrich nimmt diese Figur der Reflexivität explizit auf, indem sie für eine „reflexive Intersektionalität" plädiert, um „Differenzen situativ, das heißt dann, wenn sie im Forschungsprozess wirksam werden" (Hummrich 2009: 32) berücksichtigen und kontextualisieren zu können. In ähnlicher Weise argumentiert auch Martina Weber in Hinblick auf die Überschneidung sozialer Ungleichheitsrelationen:

> „Nicht alle Dimensionen sozialer Ungleichheit werden per se in allen Interaktionen aufgerufen, sondern sie sind in situative, institutionelle und strukturelle Kontexte eingebettet, auf der Ebene sozialer Interaktionen setzen die AkteurInnen sie kontextgebunden als Ressource für Hierarchisierungen ein." (Weber 2009: 75)

Die bei Weber im Zusammenhang der Schulforschung vorgeschlagene Analyseperspektive unterscheidet dann auch zwischen verschiedenen zu berücksichtigenden Untersuchungsebenen: der Mikroebene der Interaktion, der Mesoebene der Institution Schule und der Makroebene sozialer Positionierungen (vgl. ebd.: 76). Intersektionalität wird damit – im Unterschied zur sozialwissenschaftlichen Diskussion – als Konzept vorgestellt, das danach fragt, wie die sozialen Akteure in institutionell und strukturell gerahmten pädagogischen Handlungskontexten auf soziale Unterscheidungen zurückgreifen. Während Intersektionalität als eine auf der Ebene von Gesellschaftsstrukturen ansetzenden Untersuchungsperspektive, die der Frage nach den Konstitutionsbedingungen sozialer Ungleichheiten nachgeht, offensichtlich mit erheblichen theoretischen und methodologischen Problemen konfrontiert ist, scheint sich die Anschlussfähigkeit des Intersektionalitätsansatzes im erziehungswissenschaftlichen Kontext gerade durch die Relevanz der Ebene sozialer Interaktion einerseits, der Ebene der spezifischen institutionellen Bedingungen von Erziehung und Bildung andererseits zu ergeben.

Neben der Resonanz des Ansatzes in der erziehungswissenschaftlichen Geschlechterforschung (vgl. Casale/Rendtorff 2008) und der Jugendforschung (vgl.

Leiprecht 2010; Riegel 2010) wird Intersektionalität auch innerhalb der Interkulturellen Pädagogik rezipiert (vgl. etwa Krüger-Potratz 2005; Nohl 2010; Auernheimer 2011). Die im Zusammenhang der Interkulturellen Pädagogik formulierte Kritik an einem kulturalistischen Reduktionismus, der mit seiner Orientierung am Deutungsschema Kultur/Ethnizität der sozialen Lebenswirklichkeit von Individuen und ihren vielfältigen sozialen Bezügen nicht gerecht wird, stellt hierbei ebenso eine argumentative Hintergrundfolie dar, wie die aus antirassistischer Perspektive formulierte Kritik an der Ausblendung und Kulturalisierung gesellschaftlicher Macht- und Ungleichheitsverhältnisse. Intersektionalität vermag nun offenbar auf beides zu reagieren: Das Reduktionismusproblem wird durch die Ausdifferenzierung von Kategorien/Differenzlinien bearbeitet und Differenz zugleich an Fragen sozialer Ungleichheit rückgebunden.

Intersektionalität führt damit allerdings zu den durch kategoriale Beobachtung aufgeworfenen Reflexionsproblemen zurück, die sich bereits innerhalb der Interkulturellen Pädagogik und auch der erziehungswissenschaftlichen Geschlechterforschung mit ihrer Orientierung an einer ‚Leitkategorie' stellen. Ob allerdings die beobachtbare Adaption des Intersektionalitätsdiskurses in den unterschiedlichen pädagogischen Teildisziplinen zu einer klassifikationskritischen Reflexion kategorialer Beobachtungsschemata führt, oder zu einer Erweiterung praxisaffiner Klassifikationsoptionen und damit zu einer Potenzierung von Kulturalisierungs- und Reifizierungsproblemen beiträgt, kann gegenwärtig nicht beantwortet werden.[179]

Zudem scheint die Bezugnahme auf Intersektionalität auch als eine Erweiterung der in der schulpädagogischen Diskussion verhandelten Konstruktion von Heterogenität und Vielfalt gesehen zu werden, mit der die Idee des ‚Zusammenwirkens' von Differenz- und Ungleichheitsdimensionen berücksichtigt werden kann (vgl. etwa Prengel 2011: 33). Die dabei zu beobachtende expansive Verwendung des Begriffs Intersektionalität führt jedoch letztlich dazu, dass der spezi-

---

179 In jüngster Zeit lässt sich bereits die Adaption des ‚categorial approaches' McCalls im Rahmen der bildungssoziologischen Forschung zu Strukturen von Bildungsbenachteiligung registrieren (vgl. Gottburgsen/Gross 2012): Das „Paradigma" der Intersektionalität postuliere, so die Autorinnen, „dass soziale Ungleichheit auf der Wirkung multipler Gruppenzugehörigkeiten entlang von Gender, sozialer Herkunft und Migrationsstatus beruht (Multidimensionalität), die sich wechselseitig beeinflussen (Intersektionalität) und je nach sozialem Kontext unterschiedlich wirken können (Kontextualität)." (ebd.: 86) Hier findet unter dem ‚Label' Intersektionalität nicht nur ein gruppenlogisches Klassifikationsschema Verwendung, sondern in dem Versuch Bildungsungleichheit zu erklären, werden lediglich die gängigen Beobachtungsrationalitäten der Empirischen Bildungsforschung reproduziert.

fische Problemzusammenhang zu verschwinden droht und Intersektionalität lediglich zur Chiffre für ‚Vielfalt plus Ungleichheit' wird.

Begreift man Intersektionalität demgegenüber als Ansatz für die Beobachtung institutionalisierter Klassifikationssysteme und Askriptionspraxen, d.h. als eine Strategie der Beobachtung zweiter Ordnung, könnte die Diskussion u.E. einen weiterführenden theoretischen Impuls dadurch erhalten, dass sie die von Crenshaw formulierte institutionelle Perspektive aufnimmt und diese erziehungswissenschaftlich reformuliert. Damit lässt sich die Frage in den Vordergrund stellen, warum und mit welchen Folgen pädagogische Institutionen soziale Klassifikationen generieren und welcher Praxeologik Askriptionsprozesse unterliegen. Dabei ist davon auszugehen, dass die benachteiligungs- und diskriminierungsrelevante ‚Überschneidung' kollektivistischer und individualistischer Askriptionen in und durch pädagogische Institutionen und Organisationen Teil ihrer genuinen Beobachtungsrationalität ist. Auf diesem Wege ließe sich entsprechend auch das ‚Verhältnis' zu den Kategorien klären: Dies setzt allerdings voraus, dass sich intersektionale Analysen von einem heuristischen ‚Kategorialismus' verabschieden und die Letztreferenz auf ‚gender', ‚race' und ‚class' zugunsten einer Beobachtungsperspektive aufgeben, die die semantischen Plausibilitätsbedingungen und Systemreferenzen untersucht, die die intersektionale Konstruktion von Differenz und Ungleichheit in und durch Institutionen und Organisationen ermöglichen. Damit ließe sich der Intersektionalitätsansatz als ein Instrument zur Analyse der institutionalisierten Klassifikationssysteme sowie organisatorischer und interaktioneller Askriptionspraxen in pädagogischen Feldern spezifizieren.

Schlussbetrachtung: Differenz beobachten – Differenz erzeugen

Wir haben in den vorangehenden Kapiteln, die sich mit der internen Struktur pädagogischer Differenzdiskurse und deren klassifikatorischer Logik befassen, aufzuzeigen versucht, welche spezifischen Probleme die Unterscheidung und Bezeichnung von AdressatInnen entlang sozialer Kategorien im pädagogisch-institutionellen Kontext erzeugt. Insbesondere das aus einer erkenntniskritischen Perspektive exponierbare Reflexionsproblem, dass pädagogisch angewandte Kategorien immer als *Beobachtungs*kategorien fungieren, die die (soziale) Wirklichkeit, die sie bezeichnen sollen, allererst *konstituieren*, kann innerhalb der differenzpädagogischen Ansätze kaum gelöst werden. Die Diskurse oszillieren stattdessen in einer Bandbreite von ‚naiven‘ bis hin zu ‚reflexiven‘ Konzeptualisierungen sozialer Differenz und unterscheiden sich vor diesem Hintergrund hinsichtlich ihres Kategorienverständnisses: Dabei macht es einen Unterschied, ob den verwendeten Kategorien ein unmittelbarer Repräsentationswert in der Bezeichnung individueller Eigenschaften zugemessen wird, ob sie als Resultat sozialer Konstruktionen oder aber als Effekt von Macht- und Herrschaftsverhältnissen begriffen werden. In allen Fällen bezeichnen Kategorien jedoch immer nur das *Ergebnis sozialer Differenzsetzung* und sie verfahren dabei notwendigerweise im Modus eines – wie auch immer ausdifferenzierten – *groupism*.

Die Logik sozialer Unterscheidungen kann indes nicht auf das zurückgeführt und aus dem abgeleitet werden, was die Beobachtungskategorien ‚empirisch‘ abbilden sollen. Unsere Ausgangsfrage nach dem pädagogischen ‚Sinn‘ und der pädagogischen Plausibilität dieser Unterscheidungen lässt sich entsprechend nur erschließen, wenn auf die Beobachtung systemrelativer Klassifikationen umgestellt wird.

Damit ist jedoch gleichzeitig auch der ‚blinde Fleck' unserer Auseinandersetzung mit der Beobachtungslogik der unterschiedlichen Differenzpädagogiken markiert, insofern aus der klassifikatorischen Rekursivität sozialer Unterscheidungen noch nicht auf die situativ und kontextuell variierende Praxis der
Askription in der pädagogischen Kommunikation geschlossen werden kann. In
Hinblick auf methodologische Überlegungen ist dies folgenreich, da sich die Realität und Dynamik des pädagogischen Unterscheidens und Bezeichnens nicht
aus sozialwissenschaftlichen Kategorien ableiten lässt. Vielmehr müssten in der
Analyse die hochdifferenzierten Prozesse der Inklusion und Exklusion innerhalb
der Systemstrukturen berücksichtigt werden: Weitere Fragen, die sich an die vorangehenden Ausführungen anschließend stellen, betreffen dann Probleme der
wissenschaftlichen Beobachtung von Klassifikations- und Askriptionsoperatio-
nen in Bildungsorganisationen.

7.1 Die kategoriale Beobachtung von Bildungsungleich-heit

Gegenwärtig bieten vorwiegend bildungssoziologische und erziehungswissenschaftliche Studien, die mit quantitativen Forschungsmethoden arbeiten, empirische Befunde zum Phänomen *strukturierter* Bildungsungleichheit.[180] Wenn
davon auszugehen ist, dass die Zahl der Studien zum Sachverhalt der Bildungsungleichheit in der Dekade nach PISA deutlich zugenommen hat (vgl. Solga/Becker
2012), dann sollte ein entsprechender Zugewinn an Erkenntnis hinsichtlich der
Ursachen und Bedingungen einer systematischen Reproduktion von Bildungsungleichheit erwartet werden. Kennzeichnend für diese Forschung, die wesentlich an ältere bildungssoziologische Konzepte der 1970er Jahre anschließt (vgl.
ebd.), ist die Beschreibung ungleicher Bildungschancen auf Grundlage ‚askriptiver' Differenzmerkmale wie Geschlecht, Migrationshintergrund, Sprache und
soziale Herkunft. Entlang dieser Beobachtungskategorien, die – als unabhängige
Variablen eingesetzt – die sozial ungleich verteilte Varianz im Leistungsspektrum
erklären sollen (vgl. dazu etwa Solga/Dombrowski 2009), lassen sich jedoch keine belastbaren Aussagen über systeminterne ‚*Prozess*variablen' machen, die aufgrund schultheoretischer Reflexion in Rechnung zu stellen wären.

---

180 In jüngerer Zeit reagieren zunehmend auch qualitative Forschungsansätze auf die Fra-
    gestellung der Genese sozialer Benachteiligung im Schulsystem (vgl. dazu etwa die
    Beiträge in Krüger et al. 2010).

Die in der Analyse von Benachteiligung im Bildungssystem gegenwärtig breit eingesetzten bildungssoziologischen Ansätze bauen auf ‚klassischen‘ *Allokationstheorien* (vgl. Bourdieu/Passeron 1971; Boudon 1974) auf, vor deren Hintergrund Bildungsungleichheit *reproduktionslogisch* mit sozialstrukturellen Ungleichheiten erklärt und als Phänomen einer Blockade von Aufwärtsmobilität problematisiert wird. Eine zentrale Rolle spielen hierbei aktuell unterschiedliche Varianten des handlungstheoretischen Analysemodells von Raymond Boudon (1974; vgl. etwa Becker 2004 u. 2011; Maaz/Baumert/Trautwein 2010; vgl. dazu Emmerich/Hormel 2011 u. 2013). Boudons Modell[181] lässt jedoch keine Rückschlüsse auf den möglichen *aktiven Beitrag schulischer Binnenprozesse zur Genese von Bildungsungleichheiten* zu. Boudons Bezugsproblem besteht vielmehr darin, soziale Immobilität, d.h. die Stabilität sozialer Schichtungsstrukturen in modernen Gesellschaften zu erklären (vgl. Boudon 1974: xiii). Die Analyseperspektive richtet sich auf die Frage, wie sich die transgenerationale Reproduktion sozialer Ungleichheit[182] *trotz* der Existenz eines ‚meritokratischen‘ Schulwesens erklären lässt. Boudon geht davon aus, dass sich sozioökonomisch und soziokulturell differierende Sozialisationsbedingungen als „cultural inequality" (ebd.: 83) in den Schulleistungen abbilden: Dieser als „primary effects of social stratification" (ebd.: 29) (primäre Herkunftseffekte) bezeichnete ‚Durchschlag‘ der sozialen Herkunft auf die individuelle Leistungsperformanz wird dabei unter Absehung der faktischen schulischen Interaktionsprozesse modelliert und nimmt die Form eines – durch das handlungstheoretische Konzept gerade verdeckten – Sozialisationsdeterminismus an.

Die zentrale These Boudons besteht jedoch darin, dass es insbesondere die *nicht* durch ‚kulturelle Ungleichheit‘ vermittelten Effekte schichttypisch differierender familialer Bildungswahlentscheidungen sind, die aus nachvollziehbaren Kosten-Nutzen-Kalkulationen (rational choices) resultieren und die Stabilität ungleicher Allokationsprozesse begründen. Die damit bezeichneten „secondary effects of social stratification" (ebd.: 83) (sekundäre Herkunftseffekte) besitzen nach Boudon stärkere Ungleichheitswirksamkeit als die primären Herkunftseffekte und resultieren aus schichtabhängig variierenden Bildungsstrategien unter den Bedingungen eines gegebenen strukturellen Bildungsangebots (vgl. ebd.: 85). Die

---

181 In der Regel arbeiten aktuelle deutschsprachige Beiträge zu den Ursachen ungleicher Bildungsperformanz mit einem ‚halbierten‘ Beobachtungsmodell (vgl. etwa Becker 2004: 168), das lediglich die „inequality of educational opportunity" (vgl. Boudon 1974: 21ff.) erfasst, deren Rückbindung an die allokativen Strukturbedingungen der „inequality of social opportunity" (vgl. ebd.: 121ff. u. 194) allerdings unberücksichtigt lässt.

182 Boudon spricht hier metaphorisch von „social heritage" (Boudon 1974: 133).

statistische Beobachtung, dass Eltern aus der Oberschicht im Verhältnis zu Eltern aus der Unterschicht eher bestrebt zu sein scheinen, ihr Kind bei gleicher Leistung auf ein Gymnasium zu schicken, weist auf ein von Schulleistung unabhängiges, sozial selektives Entscheidungsverhalten auf der Seite der Familien hin (vgl. Becker 2004 u. 2011). Die Sekundäreffekte entfalten ihr Skandalisierungspotential somit gerade durch den Befund einer nicht leistungsgedeckten ‚Selbstselektion'.

Der blinde Fleck des Boudonschen Modells besteht indes in der Konzeption der *primären* Herkunftseffekte, insofern ‚Leistung' als Herkunftsmerkmal modelliert und damit ausgeblendet wird, dass die Schule im Modus interner Vermittlungs- und Selektionsprozesse an der Konstruktion dessen, was sie selbst als Leistung beobachtet und individuell *zuschreibt*, elementar beteiligt ist. Die Anlage des Boudonschen Modells schließt damit einen genuinen Anteil des Schulwesens an der Erzeugung der primären Herkunftseffekte *per definitionem* aus – was letztlich der Übernahme und Verdopplung der Selbstbeobachtungsmodalitäten und der ‚meritokratischen' Selbstbeschreibung im Schulsystem gleichkommt. Darüber hinaus ist ein handlungstheoretisch fundiertes Beobachtungsmodell, dessen Anwendungsfähigkeit zudem von einem hoch spezifischen Typus sozialen Handelns, nämlich Entscheidungen (rational *choices*), abhängt, fundamental auf Daten angewiesen, aus denen Entscheidungshandeln *überhaupt* rekonstruiert werden kann. In der Regel beschränkt sich die Forschung infolgedessen auch auf die Beobachtung formal dokumentierter schulischer Übergangsentscheidungen (vgl. Maaz et al. 2010). Als *Entscheidungsprämissen* werden dabei lediglich familiale Bildungsaspirationen sowie die schulischen Leistungsrückmeldungen in Form von Zensuren (vgl. etwa Kristen 1999) berücksichtigt, während die innerschulische ‚Ko-Konstruktion' von Leistung (vgl. Fend 2008: 21ff.) unbeobachtet bleibt.

Die breite Adaption des Boudonschen Beobachtungsmodells hat letztlich zu einer Fokussierung der Forschung auf *schulextern zurechenbare Faktoren für Bildungsbenachteiligung* geführt. Da die systemimmanenten Prozesse der Inklusion und Exklusion nicht berücksichtigt werden, kann sich eine solchermaßen konturierte bildungssoziologische Forschung die Reproduktion von Bildungsungleichheit immer nur als ‚Selbst'-Exklusion der AdressatInnen ‚erklären' – und zwar einerlei, ob primärer oder sekundärer Herkunftseffekt hierbei die Argumentationslast tragen. Gründe dafür scheinen vor allem in den gewählten handlungstheoretischen Referenzen zu liegen, die zwar Empiriefähigkeit bieten, in ihrem methodologisch-individualistischen Zugriff auf den komplexen Problemzusammenhang der Verursachung von Bildungsungleichheit jedoch eine Reichweitenbeschränkung aufweisen.[183] Der Blick auf den Verursachungszusammenhang

---

183 Dies gilt auch im Fall der Referenz auf die Arbeiten Pierre Bourdieus, die zum Zweck ihrer forschungspraktischen Operationalisierbarkeit vereinfacht werden. Die Bezug-

wird damit einseitig auf die ‚bildungsrelevanten' Merkmale von SchülerInnen und ihrer Familien (Lernvoraussetzungen sowie Bildungsaspirationen und Bildungsstrategien) verengt (vgl. aber Ditton 2004). Zudem reproduziert diese Forschung die Beobachtungsrationalität des Schulsystems, wenn sie Testergebnisse und Zensuren als Dokumente eines primären Herkunftseffektes wertet (vgl. etwa Becker 2004).

7.2 Differenzierung und Diskriminierung: Bildungsungleichheit im Erziehungssystem

Wir haben an Luhmanns schultheoretische Überlegungen anknüpfend versucht, Klassifikation und Askription als Beobachtungsoperationen im Erziehungssystem zu bestimmen, die eine ungleiche Bezeichnung von Individuen im Differenzierungsschema Inklusion/Exklusion ermöglichen. Insbesondere die Doppelstruktur von Erziehung als organisierter Interaktion und die daraus resultierende Doppelcodierung der Erziehungskommunikation können vor diesem Hintergrund als Quelle eines strukturellen Beobachtungsdefizits rekonstruiert werden, das innerhalb des Erziehungssystems durch Abweichungserzeugung und Abweichungsverstärkung sowie die Selbstdetermination der Erziehungskommunikation bearbeitet wird.

Soziale Klassifikationen, die in der Beobachtung der AdressatInnen das Differenzierungsvermögen erhöhen sollen, reagieren auf die Unverfügbarkeit der systemeigenen Bedingungen für Erziehung mit einer Strategie der sozialen Sichtbarmachung personaler Differenz: *Pädagogische* Kommunikation in der Schule klassifiziert demnach nicht nur nach den internen Kriterien der individuellen Lern- und Leistungsfähigkeit, sondern ebenso nach den Kriterien der sozialen Zugehörigkeit, um durch Nutzung von Askriptionsoptionen ihre Rekursivität und dynamische Eigenstabilisierung zu gewährleisten. Sollte diese Beschreibung zutreffen, dann klassifiziert und askribiert Erziehungskommunikation nicht nur dann, wenn sie ‚erschwerte' Bedingungen (etwa ‚zunehmende Heterogenität') re-

---

nahme reduziert sich hier oftmals auf die isolierte Idee des ‚Kulturellen Kapitals'. Vgl. hierzu insbesondere die Kritik an der reduktionistischen Referenz auf Bourdieus Kapitaltheorie innerhalb der Empirischen Bildungsforschung (Kramer/Helsper 2010; Brosziewski 2010). In ihrer aktuellen Übersicht und Einschätzung zur Reichweite bildungssoziologischer Forschung kommen Heike Solga und Rolf Becker zu der überraschenden Einschätzung, man sei, „fast geneigt zu konstatieren, dass die Wahl der theoretischen Perspektive heute stärker durch die Verfügbarkeit von Daten bestimmt wird als in früheren Zeiten." (Solga/Becker 2012: 26)

gistriert, sondern sie hält diese Möglichkeit als Beobachtungsoption grundsätzlich vor: Unterrichtsinteraktion operiert unweigerlich ‚differenzsensibel'.

Die in weiten Teilen differenzierungstheoretisch motivierte Analyse von Prozessen *Institutioneller Diskriminierung* (Gomolla/Radtke 2002; vgl. Bommes/ Radtke 1993) lässt sich in ihren Grundzügen als Untersuchung von Klassifikations- und Askriptionsrationalitäten organisierter Erziehung charakterisieren. Mechtild Gomolla und Frank-Olaf Radtke erarbeiten auf Grundlage eines organisationssoziologischen Entwurfs schulischer Selektionspraxis (vgl. Gomolla/Radtke 2002: 54ff.) einen theoretisch begründeten Analyserahmen für die empirische Beobachtung der Benachteiligungsprozesse in einem regionalen Bildungssystem. Die AutorInnen schließen an Ansätze in der Organisationsforschung an, die im Gegensatz zu handlungstheoretischen Modellen von einer begrenzten Rationalität (‚bounded rationality') im organisatorischen Entscheidungshandeln ausgehen und stattdessen ‚Sensemaking'-Prozesse (vgl. etwa Weick 1976 u. 1995) am Werk sehen. Der Begriff der *Institution* bezeichnet im Kontext des Ansatzes demgegenüber eine *Wissensordnung*, d.h. ein sozial geteiltes, mit Plausibilisierungs- und Legitimierungsfähigkeit ausgestattetes institutionalisiertes Wirklichkeitswissen (vgl. Gomolla/Radtke 2002: 67ff.). Der Begriff der *Diskriminierung* kennzeichnet die Logik der *Erzeugung von Unterschieden*, d.h. die Verwendung von Unterscheidungen, um Bezeichnen zu können (vgl. ebd.: 11).

Die empirische Studie (vgl. ebd.: 142ff.) fokussiert Formen von Benachteiligung, die sich auf organisatorisches Entscheidungshandeln zurückführen lassen: Dies umfasst entsprechend der systemimmanent vorgesehenen Gelegenheitsstrukturen für Selektion die Zurückstellung vom Schulbesuch, die Überweisung auf Sonderschulen und den Übergang in die Sekundarstufe.[184] Insbesondere beinhaltet die Studie eine *Argumentationsanalyse* derjenigen Legitimationsmuster, die von den ‚Entscheidern' an die bereits getroffenen Entscheidungen nachträglich angeschlossen werden (vgl. ebd.: 144ff.). Die Kernhypothese, dass ‚ethnische Differenz' ein Resultat der Beobachtungsleistung des untersuchten lokalen Schulsystems ist, basiert auf der Prämisse, dass der *Prozess des Diskriminierens* weder durch attribuierbare Handlungsintentionen auf Seiten der ‚Entscheider', noch durch ‚reale' Eigenschaften der adressierten SchülerInnen erklärt werden kann. Ein zentraler Befund ist dabei, dass die Rückstellungs- und Überweisungspraxis innerhalb der differenzierten Strukturen der lokalen Schulorganisation nicht durch ethnisierende und kulturalisierende Klassifikationen selbst gesteuert wird.

---

184 Die Datenbasis bildet hierbei Schulstatistik, Gutachten zur Feststellung sonderpädagogischen Förderbedarfs sowie Interviews mit VertreterInnen der lokalen Schulverwaltung, Schulleitungen und LehrerInnen.

Vielmehr stellen diese Klassifikationen Askriptionsoptionen zur Verfügung, die
zur ‚Lösung' schulorganisatorischer Probleme, etwa der Bestandssicherung ein-
zelner Schulen, durchaus variabel genutzt werden:

> „Realschulen und Gymnasien nehmen – ungeachtet ‚latenter' Sprachprobleme – be-
> schleunigt Migrantenkinder auf, wenn sie in ihrer Zügigkeit oder in ihrem Bestand
> gefährdet sind. Grundschulen geben ihre Vorbereitungsklassen auf und schulen
> Migrantenkinder direkt ein, wenn ihre Mehrzügigkeit bedroht ist usw. Ein ideolo-
> gisches Entscheidungsverhalten, mit dem gegen Organisationsinteressen zugunsten
> von (kultur-)rassistischen oder sprachhegemonialen Motiven gehandelt würde, ist
> kaum denkbar." (ebd.: 259)

Was die Studie anhand der präsentierten Argumentationsanalysen eindrücklich
aufzeigt, ist eine *Matching*-Logik, die sich in der legitimatorischen Kopplung sozialer und schulischer Klassifikationen ausdrückt: Diskriminierung wird dabei
als Vorgang gefasst, der grundlegend darauf beruht,

> „dass interne Unterscheidungen, die der Eigenrationalität und Pragmatik der Schu-
> le folgen, auf externe Unterscheidungen gestützt werden, die zur institutionellen
> Logik gesellschaftlicher Diskurse und tradierter Ordnungen gehören." (ebd.: 265)

Andererseits machen die empirischen Befunde der Studie deutlich, dass ‚Ethnizität' im Kontext des Schulsystems als ein *spezifisches* Klassifikationsschema in
Erscheinung tritt, das der Anreicherung mit ‚pädagogischen' Askriptionsoptionen bedarf, die nicht bereits mit der Bezugnahme auf die ‚Kategorie' Ethnizität gegeben sind: Von ‚mangelnden Sprachkenntnissen', ‚fehlenden praktischen
Fähigkeiten', ‚unzureichender Arbeitshaltung', ‚unangepasstem Sozialverhalten',
‚Motivationsmängel', ‚Elternunterstützung', über den ‚muttersprachlichen Fami-
lienkontext' bis hin zu ‚psychischen Belastungen durch die Migration' (vgl. ebd.:
271) reicht dabei das Spektrum ‚pädagogisch' relevanter Unterscheidungen, mit
denen AdressatInnen *bezeichnet* werden. Offensichtlich lässt sich die pädagogische Rekursivität des Klassifikationsschemas ‚Ethnizität' nur durch Anschlüsse
an die semantischen Strukturen der Erziehungskommunikation und deren interne Kategorien erschließen. Erst aufgrund dieses *Matching* scheint sich die spezifisch ‚pädagogische' Diskriminierungsfähigkeit ethnisierender Unterscheidungen zu entfalten.[185]

---

185 Diese Schlussfolgerung lässt sich u.E. auch aus der einschlägigen Studie von Martina
    Weber (2003) ziehen: Auch die hier dokumentierten Beispiele weisen an verschiedenen
    Stellen darauf hin, dass ethnisierende und vergeschlechtlichte Zuschreibungen in

Wenn wir dabei allerdings von der Doppelstruktur des Erziehungssystems als *organisierter Interaktion* und entsprechend von einer doppelten Codierung der pädagogischen Kommunikation – Vermittlung *und* Selektion – ausgehen, dann fokussiert die von Gomolla und Radtke vorgelegte Analyse von Diskriminierungsprozessen die ‚sichtbaren' Folgen schulischer Selektionskommunikation, während die Vermittlungskommunikation im Unterricht nicht Gegenstand der Untersuchung ist. Offen bleibt daher, wie und mit welchen Konsequenzen beide Codes die *Unterrichtsinteraktion* orientieren und welche Rolle hierbei nicht zuletzt die Kopplung individualistischer und kollektivistischer Askriptionen bereits in der Genese, Attribuierung und Bewertung von ‚Leistung' spielen könnte. So unterliegt der gewählte empirische Zugang der Einschränkung, dass sich die unterrichtlichen Interaktionsprozesse, in denen zentrale Entscheidungs*prämissen* für Selektion in Form individuell zugeschriebener Leistungen generiert werden, nicht ebenfalls durch die Beobachtung von Entscheidungskommunikation rekonstruieren lassen.

In Hinblick auf die Ungleichheit konstituierenden Prozesse der *leistungsvermittelten* und nach Leistungskriterien differenzierenden Erziehungskommunikation bieten sich Anschlüsse an *konstitutionstheoretische* (vgl. Mehan 1992) sowie *praxistheoretische* (vgl. Falkenberg/Kalthoff 2008; Kalthoff 2006a) Forschungsperspektiven an. In expliziter Abgrenzung zu Erklärungsansätzen struktureller Reproduktion „beobachten praxistheoretische Ansätze Praktiken des Unterscheidens, durch die soziale Kategorien ihre Wirkung entfalten" und vermeiden es damit, lediglich die „Logik der Ungleichheit und des Unterschieds" zu rekonstruieren (Falkenberg/Kalthoff 2008: 811). Insbesondere in Bezug auf die Frage, welchen aktiven Beitrag das Erziehungssystem zur *Produktion* von Bildungsungleichheit leistet, wird damit deutlich, dass eine reproduktionslogische Erklärung insofern zirkulär bleiben muss, als sie Ungleichheit aus Ungleichheit ableitet und die ‚Black Box' der internen Strukturen und Dynamiken des Erziehungsprozesses nicht erhellen kann.

Nicht zuletzt deshalb hat Hugh Mehan einen methodologischen Perspektivwechsel eingefordert, der den „reflexive relations between institutional practices and students' careers" (Mehan 1992: 1) etwa im Rahmen ethnographischer Untersuchungen Rechnung trägt. Im Kontext einer solchermaßen begründeten Zugangsweise wäre in Hinblick auf die Doppelstruktur der Erziehungskommunikation dann nicht nur die dokumentierte schulische Selektionspraxis zu berücksichtigen. Vielmehr müssten in Hinblick auf die organisatorisch-interaktionelle

---

der Schule auf einer Verschränkung schulischer (interner) und sozialer (externer) Differenzkonstruktionen basieren.

Konstitution ungleicher Bildungsperformanz in besonderem Maße forschungs-
leitende Fragestellungen formuliert werden, auf deren Grundlage ein empirischer
Zugang zu *sozial selektiver Vermittlungspraxis* sowie zur (losen oder festen) Kopplung von Praktiken der Selektion *und* Praktiken der Vermittlung möglich wird.

Vorliegende ethnographische Untersuchungen fokussieren in diesem Zusammenhang nicht zuletzt Prozesse der Leistungsbeobachtung und -bewertung als
„Praktiken mündlicher und schriftlicher Klassifikationsverfahren, die soziale
Unterscheidungen einschließen können" (Falkenberg/Kalthoff 2008: 811). Praxistheoretisch motivierte Analysen registrieren somit offenbar Matching-Pro-
zesse, insofern in den Verfahren des Bewertens und Beurteilens (‚mündlich' und
‚schriftlich') auch Bezugnahmen auf ‚soziale Unterscheidungen' sichtbar werden:
Bei jenen ‚Klassifikationsverfahren' der Leistungsbewertung dürfte es sich folglich um ‚Verfahren' individualistischer Askription handeln, die entsprechend mit
kollektivistischen Askriptionsoptionen angereichert werden.

In Hinblick auf die empirische Untersuchung Ungleichheit erzeugender
Strukturen organisierter Erziehung bedeutet eine solche Zugangsweise zum Forschungsfeld, dass sich der Sinn des Klassifizierens und Askribierens nur erschließen lässt, wenn die pädagogische Praxis des Unterscheidens und Bezeichnens
ohne beobachtungsleitende Vorfestlegung auf ‚Kategorien' rekonstruiert wird.
Sie nutzt dabei das

> „Entdeckungspotenzial einer Soziologie, die den soziologischen Kategorien und
> Theorien nicht das Deutungsmonopol über die soziale Wirklichkeit überlassen will,
> deren Besonderheit, Logik und Dynamik es überhaupt erst zu entdecken gilt." (ebd.)

Das methodologische Problem einer derartigen Perspektive besteht darin, dass
Praktiken der *Askription* im hervorgebrachten schulischen Klassifikationsresultat
(Bewertungen, Zensuren, Bildungszertifikate) zum Verschwinden gebracht (‚in-
visibilisiert') und entsprechend nicht als *Positivum* erhoben werden können (vgl.
Kalthoff 2006a: 115).

In einer praxistheoretischen Perspektive wäre entsprechend von einer situativ, kontextuell und temporär variierenden *Konstitution* ungleichheitswirksamer
Bezeichnungspraxen in der pädagogischen Kommunikation auszugehen. Trotz
der beobachtbaren Varianz in der pädagogischen Praxis des Unterscheidens und
Bewertens (vgl. etwa Zaborowski/Meier/Breidenstein 2011) muss eines notwendigerweise angenommen werden: dass diese Praxis in der Erziehungskommunikation ‚Sinn' macht und als *plausibel* erscheinen kann.[186] Soziale Kategorien

---

186 Dies gilt bis hin zur naturalistischen Vorstellung, dass das Ergebnis schulisch organisierter Lernprozesse die statistische Form einer Gaußschen Normalverteilung anneh-

entfalten folglich nicht lediglich ‚ihre Wirkung' oder werden „praktisch von den
Akteuren ins Werk gesetzt" (Falkenberg/Kalthoff 2008: 811), sondern werden unter den strukturellen Bedingungen organisierter Interaktion *in actu* und *in situ*
allererst *konstituiert*: Vorausgesetzt werden muss dann lediglich, dass sie – in welcher Form auch immer – der Fortsetzung der Erziehungskommunikation dienen.
Auch der praxistheoretisch in Rechnung zu stellende ‚Sinn' des sozialen Unterscheidens kann somit in einer dynamischen Stabilisierung der Vermittlungs- und
Selektionsprozesse vermutet werden.

7.3   Die Struktur der Differenzdiskurse und ihre System-
referenz

Welche Folgerungen lassen sich aus den hier nur grob skizzierten empirischen
Erkenntnissen zu Klassifikations- und Askriptionsprozessen in Bezug auf die
Verwendung sozialer Unterscheidungen ziehen, wie sie sich in den diskutierten
differenzpädagogischen Diskursen finden lassen? Unterstützt, irritiert oder modifiziert das Unterscheidungswissen, das die Diskurse formulieren, ggf. die Beobachtungslogik der Erziehungspraxis, wie sie im Kontext empirischer Studien
rekonstruiert werden kann?

Die differenzpädagogischen Diskurse scheinen trotz der Unterschiede, die sie
kennzeichnen, eine Gemeinsamkeit aufzuweisen: Sie sind durch eine je spezifische Doppelreferenz ihrer Aussageordnung charakterisierbar, die die jeweilige
Bezugnahme auf soziale Kategorien plausibilisiert und mit Legitimität ausstattet.

Die *Doppelreferenz des Heterogenitätsdiskurses* ergibt sich aus der Struktur des
Schulsystems als organisierter Interaktion, an die das pädagogische Klassifikationsschema, das der Diskurs anbietet, semantisch gekoppelt wird. Diese Kopplung
artikuliert sich innerhalb des Diskurses als Dichotomie von Homogenisierung
und Heterogenisierung: Die heterogenitätssensible Pädagogik verknüpft die den
SchülerInnen zugeschriebene Heterogenität mit Strategien der Lerngruppendifferenzierung, die auf der Interaktionsebene des Unterrichts ansetzen. Das tragende
Grundmotiv des Diskurses, die Annahme einer *Ungleichartigkeit* der Lernvoraussetzungen, die sowohl individuelle als auch soziale Merkmale umfasst, erscheint
dabei nur deshalb pädagogisch plausibel, weil diese Annahme einseitig mit dem
Handlungsziel der Förderung auf der Ebene des Unterrichts assoziiert wird: Es

---

men *muss*. Auch dies dürfte – neben der ‚sichtbaren' Orientierung an einer sozialen
Bezugsnorm – einen maßgeblichen Einfluss auf die Gestaltung und Modellierung von
Zensuren wie Vermittlungsbemühungen haben.

gelingt dem Diskurs offensichtlich, die angebotenen *sozialen* Klassifikationen als ein *selektionsentlastetes* Unterscheidungswissen zu präsentieren.

Allerdings trifft die pädagogische Aufmerksamkeit für soziale ‚Ungleichartigkeit' unter den strukturellen Gegebenheiten von Schule auf Bedingungen, die die Fortsetzung von Vermittlung/Förderung *und* die Ermöglichung von Selektion auf Grundlage *desselben* Beobachtungsschemas (‚Leistung') realisieren. Wenn wir davon ausgehen, dass Bildungsbenachteiligung auf der Ebene unterrichtlicher Interaktionsprozesse daraus resultiert, dass kollektivistische und individualistische Askriptionsoptionen in der Leistungsbeobachtung zeitstabil gekoppelt werden und eine Verhinderung von Benachteiligung gerade die systematische *Entkopplung* beider Optionen voraussetzt, dann müssten differenzpädagogische Programmatiken zeigen können, wie diese Entkopplung in der Beobachtungs*praxis* gewährleistet werden kann. Stattdessen bezeichnet ‚Heterogenität' lediglich die Inklusionsseite pädagogischen Klassifizierens, während die mit der kategorialen Zuschreibung von Ungleichartigkeit gleichmöglich verbundene Option der Exklusion *invisibilisiert* wird.

Die *Doppelreferenz des Diversity-Diskurses* resultiert daraus, dass sein Beobachtungsschema einerseits an manageriale Vorstellungen über die ‚Organisierbarkeit' kultureller Differenz anschließt, andererseits jedoch mit dem Ziel *Antidiskriminierung* verbunden wird. Während der manageriale Ansatz einseitig die *Inklusionsfähigkeit* organisierter Sozialsysteme betont, bezieht sich sein auf Antidiskriminierung ausgerichtetes Beobachtungsschema im Gegensatz dazu gerade auf die *Exklusionsfähigkeit* von Organisationen. In beiden Fällen wird allerdings dasselbe Klassifikationsschema verwendet, das aus einem Ensemble exklusivkategorialer sozialer Unterscheidungen besteht. Wenn davon ausgegangen werden kann, dass diese Kategorien keine ‚Eigenschaften' von Individuen abbilden, sondern ihre Bezeichnungsfähigkeit nur innerhalb der jeweiligen Organisationen und in Verbindung mit den internen Kategorien dieser Organisationen entfalten, führt die Doppelreferenz von Diversity zu einer paradoxen Situation: Welche Verschiedenheit *anerkannt* werden kann und welche nicht, welche Diskriminierung als *legitim* und welche als *illegitim* gilt, hängt dann von denjenigen Organisationen ab, in denen Diversity als Differenzierungsstrategie Beobachtungsrelevanz erlangt. Dies gilt grundsätzlich auch für organisierte Erziehung: Der Diversity-Diskurs bedient mit seinem Klassifikationsschema die ‚meritokratische' Semantik des Erziehungssystems, ohne jedoch dessen Inklusions- und Exklusionsrationalität dabei in Rechnung zu stellen. Motive wie ‚Anerkennung' und ‚Wertschätzung' legitimieren eine Bezugnahme auf soziale Zugehörigkeit in der Erziehungskommunikation, die faktisch jedoch nur systemrelativ und damit selektiv ausgeprägt sein kann: Auch ‚kulturelle Ressourcen' und ‚vielfältige Leistungspotenziale' müssen, bevor sie anerkannt und wertgeschätzt werden können, *erkannt*, d.h. beobachtet, differenziert, klassifiziert und individuell askribiert werden, was immer auch mit Exklusionsfolgen verbunden ist. In der gegenwärtigen Diskussion um Bildungsungleichheit lässt sich dieses Paradox insbesondere in Hinblick auf die grundlegende Unterscheidung legitimer und illegitimer Sprachkompetenzen in und durch die Schule verdeutlichen (vgl. dazu etwa Dirim/Mecheril 2010; Fürstenau/Niedrig 2011).

Der *Intersektionalitätsdiskurs* weist eine grundlegende *Doppelreferenz* auf (Sozial-)Wissenschaft und (Bewegungs-)Politik auf. Der Diskurs changiert dabei kontinuierlich zwischen diesen beiden Sinnhorizonten bzw. sucht gerade die explizite Verknüpfung von wissenschaftlicher Analyse und politischer Artikulation. Gewissermaßen als ein Symptom dieser Doppelreferenz kann die aktuell im Zentrum des Diskurses stehende Frage nach dem Status von ‚Kategorien' interpretiert werden: Denn die wissenschaftliche Konstruktion sozialer Wirklichkeit im Modus kategorialer Beobachtung folgt anderen Plausibilitäten als eine politisch-strategisch motivierte Bezugnahme auf dieselben Kategorien. Ein wissenschaftlich begründeter intersektionaler ‚Kategorialismus' beinhaltet dabei immer das Problem, soziale Gruppen und Individuen entlang klassifikatorischer Unterscheidungen *bezeichnen* zu müssen, während politisch die Aneignung und Subversion der Unterscheidung als Ziel exponiert wird.

In der Adaption des Intersektionalitätsansatzes in der Erziehungswissenschaft tritt die Referenz auf bewegungspolitische Begründungsmotive in den Hintergrund. Stattdessen wird die Bezugnahme auf sozialwissenschaftliche Reflexionsmöglichkeiten mit dem Ziel einer gesellschaftskritischen Aufklärung der Erziehungswissenschaft wie der pädagogischen Praxis über ihren Beitrag zur Reproduktion von Macht- und Ungleichheitsverhältnissen verbunden. Intersektionalität wird entsprechend als eine erziehungswissenschaftliche Beobachtungsperspektive zur Untersuchung sozialer Differenzkonstruktionen konturiert, gleichzeitig aber auch mit dem Anspruch verknüpft, Reflexionswissen für die professionelle Praxis bereitzustellen. Das Problem, dem sich der Diskurs damit jedoch aussetzt, besteht darin, dass lediglich sein Kategorienensemble ohne Reflexionsoption übernommen und für systeminterne AdressatInnenbeobachtung verfügbar gemacht wird.

Wir sind davon ausgegangen, dass die pädagogische Anschlussfähigkeit von Heterogenität, Diversity und Intersektionalität davon abhängt, ob und inwiefern sie an die semantischen Strukturen des Erziehungssystems gekoppelt werden können. Es lässt sich zeigen, dass die Diskurse ihr soziales Unterscheidungswissen systemebenenspezifisch an Semantiken der *Interaktion*, *Organisation* und *Gesellschaft* anschließen: Während die Unterscheidungslogik von Heterogenität an Semantiken rückgebunden wird, die sich mit didaktisch und methodisch begründeten Differenzierungsstrategien auf der *Interaktionsebene* des Unterrichts befassen, schließt Diversity primär an schulische *Organisationssemantiken* an, die mit der Unterscheidung zwischen Schule und sozialer Umwelt arbeiten. Intersektionalität erlangt demgegenüber Anschlussfähigkeit, insofern der Diskurs Alternativen für bereits etablierte pädagogische *Gesellschaftssemantiken* anbietet.

Der *Heterogenitätsdiskurs* ist infolge seines erziehungswissenschaftlichen Entstehungszusammenhangs konstitutiv an die leistungsvermittelte Beobachtungsrationalität des Erziehungssystems gekoppelt. Der Diskurs integriert zwar externe (soziale) Kategorien in Hinblick auf die Beobachtung von SchülerInnen, grundsätzlich hält er jedoch zentral semantische Unterscheidungen wie Lern- und Leistungsfähigkeit oder ‚Begabung‘ bereit, die als interne Kategorien schulische In- und Exklusionsprozesse *legitimieren*. Darüber hinaus nutzt der Diskurs die Doppelstruktur von Interaktion (Unterricht) und Organisation (Schule), um sein Klassifikationssystem einseitig mit Interaktionsreferenz (vermitteln und fördern) und durch weitgehende Negation der Organisationsreferenz (Selektion) pädagogisch-professioneller Kommunikation auszustatten.

Der *Diversity-Diskurs* ist demgegenüber durch ein Beobachtungsschema gekennzeichnet, das auf spezifische Probleme (schul-)organisatorischer *Umweltadaptivität* reagiert. Insbesondere im Kontext der Reorganisationsversuche im öffentlichen Schulwesen, die dem Idealtypus des ‚New Public Management‘ folgen, scheint Diversity nicht nur im öffentlichen Sektor allgemein, sondern auch in Bezug auf Erziehungsorganisationen mit semantischer Anschlussfähigkeit ausgestattet zu sein. Die Einführung marktlicher bzw. quasi-marktlicher Steuerungsstrukturen im Bildungssektor (vgl. Weiß 2001) ist eng mit Dezentralisierungstendenzen, insbesondere aber mit der Freisetzung der Einzelschulen als entscheidungsmächtige Akteure im Wettbewerb um SchülerInnen verbunden. Schulen sind entsprechend zunehmend aufgefordert, ihre ‚sozialen‘ Kontextfaktoren mit dem Ziel der Profilbildung und Bestandssicherung differenzierter zu beobachten. Die Beispiele aus England und Australien (vgl. Kap. II.5) zeigen, dass Diversity die für die einzelne Schule ‚rationale‘ soziale Inputselektion legitimiert, soziale Segregationseffekte infolge der damit notwendig verbundenen Exklusionspraxis jedoch gerade verstärkt.

Die erziehungswissenschaftliche Adaption von *Intersektionalität* findet unter dem Vorzeichen statt, dass der Diskurs nicht an interaktionelle oder organisatorische Systemsemantik resp. an die Selbstbeschreibungen des Erziehungssystems anschließen kann. Die ‚Distanz‘, die der Diskurs zu den Semantiken des Erziehungssystems (bspw. zu Leistungssemantiken) hält, führt allerdings dazu, dass sich sein kritisches Reflexionsvermögen ausschließlich auf die pädagogisch-professionelle Konstruktion *sozialer* Differenz und auf die kollektivistischen Askriptionsoptionen, die daraus resultieren, bezieht: Diesen begegnet der Diskurs letztlich mit einer alternativen Gesellschaftsbeschreibung, die soziale Differenzkonstruktionen als Bezugspunkte für die gesellschaftliche Herstellung von Ungleichheit in Rechnung stellt. Mit der Fokussierung ‚bipolarer Differenzlinien' wird zwar implizit die Exklusionswirksamkeit sozialer Klassifikationen und Askriptionen in den Blick genommen, der Ansatz unterlässt es jedoch, die strukturellen Bedingungen der Inklusion und Exklusion im Erziehungssystem, d.h. dessen eigenrationale Funktions- und Differenzierungslogik systematisch zu berücksichtigen. So tendiert auch Intersektionalität als (erziehungs)wissenschaftliche Beobachtungsperspektive dazu, reproduktionstheoretisch zu verfahren und Ungleichheit aus Ungleichheit abzuleiten – allerdings mit dem Anspruch, die Komplexität von Ungleichheitsverhältnissen in Rechnung zu stellen.

7.4   Neue Differenzpädagogiken und die ‚meritokratische Modernisierung' des Bildungswesens

Rückblickend lässt sich feststellen, dass im Kontext der Bildungsreform, der Interkulturellen Pädagogik und der Feministischen Pädagogik Thematisierungen sozialer Differenzierungsfolgen erfolgten, vor deren Hintergrund dem Bildungssystem ein *aktiver* Beitrag sowohl hinsichtlich der Verursachung von Bildungsbenachteiligungen als auch hinsichtlich der anvisierten Gestaltung und Veränderung gesellschaftlicher Verhältnisse zugerechnet wurde. Aus der Analyse, dass das Bildungssystem an der Genese des Ungleichheitsproblems beteiligt ist, wurde im Rahmen der *älteren* erziehungswissenschaftlichen Differenzdiskurse abgeleitet, dass die Pädagogik auch zu seiner Lösung beitragen könne und müsse.[187]

Demgegenüber zeichnet sich hinsichtlich der *neuen* Differenzdiskurse eine andere Interpretation des *Verhältnisses von Gesellschaft und institutionalisierter Pädagogik* ab: Die Diskurse tendieren in ganz unterschiedlicher Weise dazu, soziale Differenz bzw. soziale Ungleichheit als pädagogisch relevanten individuellen Erfahrungshintergrund zu konzipieren, mit dem sich das Bildungssystem mehr oder weniger *passiv* konfrontiert sieht. Im Fall von Heterogenität und Diversity dokumentiert sich dies in einer Semantik, die in Formulierungen wie ‚Herausforderung', ‚Chance', ‚Umgang mit' oder ‚Anerkennung' eine grundlegend *reaktive*

---

187 Gerade aufgrund dieser Selbstverortung innerhalb gesellschaftspolitischer Zielsetzungen setzten sich die älteren Differenzpädagogiken immer auch der Gefahr aus, eine ‚Pädagogisierung' von Gesellschaft und gesellschaftlichen Problemen zu betreiben.

Haltung ausdrückt. Gesellschaft tritt dabei in Form einer ‚Kontextbedingung' für Erziehung und Bildung in Erscheinung, so dass soziale Differenz nunmehr unter dem Gesichtspunkt pädagogischer Handlungsmöglichkeiten konstruiert wird.

Heterogenität und Diversity stellen als solche keine gesellschaftstheoretisch rückgebundenen Reflexionsoptionen zur Verfügung, wie sie etwa für die (Selbst-) Kritiken innerhalb der Interkulturellen Pädagogik oder der erziehungswissenschaftlichen Geschlechterforschung kennzeichnend sind. Klassifikationskritische Perspektiven finden sich im Diversity-Diskurs insbesondere dann, wenn Anschlüsse an die Kulturalisierungs-, Essentialisierungs- und Reifizierungskritik der älteren Diskurse gesucht werden. Der Heterogenitätsdiskurs kommt faktisch ohne Bezugnahmen auf Gesellschaftstheorie und sozialwissenschaftliche Reflexion aus, wenngleich der Verweis auf die ‚zunehmende Heterogenität' der Lernenden und ‚der Gesellschaft' ein tragendes, zeitdiagnostisch jedoch wenig überzeugendes Begründungsnarrativ darstellt. Klassifikationskritische Fragestellungen können indes nur von ‚außen' an den Heterogenitätsdiskurs herangetragen werden, da die kategoriale Beobachtung und pädagogische Differenzierung der AdressatInnen pädagogischer Kommunikation eines seiner tragenden Motive darstellt: Soziale Differenz wird entsprechend lediglich als eine ‚vorgefundene' pädagogische Wirklichkeit behandelt. Für die erziehungswissenschaftliche Thematisierung von Intersektionalität ist hingegen die Referenz auf soziale Ungleichheiten konstitutiv, die der Diskurs durch Anschlüsse an macht- und herrschaftskritisch argumentierende Gesellschaftstheorie herstellt.

Trotz der Bezugnahmen auf soziale Differenz oder soziale Ungleichheit kennzeichnet alle neueren Differenzdiskurse gleichermaßen, dass sie sich nicht auf eine *Analyse des Verhältnisses von Gesellschaft und Erziehungssystem* stützen. Die gegenwärtig zu beobachtende Popularisierung differenzpädagogischer Ansätze und die zunehmend unspezifische Verwendung der Begriffe Heterogenität, Diversity, Vielfalt, Verschiedenheit und nunmehr auch Intersektionalität lassen sich darüber hinausgehend weder plausibel als Reaktion auf einen ‚faktischen' gesellschaftlichen Strukturwandel, noch auf spezifische Veränderungen in der wissenschaftlichen Beschreibung von Gesellschaft rekonstruieren.[188]

Die breite und *verallgemeinerte* Bedeutung, die die pädagogische Bezugnahme auf soziale Differenz in der Erziehungswissenschaft, aber auch in der staat-

---

188 Die Registrierung des migrationsgesellschaftlichen Wandels sowie die Thematisierung von gesellschaftlichen Pluralitäten, vielfältigen Ungleichheiten und Individualisierungsprozessen zählt spätestens seit Beginn der 1990er Jahre zum verallgemeinerten Bezugspunkt gesellschaftspolitischer, sozialwissenschaftlicher und erziehungswissenschaftlicher Diskussionen.

lichen und kommunalen Bildungspolitik inzwischen erlangt hat, resultiert u.e. aus strukturellen Veränderungen, die sich *innerhalb* der Organisations- und Steuerungsstrukturen der deutschen Bildungssysteme vollzogen haben. Diese unter den Begriff der ‚Neuen Steuerung' subsumierbaren Maßnahmen (vgl. dazu Altrichter/Maag Merki 2010; Berkemeyer 2010) stellen in weiten Teilen eine Reaktion auf die PISA-Ergebnisse zu Beginn der 2000er Jahre dar. Mit den Ende 2001 auf KMK-Ebene beschlossenen ‚sieben Handlungsfeldern'[189] wurde in unmittelbarer Reaktion auf PISA eine umfassende bildungspolitische ‚Meritokratisierungs-Strategie' für das deutsche Schulsystem entworfen, die auf zwei Ebenen gleichzeitig ansetzte und in den Folgejahren die Planung und Umsetzung von Reformmaßnahmen orientierte:

- Einerseits sollte der Bereich der *Diagnostik* und der *Lern-* bzw. *Leistungs-,* insbesondere jedoch der *Sprachförderung* am Schulanfang bzw. bereits *vor* der Schullaufbahn durch entsprechende Professionalisierung des Lehrpersonals ausgebaut werden.[190] Um individuelle ‚Bildungsrisiken' möglichst früh erkennen und präventiv behandeln zu können, wurden *soziale* Merkmale wie Kompetenzen in der schulischen Verkehrssprache, Migrationshintergrund und soziale Herkunft zu einem übergeordneten Referenzpunkt *adressatInnenbezogener pädagogischer Beobachtungsstrategien* gemacht.
- Andererseits wurden durchgreifende Reformen auf der Ebene der *Organisation* von Schule umgesetzt, die jedoch keine schulstrukturellen Veränderungen zum Ziel hatten, sondern die grundlegende *Modifikation der Selbstbeob-*

---

189 Diese Handlungsfelder umfassten „1. Maßnahmen zur Verbesserung der Sprachkompetenz bereits im vorschulischen Bereich; 2. Maßnahmen zur besseren Verzahnung von vorschulischem Bereich und Grundschule mit dem Ziel einer frühzeitigen Einschulung; 3. Maßnahmen zur Verbesserung der Grundschulbildung und durchgängige Verbesserung der Lesekompetenz und des grundlegenden Verständnisses mathematischer und naturwissenschaftlicher Zusammenhänge; 4. Maßnahmen zur wirksamen Förderung bildungsbenachteiligter Kinder, insbesondere auch der Kinder und Jugendlichen mit Migrationshintergrund; 5. Maßnahmen zur konsequenten Weiterentwicklung und Sicherung der Qualität von Unterricht und Schule auf der Grundlage von verbindlichen Standards sowie eine ergebnisorientierte Evaluation; 6. Maßnahmen zur Verbesserung der Professionalität der Lehrertätigkeit, insbesondere im Hinblick auf diagnostische und methodische Kompetenz als Bestandteil systematischer Schulentwicklung; 7. Maßnahmen zum Ausbau von schulischen und außerschulischen Ganztagsangeboten mit dem Ziel erweiterter Bildungs- und Fördermöglichkeiten, insbesondere für Schülerinnen und Schüler mit Bildungsdefiziten und besonderen Begabungen." (http://www.kmk.org/presse-und-aktuelles/pm2001/296plenarsitzung. html)

190 Die Einführung von Ganztagsschulen kann dabei als ‚schulorganisatorische' Seite dieser Förderungsstrategie interpretiert werden.

achtungsstrategien im Bildungssystem: Die Umstellung auf ‚Outputsteuerung'
durch Einführung von Bildungsstandards und zentralen Leistungstests (vgl.
dazu Klieme et al. 2003) sowie die Umsetzung interner und externer Schu-
levaluationen auf Grundlage politisch definierter Qualitätsstandards stellen
zunächst nichts anderes als neue Technologien der Beobachtung im Erziehungssystem dar. Die Neuorientierung der Systemsteuerung an messbaren
Lernleistungen der SchülerInnen beobachtet dabei jedoch nicht lediglich
vorliegende individuelle ‚Kompetenzen', sondern faktisch Effekte komplexer
unterrichtlicher Interaktionsverläufe, die allerdings im Ergebnis (‚Output')
verschwinden.

Wir hätten es in Hinblick auf diese hier freilich nur oberflächlich skizzierten Veränderungen mit einer Modernisierung des Bildungssystems zu tun, deren zentrales Ziel die Erhöhung der Leistungsfähigkeit des Systems selbst darstellt – was
entsprechend der neuen Steuerungslogik nur durch eine Steigerung individueller
Lernleistungen und damit verbunden durch eine systematische, aber differentiell
angelegte Ausschöpfung von ‚Begabungsreserven' auf Grundlage kompensatori-
scher Bildungsangebote erzielt werden soll.

In der Problemdiagnose spielte dabei nicht lediglich das erreichte durch-
schnittliche Leistungsniveau eine Rolle, sondern vorrangig der statistische Zusammenhang, der zwischen *sozialer Herkunft und Leistung* (Kompetenzwerten)
hergestellt wurde. Die Aufgabe pädagogischer Beobachtungspraxis wird damit
in spezifischer Weise neu konturiert, indem sie nunmehr auf das bessere und
präzisere Erkennen von ‚Begabungen' und ‚Bildungsdefiziten' gleichermaßen
ausgerichtet wird. Nicht zuletzt die Typisierung einer ‚Risikogruppe' sozial benachteiligter Kinder und Jugendlicher mit ‚Migrationshintergrund' im Zuge der
PISA-Diskussion rückte die Frage nach besonderen Maßnahmen für diese ‚Gruppe' in den Mittelpunkt bildungspolitischer und erziehungswissenschaftlicher
Programmatiken.

Schulpädagogische Differenzierungsstrategien, die dem Anspruch folgen, he-
terogenitäts- bzw. differenzsensibel zu verfahren, können entsprechend nicht jenseits dieses Reformprozesses eingeschätzt werden: Sie erreichen sowohl auf der
Ebene der bildungsadministrativen Reformgestaltung und Reformumsetzung
Anschlussfähigkeit, als auch auf der Ebene der Professionalisierung pädagogischer Praxis. Ihre Plausibilität innerhalb des Erziehungssystems besteht offensichtlich nicht zuletzt darin, dass sie ein Wissen bereit stellen, das eine Erhöhung
der pädagogischen Beobachtungsfähigkeit und des leistungsbezogenen Differenzierungsvermögens verspricht. Ihr Paradox besteht darin, dass dies nach wie vor
im Rahmen schulstruktureller Bedingungen erfolgt, die auf Abweichungsverstärkung ausgerichtet sind und Selektionsfähigkeit durch organisatorische und in-

teraktionelle Gelegenheitsstrukturen für ‚ungleiches Bezeichnen' aufrechthalten. Auch eine heterogenitätssensible Diagnostik kann entsprechend ebenso zu negativer Selektion führen, wie die differenzierende Förderung zu Formen inkludierender Exklusion.

Infolge der erziehungswissenschaftlichen Problematisierungen des Zusammenhangs zwischen sozialer Herkunft und Leistung, der sich auf Grundlage der Ergebnisse der OECD-Schulleistungsvergleichsstudien wie TIMSS oder PISA nachweisen ließ, etablierte sich in den letzten Jahren zudem eine Empirische Bildungsforschung, die den *sozialen Ursachen* für ungleiche Bildungsperformanz zentrale Aufmerksamkeit schenkte. Nicht zuletzt die bereits erwähnte Renaissance bildungssoziologischer Reproduktionstheorien hat dabei jedoch nachhaltig dazu beigetragen, dass Bildungsungleichheit nach wie vor nicht als ein Ergebnis komplexer institutionell-organisatorischer Prozesse beobachtet wird: Stattdessen werden die Ursachen mangelnden Bildungserfolgs auf der Seite der AdressatInnen institutionalisierter Pädagogik selbst verortet. Solange die Ursachenforschung aber wesentlich auf herkunftsbedingt ungleiche Lernausgangslagen – wie etwa differentielle Sozial- und Sprachkompetenzen – orientiert ist, übernimmt sie den Beobachtungsmodus des Schulsystems und bewegt sich paradoxerweise innerhalb der meritokratischen ‚Rechtfertigungsordnung' (vgl. Imdorf 2011) der Schule. In der Folge hat sich eine (erziehungswissenschaftliche) Semantik verallgemeinert, die permanent soziale Herkunft und Leistung – sei es in der statistischen Beobachtung oder in Hinblick auf die Praxis pädagogischer Differenzierung – koppelt und damit einen weitgehenden *common sense* darüber hergestellt hat, dass soziale Differenz ungleiche Bildungsperformanz kausal erklären kann.

Heterogenität und Diversity schließen nicht nur an derartige Problembeschreibungen an, wenn sie soziale Differenz als einen außerhalb des Erziehungssystems liegenden, beobachtungs*unabhängigen* ‚Sachverhalt' konstruieren, auf den es mit pädagogischen Differenzierungsstrategien – mehr oder weniger aussichtsreich – lediglich reagieren kann. Vielmehr teilen sie mit der Empirischen Bildungsforschung auch die grundlegende Logik kategorialer Beobachtung, die sie jedoch mit pädagogischem Sinn ausstatten müssen. Das Unterscheiden und Bezeichnen der AdressatInnen pädagogischer Kommunikation entlang sozialer Differenzkategorien verstärkt damit Reflexionsprobleme auf zwei Ebenen: Auf der Ebene der Erziehungskommunikation, die innerhalb der Strukturen organisierter Interaktion prozessiert wird, besteht die Gefahr, dass sich das angebotene Unterscheidungswissen in eine Klassifikations- und Askriptionspraxis einschreibt, wie sie sich im Rahmen der oben referierten Studien zur Institutionellen Diskriminierung und zur Leistungsbewertung im Unterricht andeutet. Auf der Ebene der erziehungswissenschaftlichen Konstruktion pädagogischer Wirklichkeit insistiert das

Problem, dass die entworfenen Kategorientableaus wissenschaftliches Klassifikationswissen zur Verfügung stellen, das notwendigerweise im Modus einer Beobachtung erster Ordnung operiert, insofern es die Logik der eigenen Unterscheidungen nicht mehr in Frage stellen kann.

Sofern diese Einschätzungen zutreffen, kann hinsichtlich der Frage, ob und in welcher Weise Differenzpädagogiken zu einer Verringerung von Bildungsungleichheit beitragen können, keine optimistische Einschätzung abgegeben werden. Weitgehend ungeklärt ist, ob und in welcher Weise es auf Basis ihres Unterscheidungswissens gelingen kann, den ‚Blick' der pädagogischen Praxis auf ihre AdressatInnen in einer Weise zu modifizieren, die Benachteiligungen verhindert: Um hierzu empirisch fundierte Aussagen treffen zu können, wäre es notwendig, die konkreten Askriptionspraxen im Unterrichtsgeschehen ebenso wie im Rahmen schulorganisatorischer Entscheidungsprozesse – etwa an der Schnittstelle Elementar- und Primarpädagogik – kasuistisch zu untersuchen. Bislang ist zu wenig darüber bekannt, welche Differenzkonstruktionen für die professionelle Handlungspraxis faktisch beobachtungsleitend werden und wie sich dies auf konkrete In- und Exklusionsprozesse innerhalb des Schulsystems auswirkt. Erst auf Basis einer derartigen Analyse der im Erziehungssystem bereits existierenden sozialen Klassifikationslogiken und ihrer Benachteiligungswirksamkeit ist es u.e. möglich, Folgen einer breiten Adaption differenzpädagogischen Wissens im Erziehungssystem abschätzen zu können.

Literatur

Adorno, Theodor W. (1998): Zum Verhältnis von Soziologie und Psychologie. In: Soziologische Schriften I. Darmstadt, S. 42-85

Althusser, Louis (1977): Ideologie und ideologische Staatsapparate. In: Ders.: Ideologie und ideologische Staatsapparate. Aufsätze zur marxistischen Theorie. Hamburg/Westberlin, S. 108-153

Altrichter, Herbert/Maag Merki, Katharina (Hrsg.) (2010): Handbuch Neue Steuerung im Schulsystem. Wiesbaden

Altrichter, Herbert/Heinrich, Martin/Soukup-Altrichter, Katharina (Hrsg.) (2011): Schulentwicklung durch Schulprofilierung? Zur Veränderung von Koordinationsmechanismen im Schulsystem. Wiesbaden

ARCHIV für Wissenschaft und Praxis der sozialen Arbeit (2012): Diversity Management und soziale Arbeit, Heft 1

Ariès, Philippe (1975): Geschichte der Kindheit. München/Wien

Aschenbrenner-Wellmann (Hrsg.) (2008): Mit der Vielfalt leben. Verantwortung und Respekt im Diversity Management für Personen, Organisationen und Sozialräume. Stuttgart

Attia, Iman (2009): Die „westliche Kultur" und ihr Anderes. Zur Dekonstruktion von Orientalismus und antimuslimischem Rassismus. Bielefeld

Auernheimer, Georg (2005): Einführung in die Interkulturelle Pädagogik. Darmstadt. 4. Auflage

Auernheimer, Georg (2011): Diversity und Intersektionalität – neue Perspektiven für die Sozialarbeit? In: neue praxis. Heft 4, S. 391-407

Bade, Klaus/Bommes, Michael (2004): Migration und politische Kultur im ‚Nicht-Einwanderungsland'. In: Bade, Klaus (Hrsg.): Sozialhistorische Migrationsforschung. Göttingen, S. 437-471

Bade, Klaus/Oltmer, Jochen (2004): Normalfall Migration: Deutschland im 20. und frühen 21. Jahrhundert. Bonn

Bader, Veit Michael (1998): Ethnizität, Rassismus und Klassen. In: Bader, Veit M./Benschop, Albert/Krätke, Michael R./van Treeck, Werner (Hrsg.): Die Wiederentdeckung der Klassen. Hamburg, S. 96-125

Bader, Veit-Michael (1995): Rassismus, Ethnizität, Bürgerschaft. Soziologische und philosophische Überlegungen. Münster

Bader, Veit-Michael/Benschop, Albert (1989): Ungleichheiten. Protheorie sozialer Ungleichheit und kollektiven Handelns I. Opladen

Balibar, Etienne/Wallerstein, Immanuel (1991): Rasse Klasse Nation. Hamburg

Barlösius, Eva (2005): Die Macht der Repräsentation: Common Sense über soziale Ungleichheiten. Wiesbaden

Baumert, Jürgen/Schümer, Gundel (2001): Familiäre Lebensverhältnisse, Bildungsbeteiligung und Kompetenzerwerb. In: Deutsches PISA-Konsortium (Hrsg.): PISA 2000. Basiskompetenzen von Schülerinnen und Schülern im internationalen Vergleich. Opladen, S. 323-407

Beck, Ulrich (1986): Risikogesellschaft. Auf dem Weg in eine andere Moderne. Frankfurt/M.

Becker, Gerold/Lenzen, Klaus-Dieter/Stäudel, Lutz/Tillmann, Klaus-Jürgen/Werning, Rolf/Winter, Felix (Hrsg.) (2004): Heterogenität. Unterschiede nutzen – Gemeinsamkeiten stärken. Friedrich Jahresheft XXII. Seelze

Becker, Hellmut (1968): Die verwaltete Schule. In: Ders.: Quantität und Qualität. Grundfragen der Bildungspolitik. Freiburg, 2. Auflage, S. 147-174

Becker, Rolf (2004): Soziale Ungleichheit von Bildungschancen und Chancengleichheit. In: Becker, Rolf/Lauterbach, Wolfgang (Hrsg.): Bildung als Privileg? Erklärungen zu den Ursachen der Bildungsungleichheit. Wiesbaden, S. 161-193

Becker, Rolf (2011): Entstehung und Reproduktion dauerhafter Bildungsungleichheiten. In: Ders. (Hrsg.): Lehrbuch der Bildungssoziologie. Wiesbaden, 2. Auflage, S. 85-129

Becker, Rolf/Solga, Heike (Hrsg.) (2012): Soziologische Bildungsforschung. Kölner Zeitschrift für Soziologie und Sozialpsychologie. Sonderheft Band 52

Becker-Schmidt (1989): Frauen und Deklassierung. Geschlecht und Klasse. In: Beer, Ursula (Hrsg.): Klasse Geschlecht. Feministische Gesellschaftsanalyse und Wissenschaftskritik. Bielefeld, S. 213-266

Becker-Schmidt, Regina (2007): ‚Class‘, ‚gender‘, ‚ethnicity‘, ‚race‘: Logiken der Differenzsetzung, Verschränkungen von Ungleichheitslagen und gesellschaftliche Strukturierung. In: Klinger, Cornelia/Knapp, Gudrun-Axeli/Sauer, Birgit (Hrsg.): Achsen der Ungleichheit. Zum Verhältnis von Klasse, Geschlecht und Ethnizität. Frankfurt/New York, S. 56-83

Beer, Ursula (1990): Geschlecht, Struktur, Geschichte. Soziale Konstituierung des Geschlechterverhältnisses. Frankfurt/New York

Bellmann, Johannes/Weiß, Manfred (2009): Risiken und Nebenwirkungen Neuer Steuerung im Schulsystem. Theoretische Konzeptualisierung und Erklärungsmodelle. In: Zeitschrift für Pädagogik, Jg. 55, Heft 2, S. 286-308

Bendl, Regine (2007): Betriebliches Diversitätsmanagement und neoliberale Wirtschaftspolitik – Verortung eines diskursiven Zusammenhangs. In: Koall, Iris/Bruchhagen, Verena/Höher, Friederike (Hrsg.): Diversity Outlooks. Managing Diversity zwischen Ethik, Profit und Antidiskriminierung. Hamburg, S. 10-28

Berger, Peter A. (1987): Klassen und Klassifkationen. Zur ‚neuen Unübersichtlichkeit‘ in der soziologischen Ungleichheitsdiskussion. In: Kölner Zeitschrift für Soziologie und Sozialpsychologie, Jg. 39, Heft 1, S. 59-85

Berger, Peter A. (1988): Die Herstellung sozialer Klassifikationen: Methodische Probleme der Ungleichheitsforschung. In: Leviathan, Jg. 16, Heft 4, S. 501-520

Berger, Peter A. (1989): Ungleichheitssemantiken. Graduelle Unterschiede und kategoriale Exklusivitäten. In: Archives Européennes de Sociologie, Jg. 30, Heft 1, S. 48-60

Berger, Peter A. (2003): Kontinuitäten und Brüche. Herausforderungen für die Sozialstruktur- und Ungleichheitsforschung im 21. Jahrhundert. In: Orth, Barbara/Schwietring, Thomas/Weiß, Johannes (Hrsg.): Soziologische Forschung: Stand und Perspektiven. Opladen, S. 473-490

Berger, Peter L./Luckmann, Thomas (2004): Die gesellschaftliche Konstruktion der Wirklichkeit. Eine Theorie der Wissenssoziologie. Frankfurt/M., 20. Auflage

Berkemeyer, Nils (2010): Die Steuerung des Schulsystems: Theoretische und praktische Explorationen. Wiesbaden

Bernstein, Basil (1959): Soziokulturelle Determinanten des Lernens – mit besonderer Berücksichtigung der Rolle der Sprache. In: Heintz, Peter (Hrsg.): Soziologie der Schule. Köln/Opladen, S. 52-79

Bienfait, Agathe (2006): Im Gehäuse der Zugehörigkeit. Eine kritische Bestandsaufnahme des Mainstream-Multikulturalismus. Wiesbaden

Blackmoore, Jill (2006): Deconstructing Diversity Discourses in the Field of Educational Management and Leadership. In: Educational Management. Administration & Leadership, Vol. 34, No. 2, pp. 181–199

Bohnsack, Ralf/Nentwig-Gesemann, Iris (2003): Typenbildung. In: Bohnsack, Ralf/Marotzki, Winfried/Meuser, Michael (Hrsg.): Hauptbegriffe Qualitativer Forschung. Opladen, S. 162-166

Boller, Sebastian/Rosowski, Elke/Stroot, Thea (Hrsg.) (2007): Heterogenität in Schule und Unterricht. Handlungsansätze zum pädagogischen Umgang mit Vielfalt. Weinheim/Basel

Bommes, Michael (1994): Migration und Ethnizität im nationalen Sozialstaat. In: Zeitschrift für Soziologie, Jg. 23, Heft 5, S. 346-377

Bommes, Michael (1999): Migration und nationaler Wohlfahrtsstaat. Ein differenzierungstheoretischer Entwurf. Opladen/Wiesbaden

Bommes, Michael (2004): Zur Bildung von Verteilungsordnungen in der funktional differenzierten Gesellschaft. In: Schwinn, Thomas (Hrsg.): Differenzierung und soziale Ungleichheit. Die zwei Soziologien und ihre Verknüpfung, Frankfurt a. M., S. 399-428

Bommes, Michael/Radtke, Frank-Olaf (1993): Institutionalisierte Diskriminierung von Migrantenkindern. Die Herstellung ethnischer Differenz in der Schule. In: Zeitschrift für Pädagogik, Jg. 39, Heft 3, S. 483-497

Bos, Wilfried/Lankes, Eva-Maria/Plaßmeier, Nike/Schwippert, Kurt (Hrsg.) (2004): Heterogenität. Eine Herausforderung an die empirische Bildungsforschung. Münster/New York/München/Berlin

Böttcher, Wolfgang (2002): Kann eine ökonomische Schule auch eine pädagogische sein?: Schulentwicklung zwischen Neuer Steuerung, Organisation, Leistungsevaluation und Bildung. Weinheim/München

Boudon, Raymond (1974): Education, opportunity, and social inequality: changing prospects in Western society, New York/London/Sydney/Toronto

Bourdieu, Pierre (1983): Ökonomisches Kapital, kulturelles Kapital, soziales Kapital. In: Kreckel, Reinhard (Hrsg.): Soziale Ungleichheiten, Soziale Welt, Sonderband 2. Göttingen, S. 183-198

Bourdieu, Pierre (1985): Sozialer Raum und „Klassen". Leçon sur la leçon. Zwei Vorlesungen. Frankfurt/M.

Bourdieu, Pierre (1996): Die feinen Unterschiede. Kritik der gesellschaftlichen Urteilskraft. Frankfurt/M., 8. Auflage

Bourdieu, Pierre (2004): Der Staatsadel. Konstanz

Bourdieu, Pierre/Passeron, Jean-Claude (1971): Die Illusion der Chancengleichheit: Untersuchungen zur Soziologie des Bildungswesens am Beispiel Frankreichs. Stuttgart

Bräu, Karin (2005): Individualisierung des Lernens – Zum Lehrerhandeln bei der Bewältigung eines Balanceproblems. In: Bräu, Karin/Schwerdt, Ulrich (Hrsg.): Heterogenität als Chance. Vom produktiven Umgang mit Gleichheit und Differenz in der Schule. Münster, S. 129-149

Bräu, Karin/Schwerdt, Ulrich (Hrsg.) (2005): Heterogenität als Chance. Vom produktiven Umgang mit Gleichheit und Differenz in der Schule. Münster

Brehmer, Ilse (1982): Sexismus in der Schule: Der heimliche Lehrplan der Frauendiskriminierung. Weinheim

Breidenstein, Georg/Kelle, Helga (1998): Geschlechteralltag in der Schulklasse: Ethnographische Studien zur Gleichaltrigenkultur. Weinheim

Breitenbach, Eva (1994): Geschlechtsspezifische Interaktion in der Schule. Eine Bestandsaufnahme der feministischen Schulforschung. In: Die Deutsche Schule, Jg. 86, Heft 2, S. 171-191

Breitenbach, Eva (2002): Geschlecht im schulischen Kontext. Theoretische und empirische Fragen an die Koedukationsdebatte. In: Breitenbach, Eva/Bürmann, Ilse/Liebsch, Katharina/Mansfeld, Cornelia/Micus-Loos (Hrsg.): Geschlechterforschung als Kritik. Zum 60. Geburtstag von Carol Hagemann-White. Bielefeld, S. 149-163

Breitenbach, Eva/Hagemann-White, Carol (1994): Von der Sozialisation zur Erziehung – Der Umgang mit geschlechtsdifferenter Subjektivität in der feministischen Forschung. In: Beutler, Kurt et al. (Hrsg.): Die Geschlechterverhältnisse und die Pädagogik. Jahrbuch für Pädagogik 1994, Frankfurt/M., S. 249-264

Broszkiewski, Achim (2010): Kulturelles Kapital, Bildung und die Selbstbeschreibung des Erziehungssystems – Gesellschaftstheoretische Impulse für eine Selbstkritische Bildungssoziologie. Zeitschrift für Soziologie der Erziehung und Sozialisation, Jg. 30, Heft 4, S. 360-374

Brubaker, Rogers (2004): Ethnicity without groups. Cambridge/Massachusetts/London

Bruchhagen, Verena/Koall, Iris (2008): Managing Diversity: Ein (kritisches) Konzept zur produktiven Nutzung sozialer Differenzen. In: Becker, Ruth/Kortendiek, Beate (Hrsg.): Handbuch Frauen- und Geschlechterforschung. Theorie, Methoden, Empirie. Wiesbaden, S. 931-938

Bruchhagen, Verena/Koall, Iris (2009): Managing Gender & Diversity: Sozialwissenschaftliche Aspekte von Heterogenität als Herausforderung pädagogischen Handelns. In: Hinz, Renate/Walthes, Renate (Hrsg.): Heterogenität in der Grundschule. Den pädagogischen Alltag erfolgreich bewältigen. Weinheim, S. 32-47

Brunsson, Nils (1989): The Organization of Hypocrisy: Talk, Decisions, and Actions in Organizations. Chichester

Brunsson, Nils/Sahlin-Andersson, Kerstin (2000): Constructing Organizations: The Example of Public Sector Reform. In: Organization Studies. Vol. 21, No. 4, pp. 721-746

Budde, Jürgen (2011): Geschlechtersensible Schule. In: Faulstich-Wieland, Hannelore (Hrsg.): Umgang mit Heterogenität und Differenz. Baltmannsweiler, S. 99-119

Bude, Heinz (1998): Die Überflüssigen als transversale Kategorie. In: Berger, Peter A./Vester, Michael (Hrsg.): Alte Ungleichheiten – Neue Spaltungen. Opladen, S. 363-282

Buholzer, Alois/Kummer Wyss, Annemarie (Hrsg.) (2010): Alle gleich – alle unterschiedlich! Zum Umgang mit Heterogenität in Schule und Unterricht. Zug

Bührmann, Andrea (2009): Intersectionality- ein Forschungsfeld auf dem Weg zum Paradigma? Tendenzen, Herausforderungen und Perspektiven der Forschung über Intersektionalität. In: Gender. Zeitschrift für Geschlecht, Kultur und Gesellschaft, Heft 2, S. 28-44

Butler, Judith (1991): Das Unbehagen der Geschlechter. Frankfurt/M.

Butler, Judith (1993): Kontingente Grundlagen: Der Feminismus und die Frage der „Postmoderne". In: Benhabib, Seyla/Butler, Judith/Cornell, Drucilla/Fraser, Nancy: Der Streit und die Differenz. Feminismus und Postmoderne in der Gegenwart. Frankfurt/M., S. 31-58

Butler, Judith (1997): Körper von Gewicht: die diskursiven Grenzen des Geschlechts. Frankfurt/M.

Carle, Ursula (2002): Leistungsvielfalt in der Grundschule. In: Heinzel, Friederike/Prengel, Annedore (Hrsg.): Heterogenität, Integration und Differenzierung in der Primarstufe. Jahrbuch Grundschulforschung 6. Opladen, S. 81-92

Casale, Rita/Rendtorff, Barbara (2008): Was kommt nach der Genderforschung? Zur Zukunft feministischer Theoriebildung. Bielefeld

Cavarero, Adriana (1990): Die Perspektive der Geschlechterdifferenz. In: Gerhard, Ute/Jansen, Mechtild/Maihofer, Andrea/Schmid, Pia/Schultz, Irmgard (Hrsg.): Differenz und Gleichheit. Menschenrechte haben (k)ein Geschlecht. Frankfurt/M., S. 95-111

Chebout, Lucy N. (2011): Wo ist Intersectionality in bundesdeutschen Intersektionalitätsdiskursen? – Exzerpte aus dem Reisetagebuch einer Traveling Theory. In: Smykalla, Sandra/Vinz, Dagmar (Hrsg.): Intersektionalität zwischen Gender und Diversity. Theorien, Methoden und Politiken der Chancengleichheit. Münster, S. 46-60

Chodorow, Nancy (1985): Das Erbe der Mütter. Psychoanalyse und Soziologie der Geschlechter. München

Collins, Sharon M. (2011): From Affirmative Action to Diversity: Erasing Inequality from Organizational Responsibility. In: Critical Sociology, Vol. 37, No. 5, pp. 517-520

Cox, Taylor Jr. (1991): The multicultural organization. In: Academy of Management Executive, Vol. 5, No. 2, pp. 34-47

Cox, Taylor Jr. (2001): Creating the Multicultural Organization: A Strategy for Capturing the Power of Diversity. San Francisco

Crenshaw, Kimberlé Williams (1989): Demarginalizing the Intersection of Race and Sex: A Black feminist Critique of Antidiscrimination Doctrine. In: The University of Chicago Legal Forum, Feminism in the Law: Theory, Practice and Criticism, pp. 139-167

Crenshaw, Kimberlé Williams (1994): Mapping the Margins: Intersectionality, Identity Politics, and Violence Against Women of Color. In: Fineman, Martha Albertson/Mykitiuk, Rixanne (Eds.): The Public Nature of Private Violence. New York, pp. 93-118

Czock, Heidrun (1993): Der Fall Ausländerpädagogik. Erziehungswissenschaftliche und bildungspolitische Codierung der Arbeitsmigration. Frankfurt/M.

Dahrendorf, Ralf (1965): Bildung ist Bürgerrecht. Plädoyer für eine aktive Bildungspolitik. Hamburg

Dann, Otto (1980): Gleichheit und Gleichberechtigung. Das Gleichheitspostulat in der alteuropäischen Tradition und in Deutschland bis zum ausgehenden 19. Jahrhundert. Berlin

Davis, Kathy (2008): Intersectionality in Transatlantic Perspective. In: Klinger, Cornelia/Knapp, Gudrun-Axeli (Hrsg.): Überkreuzungen. Fremdheit, Ungleichheit, Differenz. Münster, S. 19-35

Davis, Kathy (2010): Intersektionalität als „Buzzword". Eine wissenschaftssoziologische Perspektive auf die Frage „Was macht eine feministische Theorie erfolgreich?". In: Lutz, Helma/Herrera Vivar, Maria Teresa/Supik, Linda (Hrsg.): Fokus Intersektionalität. Bewegungen und Verortungen eines vielschichtigen Konzeptes. Wiesbaden, S. 55-68

Davis, Kingsley/Moore, Wilbert E. (2009): Einige Prinzipien der sozialen Schichtung. In: Solga, Heike/Powell, Justin/Berger, Peter A. (Hrsg.): Soziale Ungleichheit. Klassische Texte zur Sozialstrukturanalyse. Frankfurt/M., S. 49-55

Deleuze, Gilles (1995): Foucault. Frankfurt/M., 2. Auflage

Deppe, Frank (1997): Fin de Siècle. Am Übergang ins 21. Jahrhundert. Köln

Dérrida, Jacques (1988): Die différance. In: Ders.: Randgänge der Philosophie, hrsg. von Peter Engelmann. Wien, S. 29-52

Deutscher Bildungsrat (1969): Begabung und Lernen. Ergebnisse und Folgerungen neuer Forschungen, hrsg. von Heinrich Roth. Stuttgart, 2. Auflage

Deutsches PISA-Konsortium (Hrsg.) (2002): PISA 2000 – Die Länder der Bundesrepublik Deutschland im Vergleich. Opladen

Dewe, Bernd/Radtke, Frank-Olaf (1991): Was wissen Pädagogen über ihr Können? Professionstheoretische Überlegungen zum Theorie-Praxis-Problem in der Pädagogik. In: Oelkers, Jürgen/Tenorth, H.-Elmar (Hrsg.): Pädagogisches Wissen. Zeitschrift für Pädagogik. 27. Beiheft. Weinheim/Basel S. 143-162

Dewe, Bernd/Ferchhoff, Wilfried/Radtke, Frank-Olaf (Hrsg.) (1992): Erziehen als Profession. Opladen

Dick, Lutz van/Keese-Philipps, Henning/Preuss-Lausitz, Ulf (1986): Ideen für grüne Bildungspolitik. Weinheim und Basel

Diehm, Isabell (2005): Interkulturelle Pädagogik: Die programmatische Antwort auf wachsende ethnische Heterogenität in Schule und Unterricht. In: Bräu, Karin/Schwerdt, Ulrich (Hrsg.): Vom produktiven Umgang mit Gleichheit und Differenz in der Schule. Münster, S. 85-94

Diehm, Isabell (2008): Ethnizität und Geschlecht. Grundlagen einer (sozialpädagogischen) Differenzkonstruktion in der Jugendarbeit. In: Otto, Hans-Uwe/Rauschenbach, Thomas (Hrsg.): Die andere Seite der Bildung. Zum Verhältnis von formellen und informellen Bildungsprozessen. Wiesbaden, S. 195-205

Diehm, Isabell/Radtke, Frank-Olaf (1999): Erziehung und Migration. Stuttgart/Berlin/Köln

Dietze, Gabriele/Haschemi Yekani, Elahe/Michaelis, Beatrice (2007): „Checks and Balances." Zum Verhältnis von Intersektionalität und Queer Theory. In: Walgenbach, Katharina/Dietze, Gabriele/Hornscheidt, Antje/Palm, Kerstin (Hrsg.): Gender als interdependente Kategorie. Neue Perspektiven auf Intersektionalität, Diversität und Heterogenität. Opladen, S. 107-139

Dietze, Gabriele/Hornscheidt, Antje/Palm, Kerstin/Walgenbach, Katharina (2007): Einleitung. In: Walgenbach, Katharina/Dietze, Gabriele/Hornscheidt, Antje/Palm, Kerstin (Hrsg.): Gender als interdependente Kategorie. Neue Perspektiven auf Intersektionalität, Diversität und Heterogenität. Opladen, S. 7-22

Dippel, Alexander von (2009): Raus aus den Schubladen! Diversity Management in öffentlichen Verwaltungen und die Einbeziehung von Intersektionalität (http://www.migration-boell.de/web/diversity/48_2150.asp; letzter Zugriff 30.05.2012)

Dirim, İnci/Mecheril, Paul (2010): Die Sprache(n) der Migrationsgesellschaft. In: Mecheril, Paul/Castro Varela, María do Mar/Dirim, İnci/Kalpaka, Annita/Melter, Claus (Hrsg.): Migrationspädagogik. Weinheim/Basel, S. 99-120

Dittrich, Eckhard J. (1991): Das Weltbild des Rassismus. Frankfurt/M.

Ditton, Hartmut (2004): Der Beitrag von Schule und Lehrern zur Reproduktion von Bildungsungleichheit. In Becker, Rolf/Lauterbach, Wolfgang (Hrsg.): Bildung als Privileg. Erklärungen und Befunde zu den Ursachen der Bildungsungleichheit. Wiesbaden, S. 251-179

Döge, Peter (2004): Managing Diversity – Von der Anti-Diskriminierung zur produktiven Gestaltung von Vielfalt. In: Theorie und Praxis der Sozialen Arbeit, Heft 3, S. 11-16

Dollinger, Bernd/Schmidt-Semisch, Henning (Hrsg.) (2010): Handbuch Jugendkriminalität. Kriminologie und Sozialpädagogik im Dialog. Wiesbaden

Douglas, Mary (1986): How Institutions Think. Syracuse/New York

Dreeben, Robert (1980): Was wir in der Schule lernen. Frankfurt/M.

Durkheim, Émile (1898/1976): Individuelle und kollektive Vorstellungen. In: Ders.: Soziologie und Philosophie. Frankfurt a. M., S. 45-83

Durkheim, Émile/Mauss, Marcel (1903/1987): Über einige primitive Formen von Klassifikation. Ein Beitrag zur Erforschung der kollektiven Vorstellungen. In: Durkheim, Émile: Schriften zur Soziologie der Erkenntnis, hrsg. von Hans Joas. Frankfurt/M., S. 169-256

Eder, Klaus (2001): Klasse, Macht und Kultur. Zum Theoriedefizit der Ungleichheitsforschung. In: Weiß, Anja/Koppetsch, Cornelia/Scharenberg, Albert/Schmidtke, Oliver (Hrsg.): Klasse und Klassifikation. Die symbolische Dimension sozialer Ungleichheit. Wiesbaden, S. 27-60

Egeland, Catherine/Gressgård, Randi (2011): The Will to Empower: Die Komplexität der ‚Anderen' managen. In: Castro Varela, María do Mar/Dhawan, Nikita (Hrsg.): Soziale (Un)Gerechtigkeit. Kritische Perspektiven auf Diversity, Intersektionalität und Antidiskriminierung. Berlin, S. 99-117

Eisenmann, Maria/Grimm, Thomas (Hrsg.) (2011): Heterogene Klassen – Differenzierung in Schule und Unterricht. Baltmannsweiler

Elias, Norbert/Scotson, John L. (1993): Etablierte und Außenseiter. Frankfurt/M.

Embrick, David G. (2011): The Diversity Ideology in the Business World: A New Oppression for a New Age. In: Critical Sociology, Vol. 37, No. 5, pp. 541-556

Emmerich, Marcus/Hormel, Ulrike (2011): Soziale Ungleichheit und funktionale Differenzierung. Die zwei Soziologien und ihre Bedeutung für den erziehungswissenschaftlichen Steuerungsdiskurs. In: Dietrich, Fabian/Heinrich, Martin/Thieme, Nina (Hrsg.): Neue Steuerung – alte Ungleichheiten. Münster/New York/München/Berlin, S. 339-350

Emmerich, Marcus/Hormel, Ulrike (2013): Bildungsungleichheiten als Systemeffekt? Das Erziehungssystem zwischen sozialstruktureller Reproduktion und operativer Eigenrationalität. In: Heinrich, Martin/Dietrich, Fabian/Thieme, Nina (Hrsg): Bildungsgerechtigkeit jenseits von Chancengleichheit? Theoretische und empirische Ergänzungen und Alternativen zu PISA. Wiesbaden (im Druck)

Enders-Dragässer, Uta/Fuchs, Claudia (1989): Interaktionen der Geschlechter. Sexismusstrukturen in der Schule. Weinheim/München

Engler, Steffani (2000): Geschlecht in der Gesellschaft – jenseits des ‚Patriarchats'. In: Kneer, Georg/Nassehi, Armin/Schroer, Markus (Hrsg.): Soziologische Gesellschaftsbegriffe. München, S. 127-156

Eppenstein, Thomas (2003): Einfalt der Vielfalt? Interkulturelle pädagogische Kompetenz in der Migrationsgesellschaft. Frankfurt/M.

Erel, Umut/Haritaworn, Jinthana/Gutiérrez-Rodríguez, Encarnación/Klesse, Christian (2007): Intersektionalität oder Simultaneität?! – Zur Verschränkung und Gleichzeitigkeit mehrfacher Machtverhältnisse – Eine Einführung. In: Hartmann, Jutta/Klesse, Christian/Wagenknecht, Peter/Fritzsche, Bettina/Hackmann, Kristina (Hrsg.): Heteronormativität. Empirische Studien zu Geschlecht, Sexualität und Macht – eine Einführung. Wiesbaden, S. 239-250

Faist, Thomas (2010): Cultural Diversity and Social Inequalities. In: social research, Vol. 77, No.1, pp. 297-324

Falkenberg, Monika/Kalthoff, Herbert (2008): Das Feld der Bildung. Schulische Institutionen, Schulbevölkerung und gesellschaftliche Integration. In: Willems, Herbert (Hrsg.): Lehr(er)buch Soziologie. Band 2, Wiesbaden, S. 797-816

Faulstich, Wieland, Hannelore (1991): Koedukation – Enttäuschte Hoffnungen? Darmstadt

Faulstich-Wieland (2010): Mädchen und Jungen im Unterricht. In: Buholzer, Alois/Kummer Wyss, Annemarie (Hrsg.): Alle gleich – alle unterschiedlich. Zum Umgang mit Heterogenität in Schule und Unterricht. Zug, S. 16-27

Faulstich-Wieland, Hannelore (Hrsg.) (2011): Umgang mit Heterogenität und Differenz. Baltmannsweiler

Faulstich-Wieland, Hannelore/Horstkemper, Marianne/Tillmann,Klaus-Jürgen/Weißbach, Barbara (1984): Erfolgreich in der Schule, diskriminiert im Beruf: geschlechtsspezifische Ungleichheiten bei der Berufseinmündung. In: Jahrbuch der Schulentwicklung, Band 3, S. 117-143

Faulstich-Wieland, Hannelore/Horstkemper, Marianne (1995): „Trennt uns bitte, bitte nicht!" Koedukation aus Mädchen- und Jungensicht. Opladen

Faulstich-Wieland, Hannelore/Weber, Martina/Willems, Katharina (2004): Doing Gender im heutigen Schulalltag. Empirische Studien zur sozialen Konstruktion von Geschlecht in schulischen Interaktionen. Weinheim/München

Fend, Helmut (1976): Gesamtschule und Dreigliedriges Schulsystem. Eine Vergleichsstudie über Chancengleichheit und Durchlässigkeit. Stuttgart

Fend, Helmut (1980): Theorie der Schule. München/Wien/Baltimore

Fend, Helmut (2006a): Neue Theorie der Schule: Einführung in das Verstehen von Bildungssystemen. Wiesbaden

Fend, Helmut (2006b): Geschichte des Bildungswesens: der Sonderweg im europäischen Kulturraum. Wiesbaden

Fend, Helmut (2008): Schule gestalten. Systemsteuerung, Schulentwicklung und Unterrichtsqualität. Wiesbaden

Foucault, Michel (1973): Geburt der Klinik: eine Archäologie des ärztlichen Blicks. München

Foucault, Michel (1981): Archäologie des Wissens. Frankfurt/M.

Foucault, Michel (1989): Der Wille zum Wissen. Sexualität und Wahrheit I. Frankfurt/M., 3. Auflage

Foucault, Michel (1993): Wahnsinn und Gesellschaft: eine Geschichte des Wahns im Zeitalter der Vernunft. Frankfurt/M., 10. Auflage

Foucault, Michel (1994a): Die Ordnung der Dinge. Eine Archäologie der Humanwissenschaften. Frankfurt/M., 12. Auflage

Foucault, Michel (1994b): Überwachen und Strafen. Die Geburt des Gefängnisses. Frankfurt/M.

Foucault, Michel (1998): Die Ordnung des Diskurses. Inauguralvorlesung am Collège de France, 2. Dezember 1970. Frankfurt/M.

Foucault, Michel (2006): Sicherheit, Territorium, Bevölkerung. Frankfurt/M.

Fried, Lilian (2009): Präventive Diagnose und Förderung der Sprachkompetenz von Kindern im Vor- und Grundschulalter. In: Hinz, Renate/Walthes, Renate (Hrsg.), Heterogenität in der Grundschule. Den pädagogischen Alltag bewältigen. Weinheim, S. 83-90

Friedeburg, Ludwig v. (1989): Bildungsreform in Deutschland. Geschichte und gesellschaftlicher Widerspruch. Frankfurt/M.

Fritzsche, Bettina/Hartmann, Jutta/Schmidt, Andrea/Tervooren, Anja (Hrsg.) (2001): Dekonstruktive Pädagogik: Erziehungswissenschaftliche Debatten unter poststrukturalistischen Perspektiven. Opladen

Fuchs, Peter (1992): Die Erreichbarkeit der Gesellschaft. Zur Konstruktion und Imagination gesellschaftlicher Einheit, Frankfurt/M.

Fuchs, Peter (2007): Die soziologische Beobachtung der Erziehungswissenschaft. In: Kraft, Volker (Hrsg.): Zwischen Reflexion, Funktion und Leistung: Facetten der Erziehungswissenschaft. Bad Heilbrunn, S. 69-82

Fürstenau, Sarah/Niedrig, Heike (2011): Die kultursoziologische Perspektive Pierre Bourdieus: Schule als sprachlicher Markt. In: Fürstenau, Sarah/Gomolla, Mechtild (Hrsg.): Migration und schulischer Wandel. Wiesbaden. S. 69-87

Fullan, Michael (1999): Die Schule als lernendes Unternehmen. Stuttgart

Geiger, Theodor (1932/1987): Die soziale Schichtung des deutschen Volkes: soziographischer Versuch auf statistischer Grundlage. Stuttgart. Nachdruck der 1. Auflage

Geißler, Reiner (2006): Die Sozialstruktur Deutschlands. Wiesbaden, 4. überarbeitete Auflage

Gessler, Michael/Stübe, Britta A. (2008): Diversity-Management. Berufliche Weiterbildung im demografischen Wandel. Münster/New York/Berlin/München

Gerhard, Ute/Jansen, Mechtild/Maihofer, Andrea/Schmid, Pia/Schultz, Irmgard (Hrsg.) (1990): Differenz und Gleichheit. Menschenrechte haben (k)ein Geschlecht. Frankfurt/M.

Gildemeister, Regine (1988): Geschlechtsspezifische Sozialisation. In: Soziale Welt, Jg. 39, Heft 4, S. 486-503

Gildemeister, Regine (2008): Soziale Konstruktion von Geschlecht: „Doing gender". In: Wilz, Sylvia Marlene (Hrsg.): Geschlechterdifferenzen – Geschlechterdifferenzierungen. Wiesbaden, S. 167-198

Gildemeister, Regine/Wetterer, Angelika (1992): Wie Geschlechter gemacht werden. Die soziale Konstruktion von Zweigeschlechtlichkeit und ihre Reifizierung in der Frauenforschung. In: Knapp, Gudrun-Axeli/Wetterer, Angelika (Hrsg.): TraditionenBrüche. Entwicklungen feministischer Theorie. Freiburg, S. 201-254

Gilligan, Carol (1984): Die andere Stimme. Lebenskonflikte und Moral der Frau. München

Goetze, Dieter (1976): Probleme der Akkulturation und Assimilation. In: Reimann, Helga/Reimann, Horst (Hrsg.): Gastarbeiter. München, S. 63-84

Goffman, Erving (1994): Die Interaktionsordnung. In: Ders.: Interaktion und Geschlecht. Frankfurt/New York, S. 50-104

Gogolin, Ingrid/Krüger-Potratz, Marianne (2006): Einführung in die Interkulturelle Pädagogik. Opladen

Gomolla, Mechtild (2010): Von Interkultureller Pädagogik zum Diversity Mainstreaming? Konzeptionelle Überlegungen und Praxiserfahrungen. In: Baros, Wassilios/Hamburger, Franz/Mecheril, Paul (Hrsg.): Zwischen Praxis, Politik und Wissenschaft. Die vielfältigen Referenzen interkultureller Bildung. Berlin, S. 219-239

Gomolla, Mechtild/Radtke, Frank-Olaf (2000): Mechanismen institutionalisierter Diskriminierung in der Schule. In: Gogolin, Ingrid/Nauck, Bernhard (Hrsg.): Migration, gesellschaftliche Differenzierung und Bildung. Opladen, S. 321-341

Gomolla, Mechtild/Radtke, Frank-Olaf (2002): Institutionelle Diskriminierung. Die Herstellung ethnischer Differenz in der Schule. Opladen

Gottburgsen, Anja/Gross, Christiane (2012): Welchen Beitrag leistet „Intersektionalität" zur Klärung von Kompetenzunterschieden bei Jugendlichen? In: Becker, Rolf/Solga, Heike (Hrsg.) (2012): Soziologische Bildungsforschung. Kölner Zeitschrift für Soziologie und Sozialpsychologie. Sonderheft Band 52, S. 86-110

Graf, Martin/Lamprecht, Markus (1991): Der Beitrag des Bildungssystems zur Konstruktion von sozialer Ungleichheit. In: Bornschier, Volker (Hrsg.): Das Ende der sozialen Schichtung? Zürich, S. 73-96

Granato, Mona/Schittenhelm, Karin (2004): Junge Frauen: Bessere Bildungsabschlüsse aber weniger Chancen beim Übergang in die berufliche Ausbildung. In: Aus Politik und Zeitgeschichte, B. 28, S. 31-39

Graumann, Carl F. (2002): Toleranz und Perspektivität. In: Heinzel, Friederike/Prengel, Annedore (Hrsg.): Heterogenität, Integration und Differenzierung in der Primarstufe. Jahrbuch Grundschulforschung 6. Opladen, S. 22-30

Graumann, Olga (2002): Gemeinsamer Unterricht in heterogenen Gruppen. Von lernbehindert bis hochbegabt. Bad Heilbrunn

Graumann, Olga (2008): Förderung und Heterogenität. Die Perspektive der Schulpädagogik. In: Arnold, Karl-Heinz/Graumann, Olga/Rakhkochkine, Anatoli (Hrsg.): Handbuch Förderung. Bereiche und Methoden der individuellen Förderung von Schülern. Weinheim und Basel, S. 16-25

Graumann, Olga/Vohmann, Ulrike (2002): Heterogenität als Qualitätsmerkmal eines Schulprogramms. Forschendes Lernen in der Lehrerausbildung. In: Heinzel, Friederike/Prengel, Annedore (Hrsg.): Heterogenität, Integration und Differenzierung in der Primarstufe. Jahrbuch Grundschulforschung 6. Opladen, S. 141-145

Griese, Hartmut (Hrsg.) (1984): Der gläserne Fremde. Bilanz und Kritik der Gastarbeiterforschung und der Ausländerpädagogik. Opladen

Groeben, Annemarie von der (2008): Verschiedenheit nutzen. Besser lernen in heterogenen Gruppen. Berlin

Gruschka, Andreas/Heinrich, Martin/Köck, Nicole/Martin Ellen (2004): Innere Schulreform durch Kriseninduktion? Fallrekonstruktionen und Strukturanalysen zu den Wirkungen administriell verordneter Schulprogrammarbeit. Frankfurt/M.

Gümen, Sedef (1998): Das soziale Geschlecht. Frauenforschung und die Kategorie der ‚Ethnizität'. In: Das Argument 224, Jg. 40, Heft 1-2, S. 187-202

Gutiérrez-Rodríguez, Encarnación (1996): Frau ist nicht gleich Frau, nicht gleich Frau... Über die Notwendigkeit einer kritischen Dekonstruktion in den feministischen Forschung. In: Fischer, Ute Luise/Kampshoff, Marita/Keil, Susanne/Schmitt, Mathilde (Hrsg.): Kategorie: Geschlecht. Empirische Analysen und feministische Theorien. Opladen, S. 163-190

Gutiérrez Rodríguez, Encarnación (2011): Intersektionalität oder: Wie nicht über Rassismus sprechen? In: Hess, Sabine/Langreiter, Nikola/Timm, Elisabeth (Hrsg.): Intersektionalität revisited. Empirische, theoretische und methodische Erkundungen. Bielefeld, S. 77-100

Güting, Damaris (2004): Soziale Konstruktion von Geschlecht im Unterricht. Ethnographische Analysen alltäglicher Inszenierungspraktiken. Bad Heilbrunn/Obb

Habermas, Jürgen/Luhmann, Niklas (1975): Theorie der Gesellschaft oder Sozialtechnologie – was leistet die Systemforschung. Frankfurt/M.

Hagemann-White, Carol (1984): Sozialisation: Weiblich – männlich? Opladen

Hall, Stuart (1994): Rassismus und kulturelle Identität. Ausgewählte Schriften 2. Hamburg

Hall, Stuart (2000): Rassismus als ideologischer Diskurs. In: Räthzel, Nora (Hrsg.): Theorien über Rassismus. Hamburg, S. 7-16

Hamburger (1994a): Erziehung in der Einwanderungsgesellschaft. In: Ders.: Pädagogik der Einwanderungsgesellschaft. Frankfurt/M., S. 7-22

Hamburger, Franz (1994b): Der Kulturkonflikt und seine pädagogische Kompensation. In: Ders.: Pädagogik der Einwanderungsgesellschaft. Frankfurt/M., S. 33-46

Hamburger, Franz (1994c): Von der Ausländerpädagogik zur Interkulturellen Erziehung. Probleme der Pädagogik im Umgang mit dem Fremden. In: Ders.: Pädagogik der Einwanderungsgesellschaft. Frankfurt/M., S. 54-70

Hamburger, Franz (1999): Von der Gastarbeiterbetreuung zur Reflexiven Interkulturalität. In: Zeitschrift für Migration und Soziale Arbeit, Heft 3-4, S. 33-38

Hamburger, Franz (2009): Abschied von der Interkulturellen Pädagogik. Plädoyer für einen Wandel sozialpädagogischer Konzepte. Weinheim/München

Hameyer, Uwe (2006): Diversität im Schulentwicklungsprozess. In: Journal für Schulentwicklung. Jg. 10, Heft 2, S. 24-30

Hanappi-Egger, Edeltraud (2006): Diversitätsmanagement und Diversitätspolitik in der Kommunalverwaltung am Beispiel der MA 17: Ergänzende oder widersprüchliche Ansätze? In: Bendl, Regine/Hanappi-Egger, Edeltraud/Hofmann, Roswitha (Hrsg.): Agenda Diversität: Gender- und Diversitätsmanagement in Wissenschaft und Praxis. München, S. 95-108

Hanke, Petra (2005): Unterschiedlichkeit erkennen und Lernprozesse in gemeinsamen Lernsituationen fördern – förderdiagnostische Kompetenzen als elementare Kompetenzen im Lehrerberuf. In: Bräu, K./Schwerdt, U. (Hrsg.): Heterogenität als Chance. Vom produktiven Umgang mit Gleichheit und Differenz in der Schule. Münster, S. 115-128

Harant, Stefan (1976): Schulprobleme von Gastarbeiterkindern. In: Reimann, Helga/Reimann, Horst (Hrsg.): Gastarbeiter. München, S. 149-168

Hardmeier, Sibylle (2011): Intersektionalität – Zur empirisch-quantitativen Operationalisierung des Konzepts. In: Smykalla, Sandra/Vinz, Dagmar (Hrsg.): Intersektionalität zwischen Gender und Diversity. Theorien, Methoden und Politiken der Chancengleichheit. Münster, S. 112-127

Hark, Sabine (2007): ‚Überflüssig': Negative Klassifikationen – Elemente symbolischer Delegitimierung im soziologischen Diskurs. In: Klinger, Cornelia/Knapp, Gudrun-Axeli/Sauer, Birgit (Hrsg.): Achsen der Ungleichheit. Zum Verhältnis von Klasse, Geschlecht und Ethnizität. Frankfurt/New York, S. 151-162

Haselbach, Dieter (1991): Autoritärer Liberalismus und soziale Marktwirtschaft: Gesellschaft und Politik im Ordoliberalismus. Baden-Baden

Haußer, Karl (1981): Plädoyer für eine erweiterte Auffassung der Theorie schulischer Differenzierung. In: Ders. (Hrsg.): Modelle schulischer Differenzierung. München/Wien/Baltimore, S. 17-30

Heinrichs, Gesa (2001): Bildung. Identität. Geschlecht. Eine (postfeministische) Einführung. Königstein/Taunus

Heinzel, Friederike/Prengel, Annedore (Hrsg.) (2002): Heterogenität, Integration und Differenzierung in der Primarstufe. Jahrbuch Grundschulforschung 6. Opladen

Heinzel, Friederike/Prengel, Annedore (2002a): Zum Jahrbuch Heterogenität, Integration und Differenzierung in der Primarstufe. In: Dies. (Hrsg.): Heterogenität, Integration und Differenzierung in der Primarstufe. Jahrbuch Grundschulforschung 6. Opladen, S. 9-19

Herbert, Ulrich (2001): Geschichte der Ausländerpolitik in Deutschland. München

Hinz, Andreas (1993): Heterogenität in der Schule. Integration – Interkulturelle Erziehung – Koedukation. Hamburg

Hinz, Renate/Walthes, Renate (Hrsg.) (2009): Heterogenität in der Grundschule. Den pädagogischen Alltag erfolgreich bewältigen. Weinheim/Basel

Hirschauer, Stefan (1994): Die soziale Fortpflanzung der Zweigeschlechtlichkeit. In: Kölner Zeitschrift für Soziologie und Sozialpsychologie. Jg. 46, Heft 4, S. 668-692

Hirschauer, Stefan (1996): Wie sind Frauen? Wie sind Männer? Zweigeschlechtlichkeit als Wissenssystem. In: Eifert, Christiane et al. (Hrsg.): Was sind Frauen? Was sind Männer? Geschlechterkonstruktionen im historischen Wandel. Frankfurt/M, S. 240-256

Höhmann, Katrin (2004): Nicht automatisch schnell und effektiv. Wege zu einer begabtenfreundlichen Lernkultur. In: Becker, Gerold/Lenzen, Klaus-Dieter/Stäudel, Lutz/Tillmann, Klaus-Jürgen/Werning, Rolf/Winter, Felix (Hrsg.) (2004): Heterogenität. Unterschiede nutzen – Gemeinsamkeiten stärken. Friedrich Jahresheft XXII, S. 28-31

Hormel, Ulrike (2007): Diskriminierung in der Einwanderungsgesellschaft. Begründungsprobleme pädagogischer Strategien und Konzepte. Wiesbaden

Hormel, Ulrike (2008): Diversity und Diskriminierung. In: Sozial Extra – Zeitschrift für Soziale Arbeit und Sozialpolitik, Heft 11-12, S. 20-23

Hormel, Ulrike (2011): Differenz und Diskriminierung. Mechanismen der Konstruktion von Ethnizität und sozialer Ungleichheit. In: Bilstein, Johannes/Ecarius, Jutta/Keiner, Erwin (Hrsg.): Kulturelle Differenzen und Globalisierung. Wiesbaden, S. 91-111

Hormel, Ulrike/Scherr, Albert (2004): Bildung für die Einwanderungsgesellschaft. Perspektiven der Auseinandersetzung mit struktureller, institutioneller und interaktioneller Diskriminierung. Wiesbaden

Horstkemper, Marianne (1987): Schule, Geschlecht und Selbstvertrauen. Eine Längsschnittstudie über Mädchensozialisation in der Schule. Weinheim und München

Hradil, Stefan (2005): Soziale Ungleichheit in Deutschland. Wiesbaden. 8. Auflage

Hummrich, Merle (2009): Bildungserfolg und Migration. Biografien junger Frauen in der Einwanderungsgesellschaft. Wiesbaden. 2. überarbeitete Auflage

Hunger, Uwe (2001): Bildungspolitik und „institutionalisierte Diskriminierung" auf Ebene der Bundesländer. In: Akgün, Lale/Tränhardt, Dietrich (Hrsg.): Integrationspolitik in föderalistischen Systemen. Jahrbuch Migration 2000/2001. Münster/Hamburg/Berlin/London, S. 119-138

Imdorf, Christian (2007): Individuelle oder organisationale Ressourcen als Determinanten des Bildungserfolgs? Organisatorischer Problemlösungsbedarf als Motor sozialer Ungleichheit. In: Schweizerische Zeitschrift für Soziologie, Jg. 33, Heft 3, S. 407-423

Imdorf, Christian (2011): Rechtfertigungsordnungen der schulischen Selektion. Wie Schulen die Negativselektion von Migrantenkindern am Übergang in die Sekundarstufe legitimieren. In: Amos, Karin/Meseth, Wolfgang/Proske, Matthias (Hrsg.), Öffentliche Erziehung revisited – Erziehung, Politik und Gesellschaft im Diskurs. Wiesbaden, S. 225-245

Jensen, Stefan (1970): Bildungsplanung als Systemtheorie. Gütersloh

Jürgens, Eiko (2005): Anerkennung von Heterogenität als Voraussetzung und Aufgabe pädagogischer Leistungsbeurteilung in Schulen. In: Bräu, Karin/Schwerdt, Ulrich (Hrsg.): Heterogenität als Chance. Vom produktiven Umgang mit Gleichheit und Differenz in der Schule. Münster, S. 151-176

Kade, Jochen (1997): Vermittelbar/nicht-vermittelbar: Vermitteln: Aneignen. Im Prozeß der Systembildung des Pädagogischen. In: Luhmann, Niklas/Lenzen, Dieter (Hrsg.): Bildung und Weiterbildung im Erziehungssystem. Lebenslauf und Humanontogenese als Medium und Form. Frankfurt/M., S. 30–70

Kade, Jochen (2004): Erziehung als pädagogische Kommunikation. In: Lenzen, Dieter (Hrsg.): Irritationen des Erziehungssystems. Pädagogische Resonanzen auf Niklas Luhmann. Frankfurt/M., S. 199–232

Kahlert, Heike (2000): Konstruktion und Dekonstruktion von Geschlecht. In: Lemmermöhle, Doris/Fischer, Dietlind/Klika, Dorle/Schlüter, Anne (Hrsg.): Lesarten des Geschlechts. Zur De-Konstruktionsdebatte in der erziehungswissenschaftlichen Geschlechterforschung. Opladen, S. 20-44

Kalpaka, Annita/Räthzel, Nora (1990): Die Schwierigkeit nicht rassistisch zu sein. Leer

Kalpaka, Annita/Mecheril, Paul (2010): ‚Interkulturell‘. Von spezifisch kulturalistischen Ansätzen zu allgemein reflexiven Perspektiven. In: Mecheril, Paul/Castro Varela, María do Mar/Dirim, İnci/Kalpaka, Annita/Melter, Claus (Hrsg.): Migrationspädagogik. Weinheim/Basel, S. 77-98

Kalthoff, Herbert (2006a): Doing/undoing class in exklusiven Internatsschulen. Ein Beitrag zur empirischen Bildungssoziologie. In: Georg, Werner (Hrsg.): Soziale Ungleichheit im Bildungssystem. Eine empirisch-theoretische Bestandsaufnahme. Konstanz, S. 93-122

Kalthoff, Herbert (2006b): Das Zensurenpanoptikum – Eine ethnographische Studie zur schulischen Bewertungspraxis. In: Drerup, Heiner/Fölling, Werner (Hrsg.): Gleichheit und Gerechtigkeit. Pädagogische Revisionen. Dresden, S. 126-157

Kampshoff, Marita (2009): Heterogenität im Blick der Schul- und Unterrichtsforschung. In: Budde, Jürgen/Willems, Katharina (Hrsg.): Bildung als sozialer Prozess. Heterogenitäten, Interaktionen, Ungleichheiten. Weinheim und München, S. 35-52

Kampshoff, Marita/Nyssen, Elke (1999): Schule und Geschlecht(erverhältnisse) – Theoretische Konzeptionen und empirische Analysen. In: Rendtorff, Barbara/Moser, Vera (Hrsg.): Geschlecht und Geschlechterverhältnisse in der Erziehungswissenschaft. Eine Einführung. Opladen, S. 223-246

Katzenbach, Dieter (Hrsg.) (2007): Vielfalt braucht Struktur. Heterogenität als Herausforderung für die Unterrichts- und Schulentwicklung. Frankfurt/M.

Kelle, Helga (1999): Geschlechterunterschiede oder Geschlechterunterscheidung? Methodologische Reflexion eines ethnographischen Forschungsprozesses. In: Dausien, Bettina/Herrmann, Martina/Oechsle, Mechthild/Schmerl, Christiane/Stein-Hilbers, Marlene (Hrsg.): Erkenntnisprojekt Geschlecht, Feministische Perspektiven verwandeln Wissenschaft. Opladen, S. 304-323

Kelle, Helga (2000): Das ethnomethodologische Verständnis der sozialen Konstruktion der Geschlechterdifferenz. In: Lemmermöhle, Doris/Fischer, Dietlind/Klika, Dorle/Schlüter, Anne (Hrsg.): Lesarten des Geschlechts. Zur De-Konstruktionsdebatte in der erziehungswissenschaftlichen Geschlechterforschung. Opladen, S. 116-132

Kelle, Helga (2008): Kommentar zum Beitrag: ‚Intersectionality'- ein neues Paradigma der Geschlechterforschung? In: Casale, Rita/Rendtorff, Barbara (Hrsg.): Was kommt nach der Genderforschung. Zur Zukunft feministischer Theoriebildung. Bielefeld, S. 55-58

Kelle, Helga/Tervooren, Anja (2008): Kindliche Entwicklung zwischen Heterogenität und Standardisierung – eine Einleitung. In: Dies. (Hrsg.): Ganz normale Kinder Heterogenität und Standardisierung kindlicher Entwicklung. Weinheim/München, S. 7-14

Kelle, Udo/Kluge, Susanne (1999): Vom Einzelfall zum Typus. Opladen

Kerchner, Brigitte (2011): Diskursanalyse der Intersektionalität. In: Smykalla, Sandra/Vinz, Dagmar (Hrsg.): Intersektionalität zwischen Gender und Diversity. Münster. S. 144-161

Kieser, Alfred (Hrsg.) (2002): Organisationstheorien. Stuttgart

Kieserling, André (1999): Kommunikation unter Anwesenden. Frankfurt a. M.

Kieserling, André (2006): Schichtung ohne Interaktionsbezug: Eine moderne Sozialstruktur und ihre semantischen Korrelate. In: Tänzler, Dirk/Knoblauch, Hubert/Soeffner, Hans-Georg (Hrsg.): Neue Perspektiven der Wissenssoziologie. Konstanz, S.173-209

Kiper, Hanna/Miller, Susanne/Palentien, Christian/Rohlfs, Carsten (Hrsg.) (2008): Lernarrangements für heterogene Gruppen. Lernprozesse professionell gestalten. Bad Heilbrunn

Klemm, Klaus (2009): ‚Risikoschüler' – Jugendliche auf dem Abstellgleis? In: Helsper, Werner/Hillbrandt, Christian/Schwarz, Thomas (Hrsg.): Schule und Bildung im Wandel. Wiesbaden, S. 317- 327

Klemm, Klaus/Rolff, Hans-Günter/Tillmann, Klaus Jürgen (1985): Bildung für das Jahr 2000 – Bilanz der Reform, Zukunft der Schule. Reinbek

Klieme, Eckhard et al. (2003): Zur Entwicklung nationaler Bildungsstandards. Expertise. (http://www.bmbf.de/pub/zur_entwicklung_nationaler_bildungsstandards.pdf)

Klinger, Cornelia (2008): Überkreuzende Identitäten – Ineinandergreifende Strukturen. Plädoyer für einen Kurswechsel in der Intersektionalitätsdebatte. In: Klinger, Cornelia/Knapp, Gudrun-Axeli (Hrsg.): Überkreuzungen. Fremdheit, Ungleichheit, Differenz. Münster, S. 38-67

Klinger, Cornelia/Knapp, Gudrun-Axeli (2005): Achsen der Ungleichheit – Achsen der Differenz. Verhältnisbestimmungen von Klasse, Geschlecht, ‚Rasse'/Ethnizität. In: Transit 29, S. 72-95

Klinger, Cornelia/Knapp, Gudrun-Axeli/Sauer, Birgit (Hrsg.) (2007): Achsen der Ungleichheit. Zum Verhältnis von Klasse, Geschlecht und Ethnizität. Frankfurt/New York

Knapp, Gudrun-Axeli (2005): „Intersectionality" – ein neues Paradigma feministischer Theorie? Zur transatlantischen Reise von „Race, Class, Gender". Feministische Studien. Jg. 23, Heft 1, S. 68-81

Knapp, Gudrun-Axeli (2008a): ‚Intersectionality' – ein neues Paradigma der Geschlechterforschung? In: Casale, Rita/Rendtorff, Barbara (Hrsg.): Was kommt nach der Genderforschung? Zur Zukunft feministischer Theoriebildung. Bielefeld, S. 33-53

Knapp, Gudrun-Axeli (2008b): Verhältnisbestimmungen: Geschlecht, Klasse, Ethnizität in gesellschaftstheoretischer Perspektive. In: Klinger, Cornelia/Knapp, Gudrun-Axeli (Hrsg.): Überkreuzungen. Fremdheit, Ungleichheit, Differenz. Münster, S. 138-170

Knapp, Gudrun-Axeli (2010): „Intersectional Invisibility": Anknüpfungen und Rückfragen an ein Konzept der Intersektionalitätsforschung. In: Lutz, Helma/Herrera Vivar, Maria Teresa/Supik, Linda (Hrsg.): Fokus Intersektionalität. Bewegungen und Verortungen eines vielschichtigen Konzeptes. Wiesbaden, S. 223-243

Kneer, Georg/Nassehi, Armin (2000): Niklas Luhmanns Theorie sozialer Systeme. Eine Einführung. München, 4. Auflage

Köker, Anne/Rohmann, Sonja/Textor, Annette (Hrsg.) (2010): Herausforderung Heterogenität, Ansätze und Weichenstellungen. Bad Heilbrunn

Kornmann, Reimer (2006): Die Überrepräsentation ausländischer Kinder und Jugendlicher in Sonderschulen mit dem Schwerpunkt Lernen. In: Auernheimer, Georg (Hrsg.): Schieflagen im Bildungssystem. Die Benachteiligung der Migrantenkinder. Wiesbaden, S. 71-85

Kotthoff, Hans-Georg (2003): Bessere Schulen durch Evaluation? Internationale Erfahrungen. Münster

Kramer, Rolf-Torsten/Helsper, Werner (2010): Kulturelle Passung und Bildungsungleichheit – Potenziale einer an Bourdieu orientierten Analyse der Bildungsungleichheit. In: Krüger, Heinz-Hermann/Rabe-Kleberg, Ursula/Kramer, Rolf-Torsten/Budde, Jürgen (Hrsg.): Bildungsungleichheit revisited. Bildung und soziale Ungleichheit vom Kindergarten bis zur Hochschule. Wiesbaden, S. 103-125

Krauthausen, Günter/Scherer, Petra (2010): Umgang mit Heterogenität. Natürliche Differenzierung im Mathematikunterricht der Grundschule. Kiel (http://www.sinus-angrundschulen.de/fileadmin/uploads/Material_aus_SGS/Handreichung_Krauthausen-Scherer.pdf; letzter Zugriff 30.01.2012)

Kreckel, Reinhard (1983): Theorie sozialer Ungleichheiten im Übergang. In: Ders. (Hrsg.): Soziale Ungleichheiten. Soziale Welt Sonderband 2. Göttingen, S. 3-13

Kreckel, Reinhard (2004): Politische Soziologie der sozialen Ungleichheit. 3. erweiterte Auflage. Frankfurt/M.

Kreienbaum, Maria Anna/Urbaniak, Tamina (2006): Jungen und Mädchen in der Schule. Konzepte der Koedukation. Berlin

Krell, Gertraude (1996): Mono- oder multikulturelle Organisationen? „Managing Diversity" auf dem Prüfstand. In: Industrielle Beziehungen, Jg. 3, Heft 4, S. 334-350

Krell, Gertraude (2008): Diversity Management: Chancengleichheit für alle und auch als Wettbewerbsfaktor. In: Dies. (Hrsg.): Chancengleichheit durch Personalpolitik: Gleichstellung von Frauen und Männern in Unternehmen und Verwaltungen. Wiesbaden, S. 63-80

Krell, Gertraude (2010): Gender unter dem Dach Diversity: Eine Auseinandersetzung mit häufig geäußerten Einwänden. In: Hohmann-Dennhardt, Christine/Körner, Marita/Zimmer, Reingard (Hrsg.): Geschlechtergerechtigkeit. Baden-Baden, S. 147-157

Krell, Gertraude/Riedmüller, Barbara/Sieben, Barbara/Vinz, Dagmar (Hrsg.) (2007): Diversity-Studies. Grundlagen und disziplinäre Ansätze. Frankfurt/New York

Krell, Gertraude/Sieben, Barbara (2010): Diversity Management. In: Massing, Peter (Hrsg.): Gender und Diversity. Schwalbach/Ts., S. 45-61

Kristen, Cornelia (1999): Bildungsentscheidungen und Bildungsungleichheit – ein Überblick über den Forschungsstand. Arbeitspapiere – Mannheimer Zentrum für Europäische Sozialforschung. Nr. 5

Kronig, Winfried (2001): Erfolgreiche Förderung ist kein Schutz vor Selektion. Auszug aus NWEDK. 3/01 (http://pages.unibas.ch/kongress-erzwiss/doku/Vortrag_Kronig_Auszug.pdf; letzter Zugriff 20.06.2012)

Kronig, Winfried (2007): Die systematische Zufälligkeit des Bildungserfolgs. Theoretische Erklärungen und empirische Untersuchungen zur Lernentwicklung und zur Leistungsbewertung in unterschiedlichen Schulklassen. Bern/Stuttgart/Wien

Krüger-Potratz, Marianne (2005): Interkulturelle Bildung. Eine Einführung. Münster/New York/München/Berlin

Krüger-Potratz, Marianne (2011): Intersektionalität. In: Faulstich-Wieland, Hannelore (Hrsg.): Umgang mit Heterogenität und Differenz. Baltmannsweiler, S. 183-200

Krüger-Potratz, Marianne/Lutz, Helma (2002): Sitting at a crossroads – rekonstruktive und systematische Überlegungen zum wissenschaftlichen Umgang mit Differenzen. In: Tertium Comparationis. Jg. 8, Heft 2, S. 81-92

Kuhn, Thomas S. (1976): Die Struktur wissenschaftlicher Revolutionen. Frankfurt/M.

Kultusministerkonferenz (KMK) (2004): Anwerbung, berufliche Entwicklung und Verbleib von qualifizierten Lehrerinnen und Lehrern. Länderbericht: Deutschland. September 2004 (www.kmk.org)

Kunert-Zier, Margitta (2005): Erziehung der Geschlechter. Entwicklungen, Konzepte und Genderkompetenz in sozialpädagogischen Feldern. Wiesbaden

Lacan, Jacques (1980): Die vier Grundbegriffe der Psychoanalyse. Olten/Freiburg

Laclau, Ernesto/Mouffe, Chantal (2000): Hegemonie und radikale Demokratie. Zur Dekonstruktion des Marxismus. Wien. 2. Auflage

Lederle, Sabine (2008): Die Ökonomisierung des Anderen. Eine neoinstitutionalistisch inspirierte Analyse des Diversity Management-Diskurses. Wiesbaden

Leiprecht, Rudolf (2001): Alltagsrassismus. Eine Untersuchung bei Jugendlichen in Deutschland und den Niederlanden. Münster

Leiprecht, Rudolf (2008a): Kulturalisierungen vermeiden – zum Kulturbegriff Interkultureller Pädagogik. In: Rosen, Lisa/Farrokhzad, Schahrzad (Hrsg.): Macht – Kultur – Bildung. Festschrift für Georg Auernheimer. Münster/New York/München/Berlin, S. 129-146

Leiprecht, Rudolf (2008b): Eine diversitätsbewusste und subjektorientierte Sozialpädagogik. Begriffe und Konzepte einer sich wandelnden Disziplin. In: neue praxis. Zeitschrift für Sozialarbeit und Sozialpädagogik. Jg. 38, Heft 4, S. 427-439

Leiprecht, Rudolf (2010): Ist Intersektionalität ein nützliches Konzept, um unzulässigen Verallgemeinerungen und stereotypen Schubladenbildungen in der Jugendforschung vorzubeugen. In: Riegel, Christine, Scherr, Albert/Stauber, Barbara (Hrsg.): Transdisziplinäre Jugendforschung. Grundlagen und Forschungskonzepte. Wiesbaden, S. 91-115

Leiprecht, Rudolf (2011): Auf dem langen Weg zu einer diversitätsbewussten und subjektorientierten Sozialpädagogik. In: Ders. (Hrsg.): Diversitätsbewusste Soziale Arbeit. Schwalbach/Ts., S. 15-44

Leiprecht, Rudolf/Lutz, Helma (2006): Intersektionalität im Klassenzimmer: Ethnizität, Klasse, Geschlecht. In: Leiprecht, Rudolf/Kerber, Anne (Hrsg.): Schule in der Einwanderungsgesellschaft. Schwalbach, S. 218-234. 2. Auflage

Lenhardt, Gero (1984): Schule und bürokratische Rationalität. Frankfurt a. M.

Lenz, Ilse (1995): Geschlecht, Herrschaft und internationale Ungleichheit. In: Regina Becker-Schmidt/Gudrun-Axeli Knapp (Hrsg.): Das Geschlechterverhältnis als Gegenstand der Sozialwissenschaften. Frankfurt a. M., S. 19-46

Leschinsky, Achim/Cortina Kai S. (2008): Zur sozialen Einbettung bildungspolitischer Trends in der Bundesrepublik. In: Cortina Kai S. et al. (Hrsg.): Das Bildungswesen in der Bundesrepublik Deutschland. Reinbek bei Hamburg, S. 21-51

Linton, Ralph (1936/1964): The Study of Man: an Introduction. New York

Litvin, Debora R. (1997): The Discourse of Diversity: From Biology to Management. In: discourse and organisation. Vol. 4, No. 2, pp. 187-209

Lorey, Isabell (2011): Von den Kämpfen aus. Eine Problematisierung grundlegender Kategorien. In: Hess, Sabine/Langreiter, Nikola/Timm, Elisabeth (Hrsg.): Intersektionalität revisited. Empirische, theoretische und methodische Erkundungen. Bielefeld, S. 101-116

Lortie, Dan C. (2002): Schoolteacher: A Sociological Study. Chicago and London, Second Edition

Luhmann, Niklas (1982): Die Voraussetzung der Kausalität. In: Luhmann, Niklas/Schorr, Karl Eberhard (Hrsg.): Technologie und Selbstreferenz. Fragen an die Pädagogik. Frankfurt/M., S. 41-50

Luhmann, Niklas (1986): Codierung und Programmierung. Bildung und Selektion im Erziehungssystem. In: Tenorth, Heinz-Elmar (Hrsg.): Allgemeine Bildung. Analysen zu ihrer Wirklichkeit. Versuche über ihre Zukunft. Weinheim/München, S. 154-182

Luhmann, Niklas (1987): Strukturelle Defizite. Bemerkungen zur systemtheoretischen Analyse des Erziehungswesens. In: Oelkers, Jürgen/Tenorth, Heinz-Elmar (Hrsg.): Pädagogik, Erziehungswissenschaft und Systemtheorie. Weinheim/Basel, S. 57-75

Luhmann, Niklas (1990): Die Homogenisierung des Anfangs: Zur Ausdifferenzierung der Schulerziehung. In: Luhmann, Niklas/Schorr, Karl Eberhard (Hrsg.): Zwischen Anfang und Ende. Fragen an die Pädagogik. Frankfurt/M., S. 73-111

Luhmann, Niklas (1991a): Interaktion, Organisation, Gesellschaft. In: Ders.: Soziologische Aufklärung 2. Aufsätze zur Theorie der Gesellschaft. Wiesbaden, 4. Auflage, S. 9-24

Luhmann, Niklas (1991b): Einfache Sozialsysteme. In: Ders.: Soziologische Aufklärung 2. Aufsätze zur Theorie der Gesellschaft. Wiesbaden, 4. Auflage, S. 25-47

Luhmann, Niklas (1993): Gesellschaftsstruktur und Semantik. Studien zur Wissenssoziologie der modernen Gesellschaft. Frankfurt/M., Band I

Luhmann, Niklas (1994): Soziale Systeme. Grundrisse einer allgemeinen Theorie. Frankfurt/M., 4. Auflage

Luhmann, Niklas (1996): Das Erziehungssystem und die Systeme seiner Umwelt. In: Luhmann, Niklas/Schorr, Karl Eberhard (Hrsg.): Zwischen System und Umwelt. Fragen an die Pädagogik. Frankfurt/M., S. 14-52

Luhmann, Niklas (1998): Die Wissenschaft der Gesellschaft. Frankfurt/M., 3. Auflage

Luhmann, Niklas (1999a): Die Gesellschaft der Gesellschaft. Frankfurt/M., Band I, 2. Auflage

Luhmann, Niklas (1999b): Die Gesellschaft der Gesellschaft. Frankfurt/M., Band II, 2. Auflage

Luhmann, Niklas (2000a): Organisation und Entscheidung. Opladen

Luhmann, Niklas (2000b): Die Politik der Gesellschaft. Frankfurt/M.

Luhmann, Niklas (2002): Das Erziehungssystem der Gesellschaft. Frankfurt/M.

Luhmann, Niklas (2003): Frauen, Männer und George Spencer Brown. In: Pasero, Ursula/Weinbach, Christine (Hrsg.): Frauen, Männer, Gender Trouble. Systemtheoretische Essays. Frankfurt a. M., S. 15-62

Luhmann, Niklas (2004a): Erziehender Unterricht als Interaktionssystem. In: Ders.: Schriften zur Pädagogik, hrsg. von Dieter Lenzen. Frankfurt/M., S. 11-22

Luhmann, Niklas (2004b): Das Kind als Medium der Erziehung. In: Ders.: Schriften zur Pädagogik, hrsg. von Dieter Lenzen. Frankfurt/M., S. 159-186

Luhmann, Niklas (2004c): Takt und Zensur im Erziehungssystem. In: In: Ders.: Schriften zur Pädagogik, hrsg. von Dieter Lenzen. Frankfurt/M., S. 245-259

Luhmann, Niklas (2005a): Die Form „Person". In: Ders.: Soziologische Aufklärung 6. Die Soziologie und der Mensch. Wiesbaden, 2. Auflage, S. 137-148

Luhmann, Niklas (2005b): Inklusion und Exklusion. In: Ders.: Soziologische Aufklärung 6. Die Soziologie und der Mensch. Wiesbaden, 2. Auflage, S. 226-251

Luhmann, Niklas (2008a): Sinn, Selbstreferenz und soziokulturelle Evolution. In: Ders.: Ideenevolution, hrsg. von André Kieserling. Frankfurt/M., S. 7-71

Luhmann, Niklas (2008b): Zum Begriff der sozialen Klasse. In: Ders.: Ideenevolution, hrsg. von André Kieserling. Frankfurt/M., S. 72-131

Luhmann, Niklas/Schorr, Karl Eberhard (1982): Das Technologie der Erziehung und die Pädagogik. In: Dies. (Hrsg.): Technologie und Selbstreferenz. Fragen an die Pädagogik. Frankfurt/M., S. 11-40

Luhmann, Niklas/Schorr, Karl Eberhard (1988): Reflexionsprobleme im Erziehungssystem. Frankfurt/M.

Lukács, Georg (1979): Geschichte und Klassenbewusstsein. Studien über marxistische Dialektik. Darmstadt. 6. Auflage

Lutz, Helma (1999): State of the Art: Zum Stand der Interkulturellen Pädagogik. In: Tertium Comparationis, Jg. 5, Heft 2, S. 134-149

Lutz, Helma (2001): Differenz als Rechenaufgabe: über die Relevanz der Kategorien Race, Class und Gender. In: Lutz, Helma/Wenning, Norbert (Hrsg.): Unterschiedlich verschieden. Differenz in der Erziehungswissenschaft. Opladen, S. 215-230

Lutz, Helma (2007): ,Die 24-Stunden Polin.' Eine intersektionelle Analyse transnationaler Dienstleistungen. In: Klinger, Cornelia/Knapp, Gudrun-Axeli/Sauer, Birgit (Hrsg.): Achsen der Ungleichheit. Zum Verhältnis von Klasse, Geschlecht und Ethnizität. Frankfurt/New York, S. 210-234

Lutz, Helma (2008): Migrations- und Geschlechterforschung: Zur Genese einer komplizierten Beziehung. In: Becker, Ruth/Kortendiek, Beate (Hrsg.): Handbuch Frauen- und Geschlechterforschung. Wiesbaden, S. 565-573

Lutz, Helma/Huth-Hildebrandt (1998): Geschlecht im Migrationsdiskurs. Neue Gedanken über ein altes Thema. Das Argument. Jg. 40, Heft 1-2, S. 159-173

Lutz, Helma/Wenning, Norbert (Hrsg.) (2001): Unterschiedlich verschieden. Differenz in der Erziehungswissenschaft. Opladen

Lutz, Helma/Wenning, Norbert (2001a): Differenzen über Differenz – Einführung in die Debatten. In: Dies.: (Hrsg.): Unterschiedlich verschieden. Differenz in der Erziehungswissenschaft. Opladen, S. 11-24

Lutz, Helma/Leiprecht, Rudolf (2003): Heterogenität als Normalfall. Eine Herausforderung für die Lehrerbildung. In: Gogolin, Ingrid/Helmchen, Jürgen/Lutz, Helma/Schmidt, Gerling (Hrsg.): Pluralismus unausweichlich? Blickwechsel zwischen vergleichender und Interkultureller Pädagogik. Münster, S. 115-128

Lutz, Helma/Herrera Vivar, Maria Teresa/Supik, Linda (Hrsg.) (2010): Fokus Intersektionalität. Bewegungen und Verortungen eines vielschichtigen Konzeptes. Wiesbaden

Maaz, Kai/Baumert, Jürgen/Trautwein, Ulrich (2010): Genese sozialer Ungleichheit im institutionellen Kontext der Schule: Wo entsteht und vergrößert sich soziale Ungleichheit. In: Krüger, Heinz-Hermann/Rabe-Kleberg, Ursula/Kramer, Rolf-Torsten/Budde,

Jürgen (Hrsg.): Bildungsungleichheit revisited. Bildung und soziale Ungleichheit vom Kindergarten bis zur Hochschule. Wiesbaden, S. 69-102

Mackert, Jürgen (Hrsg.) (2004): Die Theorie sozialer Schließung. Tradition, Analysen, Perspektiven. Wiesbaden

Maier, Maja S. (2012): ‚Diversity Education‘ und ‚Kooperatives Lernen‘ als Antwort auf schulische Heterogenität? Eine Problemskizze. In: Carlsburg, Gerd-Bodo von/Wehr, Helmut et al. (Hrsg.): Kooperatives Lernen im Blick. Augsburg (im Erscheinen)

Mannheim, Karl (1928/2009): Das Problem der Generationen. In: Ders.: Schriften zur Wirtschafts- und Kultursoziologie, hrsg. von Amalia Barboza u. Klaus Lichtblau. Wiesbaden, S. 121-166

Mannheim, Karl (1929/1985): Ideologie und Utopie. Frankfurt/M., 7. Auflage

Mannheim, Karl (1964): Das Problem einer Soziologie des Wissens. In: Ders.: Wissenssoziologie. Auswahl aus dem Werk, hrsg. von Heinz Maus u. Friedrich Fürstenberg. Berlin/Neuwied, S. 308-387

Marchart, Oliver (2008): Cultural Studies. Konstanz

Matthäi, Ingrid (2009): Ressourcenorientierte Strategien im Kontext von Innovation und lernförderlicher Unternehmenskultur. Saarbrücken

Matthes, Joachim (1985): „Das Problem der Generationen" neu gelesen. In: Zeitschrift für Soziologie. Jg. 14, Heft 5, S. 363-372

Maxim, Stephanie (2009): Wissen und Geschlecht. Zur Problematik der Reifizierung der Zweigeschlechtlichkeit in der feministischen Schulkritik. Bielefeld

Mayntz, Renate (2009): Kritische Bemerkungen zur funktionalistischen Schichtungstheorie. In: Solga, Heike/Berger, Peter A./Powell, Justin (Hrsg.): Soziale Ungleichheit. Klassische Texte zur Sozialstrukturanalyse. Frankfurt/M., S. 57-62

McCall, Leslie (2001): Complex inequality. Gender, Class and Race in the New Economy. New York

McCall, Leslie (2005): The Complexity of Intersectionality. In: Signs. Journal of woman in Culture and society. Vol. 30, No. 3, pp. 1771-1800

McElvany, Nele (2010): Der Übergang aus Lehrerperspektive. Deskriptive Ergebnisse. In Maaz, Kai/Baumert, Jürgen/Gresch, Cornelia/McElvany, Nele (Hrsg.): Der Übergang von der Grundschule in die weiterführende Schule – Leistungsgerechtigkeit und regionale, soziale und ethnisch-kulturelle Disparitäten. Bonn/Berlin: BMBF, S. 283-294

Mecheril, Paul (2003): Politik der Unreinheit. Ein Essay über Hybridität. Wien

Mecheril, Paul (2004): Einführung in die Migrationspädagogik. Weinheim und Basel

Mecheril, Paul (2007): Diversity. Die Macht des Einbezugs (http://www.migration-boell.de/web/diversity/48_1012.asp; letzter Zugriff 24.03.2012)

Mecheril, Paul (2008): ‘Diversity’. Differenzordnungen und Modi ihrer Verknüpfung (http://www.migration-boell.de/web/diversity/48_1761.asp; letzter Zugriff 24.03.2012)

Mecheril, Paul/Plößer, Melanie (2011): Diversity. In: Otto, Hans-Uwe/Thiersch, Hans (Hrsg.): Handbuch Sozialarbeit/Sozialpädagogik. München, S. 278-287

Mecheril, Paul/Witsch, Monika (Hrsg.) (2006): Cultural Studies und Pädagogik. Kritische Artikulationen. Bielefeld

Mehan, Hugh (1992) Understanding Inequality in Schools: the Contribution of Interpretive Studies. In: Sociology of Education, Vol. 62, pp. 1-20

Meister, Ulrike (2007): Heterogenität – ein weiter Begriff für vielfältige Ansichten? In: Katzenbach, Dieter (Hrsg.): Vielfalt braucht Struktur. Heterogenität als Herausforderung für die Unterrichts- und Schulentwicklung. Frankfurt a. M., S. 15-32

Melter, Claus/Mecheril, Paul (Hrsg.) (2009): Rassismuskritik. Band 1: Rassismustheorie und -forschung. Schwalbach/Ts.

Merx, Andreas (2006): Von Antidiskriminierung zu Diversity: Diversity-Ansätze in der Antidiskriminierungspraxis (http://migration-boell.de/web/diversity/48_825.asp; letzter Zugriff 28.01.2012)

Moebius, Stephan/Reckwitz, Reckwitz Andreas (Hrsg.) (2008): Poststrukturalistische Sozialwissenschaften. Frankfurt a. M.

Nassehi, Armin (1997): Das stahlharte Gehäuse der Zugehörigkeit. Unschärfen im Diskurs um die ,multikulturelle Gesellschaft', In: Ders. (Hrsg.): Nation, Ethnie, Minderheit. Beiträge zur Aktualität ethnischer Konflikte. Köln/Weimar/Wien, S. 177-208

Nassehi, Armin (1999): Zum Funktionswandel von Ethnizität im Prozess gesellschaftlicher Modernisierung. Ein Beitrag zur Theorie funktionaler Differenzierung. In: Ders.: Differenzierungsfolgen. Beiträge zur Soziologie der Moderne. Opladen/Wiesbaden, S. 153-178

Nassehi, Armin (2004): Inklusion, Exklusion, Ungleichheit. Eine theoretische Skizze. In: Schwinn, Thomas (Hrsg.): Differenzierung und soziale Ungleichheit. Die zwei Soziologien und ihre Verknüpfung. Frankfurt a. M., S. 323-352

Nassehi, Armin (2011): Gesellschaft der Gegenwarten. Studien zur Theorie der modernen Gesellschaft II. Frankfurt. a. M.

Neckel, Sighard/Dröge, Kai/Somm, Irene (2005): Das umkämpfte Leistungsprinzip. Deutungskonflikte um die Legitimationen sozialer Ungleichheit. In: WSI-Mitteilungen. Monatszeitschrift des Wirtschafts- und Sozialwissenschaftlichen Instituts in der Hans-Böckler-Stiftung, Jg. 58, Heft 7, S. 368-374

Neckel, Sighard/Sutterlüty, Ferdinand (2008): Negative Klassifikationen und die symbolische Ordnung sozialer Ungleichheit. In Neckel, Sighard/Soeffner, Hans-Georg (Hrsg.): Mittendrin im Abseits. Ethnische Gruppenbeziehungen im lokalen Kontext. Wiesbaden, S. 15-25

Neckel, Sighard/Sutterlüty, Ferdinand (2010): Negative Klassifikationen und ethnische Ungleichheit. In: Müller, Marion/Zifonun, Darius (Hrsg.): Ethnowissen. Soziologische Beiträge zu ethnischer Differenzierung und Migration. Wiesbaden, S. 217-235

Nieke, Wolfgang (1994): Interkulturelle Bildung als unerlässlicher Bestandteil von Allgemeinbildung. Notwendigkeit eines vernünftigen Umgangs mit Wir-Identitäten. In: Luchtenberg, Sigrid/Nieke, Wolfgang (Hrsg.): Interkulturelle Pädagogik und Europäische Dimension. Münster, S. 39-47

Nieke, Wolfgang (1995): Interkulturelle Erziehung und Bildung. Wertorientierungen im Alltag. Opladen

Nohl, Arnd-Michael (2009): Spontane Bildungsprozesse im Kontext von Adoleszenz und Migration. In: King, Vera/Koller, Hans-Christoph (Hrsg.): Adoleszenz, Migration, Bildung: Bildungsprozesse Jugendlicher und junger Erwachsener mit Migrationshintergrund. Wiesbaden, S. 177-194. 2. Auflage

Nohl, Arnd-Michael (2010): Konzepte Interkultureller Pädagogik. Eine systematische Einführung. Bad Heilbrunn, 2. erweiterte Auflage

Nollmann, Gerd (2004): Leben wir in einer Leistungsgesellschaft? Neue Forschungsergebnisse zu einem scheinbar vertrauten Thema. Österreichische Zeitschrift für Soziologie. Jg. 29, Heft 3, S. 24-48

Nyssen, Elke/Schön, Bärbel (1992): Traditionen, Ergebnisse und Perspektiven feministischer Schulforschung. In: Zeitschrift für Pädagogik, Jg. 38, Heft 6, S. 855-871

Oberndörfer, Dieter (2005): Die Rückkehr der Gastarbeiterpolitik. In: Blätter für deutsche und internationale Politik. Heft 6, S. 725-734

Oelkers, Jürgen/Tenorth, H.-Elmar (1991): Pädagogisches Wissen als Orientierung und als Problem. In: Dies.: (Hrsg.): Pädagogisches Wissen. Zeitschrift für Pädagogik. 27. Beiheft. Weinheim/Basel, S. 13-35

Oevermann, Ulrich (1969): Schichtenspezifische Formen des Sprachverhaltens und ihr Einfluss auf die kognitiven Prozesse. In: Deutscher Bildungsrat: Begabung und Lernen. Ergebnisse und Folgerungen neuer Forschungen. Stuttgart. 2. Auflage, S. 297-356

Parkin, Frank (2004): Strategien sozialer Schließung und Klassenbildung. In: Mackert, Jürgen (Hrsg.): Die Theorie sozialer Schließung. Tradition, Analysen, Perspektiven. Wiesbaden, S. 27-44

Parsons, Talcott (1971): Die Schulklasse als soziales System. In: Röhrs, Hermann (Hrsg.): Der Aufgabenkreis der pädagogischen Soziologie. Frankfurt/M., S. 154-179

Parsons, Talcott (1986): Aktor, Situation und normative Muster. Ein Essay zur Theorie sozialen Handelns. Frankfurt/M.

Peisert, Hansgert (1967): Soziale Lage und Bildungschancen in Deutschland. München

Peisert, Hansgert/Dahrendorf, Ralf (1967): Der vorzeitige Abgang vom Gymnasium. Studien und Materialien zum Schulerfolg an den Gymnasien in Baden-Württemberg 1953–1963. Villingen

Pfahl, Lisa (2011): Techniken der Behinderung. Der deutsche Lernbehinderungsdiskurs, die Sonderschule und ihre Auswirkungen auf Bildungsbiografien. Bielefeld

Picht, Georg (1964): Die deutsche Bildungskatastrophe. Olten/Freiburg

Plößer, Melanie (2005): Dekonstruktion ~ Feminismus ~ Pädagogik. Vermittlungsansätze zwischen Theorie und Praxis. Königstein/Taunus

Proske, Matthias (2001): Pädagogik und Dritte Welt: eine Fallstudie zur Pädagogisierung sozialer Probleme. Frankfurt a. M.

Powell, Justin J. W./Pfahl, Lisa (2012): Sonderpädagogische Fördersysteme. In: Bauer, Ulrich/Bittlingmayer, Uwe H./Scherr, Albert (Hrsg.): Handbuch Bildungs- und Erziehungssoziologie. Wiesbaden, S. 721-739

Prengel, Annedore (1986): Erziehung zur Gleichberechtigung. Eine vernachlässigte Aufgabe der Allgemeinen und Politischen Bildung. In: Die Deutsche Schule, Jg. 78 , Heft 4, S. 417-425

Prengel, Annedore (1990): Gleichheit versus Differenz – eine falsche Alternative im feministischen Diskurs. In: Gerhard, Ute/Jansen, Mechtild/Maihofer, Andrea/Schmid, Pia/Schultz, Irmgard (Hrsg.): Differenz und Gleichheit. Menschenrechte haben (k)ein Geschlecht. Frankfurt/M., S. 120-127

Prengel, Annedore (1999): Vielfalt durch gute Ordnung im Anfangsunterricht. Opladen

Prengel, Annedore (2001): Egalitäre Differenz in der Bildung. In: Lutz, Helma/Wenning, Norbert (Hrsg.): Unterschiedlich verschieden. Differenz in der Erziehungswissenschaft. Opladen, S. 93-107

Prengel, Annedore (2004): Spannungsfelder, nicht Wahrheiten. Heterogenität in pädagogisch-didaktischer Perspektive. In: Becker, Gerold/Lenzen, Klaus-Dieter/Stäudel, Lutz/Tillmann, Klaus-Jürgen/Werning, Rolf/Winter, Felix (Hrsg.): Heterogenität. Unterschiede nutzen – Gemeinsamkeiten stärken. Friedrich Jahresheft XXII. Seelze, S. 44-46

Prengel, Annedore (2005): Heterogenität in der Bildung – Rückblick und Ausblick. In: Bräu, Karin/Schwerdt, Ulrich (Hrsg.): Heterogenität als Chance. Vom produktiven Umgang mit Gleichheit und Differenz in der Schule. Münster, S. 19-35

Prengel, Annedore (2006): Pädagogik der Vielfalt. Verschiedenheit und Gleichberechtigung in Interkultureller, Feministischer und Integrativer Pädagogik. Wiesbaden. 3. Auflage

Prengel, Annedore (2009): Differenzierung, Individualisierung und Methodenvielfalt im Unterricht. In: Hinz, Renate/Walthes, Renate (Hrsg.) (2009): Heterogenität in der Grundschule. Den pädagogischen Alltag erfolgreich bewältigen. Weinheim/Basel, S. 168-177

Prengel, Annedore (2011): Selektion versus Inklusion – Gleichheit und Differenz im schulischen Kontext. In: Faulstich-Wieland, Hannelore (Hrsg.): Umgang mit Heterogenität und Differenz. Baltmannsweiler, S. 23-48

Preuss-Lausitz, Ulf (1993): Die Kinder des Jahrhunderts. Zur Pädagogik der Vielfalt im Jahr 2000. Weinheim/Basel

Preuss-Lausitz, Ulf (2004): Die offene Gesellschaft und ihre Schule. Zur Zukunftsfähigkeit des Lernens unter Bedingungen von Vielfalt. In: Becker, Gerold/Lenzen, Klaus-Dieter/ Stäudel, Lutz/Tillmann, Klaus-Jürgen/Werning, Rolf/Winter, Felix (Hrsg.): Heterogenität. Unterschiede nutzen – Gemeinsamkeiten stärken. Friedrich Jahresheft XXII. Seelze, S. 14-17

Pross, Helge (1969): Über die Bildungschancen der Mädchen in der Bundesrepublik. Frankfurt a.M

Purtschert, Patricia (2007): Diversity Management: Mehr Gewinn durch weniger Diskriminierung? Von der Differenz im Umgang mit Differenzen. In: Femina Politica, Heft 1, S. 88-96

Radtke, Frank-Olaf (1991): Lob der Gleich-Gültigkeit. Die Konstruktion des Fremden im Diskurs des Multikulturalismus. In: Bielefeld, Uli (Hrsg.): Das Eigene und das Fremde. Neuer Rassismus in der Alten Welt? Hamburg, S. 79-96

Radtke, Frank-Olaf (1996): Wissen und Können – Grundlagen der wissenschaftlichen Lehrerbildung. Opladen

Radtke, Frank-Olaf (2006): Politiknah und praxisverträglich. Der Beitrag der westdeutschen Erziehungswissenschaften zur Modellierung des Migrationsproblems. In: Otto, Hans-Uwe/Schrödter, Mark (Hrsg.): Soziale Arbeit in der Migrationsgesellschaft. Sonderheft neue praxis, Nr. 8, S. 201-211

Rebel, Karlheinz (2011): Heterogenität als Chance nutzen lernen. Bad Heilbrunn

Reckwitz, Andreas (2006): Die Transformation der Kulturtheorien. Göttingen

Rendtorff, Barbara (2006): Erziehung und Geschlecht. Eine Einführung. Stuttgart

Rendtorff, Barbara/Moser, Vera (Hrsg.) (1999): Geschlecht und Geschlechterverhältnisse in der Erziehungswissenschaft. Eine Einführung. Opladen

Riegel, Christine (2010): Intersektionalität als transdisziplinäres Projekt: Methodologische Perspektiven für die Jugendforschung. In: Riegel, Christine, Scherr, Albert/Stauber, Barbara (Hrsg.): Transdisziplinäre Jugendforschung. Grundlagen und Forschungskonzepte. Wiesbaden, S. 65-89

Rolff, Hans-Günther (1967): Sozialisation und Auslese durch die Schule. Heidelberg

Roßbach, Hans-Günther (2005): Heterogene Lerngruppen in der Grundschule. In: Einsiedler, Wolfgang/Götz, Margarete/Hacker, Hartmut/Kahlert, Joachim/Keck, Rudolf W./Sandtuchs, Uwe (Hrsg.): Handbuch Grundschulpädagogik und Grundschuldidaktik. Bad Heilbrunn, 2. überarb. Aufl., S. 176-181

Roßbach, Hans-Günther/Wellenreuther, Martin (2002): Empirische Forschungen zur Wirksamkeit von Methoden der Leistungsdifferenzierung in der Grundschule. In:

Heinzel, Friederike/Prengel, Annedore (Hrsg.): Heterogenität, Integration und Differenzierung in der Primarstufe. Jahrbuch Grundschulforschung 6. Opladen, S. 44-57

Roth, Hans-Joachim (2002): Kultur und Kommunikation: Systematische und theoriegeschichtliche Umrisse Interkultureller Pädagogik. Opladen

Roth, Heinrich (1962): Die realistische Wendung in der pädagogischen Forschung. In: Neue Sammlung, Heft 2, S. 481-490

Roth, Heinrich (1969): Einleitung und Überblick. In: Deutscher Bildungsrat: Begabung und Lernen. Ergebnisse und Folgerungen neuer Forschungen. Stuttgart. 2. Auflage, S. 17-67

Rudolf, Beate (2008): Diversity Studies und Rechtswissenschaften. In: GPJE (Hrsg.): Diversity Studies und politische Bildung, Schriftenreihe der Gesellschaft für Poltikdidaktik und politische Jugend- und Erwachsenenbildung, Schwalbach/Ts., S. 9-20

Saldern, Matthias von (2007): Heterogenität und Schulstruktur – Restriktionen des deutschen Schulsystems. In: Boller, Sebastian/Rosowski, Elke/Stroot, Thea (Hrsg.): Heterogenität in Schule und Unterricht. Handlungsansätze zum pädagogischen Umgang mit Vielfalt. Weinheim/ Basel, S. 42-51

Sauer, Birgit/Wöhl, Stefanie (2008): Governing Intersectionality. Ein kritischer Ansatz zur Analyse von Diversitätspolitiken. In: Klinger, Cornelia/Knapp, Gudrun-Axeli (Hrsg.): ÜberKreuzungen. Fremdheit, Ungleichheit, Differenz. Münster, S. 249-273

Saussure, Férdinand de (1967): Grundfragen der allgemeinen Sprachwissenschaft. Berlin

Scharathow, Wiebke/Leiprecht, Rudolf (Hrsg.) (2009): Rassismuskritik. Band 2: Rassismuskritische Bildungsarbeit. Schwalbach/Ts.

Schelsky, Helmut (1957): Schule und Erziehung in der industriellen Gesellschaft. Würzburg

Scherer, Petra (2008): Mathematiklernen in heterogenen Gruppen – Möglichkeiten einer natürlichen Differenzierung. In: Kiper, Hanna/Miller, Susanne/Palentien, Christian/Rohlfs, Carsten (Hrsg.): Lernarrangements für heterogene Gruppen. Lernprozesse professionell gestalten. Bad Heilbrunn, S. 199-214

Scherr, Albert (2008): Diversity im Kontext von Machtbeziehungen und sozialen Ungleichheiten. In: GPJE (Hrsg.): Diversity Studies und politische Bildung, Schriftenreihe der Gesellschaft für Poltikdidaktik und politische Jugend- und Erwachsenenbildung, Schwalbach/Ts., S. 53-64

Scherr, Albert (2010): Diskriminierung und soziale Ungleichheiten. Erfordernisse und Perspektiven einer ungleichheitsanalytischen Fundierung von Diskriminierungsforschung und Antidiskriminierungsstrategien. In: Hormel, Ulrike/Scherr, Albert (Hrsg.): Diskriminierung. Grundlagen und Forschungsergebnisse. Wiesbaden, S. 35-60

Scherr, Albert (2011): Diversity: Unterschiede, Ungleichheiten und Machtverhältnisse. In: Leiprecht, Rudolf (Hrsg.): Diversitätsbewusste Soziale Arbeit. Schwalbach/Ts., S. 79-90

Scheu, Ursula (1977): Wir werden nicht als Mädchen geboren – wir werden dazu gemacht. Zur frühkindlichen Erziehung in unserer Gesellschaft. Frankfurt/M.

Scheunpflug, Annette (2008): Lernen in heterogenen Gruppen – Möglichkeiten einer natürlichen Differenzierung. Anmerkungen zum Thema Heterogenität aus der Sicht Allgemeiner Didaktik. In: Kiper, Hanna/Miller, Susanne/Palentien, Christian/Rohlfs, Carsten (Hrsg.): Lernarrangements für heterogene Gruppen. Lernprozesse professionell gestalten. Bad Heilbrunn, S. 66-77

Schildmann, Ulrike (Hrsg.) (2010): Umgang mit Verschiedenheit in der Lebensspanne. Behinderung – Geschlecht – kultureller Hintergrund – Alter/Lebensphasen. Bad Heilbrunn

Schilmöller, Reinhard/Fischer, Christian (Hrsg.): Heterogenität als Herausforderung für schulisches Lernen. Münster

Schimank, Uwe (1996): Theorien gesellschaftlicher Differenzierung. Opladen

Schimank, Uwe (1998): Funktionale Differenzierung und soziale Ungleichheit: die zwei Gesellschaftstheorien und ihre konflikttheoretische Verknüpfung. In: Giegel, Hans-Joachim (Hrsg.): Konflikte in modernen Gesellschaft. Frankfurt/M., S. 61-88

Schimank, Uwe (2001): Organisationsgesellschaft. In: Kneer, Georg/Nassehi, Armin/ Schroer, Markus (Hrsg.), Klassische Gesellschaftsbegriffe der Soziologie. München, S. 278-307

Schlömerkemper, Jörg (1981): Gesamtschule und Politik. Grundlagen und Perspektiven für die Weiterentwicklung der Schulreform. In: Zeitschrift für Pädagogik. Beiheft 17. Weinheim, S. 121-131

Schrader, Achim/Nikles, Bruno W./Griese, Hartmut M. (1976): Die Zweite Generation. Sozialisation und Akkulturation ausländischer Kinder in der Bundesrepublik. Kronberg

Schroeder, Joachim (2007): Heterogenität – Überlegungen zu einer pädagogischen Leitkategorie. In: Katzenbach, Dieter (Hrsg.): Vielfalt braucht Struktur. Heterogenität als Herausforderung für die Unterrichts- und Schulentwicklung. Frankfurt/M., S. 33-55

Schröer, Hubertus (2009): Interkulturelle Öffnung und Diversity Management. Ein Vergleich der Strategien. In: Migration und Soziale Arbeit. Heft 3-4, S. 203-211

Schultz, Ulrike (2011): Intersektionalität, Ethnie und Geschlecht: Umsetzung in der qualitativen Sozialforschung. In: Smykalla, Sandra/Vinz, Dagmar (Hrsg.): Intersektionalität zwischen Gender und Diversity. Theorien, Methoden und Politiken der Chancengleichheit. Münster, S. 128-143

Schwinn, Thomas (Hrsg.) (2004): Differenzierung und soziale Ungleichheit. Die zwei Soziologien und ihre Verknüpfung. Frankfurt/M.

Schwohl, Joachim/Sturm, Tanja (Hrsg.) (2010): Inklusion als Herausforderung schulischer Entwicklung. Widersprüche und Perspektiven eines erziehungswissenschaftlichen Diskurses. Bielefeld

Sielert, Uwe (2006): Worum geht es? Ohne Angst verschieden sein können und die Kraft der Vielfalt nutzen. In: Journal für Schulentwicklung. Jg. 10, Heft 2, S. 7-14

Simmel, Georg (1890/1966): Über soziale Differenzierung: sociologische und psychologische Untersuchungen. Leipzig

Solga, Heike (2005a): Meritokratie – die moderne Legitimation ungleicher Bildungschancen. In: Berger, P.A./Kahlert, H. (Hrsg.): Institutionalisierte Ungleichheiten? Stabilität und Wandel von Bildungschancen. Weinheim/München, S. 19-38

Solga, Heike (2005b): Ohne Abschluss in die Bildungsgesellschaft. Die Erwerbschancen gering qualifizierter Personen aus soziologischer und ökonomischer Perspektive. Opladen

Solga, Heike/Wagner, Sandra (2004): Die Zurückgelassenen – die soziale Verarmung der Lernumwelt von Hauptschülerinnen und Hauptschülern. In: Becker, Rolf/Lauterbach, Wolfgang (Hrsg.): Bildung als Privileg. Wiesbaden, S. 195-224

Solga, Heike/Dombrowski, Rosine (2009): Soziale Ungleichheiten in schulischer und außerschulischer Bildung. Stand der Forschung und Forschungsbedarf. Düsseldorf: Arbeitspapier der Hans-Böckler-Stiftung Nr. 171

Solga, Heike/Becker, Rolf (2012): Soziologische Bildungsforschung – eine kritische Bestandsaufnahme. In: Becker, Rolf/Solga, Heike (Hrsg.): Soziologische Bildungsforschung. Kölner Zeitschrift für Soziologie und Sozialpsychologie. Sonderheft Band 52, S. 7-43

Spivak, Gayatri Chakravorty (1993): In a Word: Interview. In: Dies.: Outside in the Teaching Machine, New York/London, S. 1-24

Srubar, Ilja (2009): Systemischer Materialismus oder Konstitutionsanalyse sinnverarbeitender Systeme? Zwei Wege systemtheoretischer Wissenssoziologie. In: Ders.: Kultur und Semantik, Wiesbaden, S. 259-273

Stäheli, Urs (2000): Sinnzusammenbrüche. Eine dekonstruktive Lektüre von Niklas Luhmanns Systemtheorie. Weilerswist

Steffens, Ulrich (2007): Schulqualitätsdiskussion in Deutschland. Ihre Entwicklung im Überblick. In van Buer, Jürgen/Wagner, Cornelia (Hrsg.): Qualität von Schule. Ein kritisches Handbuch. Frankfurt/M., S. 21-51

Steiner-Khamsi, Gita (1992): Multikulturelle Bildungspolitik in der Postmoderne. Opladen

Steinert, Heinz (2000): Die Diagnostik der Überflüssigen. In: Mittelweg 36, Jg. 9, Heft 5, S. 9-17

Stern, Elisabeth (2004): Schubladendenken, Intelligenz und Lerntypen. Zum Umgang mit unterschiedlichen Lernvoraussetzungen. In: Becker, Gerold/Lenzen, Klaus-Dieter/Stäudel, Lutz/Tillmann, Klaus-Jürgen/Werning, Rolf/Winter, Felix (Hrsg.): Heterogenität. Unterschiede nutzen – Gemeinsamkeiten stärken. Friedrich Jahresheft XXII. Seelze, S. 36-39

Stichweh, Rudolf (2004): Zum Verhältnis von Differenzierungstheorie und Ungleichheitsforschung. Am Beispiel der Systemtheorie der Exklusion. In: Schwinn, Thomas (Hrsg.): Differenzierung und soziale Ungleichheit. Die zwei Soziologien und ihre Verknüpfung. Frankfurt/M., S. 353-367

Stichweh, Rudolf (2006): Semantik und Sozialstruktur. Zur Logik einer systemtheoretischen Unterscheidung. In: Tänzler, Dirk/Knoblauch, Hubert/Soeffner, Hans-Georg (Hrsg.): Neue Perspektiven der Wissenssoziologie. Konstanz, S. 157-171

Stichweh, Rudolf (2009): Leitgesichtspunkte einer Soziologie der Inklusion und Exklusion. In: Stichweh, Rudolf/Windolf, Paul (Hrsg.): Inklusion und Exklusion: Analysen zur Sozialstruktur und sozialen Ungleichheit. Wiesbaden, S. 29-42

Stichweh, Rudolf/Windolf, Paul (Hrsg.) (2009): Inklusion und Exklusion: Analysen zur Sozialstruktur und sozialen Ungleichheit. Wiesbaden

Stroot, Thea (2007): Vom Diversitäts-Management zu ‚Learning Diversity'. In: Boller, Sebastian/Rosowski, Elke/Stroot, Thea (Hg.): Heterogenität in Schule und Unterricht. Weinheim/Basel, S. 52-64

Stuber, Michael (2004): Diversity: Das Potenzial von Vielfalt nutzen – den Erfolg durch Offenheit steigern. München

Stuber, Michael/Wittig, Felix (2007): Diversity Management: Ein grundlegender Vergleich zum politischen Ansatz der Anti-Diskriminierung. In: Steinmetz, Bernd/Vedder, Günther (Hrsg.): Diversity Management und Antidiskriminierung. Weimar, S. 65-75

Tacke, Veronika (Hrsg.) (2001): Organisation und gesellschaftliche Differenzierung. Wiesbaden

Taguieff, Pierre, André (1991): Die Metamorphosen des Rassismus und die Krise des Antirassismus. In: Bielefeld, Uli (Hrsg.): Das Eigene und das Fremde. Neuer Rassismus in der Alten Welt? Hamburg, S. 221-268

Tanner, Albert/Badertscher, Hans/Holzer, Rita/Schindler, Andreas/Streckeisen, Ursula (Hrsg.) (2006): Heterogenität und Integration. Umgang mit Ungleichheit und Differenz in Schule und Kindergarten. Zürich

Thurn, Susanne (2010): Leben, lernen, leisten in jahrgangsübergreifenden Gruppen. In: Buholzer, Alois/Kummer Wyss, Annemarie (Hrsg.): Alle gleich – alle unterschiedlich. Zum Umgang mit Heterogenität in Schule und Unterricht. Zug, S. 28-39

Tillmann, Klaus-Jürgen (2004): System jagt Fiktion. Die homogene Lerngruppen. In: Becker, Gerold/Lenzen, Klaus-Dieter/Stäudel, Lutz/Tillmann, Klaus-Jürgen/Werning, Rolf/Winter, Felix (Hrsg.): Heterogenität. Unterschiede nutzen – Gemeinsamkeiten stärken. Friedrich Jahresheft XXII. Seelze, S. 6-9

Tillmann, Klaus-Jürgen (2008): Viel Selektion – wenig Leistung. Ein empirischer Blick auf Erfolg und Scheitern in deutschen Schulen. In: Liebau, Eckart/Zirfas, Jörg (Hrsg.): Ungerechtigkeit der Bildung – Bildung der Ungerechtigkeit. Opladen, S. 155-173

Tilly, Charles (1999): Durable inequality. Berkeley/Los Angeles/London

Tomlinson, Sally (2000): Wie wirken sich Bildungsmärkte auf ethnische Minderheiten aus. In: Radtke, Frank-Olaf/Weiß, Manfred (Hrsg.): Schulautonomie, Wohlfahrtsstaat und Chancengleichheit. Opladen, S. 201-221

Tönnies, Ferdinand (1887/2005): Gemeinschaft und Gesellschaft. Darmstadt

Trautmann, Matthias/Wischer, Beate (2008): Das Konzept der ‚Inneren Differenzierung‘ – eine vergleichende Analyse der Diskussion der 1970er Jahre mit dem aktuellen Heterogenitätsdiskurs. In: Meyer, Meinert A./Prenzel, Manfred/Hellekamps, Stephanie (Hrsg.): Perspektiven der Didaktik. Sonderheft der Zeitschrift für Erziehungswissenschaft, S. 159-172

Trautmann, Matthias/Wischer, Beate (2011): Heterogenität in der Schule. Eine kritische Einführung. Wiesbaden

Traxler, Hans (1983): Chancengleichheit. In: Klant, Michael (Hrsg.): Schul-Spott: Karikaturen aus 2500 Jahren Pädagogik. Hannover, S. 25

Treml, Alfred K. (1991): Über die beiden Grundverständnisse von Erziehung. In: Oelkers, Jürgen/Tenorth, H.-Elmar (Hrsg.): (1991): Pädagogisches Wissen. Zeitschrift für Pädagogik. 27. Beiheft. Weinheim und Basel, S. 347-360

Tyrell, Hartmann (1986): Geschlechtliche Differenzierung und Geschlechterklassifikation. In: Kölner Zeitschrift für Soziologie und Sozialpsychologie. Jg. 38, Heft 3, S. 450-489

Tyrell, Hartmann (2009): Zweierlei Differenzierung: Funktionale und Ebenendifferenzierung im Frühwerk Niklas Luhmanns. In: Ders.: Soziale und gesellschaftliche Differenzierung. Aufsätze zur soziologischen Theorie. Wiesbaden, S. 55-72

Vanderstraeten, Ralf (2006): Interaktion und Organisation im Erziehungssystem. In: Böttcher, Wolfgang/Terhart Ewald (Hrsg.): Organisationstheorie in pädagogischen Feldern. Wiesbaden, S. 54-68

Vedder, Günther (2006): Die historische Entwicklung von Diversity Management in den USA und in Deutschland. In: Krell, Gertraude/Wächter, Hartmut (Hrsg.): Diversity Management – Impulse aus der Personalforschung, München, S. 1-23

Vedder, Günther (2009): Diversity Management: Grundlagen und Entwicklung im internationalen Vergleich. In: Andresen, Sünne/Koreuber, Mechthild/Lüdke, Dorothea (Hrsg.): Gender und Diversity – Albtraum oder Traumpaar? Wiesbaden, S.111-131

Vester, Michael (2004): Die Illusion der Bildungsexpansion. Bildungsöffnungen und soziale Segregation in der Bundesrepublik Deutschland. In: Engler, Steffanie/Krais, Beate

(Hrsg.): Das kulturelle Kapital und die Macht der Klassenstrukturen. Weinheim/München, S. 13-53

Vester, Michael/v. Oertzen, Peter/Geiling, Heiko/Hermann, Thomas/Müller, Dagmar (2001): Soziale Milieus im Gesellschaftlichen Strukturwandel. Zwischen Integration und Ausgrenzung. Frankfurt/M.

Villa, Paula-Irene (2010): Verkörperung ist immer mehr. Intersektionalität, Subjektivierung und der Körper. In: Lutz, Helma Herrera Vivar, Maria Teresa/Supik, Linda (Hrsg.): Fokus Intersektionalität. Wiesbaden, S. 203-219

Vinz, Dagmar (2008): Vielfalt, Differenz und Chancengleichheit – Von Managing Diversity zu Diversity Politics? In: GPJE (Hrsg.): Diversity Studies und politische Bildung, Schriftenreihe der Gesellschaft für Poltikdidaktik und politische Jugend- und Erwachsenenbildung, Schwalbach/Ts., S. 34-52

Vinz, Dagmar/Schiederig, Katharina (2010): Gender und Diversity: Vielfalt verstehen und gestalten. In: Massing, Peter (Hrsg.): Gender und Diversity. Schwalbach/Ts., S. 13-43

Wacquant, Loic J.D. (2001): Für eine Analytik rassischer Herrschaft. In: Weiß, Anja/Koppetsch, Cornelia/Scharenberg, Albert/Schmidtke, Oliver (Hrsg.): Klasse und Klassifikation. Die symbolische Dimension sozialer Ungleichheit. Wiesbaden, S. 61-77

Wacquant, Loic J.D. (2006): Der Klassifizierungskampf und die Dialektik von mentalen und sozialen Strukturen. In: Bourdieu, Pierre/Wacquant, Loic J.D.: Reflexive Anthropologie. Frankfurt/M., S. 30-34

Walgenbach, Katharina (2007): Gender als interdependente Kategorie. In: Walgenbach, Katharina/Dietze, Gabriele/Hornscheidt, Antje/Palm, Kerstin (Hrsg.): Gender als interdependente Kategorie. Neue Perspektiven auf Intersektionalität, Diversität und Heterogenität. Opladen, S. 23-64

Walgenbach, Katharina (2010): Postscriptum: Intersektionalität – Offenheit, interne Kontroversen und Komplexität als Ressourcen eines gemeinsamen Orientierungsrahmens. In: Lutz, Helma/Herrera Vivar, Maria Teresa/Supik, Linda (Hrsg.): Fokus Intersektionalität – Bewegungen und Verortungen eines vielschichtigen Konzeptes. Wiesbaden, S. 245-256

Walgenbach, Katharina (2011): Intersektionalität als Analyseparadigma kultureller und sozialer Ungleichheiten. In: Bilstein, Johannes/Ecarius, Jutta/Keiner, Edwin (Hrsg.): Kulturelle Differenzen und Globalisierung. Wiesbaden, S. 113-130

Walgenbach, Katharina/Dietze, Gabriele/Hornscheidt, Antje/Palm, Kerstin (2007): Gender als interdependente Kategorie. Neue Perspektiven auf Intersektionalität, Diversität und Heterogenität. Opladen

Weber, Martina (2003): Heterogenität im Schulalltag. Konstruktion ethnischer und geschlechtlicher Unterschiede. Opladen

Weber, Martina (2009): Das Konzept ,Intersektionalität' zur Untersuchung von Hierarchisierungsprozessen in schulischen Interaktionen. In: Budde, Jürgen/Willems, Katharina (Hrsg.): Bildung als sozialer Prozess. Weinheim/München, S. 73-93

Weber, Max (1922/2005): Wirtschaft und Gesellschaft. Grundriss der verstehenden Soziologie. Frankfurt/M.

Weick, Karl E. (1976): Educational Organizations as Loosely Coupled Systems. In: Administrative Science Quarterly. Vol. 21, No. 1, pp. 1-19

Weick, Karl E. (1995): Sensemaking in Organizations. London

Weinbach, Christine (Hrsg.) (2007): Geschlechtliche Ungleichheit in systemtheoretischer Perspektive. Wiesbaden

Weinbach, Christine (2007a): Überlegungen zu Relevanz und Bedeutung der Geschlechterdifferenz in funktional gerahmter Interaktion. In: Dies. (Hrsg.): Geschlechtliche Ungleichheit in systemtheoretischer Perspektive. Wiesbaden, S. 141-164

Weinbach, Christine (2008): ‚Intersektionalität': Ein Paradigma zur Erfassung sozialer Ungleichheitsverhältnisse? Einige systemtheoretische Zweifel. In: Klinger, Cornelia/ Knapp, Gudrun-Axeli (Hrsg.): Überkreuzungen. Fremdheit, Ungleichheit, Differenz. Münster, S. 171-193

Weishaupt, Horst/Kemper, Thomas (2009): Zur nationalitätenspezifischen und regionalen Bildungsbenachteiligung ausländischer Schüler unter besonderer Berücksichtigung des Förderschulbesuchs. In: Sylvester, Ina et al. (Hrsg.): Bildung, Recht, Chancen. Rahmenbedingungen, empirische Analysen und internationale Perspektiven zum Recht auf chancengleiche Bildung. Münster, S. 97-111

Weiß, Anja (2001): Rassismus als symbolisch vermittelte Dimension sozialer Ungleichheit. In: Weiß, Anja/Koppetsch, Cornelia/Scharenberg, Albert/Schmidtke, Oliver (Hrsg.): Klasse und Klassifikation. Die symbolische Dimension sozialer Ungleichheit. Wiesbaden, S. 79-108

Weiß, Anja/Koppetsch, Cornelia/Scharenberg, Albert/Schmidtke, Oliver (2001): Horizontale Disparitäten oder kulturelle Klassifikationen? Zur Integration von Ethnizität und Geschlecht in die Analyse sozialer Ungleichheiten. In: Dies. (Hrsg.): Klasse und Klassifikation. Die symbolische Dimension sozialer Ungleichheit. Wiesbaden, S. 7-26

Weiß, Manfred (2001): Quasi-Märkte im Schulbereich. Eine ökonomische Analyse. In: Oelkers, Jürgen (Hrsg.): Zukunftsfragen der Bildung. Zeitschrift für Pädagogik, Beiheft 43, S. 69-85

Welling, Alfons (2002): Personale Heterogenität von Lerngruppen. Eine berufliche Präzisierung aus integrationspädagogischer Sicht. In: EWI Report, Heft 23, S. 10-11

Wenning, Norbert (1996): Die nationale Schule. Öffentliche Erziehung im Nationalstaat. Münster/New York

Wenning, Norbert (1999): Vereinheitlichung und Differenzierung. Zu den „wirklichen" gesellschaftlichen Funktionen des Bildungswesens im Umgang mit Gleichheit und Verschiedenheit. Opladen

Wenning, Norbert (2007): Heterogenität als Dilemma für Bildungseinrichtungen. In: Boller, Sebastian/Rosowski, Elke/Stroot, Thea (Hrsg.): Heterogenität in Schule und Unterricht. Handlungsansätze zum pädagogischen Umgang mit Vielfalt. Weinheim/Basel, S. 21-31

Wenning, Norbert/Hauff, Mechthild/Hansen, Georg (1993): Die Vielfalt akzeptieren! Plädoyer für eine Interkulturelle Erziehungswissenschaft. In: Pädagogik, Jg. 45, Heft 11, S. 54-57

West, Candace/Zimmerman, Don H. (1987): Doing Gender. In: Gender & Society, Vol. 1, No. 2, pp. 125-151

Wetterer, Angelika (2002): Strategien rhetorischer Modernisierung: Gender Mainstreaming, Managing Diversity und die Professionalisierung der Gender-Expertinnen. In: Metz-Göckel, Sigrid/Wetterer, Angelika (Hrsg.): Hochschul- und Wissenschaftsentwicklung durch Gender Mainstreaming. Schwerpunktheft der Zeitschrift für Frauenforschung & Geschlechterstudien, Heft 3, S. 129-148

Wille, Karin (2007): Gendering George Spencer Brown? Die Form der Unterscheidung und die Analyse von Unterscheidungsstrategin in der Genderforschung. In: Weinbach,

Christine (Hrsg.): Geschlechtliche Ungleichheit in systemtheoretischer Perspektive. Wiesbaden, S. 15-50

Wiltzius, Martine (2011): Diversity Management an Grundschulen? Möglichkeiten und Grenzen einer Unternehmensstrategie im schulischen Umfeld – ein modellhafter Vergleich zwischen Bremen und Luxemburg. Münster/New York/München/Berlin

Winker, Gabriela/Degele, Nina (2009): Intersektionalität. Zur Analyse sozialer Ungleichheiten. Bielefeld

Wischer, Beate (2007): Heterogenität als komplexe Anforderung an das Lehrerhandeln. Eine kritische Betrachtung schulpädagogischer Erwartungen. In: Boller, Sebastian/Rosowski, Elke/Stroot, Thea (Hrsg.): Heterogenität in Schule und Unterricht. Handlungsansätze zum pädagogischen Umgang mit Vielfalt. Weinheim/Basel, S. 32-42

Wischer, Beate (2009): Der Diskurs um Heterogenität und Differenzierung. Beobachtungen zu einem schulpädagogischen ‚Dauerbrenner'. In: Wischer, Beate/Tillmann, Klaus-Jürgen (Hrsg.): Erziehungswissenschaft auf dem Prüfstand. Schulbezogene Forschung und Theoriebildung von den 1970er Jahren bis heute. Weinheim/München, S. 69-96

Wittmann, Erich Christian (2010): Natürliche Differenzierung im Mathematikunterricht der Grundschule – vom Fach aus. In: Hanke, Petra et al. (Hrsg.): Anspruchsvolles Fördern in der Grundschule. Münster, S. 63-78

Young, Michael (1971): The Rise of the Meritocracy. Bristol

Yuval-Davis, Nira (2010): Jenseits der Dichotomie von Anerkennung und Umverteilung: Intersektionalität und soziale Schichtung. In: Lutz, Helma/Herrera Vivar, Maria Teresa/Supik, Linda (Hrsg.): Fokus Intersektionalität. Wiesbaden. S. 185-201

Zaborowski, Katrin Ulrike/Meier, Michael/Breidenstein, Georg (2011): Leistungsbewertung und Unterricht. Ethnographische Studien zur Bewertungspraxis in Gymnasium und Sekundarschule. Wiesbaden

Zanoni, Patrizia/Jansens, Maddy (2003): Deconstructing Difference: The Rhetoric of Human Resource Managers' Diversity Discourses. In: Organization Studies. Vol. 25, No.1, pp. 55–74

Zanoni, Patrizia/Jansens, Maddy/Benschop, Yvonne/Nkomo, Stella (2010): Guest Editorial: Unpacking Diversity, Grasping Inequality: Rethinking Difference Through Critical Perspectives. In: organization. Vol. 17, No.1, pp. 9-29

Zinnecker, Jürgen (1975): Der heimliche Lehrplan. Untersuchungen zum Schulunterricht. Weinheim

Zinnecker, Jürgen (2000): Selbstsozialisation. Essay über ein aktuelles Konzept. In: Zeitschrift für Soziologie der Erziehung und Sozialisation, Jg. 20, Heft 3, S. 272-290

Educational Governance

Herbert Altrichter |
Katharina Maag-Merki (Hrsg.)
**Handbuch Neue Steuerung
im Schulsystem**
2010. 467 S. (Educational Governance
Bd. 7) Br. EUR 39,95
ISBN 978-3-531-16312-3
In den deutschsprachigen Schulsystemen
werden Elemente eines ‚neuen Steue-
rungsmodells' – beispielsweise Bildungsstandards, Schulinspektionen oder Selbst-
evaluation – implementiert. Die Innovationen werden in diesem Handbuch einer
systematischen theoretischen und empirischen Analyse unterzogen. Damit bietet
das Handbuch zum ersten Mal einen differenzierten Überblick über Prozesse und
Wirkungen einer erneuerten schulischen
Governance.

Katharina Maag Merki
Zentralabitur
Die längsschnittliche Analyse der Wirkungen der Einführung zentraler Abiturprü-
fungen in Deutschland
2012. ca. 360 S. Br. ca. EUR 39,95
ISBN 978-3-531-17782-3

Albrecht Wacker | Uwe Maier |
Jochen Wissinger
**Schul- und Unterrichtsreform
durch ergebnisorientierte
Steuerung**
Empirische Befunde und forschungs-
methodische Implikationen
2012. ca. 300 S. mit 10 Abb. u. 10 Tab. Br.
ca. EUR 39,95
ISBN 978-3-531-16615-5

Herbert Altrichter | Martin Heinrich |
Katharina Soukup-Altrichter (Hrsg.)
**Schulentwicklung durch
Schulprofilierung?**
Zur Veränderung von Koordinations-
mechanismen im Schulsystem
2011. 258 S. (Educational Governance
Bd. 8) Br. EUR 29,95
ISBN 978-3-531-16671-1

Monique Ratermann |
Sybille Stöbe-Blossey
**Governance von Schul- und
Elementarbildung**
Vergleichende Betrachtungen und
Ansätze der Vernetzung
2012. ca. 250 S. mit 14 Abb. Br.
ca. EUR 29,95
ISBN 978-3-531-18426-5

Marcus Emmerich
**Regionalisierung und
Netzwerkbildung**
Eine Fallstudie zur Entwicklung intermedi-
ärer Governanceregimes im Bildungswesen
2012. ca. 250 S. Br. ca. EUR 29,95
ISBN 978-3-531-17781-6

Uelil Halbheer | André Kunz
**Kooperation von Lehrpersonen
an Gymnasien**
Eine qualitative und quantitative Analyse
der Wahrnehmung von Lehrpersonen
aus schul- und governancetheoretischer
Perspektive
2011. 326 S. (Educational Governance
Bd. 12) Br. EUR 39,95
ISBN 3-531-17749-6

Erhältlich im Buchhandel oder beim Verlag.
Änderungen vorbehalten. Stand: Januar 2012.

Springer VS

Einfach bestellen:
SpringerDE-service@springer.com
tel +49 (0)6221 / 3 45 – 4301
springer-vs.de